1981 年 4 月，首届西湖笔会部分同志合影。
自左至右：顾黄初、欧阳代娜、张春林、章熊、钱梦龙、范守纲。

1991 年 10 月 22 日摄于严子陵钓台。
前排左起：徐振维、欧阳代娜、冯钟芸、张鸣荟、于漪。
后排左起：顾黄初、钱梦龙、朱铭高、刘国正、邢家鲤、张翼健等。

1990 年 12 月 9 日在北京与张志公先生合影

1990 年 5 月 5 日在泰州中学与叶至善先生合影

1997 年 6 月作者与夫人周梅珍合影

语文教育学术论丛

第一辑

叶圣陶语文教育文集

吕叔湘语文教育论集

张志公语文教育论集

黎锦熙语文教育论集

刘国正语文教育论集

黄光硕语文教育论集

顾黄初语文教育论集

章　熊语文教育论集

庄文中语文教育论集

顾振彪语文教育论集

编 委 会

语文教育学术论丛

顾黄初语文教育论集

顾黄初　著

人民教育出版社
·北京·

图书在版编目（CIP）数据

顾黄初语文教育论集/顾黄初著. —北京：人民教育出版社，2022.4

（语文教育学术论丛）

ISBN 978-7-107-36554-6

Ⅰ.①顾… Ⅱ.①顾… Ⅲ.①语文教学—教学研究—文集 Ⅳ.①H19-53

中国版本图书馆 CIP 数据核字（2022）第 062557 号

顾黄初语文教育论集 GUHUANGCHU YUWEN JIAOYU LUNJI

责任编辑 李世中
书籍设计 王 喆

出版发行 人民教育出版社
（北京市海淀区中关村南大街 17 号院 1 号楼 邮编：100081）
网 址 http://www.pep.com.cn
经 销 全国新华书店
印 刷 北京盛通印刷股份有限公司
版 次 2022 年 4 月第 1 版
印 次 2022 年 6 月第 1 次印刷
开 本 787 毫米×1 092 毫米 1/16
印 张 31.5
字 数 460 千字
定 价 88.00 元

前　言

伴随着改革开放的脚步，教育的春天到来，语文教育的园地中百花渐开，硕果渐成。坚持“三个面向”，解放思想，革除积弊，回应吕叔湘先生“少慢差费”的批评，语文教育在课程建设、教材编写、教学改革、学科研究等方面都迈出了坚实的脚步。

20 世纪 90 年代前后，为撷取语文教育的春光，人民教育出版社中学语文编辑室在繁忙的教材编写工作之余，陆续编辑出版了诸多名家的语文教育论著，如《叶圣陶教育文集》《张志公语文教育论集》《实和活——刘国正语文教育文选》《黎锦熙语文教育论集》《于漪语文教育论集》《构建语文教育的立交桥——庄文中语文教育论集》，以及周有光《中国语文纵横谈》、顾黄初《语文教育论稿》、朱绍禹《中学语文教材概观》等，这些论著广泛触及语文教育的各个方面，奠定了具有本土特色的语文课程、教材、教学理论的基础。此外，还出版了钱梦龙《导读的艺术》、蔡澄清《中学语文点拨教学法》等，主要从课堂教学实践层面探讨语文教学改革及如何提升语文教学效率的问题。出版这些著作，既是为了展示改革开放以来语文教育的最新研究成果，也是为了引导语文教育改革的主流方向，让语文教育能够在守正的基础上追求创新发展。

进入 21 世纪以来，在工具性与人文性统一的课程思想指导下，语文教育开始从知识、能力中心向素养立意转型，语文教育观念也发生了重大转变。例如，四大核心素养的提出，学习任务群的设计，学科教学内容的更新，大单元、大任务、大情境教学方式的推广，整本书阅读的推进，等等。

观念的变革促使人们去研究，去思考，去改变现状，去焕发新的生机。教材设计的创新、教学课堂的转变，就是观念的转变带来的成果。

但是，改革并不总是体现为除旧布新，割断传统，在适当的时候，回眸凝望，方能真正健步前行。静下心来审视当下的种种新观念、新提法，我们会发现，语言、思维、审美、文化，整合、实践、情境、任务，学生主体、教师引导……诸如此类的观念，在老一辈语文教育家那里都有过深入而朴素的思考，在老一代名师那里都进行过切实而有效的教学探索。语文教育的改革不能只是观念的替代、模式的迭代，更不应该动辄从头开始，反复“重启”，而应该尊重规律，守正出新。知“己”才能知彼，知“史”方能行远。认真学习语文教育的历史，领悟大家、名家的语文教育思想，汲取、借鉴前人智慧与经验，从而继承和发扬语文教育的优良传统，只有这样，我们才能踏着前人开辟的道路稳健前行，我们的改革才能具有中国气象、中国特色。

基于以上考虑，我们将过去出版的语文教育论著重新编选，再行组合，并纳入一些新世纪以来在语文界有影响的大家的论著，整合为“语文教育学术论丛”，分辑出版，力图从新时代的视角，展现我国语文教育的现状，呈现历史，盘清“家底”，以期引发进一步的思考与行动。

这是一套开放性的丛书，第一辑包括十位老一辈语文教育家的论著，基本是在已往著作基础上，根据新时代语文教育发展和个人著述的情况，略作增删而成，尤其是增加一些较新发表的文章。将来我们还会陆续推出第二辑、第三辑……，展示更多的语文名家在语文教育研究和实践上的思考和探索。热诚欢迎国内语文同仁参与到这套论丛的编选中来，为丛书的出版贡献智慧！

本套丛书的出版得到了论著作者或其后人的大力支持，业界很多专家学者也给予了热情的帮助，中学语文编辑室的编辑花费大量时间参与编选，承担编辑、审稿工作，设计人员在版式、封面设计上也几易方案，优中选优。在此一并致谢！

“语文教育学术论丛”编委会

2021 年 4 月

目 录

序

徐林祥

我认识顾黄初先生是在1978年考取扬州师范学院中文系之后，作为学生聆听顾先生为我们讲授《语文教学论》课程。顾先生的人品和学识，以及他既蕴含哲理又深入浅出的讲授，使他成为最受学生喜爱的老师之一。1982年大学毕业，我回到中学母校任教，曾先后将学生习作选《走进社会之前》和我关于高中语文教材编制的文章寄给顾先生审阅。顾先生不但回信给予肯定，而且几次在给中学老师做报告时提到这本习作选和这篇文章。1993年夏，我调到大学母校（其时刚与扬州的几所高校合并为扬州大学）工作，担任顾先生的助手，直到2009年春顾先生逝世，在顾先生身边工作了17年，对顾先生的人生经历和作为语文教育家所作的贡献有了更进一步了解。

顾黄初先生1933年10月29日出生于浙江省嘉善县古镇西塘。中学就读于浙江名校嘉兴秀州中学，高中语文老师宋清如是著名翻译家朱生豪的夫人。在她的影响下，顾先生立志专攻戏剧文学与戏剧理论。因著名戏剧理论家、翻译家陈瘦竹先生在南京大学中文系执教，顾先生中学毕业时便报考了南京大学中文系并被录取。到大三时，国家为了尽快解决中学师资匮乏问题，要求所有综合性大学各系科的学生都提前一年毕业，分配到中学去，充实中学的师资队伍。立志专攻戏剧的顾先生被分配到扬州，在苏北农学院附属工农速成中学当了一名语文教师。虽说当中学语文教师不是顾先生的初衷，但他想既然在教师岗位上，就要努力当个称职的教师。他工作不久，便在《光明日报》发表了题为《走在铺满鲜花的道路上》的文章，反映了初为人师积极向上的心态。1962 年苏北农学院附属工农速成中学解散，顾先生调入扬州教师进修学院担任在职教师的培训工作。1963 年又调入扬州师范学院函授部负责中学语文教师函授工作。1978 年扬州师院高师函授停办，顾先生承担了筹建中文系语文教学法教研室的任务。

顾先生从事语文教育研究后，敏锐地发现了这个领域广阔的空间，特别是语文教育史研究几乎还是一块有待开垦的处女地。他在众多的研究领域里，首先选择了以现代语文教育史作为自己研究的切入口。1982 年，他参加全国语文教学法研究会第二届年会，提交了题为《且看前辈留下的脚印——介绍几部早期的中学语文教学法教材》的论文，分析了 20 世纪20～40 年代三部中学语文教学法教材的内容、结构及历史贡献。1984 年至 1985 年，他与上海的陈必祥、李杏保，广州的王华敏等先生合作，编写出版了《中国现代语文教育发展史》，填补了我国现代语文教育史研究的空白。1986 年，东北师范大学的朱绍禹先生受国家教委的委托举办高校语文教学法课程青年教师的专业研修班，邀顾先生主讲“中国语文教育史”专题。此后，顾先生又独立完成或与人合作完成了许多重要的语文教育史著作：《现代语文教育史札记》(1991)、《二十世纪前期中国语文教育论集》(1991)、《叶圣陶语文教育思想讲话》(1994)、《中国现代语文教育史》(1997)、《二十世纪后期中国语文教育论集》(2000)、《中国现代语文教育百年事典》(2001) 等。

“史”的研究是纵向的，但在“史”的线索中必定要扩展到语文学科的性质、任务，扩展到语文学科的教材和教法以及评价体系。这使得顾先生对于语文教育的研究形成了纵横交错的特色。他对语文课程、教材、教法的研究都具有历史的纵深感，因而持之有故，令人信服。改革开放以来，顾先生除了致力于语文教育的历史研究之外，还致力于语文教育的理论探索和教材建设等方面的工作。自 1986 年全国中小学教材审定委员会成立至 20 世纪末，顾先生担任第一、第二、第三届全国中小学教材审定委员会中学语文学科审查委员，同时应聘担任人民教育出版社特约编审、课程教材研究所学术顾问，参与这一时期中学语文教学大纲的研制和教材的审查。顾先生还长期担任洪宗礼先生主持的苏教版初中语文教材编写组和“中外母语教材比较研究”课题组顾问。1996 年，顾先生在《关于语文教育研究》一文中，将自己多年关于语文教育的思考，概括为三个基本观点：语文教育是提高全民族素质的一项奠基工程；语文教育改革的根本指导思想是“贴近生活”；语文教育必须走民族化与科学化相结合的道路。2005 年 10 月，顾先生在扬州大学举办的首届江苏省语文课程与教学论专业三校（南京师范大学、苏州大学、扬州大学）研究生论坛的报告中，进一步将自己关于语文教育的观点提炼为“生命、生活、生态”三个关键词。2005 年 12 月，顾先生在南京师范大学与香港教育学院联合主办的“新时期中国语文教育改革的理论与实践”国际研讨会的大会发言中，着重阐述了“我的语文教育生态观”。2006 年，顾先生应《湖南教育》编辑部的约稿，发表了题为《生命·生活·生态——我的语文教育观》的文章。顾先生关于语文教育理论探索和教材建设方面的研究成果，先后收入他的《语文教育论稿》（1995）、《顾黄初语文教育文集》（2002）、《顾黄初语文教育文集外集》（2013）和他与顾振彪先生合著的《语文教材的编制与使用》（1996）、《语文课程与语文教材》（2001）等著作中。

我在顾先生身边感受最深的是顾先生为人为文总以叶圣陶先生为楷模，并以学习宣传叶圣陶先生为己任。叶圣陶先生于 1988 年 2 月 16 日去世后，顾先生写了《叶老最后留下的》一文以示怀念。文章满怀深情地回忆了他 1987 年 6 月在北京参加民进中央代表会议时，亲见叶老慈祥容貌、亲聆叶老谆谆教言的动人情景。文中写叶老最后一次讲话的中心：“有诸己而后求诸人，无诸己而后非诸人。”顾先生说：叶老总是严于律己，一切从自己做起，所以才能成为人师的楷模，后学的表率。叶老直到垂暮之年仍然铭记着这两句话，以此自励，以此勉人，希望大家广为宣传这两句话。“这就是这位现代文化教育的伟人最后留下的箴言！”文章发表时还登载了顾先生写的一副挽联：“人师楷模举止言行树一代高标，文坛巨擘辞章说部开世纪新风。”2007 年，针对语文新课程实施中出现的一些问题，顾先生撰文指出：“我想，我们想要找到解决现实中那些困惑的正确道路，恐怕还得‘重读叶圣陶’。”2008 年 4 月，根据顾先生的提议，江苏省叶圣陶研究会和北京《中学语文教学》编辑部联合举办，扬州市教育局教研室承办的“实施新课程，重读叶圣陶——首届语文教学扬州高峰论坛”在江苏省扬州中学举行，顾先生和洪宗礼、袁振国、陆志平等专家学者与会讲话，在全国产生了一定的影响。顾先生在重病期间，为排解病痛，常常一笔一画地抄写《四书》。顾先生 2009 年 3 月 9 日因病逝世时，在他上海书房的桌上，还摆着未抄完的《四书》抄写本。他在抄至《大学》中“有诸己而后求诸人，无诸己而后非诸人”时，用红笔在后面加注道：“此语为叶圣陶先生最后赠言于众者。”这两句凝聚着先秦儒家学者智慧的千古名言，不仅是叶圣陶先生自律的格言，也是崇敬叶老的顾黄初先生的为人准则；不仅是叶圣陶先生勉励众人的话语，也是崇敬叶老的顾黄初先生所崇尚的行为理念。

顾黄初先生在最后的日子里常常以诗的形式应答友人的问候，甚至临终前还一直想到要写诗。这使我想到德国诗人荷尔德林的一句话：“人，诗意地栖居。”我以为“诗人”可以有狭义与广义之分。有人以诗来表现人生，即所谓狭义之诗人，或一般称道的诗人；有人以人生来写诗，即所谓广义之诗人，或真正的诗人。真正的诗人，一生也许只写了几首诗，甚至可以是不写诗，因为他的人生就是一首诗，他是在用生命写诗！他用生命铸成了诗的语言、诗的韵律、诗的节奏、诗的境界！如“有诸己而后求诸人，无诸己而后非诸人”的叶圣陶先生，即是诗，是人生的诗化，是诗化的人生。在我心目中，像叶圣陶先生那样“有诸己而后求诸人，无诸己而后非诸人”并以此教诲学生的顾黄初先生，也是如此之诗人！

人民教育出版社集语文教育名家的代表论著，出版“语文教育学术论丛”，保存历史，观照当下，启迪未来，功莫大焉。《顾黄初语文教育论集》即为丛书之一种，全书由语文课程教材论、语文教学论、现代语文教育研究三个部分构成，每一部分总论、综论排在前面，其余大体上按发表的时间顺序排列，反映了顾先生语文教育思想的基本内容和发展轨迹，为我们学习理解顾黄初语文教育思想提供了方便，也为我们继承弘扬叶圣陶语文教育思想提供了示范。从叶圣陶，到顾黄初，他们的语文教育思想已经成为并将继续成为我们实施新课程、推进语文教育改革和发展的智慧源泉！

2020 年 10 月 4 日于扬州大学中国语文教育研究所

语文课程教材论

关于语文教育研究*

内容摘要 对于语文教育研究，得出的结论主要有三点：一、语文教育是提高全民族素质的一项奠基工程；二、语文教育改革的根本指导思想是"贴近生活"；三、语文是一门民族性很强的学科，因此必须坚持走民族化和科学化相结合的道路。语文教育研究，主观上需要两个条件：一是教育教学的实践经验，二是对语言学、文章学和文学的研究基础。与此同时，要分析研究的现状，找到研究的空白点或薄弱点。以"史"为依托、为切入口，形成具有个人特点的研究课题。研究过去，就可以明白现在；研究过去和现在，就可以窥测未来。我国未来的语文教育，由于现代化进程和社会生活节奏的加快，由于信息载体的电脑化和多样化，将会发生新的变化。我们的研究，必须适应这种变化，推进这种变化。

去年10月间，收到人民教育出版社给我寄来我的一部论文自选集《语文教育论稿》（以下简称《论稿》），共48万字，印刷和装帧都颇为讲究，敝帚自珍，追忆往昔，不禁感慨系之。自1986年以来的十年间，国内一些语文教育报刊，或以"封面人物"，或以"名师探访"，或以"影响当今语文教坛的风云人物"等方式，载文对我作了一些肯定的评介；有些语文教育辞典，也在"语文教育家"一栏中专设条目介绍了我的简历。同行专家对我的厚爱和鼓励，我十分感激，同时也感到诸多溢美之辞，实在受之有愧。特别是重新翻读这部《论稿》，觉得真正具有真知灼见的篇章并不很多。很需要

---

* 原载《扬州师院学报》1996年第3期。

把我在语文教育研究中所形成的基本观点、走过的道路以及对我国语文教育发展趋势的预测等等好好回顾一下，看能不能留下一点稍稍有价值的东西。这件事，当然也可以让别的同行专家来做，但我自己做也许有“冷暖自知”的有利条件。

有了这样的想法，且试着做做，便有了这篇题为“关于语文教育研究”的文字。

一

自1977年以来的近20年间，教材、论著出版了十多部，论文、序跋发表了两百多篇，用过滤器过滤一下，其中关于语文教育研究的稍稍有价值的观点无非是三个，即：

语文教育是提高全民族素质的一项奠基工程；

语文教育改革的根本指导思想是“贴近生活”；

语文是一门民族性很强的学科，它应当走民族化和科学化相结合的道路。

第一个观点，说的是语文教育举足轻重的地位。

提高全民族的素质，特别是提高全民族新一代的素质，是一个国家经济发展、社会进步、民族振兴的关键所在。人的素质，固然与他“与生俱来”的一些先天条件有某种关系（如先天性的生理心理缺陷会影响到一个人的生理心理素质等），但从整体上说，是后天形成的，是靠后天的教育逐步形成、逐步发展的。换句话说，接受正常的、良好的教育，是提高自身素质的前提，对于个人，对于一个民族，都是如此。这一点，在《中华人民共和国宪法》和《中华人民共和国教育法》中明明白白地写着，可以说是人们耳熟能详的常识。

为什么独独要把语文教育看作是提高全民族素质的一项奠基工程？

一、为人们接受教育提供一种重要的工具和媒介。如前所说，人的素质是指通过学校教育和社会实践逐步形成逐步发展的、适应现代生活需求的各种品质和能力的总和。说到受教育（社会实践，其实也是一种教育），特别是在学校接受系统的教育，得有一种最基本的交际工具、知识载体和传播媒介。这个工具、载体和媒介，不是别的，那就是本民族的语言和文字。学会听话说话，学会识字写字，进而学会读书作文，训练并形成用祖国的语言文字来准确地理解和准确地表达的能力，这是一个人接受教育的最基本的条件（生理上有特殊缺陷的盲童和聋哑儿童等除外）。这个条件，需要在学前教育和义务教育阶段就打好基础。

二、为人们认识世界、了解人生提供一个色彩斑斓的空间。学校按照课程论的原理把学生该认识、该了解的知识分成各有特点、自成系统的若干门课程，形成分阶段、分学科有计划有系统地进行教育和教学的格局，其目的，说到底，就是要让学生比较全面、比较充分地认识世界、了解人生。在这众多的课程中间，有一门课程内容比较特殊，那就是“语文”。例如，学生物，就得以系统阐述有关生物知识的文字材料或图像材料作为教材；学历史，就得以系统叙述人类社会发展演变过程的文字材料或图像材料作为教材。语文学科当然也有自己的知识系统，如文字学、语音学、文法学、文章学、修辞学等，但它主要不是以这些系统知识作为教材，而是主要通过研读、诵读各体各类的典范的语言作品让学生逐步理解和掌握语言文字运用的规则、方法和技巧。从初中到高中，选文有300至400篇，这些语言作品，内容十分广泛，而且带有综合性、形象性，它们涉及中外古今的社会生活，春夏秋冬的自然景色，上自天文，下至地理；大到历史巨变，小到鸟兽昆虫；既有人生哲理的探讨，又有自然奥秘的窥察。凡所应有，几乎尽有。有人不无夸张地说，语文教材几乎是一部小百科全书。它们为学生认识世界、了解人生提供了一个丰富多彩、五光十色的空间。

三、为人们提高认识、丰富情感、激活思维提供一个有血有肉的凭借。语文学科指导学生阅读的那些典范的语言作品，往往是作者对自然、对社会、对人生的卓越见解、独特感受的集中体现，学生研读这些作品，不但从“写什么”方面开拓了自己的知识领域，而且从“怎么写”方面获得智德的启迪，逐步提高自己的认识水平、丰富自己的情感内涵、激活自己的创造性思维等。语文教师指导学生说话、作文，也总是把如何识别真善美和假恶丑，如何爱所当爱、憎所当憎，如何进行创造性的思维活动等作为训练的出发点和归宿。说“学语文就是学做人”，在语文学科，教书和育人之间有着一种天然的联系。

要细说，还可以列出许多，都足以说明语文教育是提高民族素质的一项奠基工程。认识到这一点，很重要。教育教学行为总是要受教育思想的影响和支配的。只有在教育思想上确信语文教育是提高民族素质的一项奠基工程，在行动上才能时时、处处目中有“人”，不至于误把手段当目的，把培养人、提高人的素质这个最终目标置诸脑后，而把自己的全部精力用来“指导”那些“尖子”学生在考试中去“争高分”“夺冠军”。

第二个观点，主要是说处理语文教材教法的根本指导思想。

语文教育，顾名思义，就是以学语文、用语文为基本内容的教育活动。如何学、如何用，这里面大有学问。不过，依我看来，就语文教育而言，最重要的一条就是要“贴近生活”。要说“学问”，这四个字就是一门“大学问”。

1988 年初，我曾发表过一篇论文，用“贴近生活”四个字来概括我的语文教学方法论的根本点。围绕着这个根本点，我在论文中提出了三点看法：一是要根据实际生活中运用语文工具的规律来探求语文教学的规律。说得浅显明白些，就是要懂得怎样“教语文”，该先懂得人们在实际生活中怎样“用语文”。“教”的规律潜藏在“用”的规律之中。二是要根据实际生活中运用语文工具的众多场合来开拓语文教学的空间领域。这个看法旨在改变传统语文教育的“封闭”状态，形成开放式、辐射型的大语文教育格局。语文工具在实际生活中的运用频率最高、运用场合最广。我们的努力目标，就在于引导学生懂得“到处都可以学语文”“语文应用的外延与生活的外延相等”的道理。如果学生个个都能在语文课堂之外的广阔天地里学习语文，训练自己对于语言现象的敏锐感受力，那么，我们的语文教育工作已经成功了一大半。三是要根据现代生活的发展前景来规划语文教学的未来。生活本身是在不断发展、不断更新的，生活中运用语文工具的状况也必然要随之发展，随之更新，比如新的词汇、新的语言表达方式的不断涌现，就是一例。我们的语文教育必然要随着社会生活的发展而发展，不能永远停留在一个水平上。

最后说一说第三个观点。这个观点说的是语文教育的特点以及与此相关的改革方向。

语文教育与其他学科的教育一样，有一个如何实现教育内容、方法、手段的现代化问题。不过，对于语文教育的现代化，有两个问题必须充分重视：一是汉语文的特点，二是汉语文教育的传统。汉语文的特点，内容很复杂。直到目前为止，谁都承认汉语文有自己鲜明的特点，并可以列出一二三四条来，可谁也不能肯定说自己已经把汉语文的特点研究透了。汉语文教育传统，其糟粕部分和精华部分，也都应该有人去研究，但到目前为止，谁也不能说已经把这个问题说清楚了。这就是现实状况。没有研究透也好，没有说清楚也好，这都意味着我们所面对的是一个具有无限魅力的领域，需要我们继续去探索。

作为一种改革的目标和方向，我提出了“民族化和科学化相结合”这样一个着眼于宏观的命题。中国的语文教育是以汉语汉文为基本内容的教育活动，所以必须充分重视汉语汉文的特点和教育传统，体现出“民族化”的精神和气派。一个真正的、尊重科学的改革者，他决不可能对民族历史、民族传统抱虚无主义态度。恰恰相反，改革者往往同时也是历史的优秀传统的批判继承者，在文化领域和教育领域，尤其是如此。

当然，在坚持民族化的同时，从提高效率的目标出发，又必须坚持科学化，其中包括重视教学内容的序列化、教学过程的最优化和教学手段的现代化等等，使民族化和科学化很好地结合起来。

卑之无甚高论，我对于语文教育研究，得出的结论无非是这么三点。

二

从事语文教育研究需要有一定的条件。比如，直接参与过语文教学的实践，在实践中培养起一种热爱学生、热爱教学工作的感情，并且积累了某些经验和教训。我于 1953 年南京大学中文系毕业后，在苏北农学院（现扬州大学农学院前身）附属工农速成中学教了九年语文，对语文教学究竟是怎么回事算是有了一点感性的认识。特别是这九年间，我国的中学语文教材经历了由综合型到分科型（汉语与文学分科）再到综合型的重大变化，因而对语文教材的编制方法及其利弊，多少有点感受。这算是一个有利条件。

光有从事语文教学的实际经验似乎还不够，除此而外还得有“研究”的兴趣和“研究”的条件。在这一点上，我应当说是非常幸运的。1962 年，工农速中停办，我被分配到扬州地区教师进修学院，从事中学语文教师的培训工作，一年后又调入扬州师院高师函授部，继续从事在职教师的培训。这就为我的“研究”提供了十分有利的条件。一方面，我因为担任了“现代文选”和“写作”两门课的教学，于是对文学、文章学和语言学等进行了比较系统的学习和研究；另一方面，适应在职教师进修提高的需要，每次集中面授总要安排一些有关中学语文教学问题的专题讲座，于是逼着我学一点教育学、心理学方面的理论，并用我自己九年来积累的经验和教训，以及到中学听课所获得的第一手材料（当时强调必须到学员所在学校听课）加以印证。当时尽管感到压力很大，但现在看来，功夫没有白费，对于“语文”本身的研究和对于“语文教学”的研究，为我此后的进一步发展奠定了基础。

1978 年，扬州师院高师函授部因故暂停。当时，中文系原有的语文教材教法课因“文革”冲击已停开了多年，需要恢复，而原来的任课教师有的已调外系，有的已改教别的课程，一时无人接手。系领导来征求我的意见。在高师任教的同志都知道，教材教法这门课在人们心目中是“有专长的不屑教，无专长的教不好”，是“食之无味，弃之可惜”的一块“鸡肋”。而我呢？若干年的在职教师培训工作倒培养起了我对中学语文教学的深厚感情，既然领导征求我的意见，我就干脆去啃一啃这块“鸡肋”，也许在“无味”中可以啃出点“味道”来。从那一年起，我就成了一名语文教材教法的专任教师。

我的语文教育研究之路和别人有点不同，是由“史”切入，由“史”展开的。80 年代初的两个会议，对我的由“史”切入有直接影响。

1980 年我去开封参加全国语文教学法研究会成立大会暨首届年会，与会者中不少是从事这门课程教学多年的专家，我是个新入伍的小兵，坐在后排听专家们的宏论，看专家们的雄文，觉得这片天地还真有几分迷人之处。但同时也感到有点不满足，觉得会上一般的议论，横向展开的多，纵向开掘的少，研究似乎缺少一点历史的纵深感，而我国的语文教育有深厚的历史传统，语文教学法的研究也决非现在才起步。参加这次会议，我不但吮吸到了我所需要的营养，结识了许多堪为吾师的专家，而且也找到了我的研究方向。会后，我到院图书馆特藏室找资料，居然发现了我国自20年代至40年代已有若干种语文教学法教材先后出版，证实了我的推断。1982年，在乐山召开的研究会第二届年会上，我提交了一篇题为《且看前辈留下的脚印》的论文，对我国20年代、30年代、40年代出版的三部中学语文教学法代表作进行了综合的比较研究，为与会者提供了一点研究学科教育史的线索。

另一个会议，是1981年在杭州举行的西湖笔会。笔会的发起者和主持人是当时杭州大学《语文战线》主编张春林，他与我素昧平生，怎么会破例地降格以求来邀请我参加他组织的西湖笔会？原来他是在1979年的《语文学习》上读到我写的一篇千字文《万花筒的启示》，觉得这个姓顾的作者对我们汉语汉文的特点和表现力颇有点体会，这体会正好同他的感受相通，于是经过打听，知道我的下落，慨然给我发了封请柬。笔会参加者只有十多人，除我而外都是从事中学语文教学实践研究的专家。会开得无拘无束，痛快欢畅。谈的中心是语文教学与学生的智能发展；议论最多的是如何用叶圣陶的语文教育思想来改进当前的语文教学工作。我过去教“现代文选”，读过教过叶圣陶的一些文学作品，自问对他的创作思想和艺术追求有些了解，但对他在语文教育方面的独到见解则知之甚少。自从担任“语文教学法”课程的教学，再读《叶圣陶文集》，惊喜地发现了一片新的天地。当时的感受，正如后来吕叔湘先生在为《叶圣陶语文教育论集》所作的序中所说，“有许多现在还常常有争论的问题，事实上圣陶先生多年前已经遇到，并且提出了他的看法”，人们应当“借阅读这本集子的机会来对照检查我们自己的工作”。正是在这种感受的驱动之下，我在1980年写了一篇文章，题为《试论叶圣陶语文教学思想》。后来，发表在郑州《教学通讯》上。西湖笔会的参加者，对我这篇浅陋之作颇多褒奖，认为学习和宣传叶圣陶语文教育思想正是救治中小学语文教学积弊的良方。于是我便成了1982年在苏州召开的全国叶圣陶语文教育思想讨论会的积极参与者和主要发言人之一，并在会后应山西《语文教学通讯》之约，为该刊写了有关叶圣陶语文教育思想研究的连载文章，就是后来由开明出版社出版的《叶圣陶语文教育思想讲话》。

由《且看前辈留下的脚印》，开始了我对现代语文教育史上“专书”的研究；由《试论叶圣陶语文教学思想》，开始了我对现代语文教育史上“专家”的研究。作为二者的结合，1985 年与陈必祥、李杏保等合作完成了国内第一部学科教育史的论著《中国现代语文教育发展史》的写作。1986 年春，东北师大朱绍禹教授主办语文教学法青年教师的研究班，邀我去讲“现代语文教育史”专题课。为准备讲课，我又继续广泛地搜集史料，进行系统整理，写成了二十多万字的讲义，就是后来由南京出版社出版的《现代语文教育史札记》。

我研究语文教育史，恪守一条原则：为现实需要服务。一是为学科体系的建设服务。因为我是从教“现代文选”中途转而教“语文教学法”的。教“现代文选”，十分重视宏观的历史文化背景的探讨；一旦转到“语文教学法”学科，就明显地看到了这门学科以往研究的一个“空白”——“史的空白”。而对于一个比较成熟的学科来说，在它的领域里是不可能没有“史”的考察和审视的。于是，我就自找麻烦，自加压力，在教学之余去进行学科教育史的研究。现在回过头来看，这条路是走对了，继之而起的一些新版的语文教育学教材中，或分散或集中都有了关于本学科研究历史的内容，这在学科体系建设上显然是一个进步。二是为语文教材建设服务。在研究语文教育史的过程中，我发现近百年来我国的中小学语文教科书，从纵向上看，有一条明显的发展演变的脉络；从横向上看，全国并无统一的用书规定，大小书店都可以按照政府颁布的课程标准编制、出版教科书。我从这样一些史实中，看到了新中国成立以来语文教材建设方面的一个弊端：统一性限制了多样性。1980 年底，我便发表了《改革中学语文教材之我见》，提出了试行分编本教材；在全国统一要求的前提下实现教材的多样化。后来的实践，证明我当时提出的设想是正确的、必要的。1986 年，国家教委为推行教材的多样化，改以往的编审合一制为编审分开制，专门成立了一个全国中小学教材审定委员会，我被聘为首届学科审查委员。最近，我与人民教育出版社顾振彪合作，完成了《语文教材的编制与使用》一书，由江苏教育出版社出版，算是对自己十多年来研究语文教材建设的一个小结。三是为中学语文的教法改革服务。一个高师语文教学法教师，他的研究工作归根结底都要为中学语文教材教法的改革服务。因此，他的一只眼睛固然要注视国内外理论研究的动态，另一只眼睛则必须始终注视中学语文教学的实际；一只耳朵固然要听理论界的议论，另一只耳朵则必须要听广大第一线教师的呼声。在这一方面，我大致做了三件事：一是关于改革作文教学的，一是关于改革阅读课的课堂教学结构的，一是关于语文训练与思维训练相结合以提高语文教学效率的。这些问题的论述，我力求做到有“史”的深度，使当今的语文教师能从历史的深处听见先辈探步的足音。

有人说我是现代语文教育史的研究专家，我既不敢当，同时也不符合我的实际。原因是我研究历史才起步，并未自成一家；且我并非为研究“史”而研究“史”，我的目标是鉴古而铸今，推陈而出新，旨在为改革语文教育的现状服务。

三

在世纪之交的时刻，人们不能不反思过去、审视现在，并在这种反思和审视的基础上思考和规划未来。

语文教育是国家整个教育事业的基础工程之一，它的发展在宏观上必须也必然要服从和服务于国家整个教育事业的总体规划；而教育事业的发展又必须也必然要服从和服务于国家经济建设和社会进步的总体目标。这三者之间的关系是一种客观存在的自然联系，任何人不能凭主观愿望加以人为的割裂。

党中央和国务院所制定的《中国教育改革和发展纲要》，已经勾画出了我国整个教育事业当前和未来发展的蓝图。党的十四届五中全会又把“实施科教兴国，促进科技、教育与经济紧密结合”，确定为我国今后15年经济和社会发展必须贯彻的第三条方针，并提出教育“必须面向现代化，面向世界，面向未来，致力于提高国民素质，在各个领域培养一批跨世纪的优秀人才”，工作的重点是“普及义务教育，积极发展职业教育和成人教育，适度发展高等教育，优化教育结构”。

根据党中央所提出的构想，我们可以大致勾勒出我国未来的教育的基本格局和基本要求。

一、我国未来的教育将是既符合社会需求，又符合受教育者身心发展规律的二者和谐统一的教育。这种教育既有别于实用主义的社会中心论，也有别于儿童中心主义的儿童中心论，它一方面强调要按照现代社会对青少年的知识需求、能力需求、道德需求来育人育才，同时还强调这种培育的方法和途径又必须符合青少年个性心理发展的规律。在高层的学校和一般职业技术学校，其课程设置必须充分考虑国家和地方发展经济和社会事业的客观需求，又必须用最基本的知识和技能为学生今后的发展打好基础。

二、我国未来的教育将是以我国优秀的传统文化和民族精神为基石、以先进的科学文化知识为支柱构筑而成的一座育人大厦。它的根本宗旨就在于全面提高国民素质，在各个领域为未来培养足够数量的优秀人才。无论在何种教育层次上，都体现出这个根本宗旨。我国的经济和社会的发展，需要不同层次的人才。这些人才，知识程度和技术水平可以不同，但其思想道德素质都应当符合中华人民共和国合格公民的基本要求。在这里，用我国优秀的民族传统和民族精神，用爱国主义、集体主义、社会主义的思想教育青少年，具有特别重要的意义。

三、我国未来的教育将是多种层次、多种模式的学校教育和多种渠道、多种方式的社会教育彼此配合的教育，也就是说教育将是大教育、开放教育和全民教育，对受教育者个人来说，也是终身教育。我国人口众多，经济实力相对较弱，可是要办的却是世界上规模最大的教育；我国国土辽阔，经济发展的不平衡性极大，因而所办的必然是层次各不相同、要求各有参差的教育。这种状况，必然要求学科教育的课程、教材、教法有极大的灵活性和多样性。

四、我国未来的教育将对教师素质提出更高的要求。教师素质主要体现在三个方面：首先是思想道德素质，教师的言行要足以“为人师表”，既为“经师”，更为“人师”；其次是科学文化素质，要精通本专业的知识和技能，并不断开拓自己的知识领域，随时吸纳最新的科学研究成果，在学科领域内堪称专家学者；此外，还必须熟谙教育科学，能够按照教育教学规律科学地、高效地组织教育教学活动。教师要成为令人羡慕的职业，这“羡慕”决不仅仅是指生活待遇和社会地位，主要应当是指风范和学识。

以上的四个方面，概括必有疏漏，但总的发展方向大致如此。而且，说的是“未来”，其实当前的教育也已经朝着这个方面逐步推进。从现实通向未来，只是一个由量变到质变、由局部到整体的发展过程而已。

我国的语文教育只有置于整个教育事业发展的宏观背景之下才能摆正自己的位置，找准自己的方向，明确当前所应当深入研究的课题。

在我看来，未来的语文教育决不可能出现“全新的格局”，它只是当前的语文教育在改革中的发展和延伸。其特点为：一、未来的语文教育将以语言学、文章学和文学为三大理论支柱。当然，语文首先是姓“语”，但由于三者侧重点不同，语文教育将形成多种模式、多种流派和多种风格的格局。这些模式、流派和风格都将在新世纪的教学实践中接受检验。二、未来的语文教育将把传播我国优秀的传统文化和民族精神，提高受教育者的文化修养和道德情操作为自己的神圣职责，通过语文教育与现实生活相沟通、与其他学科的学习相结合，全面提高受教育者的语文素质。三、未来的语文教育将更加体现出科学的有序性。文字、文章、文学、文化，都应该是语文教育题中应有之义，但随着学段的递增，四者的侧重点可以有所不同。相对而言，在小学、初中，或许是以文字、文章为主，在高中或许应该以文学、文化为主。四、未来的语文教育随着电脑和多媒体的普遍使用，随着人机对话成为现实，读写听说训练的内容和方法将会出现新的变化。诸如文字和语音的标准化，印刷文字的阅读能力和屏幕文字的阅读能力并重，文字检索能力和电脑检索能力，汉字书写能力和汉字编码输入能力并重，用最经济的文字传达准确而丰富的信息的能力将被人们高度重视，文字教材和激光软盘教材并存而使课堂教学方式出现新的变化，为练而写和为需而写并存而对写作教学提出新的要求，如此等等。这种变化如同 20 世纪之初的白话文、国语标准音、简化字和新式标点符号的出现一样，是新世纪孕育出来的新生儿。五、未来的语文教育要求语文教师的知识结构、能力结构以及道德素养，能与时代的发展相适应。为此，师范院校中文专业将进行课程结构改革，以利于培养以文为主、文理兼擅的复合型人才；在职教师将定期或不定期地重返学校进修提高，以不断更新和改善自己原有的知识和能力的结构。

面对 21 世纪，我们的语文教育研究工作者将肩负起新的更光荣的任务。一是要进一步学习和宣传现代教育思想，学习和宣传我国传统语文教育中符合教育科学规律的东西。在我们的队伍里，应有一批研究现代的、传统的教育思想、教育流派的专家。二是要深入研究汉字、汉语、汉文的特点及其学习规律，并通过学习和研究的成果，设计出一种或多种适应不同学段特点、可以操作和检测的教育教学方案。我们的队伍里，应有研究汉字、汉语、汉文的专家。三是要进一步总结以往各种语文教科书的优劣得失，从理论上探讨 21 世纪语文教科书的编制体例。我们的语文教科书已从“文革”以前的“第一代”发展到“文革”以后的“第二代”，现在则需要“第三代”新型教科书的出现。我们的队伍里应有研究新一代语文教科书的专家。四是要用相当心力去从事电脑使用、软盘制作、多媒体操纵等现代信息载体的新的语文实践活动，研究在电脑时代语文教育方式方法的新变化。我们的队伍里应有研究现代化教学手段的专家。五是要进一步研究在现代化建设突飞猛进、社会对人才的需求发生巨大变化的背景下语文教育的课程结构。我们的队伍里应有研究现代语文教育课程结构的专家。

对未来的预测，尽管不可能具体，也很可能带有某种主观性，但未来的萌芽毕竟已在当前的语文教育实践中露出端倪。我们要敏锐地发现这些萌芽，并催发其成长，以推进我国的语文教育不断向前发展。

论语文教育研究的“三个面向”*

语文教育研究将怎样有所突破？答案是：坚决地贯彻小平同志提出的“三个面向”的指示。

当然，“三个面向”中的关键，是面向现代化。而现代化是一个历史性的概念，它的内涵要随着历史的推进不断充实和更新。我们所追求的现代化，是社会主义的现代化，是既体现当今世界新技术革命的时代潮流，又适合我国国情的现代化。语文教育研究坚持“三个面向”，归根到底是为了要尽快地建立起既符合语文教育客观规律又适合我国国情的语文教育科学体系，以便更好地培养适应四化建设需要的新型人才。

目的与手段

长期以来，我们习惯于用“文道统一”来解释语文教育的目的和任务，即进行语言文字方面的教学，并在教学过程中对人们进行政治思想教育。社会主义精神文明建设，对语文教育中的政治思想教育提出了很高的要求，而语言文字作为交流思想、传播信息的工具，决不仅仅是交流政治思想和传播政治信息的工具。因此，“文道统一”中的“道”，也不能仅仅指政治思想教育，它的内涵应该更广泛，应该包括伦理道德教育、人生哲理教育、科学思维教育、审美情感教育等。而且，语文作为一种重要的信息载体，几乎与社会生活的一切领域紧密联系着，它涉及的内容也必然延伸到所有学科的历史

---

* 原载《殷都学刊》1986 年第 2 期，后收入中国教育学会《新时期教育改革的探索》第 4 分册。合作者李杏保。略有改动。

和现状、概念和方法等，这些被语文工具承载和传播的信息，都应该是属于“道”的范围。

我们认为，现在的语文教育在教材教法上都还存在着明显的弊病。现行教材中“现代化”气息十分淡薄。早几年，有些同志提出了所谓“大语文”的概念，力图使语文学科与其他学科有某种程度的沟通和渗透。但这种努力，并没有成为教材编纂上的实绩。我们赞同有价值的教材要讲究思想性和文学性，但我们不主张沿袭封建时代采用的“文选式”的编纂方法，选文标准又仅止于政治思想性、文学性两条。我们要求现代的教育家、语言学家、文学家、科学家通力合作，为培养现代化新型人才而精心编纂思想性文学性强、知识面广、文理渗透性强、充分反映语文本身的特点及其教学规律的现代化语文教材。现代信息社会的实际工作和生活，需要语文教育不仅能培养学生文学的欣赏能力和写作能力，还要培养各类实用文章的读写能力；不仅要培养学生一般的阅读能力和写作能力，还要培养快速阅读和快速写作的能力；不仅要培养读写能力，还要培养听说能力、思辨能力、想象能力、创造能力等。想要切切实实地提高千千万万现代社会普通劳动群众的语文能力，想要有成效地培养为现代社会所需要的宣传家、外交家、社会活动家、经济活动家以及其他各条战线上善读善写、能说会道的人才，就非要对传统的语文教育观重新予以检讨不可。

语文教育在观念上的现代化，必然要求在教学手段上的现代化。与其他学科相比，语文学科的教学手段相对落后。高等师范院校，中文系（科）的教研设备费只是理科各系科的几十分之一，甚至几百分之一；在中小学，语文科的教学设备费也远远少于数、理、化、生等科，从一个侧面反映了语文教学手段的落后。原因之一是，相当一部分人认为学语文的途径，只是多读多写，靠潜移默化，耳濡目染。中国人学中国语文，似乎本来就“得天独厚”，无须再借助什么设备，再创造什么条件了。多数教师还习惯于“一支粉笔一本书，一块黑板随手涂”的传统的、手工业式的教学方式，是导致语文教学手段落后的又一个原因。对语文课内引进什么新的教学手段，或表示怀疑，或浅尝辄止，局面始终打不开。

其实，科学研究已得出结论：人们从语言信号获得的知识，能够记忆

15%；而从图像信号获得的知识，能够记忆25%；如果同时使用这两种传递知识的工具，就能够接受知识内容的65%。因此，利用幻灯、电影、电视来辅助教学，可以显著地提高教学效率。许多事实证明，要适当加快语文教学的节奏，尽可能增强语文能力训练的有效性，有必要配合采用一定的现代化教学手段。

语文教学研究工作者要善于研究语文教育现代化的技术需要，要善于从我国国情出发，对现有的教学手段提出改革的要求。例如，目前使用的少量教学唱片或教学磁带，作用仅止于示范朗读。其实，还可以设计某些课文的唱片或磁带，用于训练学生跟读或用于以音乐气氛创造情境伴读，或夹杂某些误读成分以训练学生听辨能力，等等。目前的幻灯片，大部分还只是用来图解课文。其实，在幻灯机上装接速示定时器，编制好文字幻灯片的程序，就可以进行速读训练；而在有声同步的幻灯卷片机上装接简易报时器，还可以进行快速反应的语文智力测验。对实物投影仪进行改革，可以高效率地进行作文评改。这类软件的设计和编制，广大语文教育工作者应该是大有可为的。

引进与开拓

面向世界，应该采取"拿来主义"的态度，敢于并善于吸收和借鉴世界各国语文教育研究的理论成果和实践经验。

国外语文教学研究的空间领域在不断扩展。应用语言学、社会语言学、心理语言学、认知心理学、宣传心理学、阅读学、传播学、视听教育工艺学等学科体系的建立和发展，直接或间接地推动语文教育研究的不断深入。信息论、控制论、系统论等横断科学方法论的渗入，给语文教育的研究注进了新的血液，而电子计算机对语言文字信息进行神速的处理，更是对语文教育研究提出了革命性的挑战。因此，有选择地引进有关的科学研究成果和科学思维方法，已是时代发展的必然要求。可惜这项工作，还没有引起语文教育界的足够重视。

我们目前对世界范围内语文教育的情况了解得还太少。以语文阅读课本而言，我国总是按内容或按文体来分类编排单元，而美国加利福尼亚州中学阅读课本却以阅读方法为经、文字深浅程度为纬来编排课文的一章一节。

放手引进各种资料，这是一方面；去国外考察、请国外专家来讲学，跟富有实践经验的中小学语文教师共同切磋、交流，这又是一方面。50 年代苏联专家普希金来我国指导“红领巾”教学，曾在相当长的一段时间内产生了影响。我们今天应该有条件把这类工作做得比 50 年代更好些、更广泛些。

我们不仅要引进、吸收，也要有输出、开拓。我们的语文教育是在 10 亿人口的大国里实践着的，我们的汉语文又是联合国承认的工作文字之一，因此，我们语文教育研究中所取得的成果，也必将是对世界各国语文教育作出的贡献。

我国有丰富的语文教育历史遗产，理所当然地首先应该由我国语文教育研究工作者来整理、总结，使它在世界文化宝库中成为当之无愧的珍品。应该组织力量编纂对世界语文教育历史研究有重要参考价值的《中国语文教育发展史》《中国语文教育文献》《中国语文教育年鉴》等。

目前，已有若干种语文教育论著问世，若干种优秀教师教学经验汇编出版。要继续给语文教育研究成果提供出版条件；还要敢于把较成熟的语文教育研究著作介绍给国外同行。把语文教育研究的成果推向世界，让其他国家的同行们认识我们的语文教育家、语文特级教师，并乐于研究我国传统的、新鲜的语文教育理论，这也该是我们面向世界、振兴中华的具体内容。

当我们在学着“灵格风”“英语九百句”“Follow me”的时候，可曾想过，我们也应当有针对性地来编纂“新概念汉语”“科技汉语”“日用汉语”等视听教材打入世界市场呢？对于我国的语文教育研究工作者、影视工艺研究工作者来说，这实在是一块丰腴的未开垦的处女地啊。

师资与实验

我们的语文教育不只是要有今天的现代化，而且还要迎接明天的现代化，要永远为培养现代化的人才不懈努力。这便是我们教育研究面向未来的立足点。

从总体上预测，我国未来的语文教育是要培养具有共产主义理想和情操，能适应世界先进科技发展需要，善于全方位、多渠道敏锐地吸收语言信息并经过消化、转化而准确传送以至创造性地运用语言信息的多层次人才。

这样，对未来的师资就有了一系列新的要求：

他们不但对共产主义美好未来的实现有坚定的信念，而且对现实通向未来的曲折而漫长的道路有清醒的认识。他们应该是为青少年一代树立共产主义崇高理想，并愿为实现这一理想而奋斗献身的领路人。

他们不但应该在传统的语言学、文章学和文学等方面有造诣，在听、说、读、写方面有较高的能力，还要善于从社会生活变化中来观察语言的变异，并且在社会交际和科学研究等领域熟练地运用各种有效语言信息方面，足以为学生的楷模。

他们在理论上熟悉语文教学的原理、原则和方法，深刻了解我国语文教育的过去、现在和未来，了解世界语文教育的现状和发展趋势，成为真正能够自觉地、熟练地驾驭语文教育客观规律、根据青少年心理生理特点进行工作的新型语文教育家。

他们不但能够有效地传授知识、训练技能，而且本身能够在思维的深刻性、广阔性、敏锐性和创造性方面，给予青少年深刻、良好的影响。

因此，革新师范教育又成了刻不容缓的大事。如果说教育的本质就是服务于未来的，那么，师范教育尤其应该高瞻远瞩。它的工作应该敏锐地发现和全力地针对着未来的需要。遗憾的是，迄今为止，在我国高等和中等师范院校里，还始终没有把建立一支从事语文教育研究的坚强队伍放到应有的位置上来。有些高等师范院校，把工作的重心只是放在培养少数研究生上。这些研究生却多半不研究师范教育，更不研究中小学教育。师范院校的教师，又普遍存在一种奇怪心理：教专业课程，仿佛是有学问的标志；教教育课程，似乎是没出息的表示。从课程设置上看，一般院校的四年制中文系本科，心理学、教育学、语文教学法等教育课程仅有三门，合计157课时，只占全部课程总时数的5.6%。这样的设置，要想推动高师中文专业学生重视教育科学，要想在这样的条件下源源不断地为未来培养出上面所说那样的新型师资，无异于缘木求鱼。再者，目前师范院校的学生，有些人原有的基础或素质就不适宜于充当未来的合格师资。于是，“工作母机”所能为社会提供的机器也只能是低功率的了。

由此可见，语文教育要特别研究师范院校应该怎样端正办学思想，在中文系科真正把教学和科研的工作同现在和未来的语文教育实践紧密联系起来，倾注全力为培养大批的、新型的语文教育工作者而部署各方面的力量、协调各方面的工作。

语文教育研究还必须致力于教育实验室、实验校、实验班的工作。这些以实验某种教育思想或教学方案而设置的机构，必须由那些对未来语文教育的特点和要求有自己的看法和信念的真正的语文教育家来指挥。我们也必须容许并鼓励语文教育研究工作者个人以他自己的总体设想为指导来建立旨在探索未来的实验基地。可以这样说，没有充分体现个人独特的教育构思的教学模式的各级各类实验室、实验校和实验班，就很难设想有未来的、各具特色的语文教育体系。

在我国，教育研究一开始就是十分重视实验的。张謇的师范教育、陶行知的乡村教育、黄炎培的职业教育、陈鹤琴的幼儿教育，可以说都是从实验基地做起的。而著名的心理学家艾伟，在教育心理的科学实验方面曾经坚持了几十年。他在1939年于重庆创办了我国现代教育史上第一个学习心理实验班，从事中学各科的学习心理实验。他跟几位志同道合者作了初中文言文朗读、汉语文阅读心理等多项实验。结果都记录在《教学报告》里面，由中央大学研究院教育心理学部出版发行。他坚持科学实验的精神，在教育学和心理学的研究工作者中产生过积极的影响。

新中国成立以后，学习苏联成为一时风尚，全国各地都先后建立了实验学校。其中不少学校，确实在进行各种有价值的科学实验；但多数这类学校只是挂着“实验”的招牌、并无“实验”的行动。党的十一届三中全会以后，尊重科学、尊重事物固有的辩证法，提倡事实求是、提倡一切经过实验，已经成为指导人们各项实践活动的基本思想，教育研究也开始空前活跃。以教育研究机构的名义或以个人的名义建立的实验基地，几乎遍及全国各省；以单位或个人的名义编纂的语文教科书，已经有好几种，每一种都有几十甚至几百个实验班在试用。所有这些，都预示着我们语文教育研究面向未来，已经有了相当的基础。

我们需要更多的中国式的巴甫雷什中学；需要更多长期在巴甫雷什中学坚持实验的中国式的苏霍姆林斯基！这是语文教育研究面向未来的希望之所在。

语文教育研究的理论跋涉*

——就新时期语文教育理论研究试答编辑部问

《中学语文教学参考》编辑部曾就新时期十年我国语文教育理论研究的进展情况提出一些问题，我限于水平和资料，不可能对此作全面论述，只能凭个人的管窥蠡测就题试答，以酬雅意。（▲为问，●为答。）

▲ 自从1978年3月吕叔湘先生在《人民日报》发表《当前语文教学中两个迫切问题》，提出“应该研究研究如何提高语文教学的效率，用较少的时间取得较好的成绩”以来，到现在已有整整十年。你认为，这项研究在这十年中有没有进展？有哪些进展？

● 毫无疑问，在新时期的十年中，围绕“如何提高语文教学效率”这个中心所开展的研究工作是有进展的，而且可以认为有某些突破性的进展。这种进展不仅反映在语文教学改革所取得的实绩上，更重要的是在语文教育的理论研究上通过艰苦跋涉，有所突破。新时期语文教育改革的实践，证明了一条朴素的真理：任何实践都离不开理论的指导（尽管有些实践者自己并未清楚地意识到这一点），而任何实践上的创新，又都离不开理论上的开拓。我想，在这一点上，你我可能会有同感。

▲ 理论对实践的指导，总带超前性；但是理论有时也会落后于实践。我注意到你刚才用了“跋涉”这个字眼，是不是想以此来表明理论研究这种超前性与滞后性矛盾交替所形成的艰难？

---

* 原载《中学语文教学参考》1989年第4期。略有删减。

● 理论研究确实不易。过去由于“左”倾路线的严重束缚，教育领域几乎没有什么理论研究可言，学科教育的理论研究更是如此，语文学科由于它的特殊性质，更跳不出“按行政指令办事”的樊篱。新时期语文教育的理论研究可以说是在面对封建传统教育束缚和“左”倾思潮禁锢而开始起步，在不断反思中探索前进的。所以我说是坚持了十年的一次艰苦的理论跋涉。

▲ 那么在这艰苦的跋涉中，你认为最有价值的研究命题是什么呢?

● 在我看来，上海陈钟梁同志提出的“人文主义，还是科学主义”，也许是一个带有根本性的研究命题。

▲ 对此我很感兴趣。你能不能具体地谈谈你的看法?

● 我们不妨来回顾一下十年语文教育改革的历程。从吕先生发表那篇重要文章开始，到1980年前后，对我们语文教育工作者来说，可以说是一个“意识复苏期”，即重新意识到要呼唤语文教育“个性”的回归。过去，语文教育似乎一直是姓“政”的，现在意识到它必须要姓“语”。语文教育一定要彻底摆脱不应有的“左”的政治束缚，让它真正能在传授语文知识、培养语文能力上发挥其特有的功能。这样，在实践上便出了一个“热点”，即语文双基教学的加强。此后就进入了一个“多向探索期”，许多有利于加强语文双基教学的设想和方案被提出来了，繁花纷呈，各显异彩。这时，一种理论观点引起了人们的重视，那就是语文教学的科学化。这种观点之所以引起人们的普遍关注，是因为语文双基教学实践本身在提醒人们：加强双基教学有科学的加强和非科学的“加强”之分，二者效果大不一样。所谓非科学的“加强”，就突出表现在教学内容的随意性、无序性和训练方法的强制性、盲目性。人们迫切感到有改变这种状况的必要。语文教学科学化的理论命题正投合了这种客观需要，其研究的侧重点首先是教学内容的序列化。于是，语文知识教学的序列化、作文教学的序列化、阅读教学的序列化以及各种作业练习编制的序列化等，成了理论研究中的一时之盛。我认为，在语文教学序列化方面的理论研究，是进入80年代以后语文教育理论跋涉跨出的重要一步，它对实现语文教学科学化已经并正在产生积极的影响。

▲ 讲究序列化，这对于改变过去教学中的随意性、盲目性，确实有重要意义；不过，序列化恐怕还未必是科学化内涵的全部。

● 问题就在这里。理论思维的走向应该是全方位的，偏于一端，容易陷入困境。讲究教学内容的序列化，势必同时要强调阶段目标的单一化。因为序列化实际上就是分项列序，分项列序就必然要求把分出的“项目”落实到一个个教学单元中去，形成单一的阶段教学目标。这种格局，确能新人耳目。然而，问题也就随之产生。人们在实践中发现，语文学科毕竟不同于数理化等学科，后者的知识链和能力序列是可以科学地加以切分的，切分以后便显示出了其间严密的逻辑顺序；前者则具有综合性和社会性的特点，它本身所包容的知识范围极其广泛，学生学习语文的天地也决不拘囿于课堂，因此想用逻辑方法对语文教学内容（包括知识内容和能力训练内容）加以科学地切分，事实上是很困难的。一味强求，走向极端，便容易走进死胡同。面对这一情况，人们又不能不产生困惑，于是进入“理论反思期”。有人提出这样的观点：语文教学科学化应该是语文教学现代化和语文教学民族化的和谐统一。现代化的语文教学讲究科学的教学序列，而民族化的语文教学则更多地注重综合和熏陶，这二者应当相互结合，互为补充。

▲ 如果联系近年来的教学实况来看，片面追求升学率造成了知识的机械灌输和能力的强制训练，语文教学确实已出现了忽视“人的培养”的危机。

● 这种现象的产生，原因很复杂，但理论研究的某种偏颇恐怕也不能辞其咎。钟梁提出“人文主义，还是科学主义”的命题，正是一种理论反思的产物。因为从哲学思维方法的两大流派来考察，科学主义的特点在于用理性的、逻辑的、分析的态度对待客观事物；而人文主义的特点则在于强调感知、顿悟和综合。这二者都有合理因素。而在语文学科（这是一个综合性很强的特殊的学科）的理论研究中，思维走向是趋于科学主义，还是趋于人文主义？是使二者并行不悖，还是在实践上二者相互结合而又有所侧重？这应当是人们进一步探讨的重要课题。最近湖南师大附中吴良俅同志给我来信，呼吁“要变语文训练为语文教育”。他认为片面理解“语文是工具”这个命题而把语文课简单地处理成“语文训练课”，因而削弱了语文学科的美育功能、情感教育功能，以及丰富学生文化素养、思想素养的功能，这是丢掉了“学语文就是学做人”这个根本宗旨。他强调语文学科是一门综合学科，而

“语文学科的综合，不仅是听说读写四种能力的综合，首先是语文训练与语文教育的综合，是读写技能与思想素养、文化素养的综合，是语文能力与德学才识的综合。仅强调一面，忽视另一面，势必造成两败俱伤”。这种理解无疑是深刻的，是正确把握了语文学科的特性及其功能的。但这样的理论思考，并不意味着要让语文教学从分析状态再回到过去的混然状态去，而是要使教养、教育和发展的任务更好地统一到语文教学的全过程之中。

▲　人文主义还是科学主义，看来答案不是二者择一，而是二者统一。而且这个理论命题所要解决的，主要是语文教育的宗旨和目标问题，具有全局意义。那么在特定的宗旨和目标制约下，我们在教学方法的理论研究上有没有值得注意的成果呢?

●　我想在教法改革方面，近几年的成绩也是可观的。不过我这里想说一说的是语文课堂教学结构的改革。语文课堂教学结构的改革，并不是聪明人的“灵机一动”，也不是趋时者的“标新立异”，它倒是导源于两个方面的理论突破，即在教与学相互关系上的理论突破和语文与生活相互关系上的理论突破。

▲　我希望你能具体地说说其间的因果关系。

●　关于教与学的关系问题，原是教学论中一个基本的、“古老”的命题。早在 1946 年，叶圣陶先生就曾经对中外学者关于教育的见解作过这样的概括：“关于教育的见解，千差万别，可是扼要地区别起来，也很简单，大致可以分为相反的两派。就教育的目标说，一派希望受教育者成为工具，另一派希望受教育者成为人，独立不倚的人，不比任何人卑微浅陋的人。就教育的理解说，一派认为受教育者像个空瓶子，其中一无所有，开着瓶口等待把东西装进去；另一派认为受教育者自有发掘探讨的能力，这种能力只待培养，只待启发，教育事业并非旁的，就只是做那培养和启发工作。就教育的方法说，一派注重记诵，使受教育者无条件地吞下若干东西，另一派注重创发，不但使受教育者吞下若干东西，尤其重要的在使受教育者消化那些东西，化为自身的新血液，新骨肉。”圣陶先生肯定的当然是后一派的见解。问题似乎已经解决了。然而，在我国，由于因袭的传统势力太强，在如何看待学生的问题上，“瓶子”派一直是占着优势地位的。我说近十年来在教与学关系问题上已有了某种理论突破，就是指这种“瓶子”理论的被彻底否定，而承认学生“自有发掘探讨的能力”的理论已开始被人们普遍接受。这一方面固然要感谢国外“学习理论”“接受理论”的有力援助，另一方面也要感谢国内一些有志于教学改革并取得了实绩的教师，用自己卓有成效的工作证明了“确立学生的主体地位”的必要。认识了学生的主体地位，语文课堂教学结构势必要突破原有框架而呈现出新的姿态。因为，既然确立了学生在学习过程中的主体地位，那么课堂教学结构就要为学生的“主动学习”提供必要的时间，为学生的“扩展学习”开辟必要的空间，这是不言而喻的。

▲ 记得上海倪文锦同志曾就语文课堂教学结构问题发表过一篇专论，他谈到过传统模式跃向更新模式的必然性问题。

● 是的，这是一篇可以给人以启迪的文章。另外一个理论突破就是关于语文与生活的关系问题。“语文是工具”，这是语文学中一个基本的、“古老的”命题。但它是怎样的一种“工具”呢？如果与生活联系起来考察，它无疑是一种在生活的广阔天地里被广泛地、频繁地运用着的交际工具。因此，要研究学校里怎样“教语文”，首先就得研究人们在生活中怎样“用语文”。这种理论见解，表面看来似乎很平凡、很浅显，但对于一贯拘囿于从书本上学语文的传统来说，是理论观念上的突破。以上两个方面的理论突破，必然导致语文课堂教学传统模式的重组和更新。

▲ 那么在你看来，更新了的语文课堂教学模式，其基本思路大体是怎样的呢？

● 从阅读教学方面考察，人们企图把课堂教学的过程处理成定向—自读—研讨—归纳—应用—反馈这样一个线性系统。定向，即提示学习目标或学习重点；自读，即学生按照提示的目标或重点自己独立阅读（这是提高学生独立阅读能力的关键环节）；研讨，即师生围绕学习目标或学习重点提出问题，共同研究和讨论（教师的导读艺术在此将显示其教养和教育的特殊功能）；归纳，即“举一”，概括某些规律性的知识和方法；应用，即“反三”，学生运用某些规律性的知识和方法解决实际问题；反馈，即总结“应用”环节的得失，作为下一次教学活动“定向”环节的参照。这一种基本思路完全是以“确立学生的主体地位”为内核的。如果说这一种教学模式，其视角还是“内向”的，限于“课堂”这个特定空间的，那么另一种教学模式，其视角则是“外向”的，延伸到课堂以外的广阔天地里去的。那就是在“大语文教育观”的支配下建构起来的一种开放式教学格局，它的基本思路是：有意识地以语文课堂教学为轴心向学生生活的各个领域扩展，使语文教学形成一个“辐射型”的整体网络结构。这后一种教学模式，已经把学语文和学做人密切联系起来了，把读写听说四者也有机结合起来了。至于作文教学，其课堂教学的结构模式，也许正在向“人们实际生活中写文章的自然过程”逐步靠拢。实际生活中人们写文章总要经历构思、起草、修改这样三个基本过程，而以往学校中的作文教学大都抓的是“起草”这一环节，而忽略了“构思”和“修改”的训练。因此人们有理由提出这样的设想：能不能在作文教学过程中创设出“构思训练课”“起草训练课”和“修改训练课”这样几种不同的课型来呢？如果可以这样试行，那么作文教学就不再是“半截子训练”，而是符合实际写作“自然过程”的“全程训练”了。

▲ 看来教学方法的改革也有宏观和微观之分。微观的改革固然重要，但要从根本上开拓新路，还得着眼于宏观改革。课堂教学结构改革可能就属于宏观范围内的事。不过我想，无论是语文教育的目标和宗旨，还是语文教学的方法，其理论研究成果即使有某些重要突破，如果学校师生所使用的教科书依然是老面孔，那么理论对于实践的指导作用还是要受到局限。

● 所以我们语文教育研究的理论跋涉目前正迈向“教科书”，这大概也是势所必然。其实，说“目前正迈向”，不完全确切。因为从 1979 年起，围绕中学语文教材的改革，原教育部有关部门已经召开过多次座谈会。这些座谈会不仅对教材改革的实验作了部署，而且对教材改革的方向也作了某些理论探讨。但是应当承认，在教科书的编制方面，真正进行比较深入、比较广泛的理论研究，还是开始于 1986 年国家教委成立全国中小学教材审定委员会，鼓励各地、各校试编实验教材，为实现“一纲多本”“百花齐放”创造条件这一特定背景之下的。因为在这个背景下，无论是人民教育出版社的权威机构，还是各地、各校的实验教材编写组，都一概被投入了竞争的旋涡，一种相互“标新立异”（用其褒义）的意向“逼”得权威的和非权威的人们都要对教科书的编制在理论上作出新的解释和新的探求。这说的是一种客观形势所造成的推动力。除此而外，十年来的教法改革实践也使众多的教师意识到，教法改革的设想不管如何圆满，如果不相应地改革教材，不让改革了的教材对教法起制约作用，实践上总难普及和推广，这是迫使人们把注意焦点投向教科书编制理论研究的一种内驱力。然而这是一次真正的艰难的理论跋涉。在这个问题上，人民教育出版社周正逵同志的思考具有历史的深邃性。他认为语文教材改革的主攻方向应是改革旧的教材体系；而我国旧的语文教材体系因受传统语文教育思想影响极深，要从根本上加以改造，决非易事。他分析这种旧体系有三个基本特征：一是文选型，二是三段式（记叙—说明—议论），三是讲读中心论；几十年来，中学语文教材内容不断更迭，花样不断翻新，但这三个基本特征却始终没有多大改变。不过，在我看来，40 年代的开明《国文百八课》倒曾经对这种旧的体系进行过一次有力的冲击，它把语文知识和语文能力分解为 108 个项目，从而分项目组成包含文话、文选、语法和修辞、习问四个方面内容的综合性单元，开辟了一条知识分类、能力分层、单元分项的新路。问题就在于解放以后的三十年间，我们的一些合编型教材还并没有在《国文百八课》基础上前进多少。原因在哪里？受旧的教育思想的束缚是一个重要原因。例如，人们历来把教科书叫做"教本"，其实它更主要的应该是"学本"，是学生在教师指导下独立地学习的"学本"。"教本"意味着是供教师教的，是一种编法；"学本"意味着是供学生学的，又是一种编法。人们历来还把教科书叫作"读本"，是提供许多好文章让学生跟着教师读的"读本"，其实它更主要的应该是"练本"，是学生在教师指导下按学习和运用语文工具的规律来训练自己语文能力、发展自己德识才学的"练本"。"读本"，要选大量好文章来读，是一种编法；"练本"，要按照人们形成语文能力的规律安排有序而有效的训练，又是一种编法。不在观念上有所改变，旧的教材体系就无法突破。这说的是主观上的原因。在客观上，旧体系的突破和新体系的建立，需要有一定的基础理论研究成果作为前提，目前这些前提还不能说已经充分具备。比如知识分类，首先要解决好两个问题：一是一个青少年要养成必要的语文能力，他必须掌握哪些语文知识？二是从训练的角度来看，按学生获得语文能力的规律，该怎样对这些知识加以分类，并排出一个科学、合理的序列来？解决这些问题，不能靠一般的语言学、文章学讲义，也不能凭教师的一般经验，却要靠科学的研究、科学的论证。能力分层，也将碰到同样的问题。此外，如果要突破记叙—说明—议论的“三段式”，那么试用“语体”分类怎么样？试用思维方法分类怎么样？试用文章写法分类怎么样？试用文章读法分类怎么样？如果可以一试，那么语体学的研究、思维科学的研究、文章技法分类学的研究、文章读法分类学的研究，似乎都还没有足够的成果为我们提供必要的条件。可见，人们主观上想破旧是一回事，客观上有没有提供立新的条件，又是一回事。我想，教科书编制的理论研究目前正方兴未艾，形势大可乐观；最近我参加了一个全国语文实验教材汇报交流会，看到在语文教科书的编制上，无论是理论研究还是实践尝试，成绩都令人瞩目。这种形势的进一步发展，必将带动与语文教育有关的多学科理论研究的深入。

▲ 我想，我们今天所谈的内容，虽不能说已经涉及十年来语文教育理论研究的各个方面，但多少已经触及到一些主要方面，你看是不是这样？

● 我开头已经说了，这是管窥蠡测，管窥就是所见十分有限，蠡测就是所论未必有据。同时，我们还决不能忘记，在这十年中，一些语文教育界的著名学者如叶圣陶、吕叔湘、张志公、刘国正等，他们在语文教育研究的理论跋涉中始终起着导航指向的作用。我今天不揣鄙陋，跟你说了这么一番话，实在是想通过贵刊向广大同行们、专家们请教。

语文学科性质之我见*

近年来，语文学科的性质问题又引起语文教育界的普遍关注。这种关注，不是毫无根据的。特别是国家教委提出，基础教育应当从应试教育转变为素质教育，把素质教育视为基础教育的重要目标。语文学科作为基础教育中的主干学科，在素质教育中负有举足轻重的任务。这样一来，人们就有理由对“语文学科是工具学科”这个命题产生怀疑，提出了种种不同的看法。这种争论，对于我们深化认识，指导实践，都是十分有益的。

从吕叔湘先生的话说起

著名语言学家吕叔湘先生在60年代曾经说过：一个从事语文教学工作的人，他首先必须“认清”两个问题：一是认清他教的是什么，即认清语言和文字的性质，认清普通话和方言、现代汉语和古代汉语的区别与联系；二是必须认清人们学会一种语文的过程。他认为这两个问题，属于语文教学的“根本问题”。入门的时候，需要研究这些问题；在教学过程中遇到困难、企盼求得解决办法的时候，更要研究这些问题。吕先生的这些话，至少能给我们这样的启示：要探索语文教学规律，先得明白“语文”本身的一些特点和规律，还得明白人们学习语文的一些特点和规律。换句话说，语文教学规律就“潜藏”在语文本身的规律和人们学习语文的规律之中。

探讨语文学科的性质，同样也要在上述这两个“认清”上下点功夫。

---

* 原载《语文学习》1997年第1期。

语文和语文学科

语文是工具，是思维和记录思维成果使之得以交流的工具。这是对语文的性质的确认。不过，认识到此为止，还是不够的，还得进一步深化。

语文，作为信息的载体，其性质主要体现在互有联系的三个方面。

一是符号性。语言和文字，都是人类传情达意的符号。语言，是“声”之符号，主要是声、韵、调；文字，是“形”之符号，主要是点和线及其变形。既是符号，它本身就是外显的东西，外显的状态一必须正确，二必须清晰，方能准确传达出内涵的东西。因此，对于“声”之符号的语言，学习它首先必须在摹声上下功夫；对于“形”之符号的文字，学习它首先必须摹其形。“声”和“形”描摹得正确、清晰，是学习语文的第一要着。忽视了这一点，其他问题也就无法解决。

二是工具性。语言是思维的工具、交流思想的工具；文字是记录思维成果的工具，是让交流的思想得以传之久远的工具。这二者都是工具。既是工具，要掌握它，就必须注意两条：一是要了解这个工具的性能和使用的方法，这便是关于工具的知识。语言和文字，各有自己的性能和用法，了解它们的性能和用法，获得有关语文的知识，这是正确运用语文工具的前提。二是要试着去用，去进行实际的操作。光“知”而不“行”，工具不过是一堆无生命的物件，尽管你已经知道这工具的性能是什么，使用方法是怎样，工具与你仍然不相干；必须把工具拿在手里去实际操作，让工具在运用中产生作用，发挥出应有的功能，这工具才有了生命，你也才能算真正掌握了它。既有“知”，又能“行”，知行统一，是掌握语文工具的必要条件。而且，这种“行”，还须达于熟练，使之“习惯成自然”。

三是社会性。语言和文字是全社会使用的工具，因此它又有社会性。所谓社会性，包含着两层意思：一是社会的约定俗成。一个人说的话，是不是能够使听的人都懂，要取决于社会上人们是不是都这样说。语言是如此，文字也是如此。文字尽管是人为的、假定的，但一经形体确定，便约定俗成，人人公认。二是社会的相互影响。既然语文是社会的“公器”，那么使用这个“公器”的人相互之间必然要产生影响。这就是所谓语文的社会环境。从这个意义上说，一个人最重要的语言教师是社会而不是学校里的语文教师。

说语文是工具，便认定语文学科也就是工具学科，这样的推理不是毫无根据的，只是稍稍简单了些。在中小学的课程设置中，工具学科主要是语言学科和数学学科。语言学科包括汉语文（在兄弟民族地区有双语学科）以及外语；数学学科除传统设置的以外新增了电脑。这些学科，由于教学的内容是语文工具或计算工具，所以习惯上统称为工具性学科。

细心的同志不难发现，在我国中小学的语文教学大纲中，历来没有“语文学科是工具学科”或者“语文学科的基本属性是工具性”这一类表述。语文教育的前辈专家，如叶圣陶、吕叔湘、张志公诸位先生，都说过“语文是工具”这类的话，但很少说语文学科是工具学科或说语文学科的基本属性是工具性等。这是很值得我们深长思索的。

教学大纲是国家制定的、指导各科教学的权威性文件。凡没有形成共识的结论，一般不能或不宜写进大纲，以免引起认识上的混乱。为什么多次强调“语文是工具”的老一辈语言学家，在论述到语文学科的性质的时候，慎用“工具”二字？可见语文和语文学科之间不能简单地画等号。

语文学科在过去的错误路线干扰下曾经被认定为实行阶级斗争的工具、培养资产阶级掘墓人的阵地。在“文革”十年浩劫中，语文课一度被上成“政文课”，实际上是取消了语文课。“文革”以后，正本清源，拨乱反正，经过广大语文教育工作者的多次座谈、讨论，从确认语文是工具起始，进一步认定语文学科是以培养学生掌握祖国语言和文字为己任的工具性学科。这是认识上的一次大解放、大进步。这种认识，上了点年岁的人都知道，来之不易。以至有人主张，在这个问题上不能再摇摆，不必再讨论。但是，讨论毕竟还是引起了，可见认识还有待于深化。讨论总是有利于认识的深化，有利于进一步接近真理，因此也有利于更好地指导实践。

语言是社会现象，语言和记录语言的文字是社会的客观存在物，它们作为人类传情达意的符号，其工具性是十分明显的。而语文学科则是基础教育中的一门课程，是全面培养人的素质的一门课程，这就不能简单地视为工具，也不能简单地认定它是工具学科。点、线、色彩是绘画的符号，也可以说是人类传情达意的特殊工具，然而美术学科却从来没有人说它是工具学科；同样，简谱中的 1、2、3，五线谱中的 F 和𝄞，是音乐符号，也可以说是人类传情达意的特殊工具，然而音乐学科也从来没有人说它是工具学科。其间的道理有某些相通之处。

美国课程论专家泰克西纳曾把人类的所有系统化了的知识划分为互有联系的 12 个领域。其中，语言学就属于第 2 领域，即“信息的符号”。尽管中小学语文学科教的是“语文”而不是“语言学”，但语文本身毕竟在本质上是一种“信息的符号”，只是它一旦成为语文作品，成为语文学科中进行研习的教材，它便与第 1 领域的“艺术”和第 10 领域的“传播”有了密不可分的联系。

作为学校教育中的一门具体学科，总有它特定的教学内容。语文学科的教学内容，笼统地说是“语文”，细说起来却包含着三个主要部分：一部分是关于语言的摹声和文字的摹形，通俗地说就是学习把话说对、说好，把字写对、写好；一部分是成功地运用语言的优秀作品；一部分是关于语言的运用规则以及读写听说的基本方法。这三部分内容，一般都不是分割开来、孤立地进行教学，而是以一定数量的优秀语言作品作为例子和凭借，来指导学习语言，学习文字，学习语言运用规则和读写听说等各种方法。语文这个工具，与木匠手中的斧、刨、锯、凿不同。斧刨锯凿是制作桌椅板凳的工具，桌椅板凳是运用上述木工工具制成的作品，一旦作品制成，工具就得收进工具箱。语文工具则不同，它既是工具，又是材料，还是制成品（部件或整件）。工具、材料、制成品，集于一身，不可分割，语文学科的教学内容决不是或者说主要不是作为符号、作为工具的语文，而是集工具、材料、制成品为一体的语文。

再者，语文这个工具，作为信息的载体，它在实际运用中总是承载着人们所要表达的情、理、意、趣的。在语文学科中学习语文，主要是学习承载着人们情理意趣的语文，而不是孤立的、静止的、不表现任何实际内容的语文。因此，学习语文同时也学到了古今中外作者们所要表现的情意理趣。这是语文学科中学习语文的显著特点。

明白上述各点，也就可以明白语文的性质与语文学科的性质决不能完全等同，它们之间有联系，也有区别。教学大纲表述的谨慎，老专家们论述的周妥，都是有道理的。

语文学科的性质

说语文学科具有工具性，这是没有问题的，理由上文已经申述，而且，我认为这个认识来之不易，坚持这个观点可以避免摇摆，避免大起大落，避免语文能力训练的削弱。

在坚持语文学科工具性的同时，还有几个问题要提出来说一说。

一是基础性。在中小学设置的众多学科中，语文学科首先是一门基础性学科。“基础”一词，其含义本来就具有相对性，就高一级的学习层次来说，低一级的学习都是“基础”。相对于高一级的专门教育，普通中小学的各科教育统称为基础教育。然而要把中小学各科的教育教学活动正常地开展起来，得有个先决条件，那就是要让学生能由低到高逐步掌握祖国的语言文字，会说会听，会读会写。因为其他各科的学习，都要以祖国的语文作为媒介，都要有读写听说的实践作为开展教学活动的手段。否则，一切教育教学活动都无从谈起。因此，学好语文是学好其他学科的基础，甚至是学生进行有效学习的基础。

再进一步说，中小学教育又是人才素质的教育。各科教育都是从各个侧面来培养和提高学生的素质的。语文学科为学好其他学科提供了必要条件，那就必然成为整个素质教育的基础。更何况，语文学科本身又将以丰富多彩的知识内容来扩展学生的视野，以各种各样美的人、美的事、美的景、美的物陶冶学生的心灵，以人生哲理、自然奥秘、历史规律、处世态度等发展学生的理论思维，在奠定学生的素质基础方面能发挥它特有的功能。

二是人文性。语文学科又是一门人文学科。人文，在我国，本是由“天文”相对而衍生出来的。《易经》中说：“观乎天文，以察时变；观乎人文，以化成天下。”宇宙中各种现象，谓之天文；人类社会的各种现象，包括各种社会思潮和文化现象谓之人文。改革开放以来，在众多学科的交流和融汇中，人们发现用“人文性”一词来概括语文学科在教学内容上的特征似乎更为科学、更为准确，它既涵盖了政治思想性或思想性，也可以包括人的世界观、人生观、价值观、审美观等一切属于人的精神世界的教育因素。这个发现是十分重要的，它将为语文学科结合自身特点，在“人文”的广阔领域里恰如其分地承担起为社会主义精神文明建设打基础的任务。

语文学科不但要涉及作为信息符号的语言和文字，更要涉及作为信息载体的语言和文字所承载的人们的情意理趣。语文学科要指导学生阅读大量的古今中外的诗文名篇，阅读大量反映各个时代社会思潮和文化现象的优秀作品；又要指导学生学会观察和分析历史的、现实的社会和人生，从而写（说）出足以反映自己真情实感的文章（话语）来。因此，它的人文性既突出，又鲜明。

三是技能性。如前所述，按照泰克西纳知识分类的 12 个领域，语文学科应是横跨“符号”“艺术”“传播”等领域的综合学科。而语文学科又往往不满足于传授有关符号、艺术和传播等领域的孤立的、静止的知识，它绝对地要求把这些知识转化为种种技能，即把语文作为信息符号、作为艺术手段、作为传播媒介的种种知识转化为规范的、有艺术表现力的、便于人们接受的语文行为和语文技能。因此，把语文学科视为单纯传授知识的学科，是严重的误解。

技能是必须经过实际操练方能逐步获得的，通过读写听说的实践来培养和提高读写听说的技能，这是语文学科在教学上的一大特点。在其他学科中，读写听说是求得知识的手段；而在语文学科中，读写听说既是手段，又是目标的体现。而且，在读写听说的实践中又必然使思维受到严格的训练。因此，语文学科的技能性是始终不能忽视的，否则势必导致语文教学走入误区。

对于语文学科的性质，论者所持的看法多有分歧。有分歧，有争论，有利于开拓思路，因为它提供了分析、比较的基础，提供了众多的观察问题的角度，可以把研究引向深入，也有利于指导教学实践，避免认识上的片面性引起实践上的片面性。

语文学科教育改革刍议*

在探讨21世纪我国语文学科教育发展战略的时候，有一个问题已引起人们普遍关注，那就是语文学科教育与继承民族历史文化传统的关系问题。再往深处想，就是如何建设具有中国特色的语文学科教育新体系，为世界各国母语教育的发展作贡献的问题。不久前颁布的《中华人民共和国教育法》，在“总则”第七条中明确规定：“教育应当继承和弘扬中华民族优秀的历史文化传统，吸收人类文明发展的一切优秀成果。”这规定适用于各级各类学校教育的管理、各学科教育内容和方法的改革。语文学科，是以民族的语言文字及其优秀作品作为教育内容的，在继承和弘扬民族优秀的历史文化传统方面，又有着特殊的重要性。

现代化的内涵，既包含着科学化，更不能背离民族化，完整地说就是科学化和民族化的结合。中国现代文化巨匠鲁迅先生曾经深刻地指出：作为一种文化，愈有民族性，也就愈有世界性。以汉民族语言文字的运用规律及其优秀作品作为主要教育内容的语文学科教育，也是愈有民族性，也就愈有世界性，其间的道理是相通的。

几项基础性工作

改革语文学科教育，建设具有中国特色的语文教育新体系，有许许多多的工作要做。其中有几项，我认为是属于基础性工作：一是研究汉语汉文的特点；二是研究汉语文教育的传统经验；三是研究新时代对人们语文素质的新需求。

---

* 原载上海师范大学《学科教育探索》1997年第4期。略有删改。

先说第一项。

普通语言学、应用语言学、心理语言学等，研究对象都是一般语言的特点及其运用规律。汉语文字学、汉语音韵学、汉语语法学、汉语词汇学、汉语辞章学等，研究对象则是汉民族语文的特点及其运用规律。二者的研究成果，对我们思考语文学科教育问题都是十分有用的。应当说，后者尤其有用。遗憾的是，长期以来，由于受西方语言学的研究方法和研究结论的影响，我们对于汉语汉文本身所具特点的研究一直是滞后的，若明若暗的。近几年，这种状况已开始有所改变，但从总体上说，在这方面能提供我们在实践中思考和应用的科学结论还不太多，与汉语汉文的悠久历史和博大精深也不太相称。在这不太多的结论中，有几点在笔者看来是比较重要的。

1. 汉语文以单音节词为基础。一个汉字可以同时是一个词，即单音节词。来自古代汉语而同时又活跃于现代汉语中的那些单音节词，往往是汉字中的基本字，它们不但可以单独成词，而且具有极强的构词能力，从而衍生出许多双音节和多音节的词来。

构成双音节以上的词，其中的单个汉字一般就成为语素，许多基本字往往是重要的语素（用西方语言学的术语，它们相当于“词根”）。对于语素的理解是否准确，往往成为能否准确理解词义、能否辨别近义词异同的一个关键。

因此，认读辨识汉字，尤其是基本字，逐步积累和扩大识字量，就成了学习汉语书面语的重要基础。

2. 汉语词语的组合比较灵活，不同的组合往往表达不同的含义。这种情况在以单音节词为基本语言材料的古代汉语中，表现尤为明显。“长日夏凉风动水”，颠倒成为“水动风凉夏日长”，意思完全不同了，却都是佳句。在现代汉语中，通过词语的不同组合来表达不同的含义或情味，仍然是一种常见的现象。“论文”与“文论”，“科学”与“学科”，“屡战屡败”与“屡败屡战”，“康必得”与“得必康”，“不能去”与“能去不”，诸如此类，不胜枚举。

因此，通过阅读逐步熟悉汉语词、语、句的组合关系及其对语义和情味的影响，是培养语感、提高语文素养的重要一环。

3. 汉语中多义现象和同义现象比较突出。同义，往往又与多义有关联。“买酒”与“打酒”同义，因为“打”是个多义词，在它的众多义项中有一个义项是相当于“买”的。

汉语中的多义、同义现象，有时与特定的语境有关，有时与某种感情色彩有关，有时与一定的语体风格有关，有时与义项繁复造成语义交叉有关。

因此，语境教育、语感培养、语味玩索、语义辨析等，在汉语文学习中有特殊的重要性。而且，这许多工作，都要通过受教育者的独立阅读，逐步积累词汇，逐步丰富语言材料，并在阅读中进行比较、揣摩，才能真正奏效。靠孤立的讲解，靠理论的授予，往往事倍功半，有时甚至是劳而无功。

4. 汉语的虚词，表义、表情的功能往往特别强。现代人说到古代的书面语，习惯上总是用“之乎者也”来概括，可见虚字在古代汉语中有举足轻重的作用。这个特点在现代汉语中依然保留着。如似乎、也许、大概、可能、然而、甚至、未必、何尝这些词，或表推测，或表转折，或表委婉，或表虚拟，或表着重，总之是使语意表达带上种种特殊的分量或色彩。善用虚词，常常能从一个侧面显示出人们的语文素养。

虚词的作用，可以作些理性的分析使学生明白；但真正要感受其意义和情味，则非通过大量阅读，甚至非通过出声的诵读细细加以玩味不可。

5. 汉语中有些词语蕴含着一定的文化内涵。古代人作文赋诗，常常喜欢用典。用典的好处之一是使表达含蓄而不浅露。用典过滥，人们贬之为“掉书袋子”，故意卖弄，不可取；用典恰到好处，却足以表现出一种含蓄雅洁的风姿。汉语中有许多成语，人们喜欢学，也喜欢用，就是因为成语中常常隐含着某些历史传说或寓言故事，内蕴比较丰富。现代汉语在实际应用中，也常常保留着“用典”的痕迹。“卢沟桥畔月色惨白”，包含着“七七事变”日寇入侵的那段惨痛历史。“别看他身上穿得很新潮，脑子里却还是十足的鲁四老爷”，读过鲁迅名著《祝福》的，都知道这“鲁四老爷”指的是什么。朱自清在《背影》中写自己的父亲，戴的是青布小帽，穿的是青布大褂和青布鞋子；“青”指黑色，这一身穿戴就意味着家道贫寒，且在丧母守孝之中。

因此，在语文学科教育中，既要用力在“语文”之中，也要用力在“语文”之外，把扩大学生视野，提高学生一般的文化素养，看得特别重要。

汉语汉文的特点，是个还没有研究透的问题。上面说的这些，是否可以认为是特点，不敢自信，故作引玉之砖。但提出要研究汉语汉文的特点，并把它看作是建设有中国特色的语文教育新体系的基础，大概不会有错。

再说第二项。

在语文教育方面，前几年有人提出过这样的问题：究竟是现代人搞不过古代人，还是古代人搞不过现代人？哪些方面搞得过，哪些方面搞不过？这些问题都需要通过深入的、客观公正的调查研究，才能找到正确的答案。

已故著名语文教育家张志公生前曾从教学法的角度说了他研究传统语文教育后得出的结论：

“经验方面主要有三点：一是建立了成套的、行之有效的汉字教学体系。一是建立了成套的文章之学的教学体系。一是建立了以大量的读、写实践为主的语文教学法体系。

“问题方面主要也是三点：首先是语文教学的性质和目的——语文教学是科举考试的附庸，目的在于使受教育者获得参加科举考试的写作能力。这样的性质和目的决定了教学内容——识字加读古文加作古文（一般古文和八股文）。这样的性质和目的，这样的内容，决定了学语文的主要手段——记诵和摹仿。”

张先生这段话是在《关于改革语文课程、语文教材、语文教学的一些初步设想》一文中说的，目的是为了寻求语文教学改革之路。传统语文教育的这些“问题”，产生了两“脱离”——脱离语言实际、脱离应用实际——和两“忽视”——忽视文学教育、忽视知识教育——的弊端。改革就要从革除这些弊端入手。张先生这种注重调查研究的态度，是实事求是的科学态度，永远值得我们学习。

张先生说到的这些“问题”，大都是科举制确立并盛行之后的事，或者说主要是明清两代官家所推行的那种教育造成的结果。这种结果，其消极影响至今犹存。如果我们把调查研究的范围，从时间上再向前延伸，从空间上再向广处扩展，那么传统语文教育中值得我们后人重视的“经验”恐怕还有一些。例如：

1. 学语文与学做人的紧密结合

就教材说，以四书、五经为主，兼学史籍。所谓以经为范，以史为鉴，读这些都是为了明白做人的道理。即使让蒙童读的《三字经》《千字文》中，也含有儒家伦理的内容。

就教法说，历来重视教师的人格影响，十分讲求教师的德行。还重视受教育者的亲身实践，强调“亲闻”，强调“笃行”。

宋代朱熹说：“圣贤教人为学，非是使人缀缉言语，造作文辞，但为科名爵禄之计，须是格物、致知、诚意、正心、修身，而推之以至于齐家、治国，可以平天下，方是正当学问。”这位古代大教育家说的是传统语文教育的精髓。

2. 重视综合，重视知、情、意的统一

不讲究传授系统的语文知识，一切让受教育者通过诗文的诵读自求通达、自求领悟，这固然有忽视知识教育之嫌，但它把受教育者的学习态度置于十分重要的地位，却值得我们借鉴。儒家施教，注重学、问、思、辨、行，这些主要是学习方法；然而，博学之，审问之，慎思之，明辨之，笃行之，加上了博、审、慎、明、笃这些限制性词语，就强调了受教育者的情和意了，即：广泛地去学，追根究底地去问，精细缜密地去想，不容含糊地去辨别，脚踏实地地去做。所谓“知之者不如好之者，好之者不如乐之者”，把好学和乐学放在求知的首要位置，强调了当今所谓“非智力因素”的重要，是难能可贵的。

3. 把汉字的认读、书写和积累看作是学语文的基础

蒙童学《三字经》《百家姓》《千字文》等，主要目的是为了识字（学《百家姓》之类，更是如此）。读这些书，“明多少理”固然重视，更重视的则是“识多少字”。识字多了，读书就方便，明理也不难。另编一种习字帖，“上大人，孔乙己”，由笔画简单到笔画复杂，慢慢临摹。识字和写字分两条线推进。会写了，还要求写得好，于是再临名家字帖。写得一手好字，是古代读书人非常讲究的事。

4. 以诵读、熟读模范文为学语文的基本途径

诵读，是为了更好地体会文意、文气、文势，更有利于培养语感。古人

读的书，与当时的口语有一定的距离，说的是一回事，写的又是一回事。诵读，有利于口语向书面语的转化。

熟读甚至背诵，是为了更好地积累语言材料。所谓“熟读唐诗三百首，不会吟诗也会吟”，就是因为通过熟读，熟悉了诗歌的格律，也熟悉了诗歌中习用的词语与句式，自己摹仿着写也就有几分相像，独立创作时许多习见的词语、句式和表现方法会自然而然地流到了笔底。

5. 精读与博览相辅相成

经史子集中的重要篇章，要精读，要反复吟诵、揣摩。除此之外，还要广泛阅读，以扩充自己的知识领域。博览，同时也指广闻博识。“读万卷书，行万里路”，都是为了求内蕴的充实。说“半部《论语》治天下”，是强调经典性的著作要读得精、读得透，并将其精要之处付诸实践；说“读书破万卷，下笔如有神”，是强调在精读的基础上还要多读，逐步扩大读的范围。

6. 语文训练中重视语境的铺设

典型的例子有三：一是对对子。出一个上联，要求对一个下联。因为“对对子”有严格的限制和规范，所以上联就是一种语境规定。上下联对不起来，就是脱离语境；上下联对得不工整，就是与语境不完全切合。二是猜诗谜。写出一首人们不太熟悉的诗来，在其中抽去一个或两个关键的字眼，要求把这抽去的一个或两个字补出。整首诗就是一个完整的语境，补出的字，无论从语意上、文气上、平仄上都必须符合全诗的表达要求。三是写尺牍。尺牍，是古人对书信的称谓。写信，总是有特定的对象的，这对象的身份、与写信人的关系、需要了解的情况等，都是特定的语境，写信的基本要求就是要与这语境相适应。

传统语文教育中究竟有哪些是符合汉语汉文教学规律的经验，需要下功夫去研究。以上所述，必定有遗珠之憾。大家来研究，大家来协力做好这项基础性工作，对建设有中国特色语文教育新体系无疑是必要的。

再说第三项。

语文素质究竟包含哪些内容？现代社会对每一个公民的语文素质有哪些要求？这些也都必须作深入的调查研究。

语文素质有基本素质和特殊素质之分。以“说话”为例，会说比较准确、流利的普通话，语音清晰，语态从容，心理上比较放松，懂得礼貌用语，这些都属于基本素质范围。假如，这个人不是在一般场合说话，而是在一个特殊的场合、面对着一些特殊的听众说话，比如比赛场上的解说员、电台的广播员、电视台的节目主持人、舞台上的演艺员、企业公关部的经理、名胜旅游区的导游员等，那都需要有一些特殊的素质，须经某些特殊的训练。普通中小学，适应面较广，它在口语训练方面着眼点是基本素质；职业教育中的职高和中专，在基本素质训练以外，还要结合职业需要作一点特殊训练。在听说读写四项语文能力中，哪些属于基本素质，在普通中小学阶段要着力训练？哪些是职业所需的特殊素质，在职业教育中要适当强化训练？所有这些，都不是凭经验、凭个人感受可以妄下结论的，必须有许多人通力合作，多侧面、多层次地加以调查研究，才能得出比较科学的结论。

语文素质是一个历史概念。现在是20世纪90年代，语文素质要求跟18、19世纪不完全一样。那些相同或基本相同的部分，可以看作是语文素质中的稳定性因素；那些因时代发展需要而更新的部分，就是语文素质中的时代适应性因素。仍以“说话”为例，面对21世纪，人际交往越来越广泛和频繁，社会对公民的口语交际能力的要求也越来越高。这“越来越高”的要求，就是时代适应性因素。再以“阅读”为例，与阅读相关的眼视能力，过去以视读书面文字为主，现今却要兼备视读屏幕文字的能力；过去视读书面文字，固然需要有一定的速度，视读屏幕文字，更需要具备快速扫视的能力。诸如此类的问题，也都需要进行广泛、深入的调查，把未来社会对公民的语文素质要求搞清楚。

改革的基本思路

教育教学改革的总目标是要实现现代化。但是，如前所述，实现现代化不能割断历史，尤其是一个国家、一个民族的语文教育，它与本国、本民族的历史文化和民族传统有不可分割的联系，因此更具有历史的继承性。如果承认这是事实，那么语文学科教育改革只能走科学化和民族化相结合的道路，建立既具有中国特色又符合现代社会需求的语文教育新体系。

这个新的体系，在我看来，大致要在以下一些方面体现出它的特色来。

1. 充分发挥语文学科的育人功能

教材编写树立精品意识。所谓精品，标准主要有两条：一是语言运用，堪称典范；二是作品内容对于培养和提高学生正确的世界观、人生观、审美观、价值观等有积极的启发和引导作用。

教育教学强调教师的人格影响，强调教师要以教材和自身的言传身教为媒介，在潜移默化中塑造学生美好的心灵和健全的人格。

语文训练与思维训练、意志训练、情感训练结合。通过严格的技能训练培养学生严密而敏锐的思维能力、体现个性特征的创造精神和勇于克服困难的坚毅意志。

2. 用科学、有效的方法突破汉字教学的三“关”：认读关、书写关、积累关

根据汉字使用的频率，科学地编制出汉字认读等级表。小学教材的课文，按等级表列出的汉字组织编写。初中教材的课文，按等级表列出的汉字，提取、整理、归类；少数缺漏的，在有关材料中补出。

编制或选用适合不同学段学生需要的汉字规范化书写字帖，供学生临摹。硬笔字帖、软笔字帖分别编制，并体现出一定的阶段性和层次性。职高和中专根据某些职业的特殊需要，加强书法训练。

小学低年级把突破汉字关作为教学重点之一认真加以研究。最近辽宁省正在总结推广“韵语识字”经验，这是继承和发展传统语文教育经验的一个范例。

中小学各年级都根据教学需要把指导学生使用基础性的语文工具书作为一项重要工作；有条件的学校，把汉字教学和计算机汉字编码与操作训练结合起来，向教育内容和手段的现代化迈出第一步。

3. 重视诵读训练

教会学生诵读教材中选录的语文精品，其中有些则要求熟读成诵。重视语言材料的有效积累。

对于诵读，包括现代文的朗读和文言文的吟诵，进行科学研究和科学训练。

4. 用活的语言知识指导学生语言的实际应用

指导学生学习语文，要重视语言知识的讲授。但这种语文知识不再是过去所做的那样机械地从语言学教科书或语言学专著中搬来，而是从汉语汉文的实际应用中总结出来的活的、动态的知识，以利于指导学生语言的实际应用。这样的知识短文要编得好不容易；但总要试着去做。北京的章熊和江苏的柳士镇、朱泳燚等几位先生，在叶圣陶、吕叔湘、张志公诸位前辈的鼓励下，已先后作了这方面的尝试，取得了可喜的成果。有志于此的同志应当在此基础上继续探索，使长期以来语言基础知识教学脱离生活中语言的实际应用的状况，在世纪之交能有所改变。

语言的实际应用的练习，最好与阅读课的“思考与练习”分开来编，因为二者各有训练任务，不宜纠缠。语言的实际应用，在现代语用学中称为“言语”训练，我们过去在这方面研究不够，今后需要加强。

5. 教给学生三“动”（动口、动手、动脑）的方法，留给学生三“动”的时间

决不要低估学生自学语文的能力。以培养和提高学生自学语文的能力为目标改革语文课堂教学的内容和结构。

听说读写，都有各自的方法和操作要领。把这些方法和要领教给学生，让学生运用这些方法、根据这些要领去进行听说读写实践。

在课堂教学中，有意识地给学生留出动口、动手、动脑的时间。读课文、议问题、辨是非、记笔记、做作业、写心得，让学生人人都“动”起来，都“忙”起来。

语文学习效果的“产出”，与学生时间、精力的“投入”成正比例。“投入”多，“产出”也多；“投入”少，“产出”也少。过去，教师的时间、精力“投入”多而学生自己的“投入”却很少，要想求得“产出”多怎么可能？（把学生陷在“题海”之中，这不是正常的所谓“投入”）

6. 精读与博览结合，课内与课外沟通

精读学规律，博览增见识；课内打基础，课外增实力。重点作文篇数少些，但每有所作必定反复推敲、反复修改，做一篇有一篇的得益；随笔札记篇数多些，以利于养成用笔表达自己所思所感的习惯。

改革语文课程结构，使课外语文活动成为课程结构中有机的组成部分。宜昌市教研室开展的“课内外衔接训练语文能力”的课题，显示出了巨大的优越性。

学校的图书馆、阅览室、影视室、语音室、微机室以及校内各科教学和校外教育基地，都成为语文学科教育的重要环境。

7. 在培养各种良好的语文行为习惯上下功夫

语文学习，从一开始就注意培养学生良好的习惯。所谓打基础，固然有许多的工作要做，其中最重要的、可以持久发挥作用的是习惯培养。

习惯培养离不开实践。语文行为习惯的养成也必须在听说读写的实践中严格要求，一丝不苟，方能见效。

语文训练，重要的内容是技能训练。技能必须纯熟而达到习惯成自然的程度。这在理论上都已形成共识，但坚持这样训练，并在习惯培养上真正取得实效的并不很多。新体系将要改变这种状况。

8. 把基础教育、职业教育联系起来通盘规划，形成多层次、多类型的语文学科教育新格局

有中国特色的语文学科教育，应该是多层次、多类型的。在纵向上是多层次的，不同层次有不同的教学目标和要求；在横向上是多类型的，有基础教育中的语文学科教育，也有职业教育中的语文学科教育。语文基本素质和语文特殊素质，有主有次地在各种类型教育中体现出来，共同服从于培养和提高受教育者语文素质的总目标。

9. 注重提高学生的文化素养

语文素质真正要得到提高，除了致力于“语文”本身以外，还得使受教育者在其他文化素养方面有一定的积累。语言文字是思想和文化的载体，思想和文化素养是使语言文字的表达日臻丰美的前提条件。二者是形式和内容、载体和被载物的关系，新体系将在二者相互关系的处理上体现出辩证法的科学光彩。

10. 以有效的激励机制使语文教师本身素质的提高有可靠的保证

语文教师都重视教育科学研究，使语文学科教育有较高的“科技含量”。高等师范院校和教育科学研究机构的教学、研究人员能深入学科教学第一

线，向执教老师学习，并用他们自己的科研成果指导语文学科教育实践，共同为建立有中国特色的语文学科教育新体系而努力。

进入 21 世纪，新的时代对学科教育将提出许多新的要求和新的历史课题。语文教师不但学历层次要提高，而且要自觉地进行业务进修，不断“充电”，以利于培养适应新时代需要的新型人才。

以上各项设想，只是粗线条地提供一种思路。这思路，是否能体现既有“中国特色”，又能“适应新的社会需求”的特色，提出来供同行专家讨论，请同行专家指教。

关于语文素质教育的思考*

一、关于背景的思考

面对21世纪的挑战，人们都在思考如何提高人口素质问题。

据人口问题专家研究，我国人口的素质状况堪忧。人口素质包括身体素质和文化素质。中国人口的身体素质不差，平均寿命70岁，高于全球平均数66岁，在120个国家中居第4位。但是文化素质太差，据1988年联合国教科文组织调查，全世界15岁以上人口中有8.89亿文盲，中国为2.29亿，占世界文盲总数的25.83%。中国中学生入学率仅为44%，居第66位；大学生入学率仅为2%，居102位。同样数量的人口，如果素质很高，就是现代化建设的巨大动力；如果素质很差，就成了现代化建设的沉重包袱。

中国人口的文化素质过低有历史原因，也有经济原因。经济原因主要是教育经费投入严重不足。在一个经济还不发达的人口大国要办世界上规模最大的教育，首先碰到的是教育经费的投入问题。世界银行《1992年世界发展报告》显示，教育经费占国民生产总值的比重，中国为2.5%，居世界第98位，不仅与高收入国家的5.7%和中等收入国家的4.4%相距甚远，而且远低于3.6%的世界平均水平，甚至还低于低收入国家2.6%的平均水平。《中国教育改革和发展纲要》中曾下决心要在本世纪末把这个比重逐步提高到4%。看来实现这一目标，还未可乐观。(有关资料转引自《民主》1997年第6期瞿世镜《人口与素质》一文)

---

* 原载《中学语文》1997年第9期。

当然，人口文化素质过低还有教育工作本身的问题，即有限的教育经费投入还不能得到相应的回报，教育投资效益不高。这里有教育体制、教育结构、教育管理和教育指导思想等问题。其中，教育指导思想出现偏差，恐怕带有根本性质，这主要是指偏离国家的教育方针，偏离对于受教育者综合素质的培养和提高这个根本目标。不是说国家没有这方面的要求，《中华人民共和国教育法》已经颁布，教育的宗旨和方针十分明确。可是这部教育的大法是个“软法”，在一些地方和学校可以执行也可以不执行，可以部分执行也可以在执行过程中掺点“私货”，而且违背了似乎也无法追究法律责任。对于国家的教育方针，说“偏离”还是比较委婉的说法，实际上在一些地方和学校拿的是国家和人民的钱，干的却是违背国家教育大法的事。

于是才有加强素质教育一说，上自国家，下至社会各界，呼吁强烈。

二、关于素质的思考

负有行政责任的国家教委当然看到了问题的严重性，从行政的角度向各地教育行政部门发出了一系列指令性文件，要求纠正“应试教育”带来的种种弊端，把教育的着眼点和着力点转到“素质教育”上来。教育理论工作者和实践工作者，出于历史的责任感和使命感，在理论上探讨，在实践上探索，提出了种种“素质教育”的理论依据和实践方案。各学科的教师，也都结合本学科的特点研究素质教育问题。尤其是语文教育界，深知语文教育在培养和提高人的素质方面负有“奠基性”的责任，所以研究、讨论、实验，各抒己见，各探新路，十分热烈。

笔者是语文教育工作者，深为前面说到的我国人口素质状况所震惊。于是从语文教育的角度对“素质”这个深层次问题作点肤浅思考。人的素质，当然跟他与生俱来的一些先天条件有关，但从根本上来说，人的素质还是受后天影响而逐步形成、发展的，特别是同后天的社会实践和他所受的教育，关系非常密切。所以，人的素质主要是指通过社会实践和学校教育逐步形成的、适应社会客观需求的多种品质和能力的总和。影响人的素质有三大因素：遗传因素、环境因素、教育因素。遗传因素，一般不能人为地改变，姑且不论；环境，营造一个良好的社会环境，我们能有所作为，但毕竟带有间接性；我们的工作能直接发挥作用的，只有教育，在培养高素质的青少年方面负有重大的历史责任。

素质有基本素质和特殊素质之分。例如说话，现代公民应该有个基本素质，会说普通话，语音清晰，语态从容，心理上没有什么恐惧感，比较放松，这都属于基本素质范围。但是，假如这个人不是在一般场合说话，而是在一个比较特殊的场合说话，比如赛场上的解说员，电台的广播员，电视台的节目主持人，舞台上的演艺员，公关部的经理，旅游区的导游等，那都需要有特殊的素质，须经特殊的训练。普通中小学和职业教育中的职高和中专，在口语训练方面就有基础训练和结合职业特点所需的特殊训练的区别。

素质有它的一定的历史内容。现在是 20 世纪 90 年代，对人的素质要求跟 18、19 世纪对人的素质要求不完全一样。作为一个历史的概念，素质的要求及其评判标准，不同历史时期不完全相同。那些相同的部分，可以视为素质中的稳定性因素；更新的部分，就是时代适应性因素。仍以说话为例，面对 21 世纪，人际交往越来越广泛和频繁，对社会交际口语的要求和标准也越来越高。与阅读相关的眼视能力，过去以视读书面文字为主，现今却要兼备视读屏幕文字的能力；过去视读书面文字，固然需要有一定的速度，视读屏幕文字，更需要具备快速扫视的能力。

语文素质教育从内容到方式的更新与发展，是时代的要求。

三、关于基础教育的思考

1987 年 1 月，75 位诺贝尔奖金获得者在巴黎集会。有人问一位获奖者："您在哪所大学、哪个实验室学到您认为最主要的东西呢?"这位白发苍苍的老学者说："是在幼儿园。"他学到的是什么?"把自己的东西分一半给小伙伴们""不是自己的东西不要拿""东西要放整齐""吃饭前要洗手""做错了事要承认，要表示歉意""午饭后要休息""要仔细观察周围的大自然"……"从根本上说，我学到的最主要的东西就是这些。"老学者回答。

这个故事，很值得深思。

人的基本素质，要从接受教育的初始阶段就着手培养。基础教育，从幼儿教育到义务教育阶段，说到底是一种"养成教育"。养成什么?养成正确的、良好的生活习惯、学习习惯、劳动习惯、人际交往习惯和人与大自然和谐相处的习惯等；养成种种最基本的能力，如健身力、思考力、判断力、记忆力、计算力、联想力、理解力、发现力、审美力、忍耐力、自信力等，以此作为今后进一步发展的基础。为此，从事基础教育的人应当树立“以人为本”“以培养人的素质为己任”的现代教育观。要十分尊重班上每一个学生，尤其是那些相对后进的所谓“差生”。不管是优等生还是差生，在人格上是一律平等的。而且在某种意义上说，“差生”往往有一种自卑心理，人格上格外地需要尊重，要千方百计地培养起他们的自信心来。“养成教育”不实行淘汰制。而且它要求把教育的侧重点放在可能被淘汰而实际上不该淘汰的那部分所谓“差生”身上。可惜，我们现在有些学校和教师做的恰恰相反。

四、关于语文基本素质的思考

语文基本素质究竟包含哪些内容？这是当前和今后一个时期要着重研究的问题。

语文学科各级各类教学大纲已有简要的规定。结合社会的需求和大纲的规定，笔者以为比较稳定的语文基本素质大概有如下几项：

能写规范、工整、匀称、流利的汉字；

能正确辨认 3 000—4 000 个汉语常用字；

能正确运用规范的标点符号；

能说不妨碍社会口语交际的汉语通用语（说得标准，是应当追求的目标）；

能写清通、合格、得体的一般实用文和常见应用文；

能有较强的口语交际能力；

能读一般政治的、文艺的、科普的现代作品，了解主要内容，并有一定的鉴赏评价能力；

能借助注释和工具书阅读浅易的文言诗文；

能有一定的文化修养，读写听说有一定的文化内涵；

能背诵一定数量古典的、现代的诗文名篇佳句。

我姑且戏称之为“10 项全能”。这些“能”，当然有“能级”的区分。

在基础教育阶段，特别是义务教育阶段，要有层次地结合受教育者的生理心理特点逐步加以训练。据说，开封市教委提出试行“23518 工程”：要求练 2 年书法（一年硬笔，一年软笔），背 300 首诗词（含短文或重点段落），写 500 篇文章，记 1 000 条成语，读 8 部中外名著（中：“西、水、三、红”；外：“哈、欧、悲、复”）。这样做是否有效，既在“试行”，且慢评判。实践是检验真理的唯一标准。不过，可以看得出，他们是在扎扎实实地下功夫，在语文基本素质的培养上探寻他们自己的路。这几年，语文教育界的有识之士都在制订方案，都在“试行”。鲁迅说，世上本没有路，走的人多了，也便成了路。在素质教育上，这话也适用。

人们说，21 世纪是人才竞争的世纪；这竞争，也就是人的素质的竞争。现在觉悟到这一点，引起警觉，并努力实践，希望再过 10 年到 15 年，我们在新世纪的人才竞争中将逐步赢得一定的实力。

现实的困惑和历史的使命*

——语文学科课程改革的背景研究

在我国，经济体制的改革，造成经济利益格局的大调整，每前进一步都会引出许多新的矛盾，产生许多新的困惑。语文学科教学的改革，也大抵如此。改革开放20年来，就语文学科而言，从改革意识的复苏，到改革方案的试验，确实取得了长足的发展。但是由此造成的教育观念大变化，每前进一步也会引出许多新的矛盾，产生许多新的困惑。可以这样说，20年来语文学科教学的理论研究和改革实践，是一个在探索中不断有新矛盾，在困惑中不断有新发现的过程。

当前存在的现实困惑确实很多，择其要者，大致是：

一、现代化和民族化的统一问题

在70年代末、80年代初，人们开始意识到语文学科教学的改革必须朝着“现代化”的目标推进。当时理论界就出现了三种思维走向，这种状况至今仍然困扰着语文教育界。一部分人认为，所谓“现代化”总是以“彻底批判传统的东西”为前提的，而“传统的东西”对于母语教育来说多半是不容抛弃的，其中某些精华甚至是民族语文教育的瑰宝。他们不但在行动上“婉拒”现代化，而且在理论上认定中国语文教育的振兴，出路不在“现代化”，

* 作者注：湖北大学文学院《中学语文》主编潘纪平先生在1999年秋嘱我就语文学科的课程改革谈点看法。奉命写作，苦思冥想，分两次完成了“谈点看法”的任务。在该刊2000年第1期发表的是关于语文课程改革的背景研究。

而在“恢复”那些历来被事实证明为有效的传统教育思想和传统教学方法。近年来，有少数论者认为当前语文教学中存在的一些弊端，根本原因之一是在“拒绝文言”，因此主张要让学生多读点文言诗文，这对提高青少年的文化素养十分有益。有人甚至认为用传统的“对课”（即“对对子”）方式来训练学生的语文能力，可能有助于培养“大师级”人才。

另一种思维走向正好相反，他们认为在改革开放的历史新时期，要改变中国语文教学长期存在的那种少慢差费状况，必须走出误区，另觅新径，即彻底摆脱传统的束缚，走全新的现代化的道路。因为，“古代文明越发达，深层结构的传统越牢固，对现代化的阻力也就越大”，因此要实现现代化，就必须彻底割断与传统的联系。

还有一种思维走向，似乎走着一条“折中”的道路。他们认为，对于“传统”应该进行科学的反思，科学的分析。中国的语文教育改革应该走现代化和民族化相结合的道路。中共十二大，小平同志提出“要建设有中国特色的社会主义”；中共十五大在讨论到建设社会主义文化的时候，又特别强调“要建设立足中国现实、继承历史文化优秀传统、吸收外国文化有益成果的社会主义精神文明”。看来，时代的要求是在支持第三种思维走向。

二、科学化和人文化的统一问题

语文教学的科学化，是语文教育现代化这个大课题中的“应有之义”，语文教学科学化的前提条件之一是教学内容的序列化。

序列化在具体操作上要解决两大问题：一是优化选择，二是合理列序。80 年代初期，对于教学内容序列化的追求，曾经一度成为语文教育界共同关注的热点之一。然而，问题也随之产生。语文学科毕竟不同于数、理、化、生等学科。后者属于自然科学范畴，其内容可以科学地加以切分，切分以后仍然可以显示出其间严密的逻辑联系；前者属于人文科学范畴，具有综合性、意会性等诸多特点，它本身所包含的内容又极其广泛，因此想用逻辑的方法对语文教学内容加以科学的切分，事实上很困难。何况，语文教学要完成的任务，绝不仅止于知识的传授，它一方面要求把知识转化为能力，一方面要求通过思想情感的熏陶和感染，让这种能力提升到一个更高的层次，因此语文学科教学中潜藏着极其丰富的人文因素。面对这一实情，人们又不能不产生困惑。无视语文教学中的人文因素，所谓“科学化”也只能是一句空话。如何使科学化和人文化统一起来，又是需要认真地加以研究的问题。

三、工具性和文学性的统一问题

说语文是工具，因此确认语文学科是工具性学科，这并不错。认为“语文”（包括母语和外语）是表情达意的工具，“数学”是计算的工具，因而把语文学科和数学学科归入工具性学科，这是世界教育界的通例，无须争议。只是语文工具和数学工具性质不完全相同，语文工具和其他纯技术工具如斧头镰刀之类性质更不相同。它的内涵要丰富得多。因此，说语文学科是工具性学科，原是不错的，但对它的认识还需进一步深化。

早在50年代末，就有“反对把语文课上成政治课”和“不要把语文课上成文学课”的说法，就是要求防止两种不应有的偏向：既反对在语文课上强加许多空洞的政治说教，也要防止让过多的、烦琐的文学分析取代严格的语文训练，影响学生实际运用语文的能力的提高。这本来是已经达成共识的问题。可是到了90年代末期，却突然听到一阵“批判工具论”“反对淡化甚至取消文学教育”的呼喊，引起了新中国成立以来持续时间最长、社会震荡最大的一场关于中国语文教育问题的大讨论。冷静地对待这场讨论，并从讨论中吸取对祛弊兴利有益的养料，这是广大语文教师应取的正确态度。然而不可否认，少数论者言辞激烈，他们把“语言”和“文学”割裂开来，甚至对立起来，企图在语文教学阵地上拔掉“语言”的旗帜，插上“文学”的大纛，况且论者中有些是文学教授、理论新秀，善于形象描绘和文学夸张，使得人们在震惊之后不能不又陷入难解的困惑之中：语文，你究竟姓什么？

四、水平测试和选拔测试的统一问题

自70年代末恢复高校招生制度之后，最初的几年，严肃的国家级选拔测试曾对中学语文学科的教学改革起过积极的促进作用。随着形势的发展，“千军万马过独木桥”的状况越来越尖锐，逼得高考命题组的主持者们要殚精竭虑地设法提高部分命题的难度，以便拉开应试者之间的差距。于是第一线执教的老师慑于学校、家庭、社会的压力，不能不把注意力集中到一年一度的这张高考试卷上来。他们战战兢兢地把自己班上的学生送进考场，又如热锅上的蚂蚁似的在考场外面，等待着考试结果对自己多年心血的“宣判”。

高考命题组成员自有堂而皇之、难以驳倒的理由：“平时的教学必须面向全体学生，顾及绝大多数；而高校招生考试则必须淘汰大多数：前者要让绝大多数学生都能达到大纲规定的基本要求，而后者，在目前情况下则必须要在大多数合格者中选拔出少数尖子来。这是一对无法相容的矛盾。”这是牵涉到水平测试和选拔测试的相互关系问题，牵涉到水平测试的标准度、合格度和选拔测试的难度、效度、信度之间如何配合、协调的问题。但不管怎么说，国家级选拔测试的“导向”作用是在任何情况下都无法取消的。目前，高考、中考的命题和方式正在进行改革试验，一种“实用化”“生活化”“简约化”的趋势，是能对平时的教学产生正面效应的，而过分强调“客观性”、过分注重“标准化”的趋势，以及为了提高其难度而故意在选项上设置种种“障眼法”的做法，对于语文教学来说，只能产生负面效应。人们在测试面前所产生的困惑和忧虑，绝非庸人自扰。

五、理论研究和教学实践的统一问题

自80年代中、后期起，语文教育的领域出现了一种“冷热失衡”的状态，即少数人热和多数人冷、少数人呐喊和多数人彷徨同时并存。这种状况形成的原因相当复杂，就语文教育内部来考察，也许主要是因为理论研究需要“活跃”，而教学实践却需要“务实”，出现了反差。

80年代初期，致力于理论研究的人们，借改革开放的东风，从国外引进的资料中接触到较多的教育教学研究成果，大大扩展了视野，又由于思“变”心切，在对众多“舶来品”还来不及充分吸收消化的情况下，急于抛出自己这样那样的“初探性”“构想性”产品。在实践第一线的教师，随着意识的复苏，对诸如此类的“产品”都感兴趣，也急于“择善而从”来设计自己这样那样的教改方案。但是，严峻的事实告诉人们：理论研究需要科学的态度，教学实践更来不得半点“花架子”。不成熟的理论果实，往往经不起实践的检验。即使是比较成熟的理论成果，一旦与实践联系，成为教师执教的行为，这中间还有许多实际问题需要去解决。对许多人来说，改革实践的理论准备固然不足，精神准备也并不充分。当发现自己设计的种种方案，做起来却并不如理论上所阐述的那么顺利、那么圆满时，便立即丧失信心，甚至想重新寻找出路。所以到 80 年代中后期，当理论研究者们还在信心十足地论证“理论研究必须超前”的时候，忽然发现自己的周围不知为什么已逐渐失去了热心的响应者。这恐怕不能责怪第一线执教的老师们，因为任何教育教学理论都应该具有实践性的品格。理论研究者们的思路太“活跃”、太“多变”，难免使人不是望而生畏，就是无所适从，于是冷热失衡，无论是理论研究者，还是教学实践者，都在不同的方位上同时陷入了困惑。

历史推进到了 90 年代，语文教育界肩负着本世纪最后 10 年的极其伟大而光荣的历史使命。世纪之交的大背景要求语文教育界的人们有跨世纪的战略眼光，其中特别重要的是要从理论和实践的结合上解决好以下两个课题：如何把我们的教育包括语文学科教育从“应试教育”转向“素质教育”？如何使中国的语文学科教学体系具有鲜明的“中国特色”？

（1）必须坚持“具有中国特色”

90 年代初，“语文教学发展战略”的研讨会、座谈会，在国内或境外纷纷召开，中心课题是探讨我国语文教育面向未来的发展趋势。其中最富有理论魅力的是如何为建立具有中国特色的语文教学新体系扎实工作打好基础。

我国的语文学科教育主体是汉语言文字的教学，受教育的对象主要是生活在汉语文环境中的中国青少年。要建立具有中国特色的语文教学新体系，首先必须弄清楚汉字汉语汉文的特点，以及中国青少年学习、掌握汉字汉语汉文的规律。这是一项带根本性质的基础工程。谁都知道，我国的传统语言学理论是受西方语言学理论影响很深的。近 20 年来情况开始有所改变，结合汉语汉文特点来研究语法学、修辞学、辞章学的成果，屡见发表。但细究起来，其中不少成果还是静态研究、分割研究的产物。一旦进入“汉字书写和积累”“汉语理解和表达”之类的社会交际领域，以往的静态研究和分割研究就远远不够了，还必须在唯物辩证法的指导下，密切联系交际行为，对语言进行动态研究和综合研究。我们能不能要求研究汉字汉语汉文的专家、学者，同广大有志于此的语文教师一起，通力合作，编写出《汉字和汉字运用》《汉语和汉语表达》和《汉文和汉文辞章》这样的书来？也许跟这样一些书名相同或相近的新著已经出版，恕我孤陋寡闻，但已出的，未必就是这里所期望的。这里期望的是，这类书应具备这样两个特点：一是原有的语言知识系统（例如由“小”到“大”）已经按照学习和运用的实际需要重新调整、重新组合了（例如调整为由“大”到“小”）；二是原来分割起来各自独立的某些内容（例如语法是语法，修辞是修辞，分别自成系统），已经按照学习和运用的实际需要，彼此渗透，彼此沟通，以能够充分说明各种语言现象为依归。有了类似这样的一批新的研究成果，相信我们的语文教材特别是其中语言基础知识部分必将大大改观，我们的语文教学必将大大提高效率。

此外，我国的汉语文教育，已有几千年的发展历史，有丰富的历史遗产和悠久的历史传统。为了要建立有中国特色的语文教学体系，有必要组织足够的人力（大概要以高师院校中文系、教育系以及教育科学研究机构的教学人员和科研人员为主体）去收集、整理、总结这份宝贵的遗产，并用现代科学方法去分析、剔选蕴藏在历史传统中那些合乎汉字汉语汉文特点及其学习规律的东西（例如“对对子”的训练方法），使新建的语文教学体系能深深植根于我们汉民族丰厚的土壤中，并充分体现出民族的特色和时代的新质。

再者，我们中国地域广袤，各地经济、文化、教育的发展水平极不平衡。在社会主义中国，教育必须为促进地方经济的发展服务，为培养千千万万不同层次、不同专业的劳动者和建设者服务。语文学科作为学校教育众多学科中一门重要的基础学科，在不同地区和不同性质、不同层次的学校中，既要有共同的要求，又要有个性的特点。因此，我们要有专家去研究中国农村的语文教育、中国沿海发达地区城乡的语文教育、中国经济特区的语文教育、中国“老少边”地区的语文教育、中国台港澳地区的语文教育、中国基础教育阶段的语文教育以及中等职业技术学校的语文教育等，形成一个充分反映我国语文教育统一性和多样性相结合的多元化结构体系。

（2）必须以“素质教育”为基本特点

语文教育是提高民族素质的一项奠基性工程。可是，自80年代中后期开始，由于高考压力越来越大，中学的各科教学因受高考指挥棒左右，许多学科因陷入题海战术和“标准化”模式而失去了应有的活力。总之，为选拔高一级人才而进行的中考、高考，把中学各科教学逐步引入了“应试教育”的误区。

负有最高行政责任的国家教育部当然看到了问题的严重性，从行政的角度向全国各地教育行政部门发出了一系列指令性文件，要求坚决纠正“应试教育”带来的种种弊端，把教育的着眼点和着力点转移到“素质教育”上来。教育领域的理论研究者和实际工作者出于历史的责任感和使命感，在理论上探讨，在实践中探索，提出了种种有关“素质教育”的理论依据的实践方案，情绪相当热烈，情景也相当感人。

人的基本素质，要从接受教育的初始阶段就悉心培养。学前教育和基础教育阶段，教育的指导思想是否正确，教育的方式方法是否得当，对少年儿童良好素质的形成影响极大。从幼儿教育开始，直到义务教育的终端，说到底是一种“养成教育”。“养成”什么？养成正确的良好的生活习惯、学习习惯、劳动习惯、人际交往习惯、保护环境习惯、与大自然和谐相处的习惯，等等；养成种种最基本的能力，如健体力、思考力、记忆力、计算力、联想力、想象力、理解力、发现力、创造力、审美力、忍耐力、自信力等，以此作为今后进一步发展的基础。为此，“养成教育”不实行淘汰制，而且它要求把教育的侧重点放在可能被淘汰而实际上不应该被淘汰的那部分所谓“差生”身上。可惜，我们现在有些学校和教师做的恰恰相反。

（3）素质教育中应以“创新能力”的培养为核心

最近召开的全国教育工作会议，通过了《党中央、国务院关于深化教育改革全面推进素质教育的决定》，其中多次提到了“创新能力”的培养问题。在这次全教会上，江泽民总书记作了重要讲话，又特别强调了教育工作肩负的这项历史使命：“教育是知识创新、传播和应用的主要基地，也是培育创新精神和创新人才的重要摇篮。无论在培养高素质的劳动者和专业人才方面，还是在提高创新能力和提供知识、技术创新成果方面，教育都具有独特的重要意义。”可见，我国在世纪之交已经把教育的育人功能定位在“培育创新人才”这个基点之上。这是具有战略眼光的重大决策。

闻名于世的物理学家爱因斯坦曾说：“要是没有能独立思考和独立判断的有创造能力的个人，社会的向上发展就是不可想象的。”在这里，创造能力和创新能力是同一概念，从思维科学的角度说，就是要重视培养学生思维的创造性或者叫做创造性思维。中国传统的教育，重在继承性和规范性，严重忽视创造性和灵活性。当年鲁迅先生曾以照相馆内陈列的儿童照相为例，说只要看到照片上儿童的形象是低眉顺眼、循规蹈矩的，那一定是咱们中国的孩子。相反，只要看到是活泼好动、个性鲜明的形象，不用问，那一定是日本的孩子。不同的传统，不同的教育，培养出性格迥异的孩子。这种传统一直影响到现在。如今，改革开放的浪潮已经把中国和世界的距离拉近，21世纪将是一个以知识经济为特征的、充满着竞争的世纪。我们的下一代如果不是思维活跃、富有创造精神的复合型创新人才，就根本不可能在竞争中立于不败之地，甚至要立足都很困难。从这个意义上说，把教育工作转移到以培养创新人才为核心的素质教育上来，已经刻不容缓。

创新人才的基本特征可以用两句话来概括：在已知领域，他们能有新的突破；在未知领域，他们能通过合理推断有新的发现。这种思维品质的形成和发展，从教育的角度，至少应具备这样一些条件：

第一是必要知识储备。

按照列宁的观点，反映基本事实的知识，是发展一个人的思维能力的必不可少的前提。美国未来学家卡恩说："创造力依据的是基本事实和思考工具。"因此，在智力水平相同或大致相同的条件下，谁的知识积累越丰富，知识面广，谁的思维火花的创造性形成和发展的可能性也就越大。为此，语文学科教学中重视学生知识视野的开拓，注意开辟学生知识之源，显然特别重要。

第二是掌握科学的思维方法。

也就是美国专家卡恩所说的"思考工具"。想问题有"会想"和"不会想"的差别。"会想"，就是善于发现问题、分析问题，并着力去自求解答；"不会想"，就是习惯于接受既定秩序和现成答案，在自己面前似乎从来就"毫无问题"，一切都漠然视之。著名科学哲学家波普尔说："正是问题激发我们去学习，去发展知识，去实践，去观察。"他认为创造性思维活动，往往"是从各种问题开始的"。为此，在语文学科教学中要教会学生想问题，教会他们能联系地、发展地、辩证地思考问题，无论是阅读教学、写作教学，还是听说教学，其本质的、关键的环节是思维训练，是认识能力的训练，是学会想问题的训练。

第三是有适宜的环境气氛。

僵化的、强制的、凝固的环境气氛，不但不可能促进学生创新能力的发展，相反，它只会窒息学生创造性火花的迸发。这里所谓的“环境”，对学生来说，主要是指教师和班级集体。

首先要有思维品质优良的教师。语文教师指导学生去研读的，是内容丰富多彩的课文；要求学生观察、分析和反映的，是五光十色、不断发展更新的现实生活。因此，语文教师他决不能是一个照搬现成结论、把生吞活剥得来的“知识”原封不动地灌输给学生的教书匠，而应该是一个善于带领学生去探求知识奥秘的导游者和觅宝人。一个常常对现成结论表示某种不满足因而喜欢从新的角度来观察、分析问题，并得出新的结论的教师，往往会给学生以深刻的影响，有助于学生创新能力的形成。其次，要有一个思维活跃的班级集体。这样的班级集体，需要任课教师有意识地营造。营造的策略有二：一是鼓励大家发表独立见解，养成学生好思好问的习惯；二是指导学生带着问题研读课文，使班级中逐步形成见疑释疑的好风气。由此可见，培养学生的创新能力，决定性的条件是整个教育指导思想的更新。

现实的困惑和历史的使命，迫使人们把改革的聚焦点引向课程设置和课程结构的改革，这是面向 21 世纪教育发展的战略性课题。

我国现代语文课程教材建设百年的理论跋涉*

在现代语文教育改革和发展的百年历程中，“理论跋涉”是贯穿其始终的主脉，而它的呈现方式又是与一定时期的政治体制、政治环境和思想潮流息息相关：或是针锋相对的论战，或是不同学术观点的论辩，或是多种构想、多种方案的竞争，等等。在这些不同内容的论战、论辩和竞争中，相关各方都据“理”力争，而这就是理论形态在历史进程中跋涉前行的轨迹。因此，我们不妨说，中国的一部现代语文教育史几乎就是一部贯穿着各种论辩、争鸣和探讨的理论跋涉史。

一、语体之争：文言是“半死”的文字

语体问题，是语文教材建设的根本问题，它是传统旧读本与现代新课本的重大区别标志之一。用什么语体来教学生？是用脱离日常口语的文言语体，还是用明白如话的白话语体？对此持不同立场、不同观点，便形成所谓“文、白之争”。这一论争在不同历史阶段，有不同的具体内容和呈现方式。

晚清时期中国掀起白话文运动。到民国以后，特别是“五四”新文化运动高举“言文一致”和“国语统一”大旗，提倡“民主”“科学”精神，白话语体在语文课程教材建设中终于取得了合法地位，占领了文言文一统天下

* 原载《顾黄初语文教育文集外集》（江苏教育出版社 2013 年版）。

的“半壁江山”。所以，自1922年实行新学制以后的大半个世纪之内，无论是国语、国文并存时期，还是合称语文时期，教科书的编制都是白话语体和文言语体共同入选的。这里存在着文、白比例的配置问题和文、白教材的分合问题。1922年新学制实施初期，白话语体刚刚被选进国文教科书，文、白比例还正在探索之中，到1929年《暂行课程标准》的颁布和1932年的《修正课程标准》的实施，便开始正式规定文、白两种语体的“合理”比例。大致是：初一3∶7；初二4∶6；初三5∶5；高一6∶4；高二7∶3；高三8∶2。

相对于“半死”的文言文，白话语体则是“活语”，是与日常口语较为接近的语体。但它本身还有一个大众化和规范化的完善过程。30年代，由陈望道、胡愈之、夏丏尊、傅东华、叶圣陶、陈子展、陶行知等人发起的“大众语运动”，实际上是当年文白之争的延续。其成果是使白话语体更接近大众的口头语。

40年代初在延安开展的“整风”运动中，毛泽东号召：“要学习语言”，“要向人民群众学习语言”，“要从外国语言中吸收我们所需要的成分”，“还要学习古人语言中有生命的东西”，要在建设民族化、科学化、大众化的语言方面作出新贡献。所以，在40年代中期，陕甘宁和晋察冀等老革命根据地的中学语文课本中提出把学习“汉语汉文的规律及其主要途径”作为课程目标，为新中国成立以后大力推进语言的规范化奠定了思想和理论基础。直到20世纪末，中国汉语汉文发展史上第一部国家法律《中华人民共和国国家通用语言文字法》颁布，从此语言运用规范化要求纳入了法制轨道，语文教科书编制中的语言文字工作才有了法律的依据，其间，已经过了近百年的曲折历程。

二、课程之议：目标和内容的分合和繁简

在百年历程中，真正意义上的语文课程研究，始于1922年学制改革的时候。1923年在新学制下制定的国文课程标准，是在新旧教育思想激烈交锋、教育革新派对语文教育领域各种矛盾和问题展开充分讨论的背景之下产生的。

关于语文课程的讨论，主要涉及两个问题：一是课程目标，即“为什么教”；二是课程内容，即“教什么”。这里先说课程目标。在百年历程中，对于语文课程目标的议论及其认识成果，我们认为真正具有历史价值的主要有四个方面。第一，是关于语文课程目标分学段递升的规定；第二，是关于课程目标的“分解型”规定；第三，是关于课程目标的理论提升；第四，是关于语文课程目标的实施策略。对于语文课程目标的呈现方式也好，理论提升也好，最终都要归结为具体的教学行为。新中国成立以后，特别是进入改革开放的历史新时期以后，在“教学行为”的规范化描述方面，又大大地前进了一步。在上个世纪 80 年代以后，中小学语文教学大纲的“课程目标”一律改称为“教学目的”。其表述方式旨在更准确地揭示出所谓“主副目的”或“双重任务”之间在教学实践中的相互关系。最典型的方式是插入“在听说读写训练的过程中”或“在教学过程中”之类的话语，以揭示前后目的任务之间的相互关系，避免出现“失衡”现象。

再说课程内容。在百年历程中，关于语文课程的内容，我们认为值得载入史册的恐怕主要有两件事。其一，是课程内部“学程”安排的由简到繁和由繁再到简的历史过程；其二，是汉语、文学分科改革的尝试。从严格意义上说，新中国成立后语文课程内容的最大变动是 50 年代中期的汉语、文学分科改革。对于“国语”和“国文”二科的区别，30 年代著名学者程其保的理解是：“国语一科，在求能应用以表示自己的思想及从语言与文字中以明了别人的思想。国文一科，则注重在使学生了解文学的形式及内容，因以发展感赏阅读的习惯。”他认为这两种科目的价值与目标，必须分别清晰，否则，造成的后果或者“过于重视文学，因之使语言一科的分量减少”，“或使语言的学习只附带在文学的学习中”；或者“不明白文学教学的意义，因之采取语言教学的方法用之于文学的学习”。① 可惜这种充满睿智又符合世界发展潮流的卓见，竟一直未被人们重视。唯有张志公在 80 年代中期第一次明确提出了他个人的见解：“从初中起，增设‘文学’课。”② 这尽管是著

---

① 程其保《初级中学课程标准之讨论》，《教育杂志》第 9 号 32 卷。

② 张志公《关于改革语文课、语文教材、语文教学的一些初步设想》，连载于《课程·教材·教法》1984 年第 6 期和 1985 年第 1、3、5 期。

名学者的个人见解，对政府文件的制定并未产生直接影响，但他的远见却足以给人深刻的启迪。

在20世纪末，一项具有里程碑意义的国家级重点课题“中外母语教材比较研究”，其终结性成果是由江苏教育出版社出版的五卷本研究集，充分显示了研究者们的历史性贡献。其中重要成果之一是发现世界上多数国家母语课程都是分语言和文学两大类的。语言类课程的基本任务，是学习语言和语言运用的规律性知识，包括口头的书面的理解和表达，重在应用；文学类课程的基本任务则是学习本国的文学名著，以及在世界文学史上享有盛誉的其他国家文学巨匠的名著，重在鉴赏。如果这样处理，那么在中国由来已久的一些论争，大致可以平息了。

三、课文之异：撰文和选文各得其宜

在语文教科书中，课文的功能主要体现在三个方面：一是示范，二是凭借，三是传递。可是，课文在小学和中学语文教科书中的编制方式却是大异其趣，而又各得其宜的。小学语文教科书的课文编制，主要特点是编者撰文而非选文。在儿童学语文的起步阶段必须由编者根据汉字汉文的特点和儿童学习母语的生理心理规律撰写课文，方能循序渐进，收到实效。

为小学生撰写课文，必须注意以下几点：一是要写出由简到繁的顺序；二是要写出由浅入深的梯度；三是要写出由浅显的文言语体逐步转为纯正白话语体的变化；四是要写出儿童的情趣。“五四”时期，周作人等人提倡儿童文学，直接影响到小学国语教科书的编制。1927年沈百英等人就提出要“儿童文学化”。

小学国语教科书的课文都得由编者撰写，这又有两种情况：1. 这主要是指小学的低、中年级教科书中的课文，高年级就已经有少量的选文了，正如中学国文教科书，大量的是选文，也有少量是由编者或其他作家特为撰写的一样。总体如此，个别可以例外。2. 所谓自撰，后人曾作过分析，并非全是编者的创作。儿童文学家兼国语教科书编辑陈伯吹在1947年写的一篇文章中说：“小学教材，除一小部分的‘创作’以外，一大部分都是‘改编’‘重述’‘节选’‘采用’着儿童读物。”可见，这种“创作”与“再创作”

(即陈伯吹所说的“改编、重述、节选、采用”之类),大概是小学国语教科书编者“自撰”的通例。

中学语文教科书的课文,它不再是由编者撰写而是由编者选取,即从大量优秀的语言作品中按课程标准或教学大纲的目标要求,编者拿出眼光,取我所需。

我国是“文章大国”,选文章中的精品供人们诵读是有悠久的历史传统的,这就是所谓“文选”型读本。在20年代,穆济波的文白分编本、叶圣陶等人的文白混编本、孙俍工的白话文学本产生的影响较大。原因有下列两点:首先是开拓了文言、白话两种不同语体文的新领域。例如,大胆地选录了今人的文言作品,历来都不被旧选本所重视的文言小品类作品,也因其切合实用而被选用;古代戏曲也被酌量选入初中国语课本。至于白话语体,有些《读本》开始选录《水浒传》中一节《景阳冈》。同时,还大量选录了白话语体的译品,如周作人译、丹麦安徒生的《卖火柴的小女孩》,胡适译、法国都德的《最后一课》,等等。其次是改进了选文的编法。选文言语体时,兼选白话语体的译作,即文、白对译本。为适应现代中学生学习的需要,对文言语体的课文作了某些必要的删改。这些编法的改进,均为后世教科书编制所沿用。

新中国成立后,中学语文教科书的编制工作,由人民教育出版社中学语文编辑室组织实施。而人教社社长,是由著名语文教育家、时任教育部副部长的叶圣陶兼任。叶氏通过座谈、讲话、批示、书信等多种方式,悉心指导中语室编辑人员革新编辑思想,改进编辑工作,形成一套语文教科书编制工作的成功经验,并使之成为人教社教科书编辑的优良传统。

首先,是要求在坚持政治标准第一的前提下切实把好选文关,使入选课文努力做到“文质兼美,适合教学”。

第二,是从“适合教学”出发,在精选短篇杰作的同时,从长篇巨制中通过“节选”找出既能反映原作的精华,又能独立成篇的精品。在语文教材资源上又开出了一条新路。

第三,是从普及科学教育,培养学生科学文化素质出发,高度重视科普说明文的选用和改编。

第四，是使传统篇目、基本篇目、新增篇目、背诵篇目和推荐篇目（书目）等构成一个中学语文教科书课文篇目系列，给整个中小学语文教科书编制的过去、现在和未来在课文领域实现了系统“链接”。

第五，是为了提高教科书的编制质量，语文教科书编者把“走群众路线”的政治经验移用到教材建设中来。用一位有成就的编者的话说，是“高价收买”对教材的批评意见。

四、组元之变：从“分类分组”到“单元组合”

不管是小学撰文，还是中学选文，撰选之后所要解决的是如何编排，如何组合，使之更适合教学，更符合中小学生学习汉语汉文的身心发展规律。

1906 年上海集成图书公司出版的黄（守孚）编本《初等国文教科书》，因受日本国语教科书编法的影响，明确采用了“单元制”：每册分 9 个单元，每个单元编列 4 篇课文。其中前 3 篇围绕一个中心，内容前后连续，最后的第 4 篇是“复习”，列出本单元需要复习、需要学习掌握的生字词。这种编法具有开创性质，也可以说是开新式小学国文教科书试行“单元制”的先河。

“五四”新文化运动以后，特别是 1922 年颁行新学制以后，小学国文教科书的编法又有了新的变化，主要是体例上从“故事连续”的单元制逐步改变为“内容相关”的单元制，增加了自由度。

在新中国成立后到进入改革开放新的历史时期，小学语文教科书的编制体例更有了长足的发展，主要是因为在教学理念上更注重小学生自主学习能力的培养。这时的语文教科书，把阅读课文分成三类，即“讲读课文”“阅读课文”和“独立阅读课文”。每个单元都由这三类课文构成。这种编法体现了叶圣陶先生“逐渐去扶翼，终酬放手愿”的导儿学步精神。另外，还编有“写作教材”，主要采取“从内容出发，从内容到形式”的做法，避免学生凭空瞎编或光注重形式而忽视内容的偏向，创造性地在单元结构中编入“习作例文”，让学生学有依傍。高年级则编入“读写例话”，介绍并提示某些带有规律性的读写知识。

进入 90 年代以后，又有所创新，主要是在原来设置“独立阅读课文”

的基础上，干脆单独编制“自读课本”，与课堂上正式使用的教科书配合起来，扩大了学生独立阅读的范围。为了在作文的起步阶段就设法打开学生思路，则取消原来的“习作例文”，由“读写例话”替代，加快了培养学生写作能力的步伐。

到90年代末，经过百年风雨历程，小学语文教材编制算是达到了一个较为接近理想的水平，其间的发展脉络清晰可见，这为以后新的百年历程提供了极其宝贵的财富。

在新式中学堂兴办之初，原是沿用晚清流行的古诗文选本，那是不得已而为之。而1904年出现嘉定许贵编的《中学文粹》，1908年出现林纾编、商务印书馆出版供四年制中学用的《中学国文读本》，1910年吴曾祺编、商务印书馆出版供五年制中学使用的《国文教科书》，都是只选历代名家散文，不录诗词歌赋，散文中重点选录书、论、传、记、事、铭、表等各体，注意到切合实用。自《昭明文选》以来，各式选本，都重在选散文。许、林、吴诸家的编本继承了这一传统，在中学堂里让中学生专读切合实用的散文。这又开了后世中学国文教科书重在选编古代和现代散文的先河。

1915年谢无量编、中华版《新制国文教本评注》问世。它的贡献主要在“编制体例”方面，一是开创了以体裁编列单元的新体制，而且它把原来意义上的“单元”扩大称为“编”，构成“大单元”制；二是标榜“评注”，每篇选文都设有题解、作者简介、夹注夹评、顶批、黑白圈、总评及注释，内容详备，便于研读。如果说，中学语文教科书编制中除了课文系统之外，还有帮助学生阅读的助读系统，应当说这部谢编本是最早重视这一系统并付诸实践的一种。

1922年实行新学制后，文、白两种不同语体在中学语文教科书中并存的局面已经形成。其间稍有历史价值的是1920年浙江一师的语文教育革新派夏丏尊、陈望道、刘大白等，从研究白话选文的教学方法转而形成改革白话选文编法的主张，那就是著名的“以问题为线索”的创新尝试。另外，1922年孙俍工和沈仲九合编的初中用《国语文读本》，从选文的内容和文体看，可以认为它是“五四”以后中国第一部专选中外白话文学名作的“文学”课本。严格意义上的“单元组合”尝试，则是起始于30年代。那时，经过较长时间内人们在编制体例方面的多角度探索，积累了相当丰富的经验，同时，一些有关文章作法、语法修辞等语文专门知识的论著也陆续问世。在这样的背景下，人们便开始设想把一些相对成熟的语文基础知识，特别是读写的知识有计划地编进一般文选型的教科书，使之形成一个或整或散的语文知识系统，于是“单元组合”在内容和编法上都愈趋复杂起来。

在新式文选型教科书中，有意识地编进系统的语文基础知识短文，开创者当推著名文学家赵景深和傅东华。赵景深编的一套初中用《混合国语教科书》，由上海北新书局于1930年出版。所谓“混合”，就是突破原来文选型的体制而编入相关的文法、作文法和修辞法的知识，使文选和语文基础知识“混合”起来。傅东华编的复兴初、高中《国文》，由商务印书馆于1933年出版，在旧中国使用时间长达十多年，一版再版，影响至巨。这套教科书的最大贡献，就是在选文单元中有计划地穿插编入了系统的“习作教材”，开创了读写教材混合编制的新体例。

在现代语文教材史上具有划时代意义的是1935年夏丏尊和叶圣陶合编、由开明书店出版的初中用《国文百八课》。这套教科书的编法及其特点，论者众多，不再赘述。至于抗战后期，由胡乔木主持、陕甘宁边区政府教育厅出版的《中等国文》，在综合单元的组合上，首次提出了学习和掌握“汉语汉文的基本规律和主要用途”的全新理念，并将以此写成的知识短文列入各单元的正式课文之中，使语文规律教育、政治思想教育、文化知识教育三者的辩证关系得到较为鲜明、严整的体现，这又是一个新的创造性构想。

在新中国刚成立的最初岁月，中学语文教科书的编制因为要尽快适应新形势的需要，工作显得相当仓促，一切都是临时性的。

在单元组合方面，继续沿袭旧中国解放区和国统区的成功经验而编制的中学语文教科书，是1963年重订《全日制中学语文教学大纲》，重新强调加强“双基”之后由人教社编辑出版的全日制初、高中《语文》课本。这套课本选文按单元制编排，在部分单元的后面编写了适合初中或适合高中的知识短文。这套新中国成立后第四部新编中学语文教科书是众多专家学者集体智慧的结晶，它的历史性贡献，后人不能也不该遗忘。

进入80年代的改革开放时期，由于坚持解放思想、实事求是的思想路线和“实践是检验真理的唯一标准”，由于“摸着石头过河”的鼓励试验、提倡创新的改革氛围，所以在中学语文教科书单元组合的内容和形式上又出现了新的、更加多姿多彩的面貌。

第一，受“养成学生自主学习的能力和习惯”这种新理念的支配，对单元组合中各篇选文作分类处理。前面已经提到小学课本的编法，中学课本同样如此。

第二，是努力改进语文基础知识短文的内容和写法，使之更具实效性。

第三，在单元组合的编制依据上作了多向探索，使中学语文教科书的编制体例呈现出多元的色彩。

在1997年下半年掀起的、被人称为关于中国语文教育的“世纪末社会大讨论”之后，全社会尤其是语文教育界对近百年来中国语文教育发展的是非功过、成败得失作了全方位、多视角的反思。一时间，用“百年”如何如何为标题的论文在各种语文教育报刊上时有出现。这些论文，总的说来都是能给人以启发的纵向研究成果。但我们认为，对世纪之交中国语文教育近期改革目标和未来发展趋势影响更为深远的，恐怕要数江苏省泰州中学语文特级教师洪宗礼在南京大学语言学教授、博士生导师柳士镇支持下共同合作主编的《中外母语教材比较研究》丛书五卷本。

研究发现，国外母语课程教材建设中有许多闪光的东西值得我们学习、研究和借鉴。在课文选编上择其要者有两点，一是选文的总体范围除文学类外，还有非文学类，可见在国外除了重视文学和文学史的教学以外，也很重视配合现实需要的非文学类各体实用文章的教学；二是课文编制重视专题的、高度综合的单元组合法。第一点对我们片面重视文学类选文，而忽视实用文章的选用，是能产生纠偏作用的；后一点则为我们在原有基础上发展并创造出更具时代特征、更有利于培养具有现代综合素质新型人才的单元结构模式。

五、汉字之位：汉字之树常青

自古以来，蒙童入学，首先要解决的是识字写字问题。所以，自周秦至汉魏，诸种蒙书，都是体例、编法各不相同的识字课本。“启蒙”与“识字”

几乎是一而二的两个紧密关联的名词。可是清末民初，新式学堂诞生之后，特别是“五四”新文化运动之后，汉字的地位却发生了历史性变化。所谓“革新派”人物，分成了两股力量：一部分人鉴于汉字认读的繁难，有碍于普及教育和开发民智，主张用拼音文字取代方块汉字，持“汉字必废”论。另一部分人，特别是留学海外的一些新进学者都在研究汉字汉语的特点及其学习规律，持“汉字必存”论。

到“五四”新文化运动之后，这两派的势力都有增长的趋势。“废止汉字”派，由于有公开的“革新”头衔，所以声势造得很大。可以说，这是一支层次极高的“汉字革命军”①。难怪2000年1月由“汉字与文化丛书”编委会编辑、辽宁出版社出版的《丛书·总序》中说：“从19世纪末开始，汉字一直处在受批判的地位。从‘汉字落后’进而发展到要‘废除汉字’。中国也要走拼音文字的道路，似乎已成定论。直到20世纪80年代，人们重新反思汉字的优越性，才不再盲目附和，并进而打破了舆论一律的僵化局面，同时，也否定了以往把汉字改革生硬地纳入社会改革、政治改革轨道的错误思想和做法。”这番话反映了现代汉字改革史上一段复杂而曲折的论争过程。

另外一方面，留学国外的一些教育学家和心理学家，都在一些著名大学里用科学实验的方法对汉字汉语的特点及其学习规律进行科学研究，为中小学语文教科书在识字教学、读写训练乃至版式设计等方面提供了切切实实的科学依据，取得令人瞩目的成绩。

如果把20世纪80年代“重新反思汉字的优越性”，作为新中国成立后小学语文科汉字教学状况的分界线的话，前后可分为两个阶段：自新中国成立之初直到1963年新教学大纲制定，是谨慎地对待汉字教学的阶段，这算是“前期”；自1977年后直到20世纪末，是创造性地对待汉字教学阶段，这属于“后期”。前期的状况，值得重视的举措有：第一，汉字的识字量逐年有所增加；第二，在汉字教学方法方面，从“随课文识字”发展为“集中识字”，效果大大提高，这显然是吸纳了1958年辽宁北关实验学校“集中识

① 费锦昌《中国语文现代化百年记事》（语文出版社1997年版）。

字法”实验经验的结果。① 可惜这样一种汉字教学的积极成果，却因“文革”风暴的袭来而竟成为批判对象。

在改革开放的新的历史时期，即进入“后期”。小学语文科的汉字教学又出现了一些新的变化。首先是着眼点不同了，即主要目标不再是“识字量的多少”，而是着眼在教给学生“识字的方法”，这是汉字教学观念的大变化，正确处理了“鱼”和“渔”的关系。其次是在众多识字教学改革实验的基础上，吸纳多种方法努力提高识字教学效率，使识字教学实验成为促进汉字教学提高效率的积极推动力。② 这“后期”概况，说明这个时期对汉字的优越性及其未来前景已有较清醒的认识，并在教科书的编制上摆正了它的位置。

六、程度之辩：语文课程评价之尺度

这里所说的“课程评价”，主要是指课程实施后实际效果的评判。

在旧中国，对“中学生国文程度低落”的议论，此起彼伏，几乎没有停止过。甚至到 20 世纪 40 年代，著名文学史家罗根泽竟发出了“抢救国文”的呼号，形势不可谓不严峻。在建国以后的改革开放之初，讨论到语文教学如何提高效率的时候，有位年长的教师竟被触发起了他的真情实感，他认为要论中国语文教育的质量，那么“五四”以后不如“五四”以前，抗战以后不如抗战以前，新中国成立以后不如新中国成立以前，“文革”以后不如“文革”以前。不料到了 90 年代，人们在语文教育的改革之路上已经苦斗了十多年，却有人公然说：在语文教育问题上，“现代人还是搞不过古代人”。从这个意义上说，我国现代语文教育的百年，可以用两句话来概括：一、现代语文教育是在探索中前进，在前进中探索，不断有所发现、有所发展、有所创新的百年；二、现代语文教育又是在不断的斥责声中摸爬滚打，在摸爬滚打之后仍然不断受到斥责的百年。

---

① 何慧君《在改革中前进——三十五年来小学语文教材编写工作》，《课程·教材·教法》1984 年第 5 期。

② 陈国雄《不断探索，不断前进——新中国成立以来小学语文课本的编写》，见《课程教材研究十年》（人民教育出版社 1993 年版）。

在旧中国早期的语文课程纲要或课程标准中，都有“毕业最低限度”一项，说的是小学、初中、高中各学段的毕业生最后至少要达到的程度（或水平）。新中国成立后历次的语文教学大纲就不再沿用这一概念，因为这“最低限度”实在难以确定，于是改用“教学要求”，分项说明，可能较易把握。但是，“最低限度”也好，“教学要求”也好，作为课程标准或教学大纲，因为是代表国家意志和社会需求的，所以必须有这样的规定。而实际上，由于种种原因，这种“规定”实施后的情况会千差万别，甚至有很大差距。

这是个实际问题，也是个理论问题。第一，要实事求是地认清语文学科特殊的“难处”。第二，在课程评价中要坚持科学方法，做到“言之有据”。第三，要体现一种科学精神，具体情况具体分析，讲究辩证法。考察当前中学生的国文程度，也必须坚持用全面的、发展的、前进的观点，力戒片面性。第四，对待课程评价，关键还是要有科学态度，要有谋求改进、使之逐步完善的目标意识。

可是在80年代末、90年代初，因高考语文试卷实行“标准化”改革试点，在“应试教育”占主导的形势下，引发起一股全国性的机械操作、“大运动量训练”的歪风，使语文教学应有的自主性、情感性等都被那种一味追求答案“标准化”的客观题的题海所淹没。于是仿佛历史所呈现过的“轮回”那样，在90年代中期，语文学科的基本属性和任务再次受到怀疑，一场所谓“世纪末的社会大讨论”终于在全国掀起。对于这场讨论的是非功过，至今没有权威性结论；但作为语文课程改革和语文课程标准的重订，却在世纪之交拉开序幕。我们可以相信，中国当代语文课程教材改革，通过再次奋斗，一定会离理想的彼岸越来越近。

七、文道之间：一枚金币的两面

文、道之间究竟是一种什么关系，是现代语文教育百年历程中一个十分重要又多有争议的理论问题。文和道、言和志，说的都是语文的形式（文或言）和这种形式所表达的思想内容（道或志）之间的表里关系。五四运动后，随着文白两种语体之争，新派和旧派的注意力最初都放在“语体”（“文”）上，而后新派人物由“文言语体”而深入到文言语体所表达的封建伦理道德的旧传统、旧观念，进而为守护“白话语体”而大力宣传用“白话语体”表达的科学与民主的新文化、新观念（“道”）；旧派人物则从卫护“文言语体”出发坚守封建伦理道德的旧传统、旧观念，进而抨击新文化、新观念（“道”）。对立双方，营垒分明。可是他们注意力都不约而同地集中到“道”上来。因此，从语文教育角度说，便产生了偏颇。这样看来，语文教学必须坚持以语文知识的传授和语文能力的训练为主，使语文形式训练和思想精神训练均衡发展，各得其宜。

只是到了新中国成立之初，因批判旧有道德观念和封建买办思想，宣传新的道德观念和社会主义政治方向，需要在语文教育的课程教材建设中突出政治性和思想性。这就导致了“文”和“道”一时的失衡，引起了50年代末的那场所谓“文道之争”。1961年12月，《文汇报》发表社论，对这场讨论进行阶段性小结，指出：“就一篇课文来说，内容和形式、思想和语言原是密切联系，谁也离不开谁。”“根据语文教学的要求，教师指导学生学习课文，不仅要使学生知道所学的课文表达了什么思想，更重要的是要使学生懂得作者是如何运用语文这个工具来表达其思想的，并通过基本训练，使学生学会如何运用语文来表达自己的思想。”根据“文道之争”得到的共识，引出了两个积极成果：一是1963年大纲的制订，提出了语文教学要突出基础知识教学和基本技能训练的所谓“双基”目标；二是明确了中学语文教科书的选材标准和范围。

对于正确处理文道关系的问题，上个世纪60年代前期语文教育界在认识上已经趋于一致，并在实践上通过新大纲的拟定和新教材的编制已规范了教师的教学行为。可是在“文革”风暴的袭击下语文教育又成了“重灾区”之一，文和道的关系，被歪曲，被颠倒，造成语文教学质量的严重下降。所以在结束十年浩劫、历史进入改革开放新时期的时候，语文教育界首先要解决的问题，是重新确认语文学科的性质和教学目的。当时所达成的共识，大致可以概括为这样4句话16个字：循文明道，因道悟文，文道统一，不可偏失。可是，在20世纪的最后岁月里，“文”和“道”的关系一时被“工具性”和“人文性”这两个概念所取代。而究其实质，还是当年“形式”的和“实质”的、“独有”的和“共有”的等概念在新时期的翻版。为此，我们认为，对于语文教材建设中“文”和“道”关系的认识和处理，近百年来经过长期的理论跋涉和实践探索，既已基本达成共识，那就不必一有“风吹草动”便又“旧事重提”，仿佛在这里还可能翻出多少“创意”来。

我们试图把百年历程中，人们围绕中小学语文课程教材建设这个核心问题在语体、课程、课文、组元、汉字、程度、文道等七个方面的理论跋涉作个粗线条的勾勒，希望能多少揭示出教材编制中某些历史经验和值得记取的教训，为建设新一轮的中小学语文教科书服务。我们期待着新的百年，中国语文教育将在继承中创新，在创新中发展，并根据汉语汉文的特点及其学习规律开辟出更新、更广阔的路，为培养新世纪需要的高素质、复合型人才作出应有的贡献。

生命·生活·生态*

——我的语文教育观

读了《湖南教育》编辑部寄给我的约稿函，我很感动，也很汗颜。约我写的是“百家论坛”中的文稿。年过七旬，是名副其实的老人了，编辑部居然还能记起我，真正令我感动。但要我写出“对语文教育几大问题的思考成果”，却又觉得头脑里的确盘旋过几十年而如今仍是一团乱麻，无从说起，不免汗颜。不过，既蒙厚爱，说还是要说一点的，无非是“老调重弹”而已。

一、我的语文教育生命观

德国哲学家卡西尔说，“语言（言语）是人之所以为‘人’的重要标志”。因为人不只是生物学意义上的人（有生命的“生物人”），更重要的，人是“一切社会关系的总和”的人（有生命的“社会人”）。正像恩格斯所说的：“人离开动物愈远，他们对自然界的作用就愈带有经过思考的、有计划的、向着一定的和事先知道的目标前进的特征。”从这个意义上说，人的语言（言语）活动是同人的生命活动几乎同时存在、同步发展的。

人需要“交流”，而“交流”则是语言（言语）产生的前提。人，从个体成长史看，刚刚出生时还没有完全脱离动物的“原生态”，待到用啼哭或

---

* 作者注：此文是在2005年12月南京师范大文学院主持召开的“新时期中国语文教育改革的理论与实践”研讨会上的大会发言稿。会上引起诸多同行的关注。2006年春，《湖南教育·语文教师》的责编黄耀红来函索稿，便将此文寄出，发表于当年8月号。

呼叫来表示自身的某种需要时，“交流”便开始了。满周岁了，可以模仿大人的口形和发音说出一个或几个词，到一二岁开始牙牙学语，用简单的词或语表达自己的需要，直到三周岁左右已经能用较为完整的语言片段表情达意，“社会人”的生命历程便迈出了重要的一步。人生从此开始，“交流”因而也贯穿于整个生命的始终。

人需要“思维”，而“思维”所凭借的工具就是语言（或叫“内部言语”)。恩格斯在研究语言发展过程中所举的典型例证，即是劳动号子的整齐节奏使原始人类在劳动中得以形成整齐一致的步伐，以便减轻劳动强度。那么，这里的“劳动号子”就是“语言交流”的原生态，也就是鲁迅所说的“杭育杭育派”，由此而自觉地达到步伐整齐的目的，其间就有潜在的“思维”在起作用。在这一过程中，思维活动和语言活动也几乎是共存的、同步的，因而贯穿于生命的始终。

恩格斯在《自然辩证法》里说：“理论思维仅仅是一种天赋。这种能力必须加以发展和锻炼。”这是两句话，两层意思：一层说的是“天赋”，一层又说“必须加以发展和锻炼”。这“天赋”仿佛不容易理解，其实对少儿的活动分析，才知“天赋”还真的不假。幼儿玩小布娃娃的过程，就是从无意识的“本能”到有意识的“选择”的过程。即使是三四岁的儿童，尽管生活经验十分有限，但他也会进行“逻辑推理”。例如，清早起来推开窗户，见屋顶上仿佛有积水，尽管这时太阳已从东方升起，天气晴朗，他也会回头问妈妈：“昨天夜里是不是下过雨啊?”何以如此发问，因为凭他的“经验”：凡是下雨，屋顶便有积水（大前提），现在屋顶上有积水（小前提），所以半夜里下过雨（结论）。这暗合着形式逻辑的“三段论”法。这种理论思维是天赋的，而且是用潜在的内部言语来完成的。又一层意思是说这种“天赋”还必须加以发展和锻炼，这就给后天的教育提出了任务。

人还需要“感悟”，而“感悟”又是以丰富的语言积累为前提的。在人的生命历程中，“感悟”是趋于成熟的生命形态的重要标志。感悟主要分两类，一是对语言的感悟，二是对人生的感悟。对语言的感悟可以提早些培养，其内涵主要是语感，大致包括语义感、语法感，甚至还有语音感。对人生的感悟，却必须是在积累了一定的语言材料和具有相当人生阅历之后才能产生，尽管有个过程，但深浅程度却大相径庭，因为“感悟”中包含着对中国传统文化的传承和对中西文化交融的体验。

为此，我想，作为育人事业奠基工程的语文教育应该致力于三件事：一是要在“交流”的“量”和“质”上下功夫，包括口头语（听说）和书面语（读写）的交流，循序渐进，由简易到复杂，不断加深交流的内容；由近及远，不断扩大交流的范围；由低到高，不断提高交流的层次。二是要在“思维”的发展和锻炼上下功夫，由形象思维到逻辑思维，由直觉思维到灵感思维，由形式逻辑到辩证逻辑，不断提升学生的思维品质。而且，思维的成果往往就是思维活动的产品。这些思维产品，也大多需要语言文字作为载体，各个学段的语文教师都应配合其他学科教师来共同完成这培养学生思维能力、提高学生思维品质的任务。三是凡需要进行语文教育的任何学段，都要在不同层次上抓好“感悟”程度的由萌生到发展到成熟的逐步强化和深化。在这里，重视“积累”是关键，包括字词和语句的积累（通过认读和记忆）、语言材料和思想材料的积累（通过大量阅读和语篇背诵）；“智力”则是基础，因为任何“积累”，只有在“智力”发展到一定水平时才能产生“裂变”或“重组”。当然，作为“社会人”，要想取得任何事业的成功，还必须有兴趣、意志、毅力、情感等的有力支撑，这是不言而喻的。

总之，生命始于交流，交流促进思维，思维催生感悟，这是生命历程的三大标志，而这一切都得凭借语言（言语）。这就是我的语文教育生命观的要义。

二、语文教育生活观

前几年，我还说过这样一句话：“语文教育改革的根本指导思想是‘贴近生活’。”作为论证的展开，我还补上了这么一句：“语文教学的改革也得寻找它的‘根’，这‘根’就是实际生活中语文运用的情况。”

这一观点尽管“卑之无甚高论”，但我仍坚信是正确的。现在重申这些观点，无非是想强调：只有用“语文教育和生活紧密相连”这一视点来观察、分析、评判多年来的一些学术论争，才能得出比较符合客观真实、客观规律的结论来。

上个世纪50年代末展开过一场著名的“文道之争”，延续到70年代末又掀起了语文教学究竟该姓“语”，还是该姓“政”的论争，继而又在90年代中期突然刮起了“工具性”与“文学性”（后者又被所谓“人文性”所取代）究竟“谁主沉浮”的学术狂飙。这在旧中国近50年的现代语文教育史上，据我所知，仿佛没有出现过。换句话说，是在20世纪后50年才出现这一时起时伏、延续几十年的奇观。其实，在上个世纪20年代，讨论到语文课程的目标时，朱自清就根据生活中实际运用语文工具的情况，对语文课程的目标，用“分解法”阐述得非常清楚：作为语文课程“特有的”目标是“养成读书、思想和表现的习惯或能力”；它“与他科共有的”目标则是“发展思想，涵育情感”。这“特有”的目标，就是所谓“文”，或相当于“工具性”；这“与他科共有”的目标，大概就是所谓“道”，或相当于“思想性”“人文性”。说白了，“语文”本身在实际生活中运用的特点，就是“一个金币的两面，一面是语文形式，另一面是“内容实质”，二者不可分割。在生活中出现的“语文”，既不可能是“无内容”的一堆胡乱拼凑的词语，也不可能是不凭借语文形式而漂浮于虚空中的什么“思想”和“人文”。

早几年，有不少人呼吁要“淡化语法”。从实际生活中运用语言的状况看，要把语句说明白、写清通，还是需要学点语法的。早在新中国成立之初，党中央从党政机关所发文件、指示中发现常见的缺点有五类，即：滥用省略、句法不全、交代不明、眉目不清、篇幅冗长等。胡乔木曾按照毛泽东的指示于1951年2月草拟了一份党内文件，对上述五类“缺点”详加分析，并一一指出其危害。同年，为贯彻好这份文件，党中央专门办了两件事：一是从1951年6月6日开始在《人民日报》上连载吕叔湘、朱德熙合写的《语法修辞讲话》；二是同时配发了社论《正确地使用祖国语言，为语言的纯洁和健康而斗争》。从全党的党内生活到全国的社会生活，只要是用祖国语言作载体的场合，都得重视语法的规范作用。怎么到了近半个世纪以后，竟有以教“语文”为专职的人要“淡化语法”呢？

问题的关键是怎样学“语法”和学什么样的“语法”。语言学家张志公在主持1978年版中学语文教学大纲时，对“语文知识”一项提出了两点要求：一是“力求精要、好懂、有用”；二是“语法、逻辑、修辞以及词句篇章的有关知识，可以结合的内容要尽可能结合起来教学”。为此，志公先生还亲自执笔为初中语文课本写了几篇“尽可能结合起来”的知识短文，如《陈述和陈述的对象》《前后一贯，首尾一致》《肯定和否定、全部和部分》《形容和限制》等。可惜以后就不再有人根据生活中运用语文工具的这种“结合在一起”的实情来编写这种知识短文了。但是，这种切合实用的语文基础知识研究还是有人在做的，只是其成果未能及时引入语文课本而已。例如章熊、汪寿明、柳士镇合著，由江苏教育出版社 1994 年出版的《简明·连贯·得体》；朱泳燚专著，由江苏教育出版社于 1996 年出版的《语言表达》，等等。

记得 1990 年 5 月，86 岁高龄的吕叔湘先生在上海召开的现代汉语语法研究会上提出，要重视语法问题的动态研究。他认为语言毕竟只在使用中才存在，动态研究似乎更能联系实际。于是人们开始就现代语言学中关于“语用学”“语体学”和“语境学”等理论问题和实际问题进行系统的研究，对在生活实际中使用语言所应当掌握的规律性知识作符合实际的调查和整理，引发了对传统语言学的一场具有创新意义的革命。

这是我近几年用语文教育生活观思考若干有争议问题的粗浅看法。

三、语文教育生态观

生态学是一门新兴的科学。19 世纪 60 年代，德国动物学家霍克尔曾给生态学这个概念下了这样一个定义：“生态学是研究有机体同周围环境之间相互关系的科学。”因此，这门科学的研究领域起初一直是在生物学范围之内展开的。到 20 世纪的 60 年代，美国生态学家奥托姆把它定义为“研究生态系统的结构与功能的科学”。于是突破了生物学的范围，被引入到生产领域和经济领域，成为促进经济可持续发展的一门不可或缺的科学。我国著名生态学家马世骏则认为，生态学是研究生命系统和环境系统相互关系的科学。这样，在 20 世纪 70 年代后期，生态学就被我国教育学界所关注，有人开始以研究“教育生态学”为中心课题进行深入探讨，试图在教育学与生态学之间建立起相互交融的关系。正是在这样的背景下，生态学在我国已成为学术界一种观察、分析本学科内部和外部各种关系的新的研究视角。

根据我有限的见闻，生态学研究的关键词似乎主要有四个，即生物、环境、关系、发展。把这四者联结起来，移用到语文教育领域里，我们可以获得多方面的启示。

启示之一：语文教育研究的重要对象是人，是有生命的人。吕叔湘在谈到语文教育改革时，曾提醒人们注意：教育人的工作“类似于农业，而不是工业”。这个观点受到叶圣陶的高度赞许。细想一下，的确是这样。农业生产，先得选种。种子是有机体，有内在的生命力。从下种、出苗到成长、成熟，都要求它自身主动地生根，从根须中吸取养分，外力只能是悉心培育、精心照管，却不能拔苗助长。育人既类似于农业，这就包含着生态学的一个重要观点，即在生命系统与环境系统的相互关系中，生命体本身必须要有生长（变化）的可能与欲望，有一种活跃着生命力的内在需求。这样，一旦与适当的环境相接触，便大大增加了这种生长（变化）的现实性和速率。这就是“以学生为主体”“让学生主动地发展”等教育观点的根本原理所在。

启示之二：语文教育研究的一个重要命题就是“环境”。从语源上推究，“生态”原是“居所”的意思，即生物活动的“场所”。其核心内容就是“环境”。所有各种定义，几乎都离不开“环境”这个概念。

首先是母语环境。一个人从幼儿学语起，作为生命体，他的“根”是深深地扎在民族语言（即母语）的土壤之中的。这就是为什么说“语文是一门民族性很强的学科”的根本原因。在我国，最早发现语言与环境之间相互关系的人是战国时期的思想家、教育家孟子。《孟子·滕文公下》里记载了一则著名的“楚人学语”的故事。孟子跟戴不胜说，有一个楚大夫，想要他的儿子学齐国的语言，那么是请齐国的人来教，还是请楚国的人来教呢？戴不胜毫不犹豫地说，当然请齐国的人来教。孟子就申述道：“一齐人傅（教）之，众楚人咻（干扰）之，虽日挞而求其齐也，不可得矣！引而置之庄、岳（都是齐国热闹的街道名）之间数年，虽日挞而求其楚，亦不可得矣！”可见，孟子是中国第一个语言生态学家。孟子在这里讲的这种现象，还只局限于“方言环境”的影响（指齐方言和楚方言的分歧），但他毕竟发现了两种方言对儿童学习语言的影响。我们在这里要从更大范围上来肯定汉民族语言这个大环境对儿童学习母语的直接影响。

其次是生活环境。人们现在已经熟知：语文学习的外延与生活的外延相等。现在的语文新课程课标提出了一个重要概念，即“语文教育资源”，要求语文教师在搞好课内语文教学的同时，要学会“开拓语文教育资源”，在学生面前发掘出更多学习语文的空间和渠道。有句古话说：“处处留心皆学问。”这“学问”二字，是从广义上说的，“学问”中当然包括“学语文”在内。我们的语文教师，如果都能要求班上的学生人人懂得“随时随地都能学语文”“随时随地都能发现语文运用中的佳例和病例”，那么，他的教学正迈步在“科学化”的坦途之上。

再次是规范环境。生活环境中存在的大量语言现象，其中多半是粗糙的、自然状态的，也就是说多数未必是规范的。学生学习语言当然应该为之提供“规范环境”。如国家的语文政策，推广普通话，采用简化字，取消异体字，编辑出版各种规范用字用词的字典词典等；以法律文书为代表的严正规范的文体，以党报党刊为代表的严正规范的语言作品等。在规范环境的强势影响下，凡是用字用语不规范的现象将十分刺目地被人发现，也就不难被纠正。

还有就是学校环境。这是对在校学生直接产生影响的环境。就口语交际说，校长的讲演、教师的授课、师生的对话，都有潜移默化的影响；就文字运用说，校内的布告、学生会的通知、班级活动的海报，都会对学生产生影响；就阅读理解说，校内其他各科的教师都该像语文教师一样，重视指导学生阅读本学科的教科书，诚如苏联有位教育家所说：学校里各个学科的教师都应该是“阅读教师”；就文字书写说，校长、干部、教师写的字只要是公诸于学生面前的，都得起示范作用。

当然还有以各种社会文化设施为主的社会环境和家庭亲人的文化水准、文明程度甚至阅读倾向的家庭环境。上述种种环境的综合影响，如果是良好的，丝毫不被“污染”的，那么我们的语文教育离“科学化”目标也就不远了。

启示之三：环境是动态的、会变化的，因而语文教育研究也必须随之不断更新，不断拓展其领域。随着社会的演进，必然会产生反映新生活的新词汇、新语汇和新的表达方式；电脑取代传统的书写工具，网络语言在我们传统的词汇库里增添了许多新的成员；手机短信以及电子邮件中为了表达的需要，除了传统的文字符号以外，还增添了许多足以表情达意的其他符号。这是“环境”在语文行为和交际工具方面所发生的显著变化。这种种新的客观存在，必然要使语文教育在内容和形式方面产生具有“时代新质”的变革。语文教育能紧紧与新的现实相适应，这是“科学化”追求的内在要求。

这就是我试图用生态学的观点和方法来重新诠释我对语文教育特性认识的主要思路。

中学语文学科的教学大纲与教材*

一、教学大纲的性质与作用

教学大纲，也叫课程标准或课程纲要，它是学科教学之“纲”。在通常情况下，担任某学科教学任务的教师，他直接接触和使用的是该学科的教材，但是，一个教师如果对教学大纲全然无知，他就很难全面地、深入地理解教材的编辑意图，也很难判断教材的成败优劣，因而也就很难十分清醒、十分自觉地来运用教材，驾驭教材。一个教师的教学活动时时处处要接受大纲的指导、制约和检验。

（一）教学大纲是学科教学的纲领

教学大纲是国家教育行政部门按照国家的教育方针和教育法规，用纲要的形式来规范各门学科的教学活动和教学行为的指导性文件。它的内容一般包括：确认学科的性质和任务，规定学科教学的总的目的要求和分阶段或分年级的目的要求，提示学科教学的基本内容和教材编制原则，明确学科教学的基本方法和考核标准等。它体现了一个时期之内，国家对本学科教育教学

---

* 作者注：1994 年，高等教育出版社邀请广西教育学院院长、语文教育专家王世堪先生负责主编一部供全国广播电视教育用的中学语文教学法教材。此类教材，人民教育出版社乃至高等教育出版社本身，都已先后出版过多种，世堪在这种背景下肩负此重任，策略思想上确定二“高”目标，即“高手”和“高质量”。参编者都是世堪的同行知己，可以做到每个专题由国内顶尖专家（特别是对该专题有相当权威性的研究成果者）负责撰写。如章熊写考核、于漪写师德、刘清涌写作文等。我因为参加过语文教学大纲和教材的审查工作，所以负责这一专题的撰写。书成后，由高等教育出版社 1995 年 5 月出版，被誉为同类教材中的精品。

工作的基本指导思想和原则要求，因而成为指导学科教学活动和教学行为的纲领。

教学大纲对于学科教学来说，既是教材编制的依据，也是组织教育教学活动的依据，进行考试考查的依据和全面评估学科教育教学质量的依据。它在学科教学中具有明确的指导作用。

（二）制订教学大纲的依据

制订教学大纲要充分考虑到以下几个方面的情况：

1. 国家的教育方针。教育为社会主义现代化建设服务，教育与生产劳动相结合，培养德、智、体全面发展的社会主义建设者和接班人，这是我们国家的教育方针。这个教育方针，应当成为制订学科教学大纲的指导思想。同时，国家的教育方针也要通过各类学校的教学计划和各门学科的教学大纲，在学校教育中真正得到全面的贯彻落实。九年制义务教育全日制初级中学语文教学大纲，就是根据国家教委颁布的九年制义务教育全日制初级中学的教学计划来制订的。

2. 国家有关的法律法规。任何学科的教育教学活动都应当受到国家有关法律法规的制约。从消极方面说，任何学科的教学内容和教学方法都不能违背国家有关的法律法规；从积极方面说，任何学科的教学内容都应当有利于培养和加强学生的法制意识和遵纪守法观念。《宪法》是国家的根本大法，《中华人民共和国义务教育法》是实施义务教育的重要法律，制定九年制义务教育各科教学大纲，都必须以之为据。各学科的教学内容，会涉及政治、经济、军事、文化等各个领域中的问题，涉及人口、生态、环保、资源、财税、土地管理、国际交往等各个方面的问题，其中必然要涉及国家制定的有关法律法规，因此凡有涉及，必须依法进行。

3. 国情的特点。一门学科，就其本身而言，可以是超越国界的。然而，制订一门学科的教学大纲却必须充分考虑和尊重一个国家的国情，即充分考虑和尊重国家的性质、政治制度、经济发达的程度和文化教育的基础等各方面的因素。违背国情，超越国情所提供的客观条件，就根本无法制订出科学的、合理的、切实可行的学科教学大纲来。

4. 学科的知识结构和教学规律。既然是学科的教学大纲，当然必须以本学科的知识体系、知识结构以及教育教学规律，包括学生的认识规律作为根本的依据。在这一点上，学科教育的专家以及富有经验的教材编辑人员和第一线教师，具有不可替代的权威性。而学科本身已有的研究成果和未来发展的前景，邻近学科的各种最新研究动态，本学科教育教学改革的新鲜经验等，也是制订学科教学大纲的重要参考。

（三）教学大纲的稳定性和时代适应性

教学大纲的内容应有相对的稳定性，因为只有内容相对稳定，才能保证学科的教育教学活动在一定的时间之内建立起统一的、稳定的秩序，使教师的工作有章可循，使考试考查有规可依，不致造成“各自为政”或“无所适从”的混乱局面。但是，教学大纲的这种稳定性也只能是相对的，它还必须要考虑时代的适应性，否则，时代在发展，教学大纲的内容如果不随之调整和充实，形成僵化的、凝固的框框，就会束缚学科教学自身的发展。

要知道，人们在教学实践中，对本学科的教学规律的认识会不断发展、深化，新的认识必然推动新的行动，而新的行动又会积累起新的经验。学科本身的知识内容也会随着科学研究的日益深入而不断有所更新，这就要求学科的教学内容也要不断有所补充和更新。所以，在经过了一段时间的科学研究和教改实践之后，学科的教学大纲又必须相应地作必要的充实和修订，使之更趋完善、更具有时代的适应性。

二、中学语文教学大纲的基本内容与基本框架

自 60 年代以来，在我国的基础教育阶段，语文学科的教学大纲只有两种，一种是小学语文教学大纲，另一种是中学语文教学大纲。后者实际上包含着初中和高中两个学段，叙述时初、高中的内容有分有合。至于中等师范学校及其他中等专业学校，则另有适合自身特点的教学大纲。本书所要探讨的，主要是全日制普通中学的语文教学大纲。

（一）中学语文教学大纲的历史沿革

在我国，兴办新式学堂，实行分级分科教育的新体制，肇始于 19 世纪末。这种新的教育体制，必然要求制订相应的分学科的教学大纲。然而，在新体制建立之初，要求各学科都能制订出较为完备的教学大纲，事实上是不

可能的。所以，在 1902 年制定的《钦定中学堂章程》和 1904 年颁布的《奏定中学堂章程》中，对语文学科（当时，钦定“章程”定名为“词章”，奏定“章程”定名为“中国文学”）的教学宗旨和教学内容尽管有所规定，但表述都十分简略。

待封建政体瓦解，共和政体建立，学校教育的宗旨即有所改变。1912 年中华民国教育部公布《中学校令施行规则》，其中对“国文”一科规定：“国文要旨在通解普通语言文字，能自由发表思想，并使略解高深文字，涵养文学之兴趣，兼以启发德智。国文首宜授以近世文，渐及于近古文，并文字源流、文法要略，及文学史之大概，使作实用简易之文，兼课习字。”教学宗旨和教学内容，表述得较为简明。第二年，即 1913 年又公布《中学校课程标准》，那只是一张简表，对各学科的分年教学课时及教学内容分项列述，内容比较简单。

到五四运动之后的 1922 年，由于“学校系统改革案”的公布施行，学校的体制有所变更，课程的改革也积极推进。但当时，由于“教育部从这年起，闭门闹穷，课程标准之改订，无法进行，于是‘全国教育会联合会’（第八届）组织一‘新学制课程标准起草委员会’，于民国十二年（1923）6 月将所拟订之《中小学各科课程纲要》刊布”。① 这个由全国教育会联合会的新学制课程标准起草委员会拟订并刊布的“课程纲要”，尽管不是政府颁布的正式文件，然而在当时特定的社会背景下，却具有类似法规的某种约束力，且体例和内容也较过去远为严整，试行了四五年之久，对后来的课程建设有比较深远的影响。

所谓“课程标准”，其完备的形式应该包括“为什么教”（宗旨或目的任务）、“教什么”（教学内容）、“怎样教”（教学原则和方法）、“最终达到怎样的程度”（标准）等四个方面。像这种体例较为完备的课程标准，在新式学堂创立之初当然还不可能有。而 1923 年刊布的《中小学各科课程纲要》，却已具备了基本规模。试以其中叶圣陶草拟的初中《国语课程纲要》为例，内容包括三大部分：一是“目的”，列出四条：（1）使学生有自由发展思想的能

---

① 引自黎锦熙《国语运动史纲》（商务印书馆 1934 年版）。

力。(2) 使学生能看平易的古书。(3) 使学生能作文法通顺的文章。(4) 使学生发生研究中国文学的兴趣。二是“内容”，分列“本科要旨”“本科作业支配”“本科学分支配”以及“本科课程段落分配”(即各学年学习内容及要求等) 等各项，详为阐述。另外还有“说明”五条，对教材选择和教法要领一一作了补充说明。三是“毕业最低限度标准”，共三条：(子) 阅读普通参考书报，能了解大意。(丑) 作普通应用文，能清楚达意，于文法上无重大错误者。(寅) 能欣赏浅近文学作品。① 与以往的“章程”“规则”“标准”相比，显然有明显的进步。

以后，1929 年、1933 年、1936 年国民政府教育部又先后制定并颁布过《中小学课程暂行标准》或《中小学各科课程标准》等类文件，内容都略有更动，略有增减，但基本格局与 1923 年的文件大体一致。而 1946 年由陕甘宁边区政府教育厅编审室拟订并颁行的《初中国文课程标准草案》，则在内容的思想性、科学性和可操作性方面，显现出语文教学大纲以马克思主义为指导的崭新面貌。

1949 年 8 月，叶圣陶为当时华北人民政府教育部教科书编审委员会草拟了《中学语文科课程标准》。虽然这份“标准”当时只是在内部传阅而未公开颁布，但因为是叶圣陶在总结自己长期的实践经验、吸取他人长期的研究成果基础上拟订的，因此它可以被视为新中国诞生前夕一个足以概括近半个世纪语文教学发展成果的重要文件。

新中国成立初期，除了有叶圣陶手拟的这份“标准”作为教材编制的内部参考材料以外，对外没有发布具有指导性的中学语文教学大纲。直到 1955 年以后，这种“空白”状态才告结束，先后制定的大纲可见下表②：

年份	历史时期	大纲名称	实际存在时间
1955	国民经济恢复时期	初级中学文学教学大纲（草案）	二年
1955	国民经济恢复时期	高级中学文学教学大纲（草案）	二年
1956	国民经济恢复时期	初级中学汉语教学大纲（草案）	一年

① 参见商务印书馆《教育杂志》第 15 卷，第 4 页。

② 引自朱绍禹主编《语文教育辞典》(延边人民出版社 1991 年版)，第 62 页。

续表

年份	历史时期	大纲名称	实际存在时间
1963	国民经济恢复时期	全日制中学语文教学大纲（草案）	三年
1978	拨乱反正时期	全日制十年制学校中学语文教学大纲（试行草案）	九年
1987	深化改革时期	全日制中学语文教学大纲	

由上表可以看出：自新中国成立以后，“课程标准”和“课程纲要”等名称已停用，一律改称为“教学大纲”；在50年代的后期，中学语文学科试行分科制，语文一科分为“文学”和“汉语”两科，分别编制教学大纲，自1963年起又恢复单科制，制定一种教学大纲；“文革”10年，处于“无大纲”时期，语文教学受到严重的摧残；“文革”以后通过拨乱反正，国家进入全面推进社会主义现代化建设的新时期，政治稳定，社会稳定，经济发展，教学大纲的编制和施行，也有可能相对稳定。

以上是我国中学语文学科教学大纲编制历史的概况。随着九年制义务教育的全面实施和中等教育结构改革的进一步深入，我国中学语文教学大纲的编制将进入一个新的历史阶段。

（二）中学语文教学大纲的基本内容

从本世纪将近90年的中学语文教学大纲编制历史考察，大纲的基本内容由粗略到细密，由笼统到具体，由经验描述到科学概括，经过漫长的探索，逐步趋于规范，几代人为之付出了巨大的辛劳。今后随着形势的发展还将继续有所更新。如果把新中国建立以来所颁发的几份主要的大纲作一番分析，就不难看出，一份比较完备的中学语文教学大纲，其基本内容应包括如下各项：

1. 语文学科的任务及其重要性

语文学科究竟是一门什么样的学科？它肩负着怎样的任务？完成这样的任务有什么重要性？这是教学大纲首先要说清楚的问题。

对于语文学科的性质，我国的中学语文教学大纲都没有作正面的直接的阐述。因为这个问题，在理论界有不同的看法。这种理论上的论争和探讨，是必要的，有益的。而教学大纲是直接指导教学的，它不能也不必要在这个尚未形成共识的问题上确定某种说法，以致影响理论界的“百家争鸣”。所以，近几十年来的中学语文教学大纲，对此都没有直接定义。它只是从语文学科的教学任务及其重要性方面，让教学实践者明白自己是干什么的、为什么要干，从而提高从事本学科教学的责任感。

语文学科以指导学生掌握语文工具、形成必要的语文能力为自己的主要任务。而语文是人们学习各种知识、从事各种工作必须具备的基本工具，因此语文学科在众多学科之中处于十分重要的基础地位。同时，语文作为知识、信息、思想、情感的载体，在学习过程中又必然伴随着知识的扩展、信息的吸收、思想的培育、情感的陶冶，因此语文学科对于提高学生的思想道德素质和科学文化素质，也具有不可忽视的重要作用。中学语文教学大纲，正是按照这样的基本思路来阐明语文学科的任务及其重要性的。

2. 语文学科的教学目的和教学要求

教学目的是依据学科教学的总任务来确定的。确定的方向主要有三：一是知识积累，二是能力形成，三是思想培育。中学语文教学大纲在规定教学目的的时候，一般总是从知识、能力、思想等三个不同侧面来表述的。例如1987年颁布的《全日制中学语文教学大纲》，对教学目的作了如下规定：

> 中学语文教学必须教学生学好课文和必要的语文基础知识，进行严格的语文基本训练，使学生热爱祖国的语言，能够正确理解和运用祖国的语言文字，具有现代语文的阅读能力、写作能力和听说能力，具有阅读浅易文言文的能力。在语文教学的过程中，要开拓学生的视野，发展学生的智力，培养学生的社会主义道德情操、健康高尚的审美观和爱国主义精神，提高社会主义觉悟。

这段文字，写得比较精要。它把学好课文与掌握基础知识的关系，进行严格的基本训练与形成语文能力的关系以及语文教学与思想审美教育的关系等，都作了恰如其分的说明。因而，它比一般的分项列述，显得逻辑更严密，揭示事物之间的内在联系更清晰。

教学要求，是实现教学目的所应当达到的目标。它是“目的”的具体化，应该具有可检测性。严格说来，凡是“可检测”的，都必须是有量化标准的。可是，由于语文学科具有综合性、模糊性的特点，在许多方面我们的科学研究又没有提供必要的可靠依据，所以至今我们所能提出的教学要求也还是定性的多，定量的少。

目前我们的中学语文教学大纲，对“教学要求”的规定除了重在定性以外，还有如下一些特点：一是按不同学段规定不同的要求，即初中阶段有初中阶段的要求，高中阶段有高中阶段的要求，体现出前后衔接、前后递进的层次；二是注重语文能力的培养，即把现代语文的阅读能力、写作能力作为重点提出明确要求，同时兼顾听说能力，体现出语文学科以培养能力为主的特点。

对“教学要求”作进一步的分解，便形成“分年级的教学内容和教学要求”或者“各年级语文基本能力和基础知识教学要求”，即以年级为单位来规定它们各自的教学要求，这样，使不同年级的执教者都能明白自己的“岗位职责”，有利于教学质量的提高，也有利于总的教学要求的实现。

3. 语文学科的教学内容

规定教学内容，应是教学大纲的主体部分。语文学科的教学内容，一般分课内和课外两个施教空间。在课内，主要教学内容是课文讲读、知识传授和能力训练三个方面；在课外，则是各种语文活动的组织和指导。目前我们的中学语文教学大纲，只规定课内的教学内容，至于课外的语文活动则放在“教学中应重视的问题”中，作为教学法提示加以强调。

课文讲读，是语文学科教学的基本内容，也是实现语文学科教学要求的重要途径，所以在大纲中居重要地位。大纲在阐述这部分内容时，主要是说明课文选编的标准和要求，并根据长期的实践经验提出了“思想内容好”“语言文字好”“适合教学”等三条选材标准，同时还在课文的数量上作了大致的规定。这样，既突出了“质”，又兼顾到“量”，使语文教材的编制有了可以遵循的依据。

知识传授，是语文学科应有的教学内容。大纲规定，语文基础知识包括听说读写知识、语法修辞知识、文学知识等几个主要方面。至于文言语法，只须略作介绍，以“帮助学生理解文言文”为依归；逻辑知识，不单独提出，但不意味着完全取消（事实上也不可能取消），只是要求结合理解和表达的实际需要适当地加以指点。

能力训练，是语文学科特有的教学内容，课文的讲读、知识的传授在很大程度上是要为能力训练服务的。按理说，这部分内容应尽可能规定得具体些、明确些，便于操作，也便于检测。然而，新中国成立以后的若干种中学语文教学大纲，在规定能力训练内容时，都显得笼统而含糊，直到 1992 年制定并颁布九年制义务教育《初中语文教学大纲》时，情况才有所改变。

4. 语文学科的教学法提示

教学法提示，是教学大纲中不可缺少的内容。50 年代，实行文学、汉语分科教学，当时的《初级中学汉语教学大纲（草案）》设有“初级中学汉语教学法的基本原则”一项，《初级中学文学教学大纲（草案）》设有“初级中学文学教学法”一项，分别对初中的汉语教学和文学教学的教学原则和教学方法作了相当详备的阐述。1963 年颁发的《全日制中学语文教学大纲（草案）》设有“教学中应该注意的几点”一项，1987 年颁发的《全日制中学语文教学大纲》设有“教学中应重视的问题”一项，也都是言简意明的教学法提示。

学科的教学法提示，在内容上有两个基本要求：一是紧扣学科教学的特点，二是文字准确简明。50 年代文学、汉语分科时期的那几种教学大纲，教学法提示是分别就中学的汉语教学和文学教学的特点进行阐述的，只是考虑到当时教师队伍的实际情况，文字表述比较详尽、具体。到 80 年代以后，由于师资的学历达标情况有较大变化，所以大纲中的教学法提示就渐趋精要。1987 年颁发的大纲，教学法提示共设五条，第一条说明语文训练与思想教育的关系，第二条说明打好基础和培养习惯的必要性，第三条说明激发学生学习的积极性和主动性的意义，第四条说明课外语文活动的内容和方式，第五条说明教师发挥主导作用的有关问题。每条都不过百字左右，但其中每一句话都经过精心推敲，是多年来语文教学理论研究成果和教学实践经验的总结，有普遍的指导意义。

现在看来，在教学法提示中，历来的语文教学大纲都没有涉及语文的考试考查问题，这是一个缺陷。因为学科教学的成绩考核和评价，是检验教学效果的重要环节，大纲中理应提出带有方向性的指导意见。

（三）中学语文教学大纲的基本框架

中学语文教学大纲的基本内容已如上述，把这些内容按一定的逻辑顺序明晰地加以表述，便形成大纲的基本框架。我国历次颁发的中学语文教学大纲，基本框架不完全一样，其变更的原因除了内容增删需要在形式上有所适应外，还与课程、教材改革的发展有关。

1. 三种不同的基本框架

（1）分体式框架

50 年代的汉语、文学分科教学大纲，采用的是分体式框架。整个教学大纲共分两个部分，前置的部分叫“说明”，后置的部分叫“教学大纲”。“说明”部分系统地、精要地阐述有关本学科（专业）的教学任务、教学内容、教材编排系统和教学法提示等；“教学大纲”部分，分学年分学期具体编列教材内容，规定各篇课文的教学重点，同时也规定了每学期、每单元的授课时数。这种框架的特点，是教学内容的纲目编列得十分具体、明确。无论是教科书的编者，还是教科书的使用者，编和教都有了具体依据。一本大纲在手，该教什么，该突出怎样的重点，该怎样分配课时，一目了然。

（2）合体式框架

1963 年的《全日制中学语文教学大纲（草案）》，采用的是合体式框架。整个教学大纲共分七项，前面六项分别说明中学阶段语文教学的目的、教学要求、教学内容、选材标准、教学内容安排和若干教学法提示，文字表述都比较简单。第七项则是“各年级的教学要求和教学内容”，对初、高中各年级的教学要求和教学内容分别作具体说明，其中“教学内容”部分分册列出教材目录（包括课文、课文编排顺序、知识短文内容等）。与前述分体式框架相比，这第七项内容相当于后置部分的“教学大纲”，只是把各年级的教学要求单独列出，能显示教学要求上的层递性。涉及课文本身的，只开列篇目，不再规定教学重点和课时配置。这种合体式框架的特点是整体性较强，前面六项是后面第七项的指导原则，后面第七项是前面六项内容的具体化，前后一以贯之。

1987年的《全日制中学语文教学大纲》基本上是沿用合体式框架，整个教学大纲除开宗明义有一段简短的引言以外，正文分七项。前面五项分别说明教学目的、教学要求、教材内容、作文教学和若干教学法提示，后面第六项是“各年级语文基本能力和基础知识教学要求”，紧扣前面的第二项，对初、高中各年级的能力训练和知识讲授要求，按阅读能力、写作能力、听说能力、基础知识等四个方面，分条加以说明。第七项是“教材基本篇目”，开列初、高中两个学段中必须讲授的重点课文目录。这后面的第六、第七两项，与前述的分体式框架比较，也相当于后置的“教学大纲”。它前后连贯，与1963年大纲相同，也属于合体式框架。

（3）合体加附录式框架

70年代末，即1978年颁发的全日制七年制学校《中学语文教学大纲（试行草案）》采用的是合体加附录的框架。整个教学大纲除引言外，正文只有四项，分别说明教学的目的和要求、教材的内容和编排、作文教学和若干教学法提示。在正文之后，加上两份“附录”，附录一是“各年级读写训练要求和课文目录”，附录二是“关于语文知识教学的几点说明”。把各年级的教学要求和课文目录置于正文后，作为“附录”，显然降低了它的地位。这样处理的原因，主要是“读写训练”这一概念的提出，在当时是一种尝试和探索，大纲编者认为还不成熟，而课文的选编也带有试用性质。这是“文革”以后编制的第一份大纲，这样做无可厚非。到1987年重新修订出版的时候，就改变了这一框架。

2. 框架变更中值得注意的几个问题

教学大纲的基本框架，表面看来是个形式问题，其实形式与内容密切相关，框架的变更与人们在语文学科课程、教材建设中的观念更新有直接联系。其中有几个问题，值得我们注意：

（1）变经验阐述为科学概括

50年代和60年代的两种中学语文教学大纲，其“说明”部分（或相当于“说明”部分的各项），大都是教学实践经验的具体阐述，其中常有一些夹叙夹议的文字，说明“应当怎样”和“不应当怎样”，有时还要说一点理由。这样，文字就显得较为冗长。80年代以来的几种大纲在这一点有明显的改进，其中相当于“说明”部分的各项，文字都比较精要，对那些重要的、带全局性的问题，说明和提示都注重科学的概括，因而指导性更强。这当然与人们的认识逐步深化，对问题实质的把握益趋准确有关。

（2）变课本解释型为宏观指导型

课本是教学之本。以往我国的语文课本，都是在教育部领导下由人民教育出版社负责编写和出版发行，全国统一使用的。在通常情况下，学科的课本应在大纲指导下编写，但在实际运作的时候，往往是先编出课本提供试用，然后才编定大纲，大纲应与课本相符合，于是大纲便成了课本的一种权威性的解释。这实际上是一种错位。不过，在全国统一使用一种课本的特殊情况下，这种错位似乎对教学实践并无多大影响，因而人们还可以接受，例如大纲中规定各年级的教学要求和各册课本的目录，无非是已经编写出版的那种课本的“解释”而已；大纲中规定课本应包括课文、注释、思考和练习、语文基础知识，已经编写出版的那种课本就是这么一种体例，二者是完全吻合的。因此，人们意识不到这种错位实际上已影响到大纲的普遍指导意义。80 年代以来，全国统一使用一种课本的状况开始有所改变，实行课本的多样化已经不独是理想，而且是客观存在的事实。这样，以往那种“课本解释型”的大纲已无法适应现实的需要，它必须着力体现“宏观指导”的特点，以便推动课本多样化的态势在科学、有序的轨道上更健康地发展。用“基本课文”来取代以往的各册课本详细目录，就是明显的一例。

（3）变初、高中合编为初、高中分编

50 年代实行汉语、文学分科教学的时候，教学大纲是初、高中分编的。到 60 年代，分科教学的试验中止，重新实行综合的语文学科教学，编写出版了综合的中学语文教学大纲，这份大纲便是初、高中合编的。从 70 年代末到 90 年代初，中学语文教学大纲从编出“试用草案”，到逐步修订完善，采用的都是初、高中合编的方式。80 年代末以来，全国范围内开始逐步推行九年制义务教育，小学与初中连续九年属于义务教育阶段，因而初中阶段的语文学科与高中阶段（包括中等职业教育阶段）的语文学科，在教学目的、教学内容等方面都各自显出了某些特殊性。教学大纲采用初、高中分编已是时代发展的必然趋势。分编以后，初、高中各自的教学大纲将是怎样的面貌，人们已经开始在勾勒，初中阶段的大纲已初具规模，高中阶段的大纲正在研究、酝酿。

三、新编初中语文教学大纲的特点

1986 年 4 月，第六届全国人民代表大会常务委员会第四次会议通过了《中华人民共和国义务教育法》，并于同年 7 月 1 日正式颁布施行。从那时起，国家教委就开始着手编制实施九年制义务教育的教学计划，做各科教学大纲的各项准备工作，到 1992 年 8 月终于完成了《九年义务教育全日制小学、初级中学课程方案（试行）》。这个“方案”，由“课程计划”和小学、初中 24 个学科的教学大纲组成，自 1993 年秋季起在全国逐步试行。其中，初级中学的语文教学大纲，其基本内容和基本框架，都有一些新的特点。

（一）新编初中语文教学大纲的编制过程

在《九年义务教育全日制小学、初级中学课程方案（试行）》中列入的那份初中语文教学大纲，是经过六年时间才编制完成并经有关机构审查通过的。

早在 1987 年，国家教委基础教育司和教材办公室就委托人民教育出版社、北京市教委、上海市教委等三家，根据《义务教育法》的精神分别编出初中语文教学大纲的三份草稿，经人民教育出版社组织专家加以综合、整理，形成一份大纲的征求意见稿，广泛征求各方面人士的意见。在此基础上编定了大纲的送审稿，送全国中小学教材审定委员会审查。审查初步通过，1988 年由人民教育出版社正式出版了大纲的“初审稿”。这份初审稿出版发行以后，受到了广大语文教师和语文教学研究人员的普遍好评，认为它注重了读写听说能力的全面训练和良好的语文行为习惯的培养，符合义务教育重在提高学生素质的精神；“教学内容”部分，采用“分项列述”的方法，眉目清楚，可操作性较强，教学的某些要求，适当降低了难度，重在讲求实效，符合我国的国情。

这份大纲初审稿，从 1988 年起至 1991 年，经过了三年的试用，又作了进一步的修订。修订后的文本，于 1992 年 4 月再次送全国中小学教材审定委员会审查。该委员会的中学语文审查组全体同志，在审查过程中与大纲编写人员一起，逐句逐段地对大纲的内容和文字进行了认真的推敲和润色，对其中部分重点内容（如能力训练内容）作了较大幅度的调整和修改。这样，便产生了 1992 年 6 月出版的九年义务教育《初级中学语文教学大纲》的“试用本”。这个新的文本，是大纲编写人员和大纲审查人员集体智慧的产物，其中反映了近年来人们对义务教育性质和任务的理解以及对语文教学规律的某些新的认识，与新中国成立以来颁布实施的几个同类大纲相比，内容和框架都有了新的发展。

（二）新编初中语文教学大纲的主要特点

新编九年制义务教育《初级中学语文教学大纲（试用）》有三个主要特点：

1. 终端性鲜明

自 1963 年以来，我国的中学语文教学大纲都是初、高中合编的，内容以高中毕业为“终端”，尽管初中和高中两个学段分别提出了教学要求，但初中阶段没有鲜明的独立性，它只是作为高中阶段教学的基础而存在。初中和高中，二者之间是基础与提高的关系。在这种情况下，初中阶段的教学往往是“眼睛向上”的，它要注重与高中阶段的教学相衔接，为高中阶段的学习打好基础。现在，实施九年义务教育，初中阶段的教学便成了九年义务教育的“终端”。既是“终端”，它就必须是“眼睛向下”的，即注重与小学阶段的衔接；它必须对教学要求作出明确的规定，这些要求又应以基本满足未来生活、学习、工作在语文运用方面的实际需要为依归。

新编的大纲试用本，主要从两个方面来体现这种“终端性”。

一是在“教学目的”的表述方面。过去那些初、高中合编的大纲，都是把中学阶段作为一个整体来表述“教学目的”的，初中阶段没有必要单独规定“教学目的”。这次新编的大纲试用本是九年义务教育“终端”的初中语文教学大纲，它有自己独立的、明确的“教学目的”，其文字表述是：

> 在小学语文教学的基础上，指导学生正确理解和运用祖国的语言文字，使他们具有基本的阅读、写作、听话、说话的能力，养成学习语文的良好习惯。在教学过程中，开拓学生的视野，发展学生的智力，激发

学生热爱祖国语文的感情，培养健康高尚的审美情趣，培养社会主义思想品质和爱国主义精神。

这个“教学目的”有两点值得注意：一是突出强调了“小学语文教学的基础”，显示了初中阶段的教学与小学阶段在“目的”上的衔接，即要求教师在实现初中阶段的教学目的时，始终要重视小学阶段这个“基础”，把从小学到初中的九年义务教育看作是一个整体。二是对初中阶段语文教学目的作出明确的规定，即“使他们具有基本的阅读、写作、听话、说话的能力，养成学习语文的良好习惯”，这里不再沿用过去那些“进一步如何”“继续如何”等动态的不定的概念。这样就使“终端”目的显示得比较明晰、比较确定。至于其中的“基本”，可以理解为“基本上能适应未来生活、学习、工作的需要”，这就比较符合九年义务教育对语文学科提出的要求。

二是在“教学要求”的表述方面。过去初、高中合编的大纲，尽管对初中、高中两个阶段的“教学要求”分别作了说明，但内容都较为笼统。而且，因为初中阶段并非“终端”，所以有些属于“基本”的教学要求并未列入。这次新编的大纲试用本，在这一点上作了较大的调整和补充。例如在阅读方法方面，具体规定为“初步掌握精读、略读的方法，培养默读习惯，提高阅读速度，能用普通话正确、流利地朗读课文”，这都属于“基本”范围之内的要求。又如，在阅读能力方面，增补了“初步具有欣赏文学作品的能力”；在写作能力方面，提出了文字书写要求“规范”；在“听话能力”方面，增加了“参加讨论，能听出不同意见的分歧所在，会作听讲笔记”等。这些都是一个接受了九年义务教育的学生应当具备的语文基本能力。

2. 注重基本“素质”的培养

九年义务教育，在一定意义上应是公民的基本素质教育，因此任何学科的教学大纲都必须以全面提高学生的思想品德素质、科学文化素质和生理心理素质作为自己的根本任务。语文学科尤其应当重视这一点。

新编大纲试用本，在向“素质教育”转轨方面倾注了必要的心力。

一是把“思想教育”和良好习惯的培养列入“教学要求”。新中国成立以来历次颁发的教学大纲，都重视语文学科的思想教育功能，并且强调要正确处理文与道的关系，但一直没有明确地把思想教育列入“教学要求”。而新编的大纲试用本，在分别列出读、写、听、说和基础知识等五个方面的教学要求之后，又专门写了一段关于“思想教育”的要求，以引起人们对思想教育的高度重视。此外，在“教学要求”中，还十分注重习惯的培养，例如“默读习惯”“读书看报的习惯”“修改文章的习惯”“专心听话的习惯”“有礼貌说话的习惯”等，都作为“要求”提出。而良好习惯的培养，正是素质教育的十分重要的组成部分。

二是把“能力训练”列入“教学内容”，并使之成为教学内容的核心部分。过去的多种大纲“能力训练”都没有在内容上作出规定，1978 年颁发的大纲试行草案第一次提出“读写训练”的概念，并阐明了各年级的读写训练要求，1988 年颁发的九年义务教育《初中语文教学大纲》初审稿又进一步编列出读写听说的训练项目，并把它列入“教学内容”之中，其间的发展脉络十分清楚。可是，那份大纲初审稿，尽管有了训练的项目，内容却不具体，也不够完备。

新编的大纲试用本，不但把“能力训练”列入“教学内容”，而且在内容和表述方式上作了新的探索：一是充实了训练的内容。大纲初审稿，共设读写听说能力训练 16 项 28 个点；新编大纲试用本，内容增加到 48 个项目，大大扩充了训练的面。二是重视了语文能力训练中的思维训练，如整体感知能力、激疑质疑能力、分析综合能力、独立思考独立判断能力、联想想象能力、欣赏感受能力、观察能力等。三是改变了表述方式。大纲初审稿用的是项目提示的办法，如阅读方法，提出这样的训练名目：“朗读、默读、精读、略读、速读”；写作技能，提出“缩写、扩写、改写”。有些是只列出项目，如说话训练列出五项：“说普通话。问答交谈。讲述见闻。介绍事物。讨论发言。”这样表述的优点是简明，缺陷是简单，看不出每项能力训练的内容和要求，不易操作，也不易检测。新编大纲试用本，尝试着改用行为描述法，要求在某种“行为”中显示出能力来。如“阅读能力”中有这样一项：“就课文的内容、语言、写法提出自己的看法或疑问。”这是阅读过程中应有的一种“行为”，在这种“行为”中能显示出学生的独立思考能力。又如“写作能力”中有这样一项：“运用联想或想象，丰富表达的内容。”这也是写作过程中应有的一种“行为”，在这种“行为”中能显示出学生的联想想象能力。把能力化为一项项可以操作的行为，训练的目标和途径就比较明确。这样的表述，体现了一种新的教学思想，也有利于有效培养学生的语文素质。

三是对汉语基础知识作了某些调整。既然在义务教育阶段，语文学科的教学要重在能力训练，重在基本素质的培养，那么正确处理好能力训练与知识讲授的关系就显得格外重要。对于汉语基础知识，一味追求知识本身的系统和完备，人们早已认为不可取，但是根据能力训练的需要恰当地选取知识要点，却决非易事。新编大纲试用本，从培养素质着眼采取了两种做法：①根据“适当降低难度”的要求，删去了一些知识内容，着重讲一些最基本的知识要点。如“词的构成”一项，关涉到语素，语素对于初中学生来说不易理解，因此删去。以后讲到“短语的结构”，各种结构关系讲清了，回过头去理解词的构成就不会感到困难。再如“主谓句和非主谓句”，如果单独讲，势必要增加知识量，不作单项要求，而在讲单句成分时稍加指点，似乎也可满足基本要求，所以也删去。②根据“切合实用”的要求，适当增补了一些内容。如修辞知识中增加“简明、连贯、得体”，就是一例。

四是把“课外活动”列入“教学内容”。过去历次颁发的中学语文教学大纲，都在“教学中应重视的问题”中写上有关组织和指导语文课外活动的内容。但大纲上要求“重视”，实际教学中未必能真正去贯彻。而要真正养成学生学习语文的良好习惯，锻炼学生运用语文工具以应付工作需要的能力，就非重视课外活动的正常开展不可。新编大纲试用本，一改过去的做法，把课外活动正式列入“教学内容”之中，这就大大提高了课外活动在整个语文教学过程中的地位。既是正式的一项“教学内容”，那就必须制订相应的计划，认真加以执行，“重视”不再停留在纸上了。

3. 注意导向性和灵活性的结合

教学大纲在教学导向上具有权威性。新编大纲试用本力图在以下一些主要方面体现出它的导向作用：

（1）强调语文能力的训练和语文行为习惯的培养。语文教学，归根结底是要在“语言”的实际运用上下功夫。通过语言的分析去理解思想内容，从而获得思想的营养；通过语言的揣摩去理解语言表达的方法和技巧，从而掌握语言运用的规律。思想教育、情感熏陶、智力培养等，在语文学科中都不能脱离语言，都不能脱离读写听说的语言实践活动。近年来，越来越多的人感到，语文学科被人为地增加了许多重压，因此提出要让语文教学“轻装前进”，要给语文教学“松松绑”。而“轻装”“松绑”的唯一正确的做法，就是要抓住主要矛盾，就是要牵住“牛鼻子”，就是要促使语文教学“个性”的回归，即突出语言教学和语文能力训练。新编大纲试用本，在这一点上观点十分鲜明。此外，语文能力的形成和发展，又离不开良好的语文行为习惯的培养。好习惯养成了，一辈子受益；坏习惯改不掉，一辈子受害。初中阶段的教学，在义务教育中既具有终端性质，就必须把习惯培养放在十分重要的位置上。

（2）强调在语文能力训练中要重视语感和语境意识的培养。新编大纲试用本，在“教学要求”中，特别提出要让学生“具有一定的语言感受能力”，在“教学内容”中又具体规定了“整体感知课文的大概内容”“感受课文的语言所表达的思想感情”“从课文中找出感受最深的句子或段落”“体会课文中一些句子的深层含义”等，目的都在于着力培养学生的语感。至于语境意识，是现代应用语言学的一个重要范畴，它是语言实践活动中一个不容忽视的问题。新编大纲试用本，在“教学要求”中提出要学生“能领会词句在语言环境中的含义和作用”，在“教学内容”中，又具体规定要训练学生“根据目的、对象、场合，选择比较恰当的语句”来表情达意，“说话注意对象和场合，用语文明、得体”，说话要“有针对”等，这些都与增强学生的语境意识直接有关。

（3）强调思路的分析和表达方式的探究。鉴于以往的阅读教学，每教一篇课文，不管是否必要，一概都要划分段落，概括段落大意，几乎成了一种公式，无形中抑制了学生思维的积极性和创造性，新编大纲试用本有意识地淡化“划分段落层次”的要求，强调对于思路的把握，在“教学要求”中提出要让学生在读一般现代文的时候能“理解思想内容和文章的思路”，在“教学内容”中又具体规定要训练学生能“看出课文各部分之间的联系，大体了解课文的思路和中心意思”等，都体现着这一精神。同时，鉴于以往的读写教学过多地注重文体分类、文体辨析，多少忽视各种表达方式的特点及其运用规律，所以新编大纲试用本还有意识地淡化了文体教学，强化了语体教学，特别是强化了不同表达方式的灵活运用。

除此以外，在加强思想教育、重视语文课外活动、注意思维能力训练、强调非智力因素的作用等方面，新编大纲试用本也都有鲜明的导向性，前面已有所涉及，此处不再赘述。

教学大纲除了导向性外，还应当注意灵活性，即注意给教材的编者和教学第一线的教师以必要的、灵活处理的余地。特别是在“基本要求统一，教材教法多样”的客观形势之下，大纲内容既要重视“统一”，更要适应“多样”，不能统得过死。例如，按照大纲编制的一般要求，“分年级的教学内容和教学要求”是必需的项目，因为有了这项规定，各个年级的教学任务就显示得十分明确，便于实施，也便于检测。所以，以往的语文教学大纲都无一例外地安排了这一项目。然而，进入了 90 年代以后，全国各地试编试用的各种义务教育实验教材，不少已经国家权威机构审查通过，在或大或小的范围之内逐步扩大使用。而各种不同体系、不同编制方法的教材，在安排各年级教学内容和要求的时候，有不同的想法和做法。在这种情况下，大纲如果还保留“各年级教学内容和教学要求”，就不利于教材编制的百花齐放。何况，即使勉强保留，其安排的内容是否一定合理，是否十分科学，也还有待于实践的检验，谁也不能作“非此不可”的结论。新编大纲试用本，最终删去了这部分内容，就为教材改革松了绑，给教改实验提供了更广阔的驰骋天地。

基于上述的分析，可以认为，1992 年颁发的九年义务教育《初中语文教学大纲》试用本，是迄今为止无论在内容上，还是在框架安排上，都有自己鲜明的特点、符合时代发展要求、在某些方面有明显突破的比较理想的一份语文教学指导性文件，应当深入学习，切实贯彻。

四、中学语文教材的编制

语文教材是语文教师在教学大纲指导下组织安排自己的教学内容以实现教学任务的最重要的材料，它是教学大纲与教学实践活动之间的中介物，是对学生进行读写听说全面训练的凭借物。因此，每一位语文教师对语文教材的性质特点、编制要求和使用方法，都必须有所了解，以便更好地理解教材、使用教材，有效地提高教学的质量。

（一）语文教材的概念及其功能特点

“语文教材”这个概念，考察其内涵，实际上有泛指、特指、专指之分。

所谓“泛指”的语文教材外延就十分广泛。语文教育家夏丏尊在 30 年代曾说过：“国文科是语言文字的学科，除了文法修辞等部分以外，并无固定的内容的。只要是白纸上写有黑字的东西，当作文字来阅读来玩味的时候，什么都是国文科的材料。”① 这说的是书面材料，是“白纸上写有黑字的东西”。叶圣陶在讲到语言教育这件大事的时候，曾说：“担当这件大事的不仅是学校里的语文教师，作报告的，发表演说的，广播员，戏剧演员，电影演员，写稿子登在报上的，写稿子登在杂志上的，写各种各样的书稿出版的，翻译各种各样的书稿出版的，全都担负着语言教育的责任，就影响范围看，语文教师的影响限于学校里，其他的人的影响普遍到整个社会。”② 这说的是一切对别人的语言文字修养产生影响的书面的、非书面的材料。这是在“大语文教育”观支配下所认定的语文教材，或者说是“大语文教材”。

“特指”的语文教材，是指学校开设的语文课上师生使用的教材。国家教委于 1987 年曾颁发过一个文件，其中提道：“今后根据国家教委颁布的中小学教学大纲，编写可供全国通用的中小学教材，包括教科书、习题集、练习册、教学挂图、音像教材、教学软件、选修教材等，以及供教学用的教学指导书、教学参考书必须经全国中小学教材审定委员会审定或审查。”③ 这段话把严格意义上的“教材”所应当包括的主要部分作了粗略的概括，说明“教材”是一个系列。就语文学科来说，实际上还要包括专为学生编选、供学生在课外阅读的“自读课本”。与“泛指”的语文教材相比，它的范围自然要小得多，然而还是一个群体、一个系列。

---

① 引自《学习国文的着眼点》，《夏丏尊论语文教育》（河南教育出版社 1987 年版），第 83 页。

② 引自《语言和语言教育》，《叶圣陶语文教育论集》下册（教育科学出版社 1980 年版），第 641 页。

③ 引自国家教委《关于颁发〈全国中小学教材审定委员会工作章程〉的通知》。

"专指"的语文教材，是指在上述的语文教材系列中占有特别重要地位的语文教科书。人们日常说到的"语文教材"，往往就是专指语文教科书。在语文学科中，学生接受教育和训练，主要凭借语文教科书，至于语文教材系列中的其他材料，都是从属于语文教科书并与之密切配合的。诚如张志公所说："所谓'教材'，不单指一本'教科书'，而是应当包括教师用的、教学用的教学指导书或教学参考书、音像材料以及学生用的各种辅助读物、课外活动材料等等一个完整的系列。不过，在这完整的系列中，那本'教科书'毕竟是个核心。"① 所以，本书要研究和讨论的主要是语文教科书。

语文教材的功能特点主要体现在以下一些方面：

1. 智德启迪

德，在这里主要是指思想品德修养，其中包括对国家、民族、社会、自然、事业、他人的正确认识和爱憎分明的感情，以及基于这种认识和感情所产生的坚定的、纯正的、高尚的行为。语文教材中的选文，不论古今中外的，也不论是记叙议论的；不论是文学的，也不论是非文学的，无不反映着作者鲜明的世界观、人生观和审美观。多读这样的语言作品，学生的思想品德修养自然会受到潜移默化的影响。

智，在这里主要是指智力，其核心是人的思维品质。语文教材尽管不是智力训练材料，也不是智力测验的汇编，但是，典范的语言作品，总要反映出作者观察的敏锐、分析的精辟、推理的周密、想象的新奇、联想的丰富、表达的巧妙等。多读这样的语言作品，学生的智力自然也会得到开发，有助于磨砺自己的思维品质。

思想品德和思维品质，表面看来似是"语文"以外的事，其实，它们与"语文"的关系极大。所谓"言为心声""什么人说什么话"，说的就是语文行为与思想品德、思维品质之间的密切关系。语文教材在智德启迪方面的功能，实在是完成语文学科教学任务的极其重要的因素。

2. 语文历练

叶圣陶在论述语文教材的功能时曾说："国文教学的目标，在养成阅读

---

① 引自《张志公文集》（广东教育出版社 1991 年版）第 5 卷第 49 页。

书籍的习惯，培植欣赏文学的能力，训练写作文字的技能。这些事不能凭空着手，都得有所凭借。凭借什么？就是课本或选文。有了课本或选文，然后养成、培植、训练的工作得以着手。”① 叶圣陶的话明白地说出了语文教材的特殊作用：历练的凭借。

语文学科要培养学生的阅读能力。这种“培养”，要通过阅读实践来实现，即在阅读实践中培养阅读能力。语文教材中所选的各体、各类课文，就是供学生运用各种读法来锻炼自己的阅读能力的。语文教材中的选文，在写作上，在语言运用上，都堪为学生的范本，在阅读中悉心探究这些选文的写法，从而获得有关写作方法、语言运用方面的知识，这也是一种历练。至于语文教材中的作文指导内容，或是独立的写作教材，更是锻炼写作能力的凭借。

3. 语言积累

在我国古代，读书学文很注重熟读与背诵。要学习写诗填词，除了要熟悉诗词的一些格律以外，重要条件之一是要诵读大量诗词名作，其中有些要熟读成诵。学习写文章也是如此，要选择一些优秀作品反复诵读。这种苦功夫，过去我们曾一律贬之为“死记硬背”，现在看来，并不尽然。熟读、背诵一部分名篇佳作，其作用并不仅在于记诵这些名篇佳作本身，还在于通过记诵，使自己应当掌握的字、词、语、句日益充盈起来，日后提笔作文，在文思泉涌的时候，许多与自己要表达的内容十分贴近十分合宜的字、词、语、句便会不断地“跳”将出来，供你选择，供你灵活运用。

4. 知识扩展

语文学科要引导学生学语文，用语文，从而提高学生正确理解和运用语文的能力。为了实现这样的目的，就要努力扩展学生的知识领域。这里所说的知识，不仅指语文知识，还包括社会的、自然的、人生的百科知识。一个在校的学生，他获取知识的途径，概括起来不外乎两条：一条是社会生活，一条是学科学习。这后者是学生获取知识的主渠道，学政治获得政治知识，学理化获得理化知识，学史地获得史地知识，如此等等。从这个意义上说，

---

① 引自《略读指导举隅·前言》，《叶圣陶语文教育论集》上卷（教育科学出版社1980年版），第19页。

各科的学习，对提高学生的语文水平都有密切关系。而就语文学科来说，语文教材中既有关于语文的知识，更有关于社会各个领域的百科知识，而且通过大量优秀语言作品所传递出来的百科知识，往往丰富、生动，能激起学生强烈的爱憎感情，因而给学生的印象也就格外深刻。

语文教材的功能特点，还可以列举出一些，但主要之点大致如上述。每一个从事中学语文教学实际工作的人，都必须对语文教材的这些功能特点有足够的了解，以便更自觉地来驾驭教材，使它的教育教学功能发挥得更加充分，更加有效。

（二）中学语文教科书的构成要素

这里专就中学语文教科书的编制问题作一些探讨。

中学语文教科书的内部，一般都包含着四个相互联系的构成要素。这些要素前后连贯形成四个系统，即范文系统、知识系统、作业系统、助读系统。这四个系统的编组，形成一套教科书的基本结构。

1. 范文系统

范文，是中学语文教科书的主体部分。在阅读教科书中，范文也就是课文；在写作教科书或语文基础知识教科书中，范文也叫作例文，是用来揭示写作规律或印证某种知识的范例。

把范文作为教科书的主体内容，并使之形成一个独立的系统，这是语文教科书区别于其他学科教科书的一个鲜明特点。其他学科的教科书，大都以知识系统为主体，并辅之以作业系统。只有语文学科，除了知识系统、作业系统以外，还必须有范文系统，以此作为消化知识、训练能力、发展思想、扩展视野、涵育情感的凭借。因此，尽管旧式的“文选型”教科书被人指出过许多弊端，但至今“文选”仍然是中学语文教科书的主体，选编优秀的语言作品作为范文仍然是教科书编制的最重要的工作。

中学语文教科书中的范文，在教学实践中主要有如下一些作用：

（1）示例作用

语文教学的重要任务之一是要让学生了解并掌握读书、作文、听话、说话的规律。这些规律，可以通过文字作直接的说明，如一般的阅读学、写作学、语法学、口才学著作那样。但这类著作中的文字说明，不管说得怎样生动形象，毕竟都是诉诸理性的，属于“知”的范围，不可能给人以具体的、深刻的、可感的印象。要想让学生有具体的感觉、直接的印象，不但有所“知”，而且懂得该如何“行”，就必须引导他们去读大量的好文章。一篇优秀的语言作品，是用字造句、结段谋篇的典范的体现者，是语法、修辞、逻辑以及各种表达方式完美结合的整体。从这个意义上说，一篇范文，就是一位不出声的语文教师，它随处都在告诉你读写听说的方法和技巧。叶圣陶说：“教材无非是例子。”这例子，就是相对完美地体现着语言运用规律的范例。

（2）凭借作用

语文教学的又一重要任务是要让学生通过读写听说的实践提高语文能力，并养成良好的语文行为习惯。这些能力和习惯，不能凭空得来，只能靠扎扎实实的训练，通过训练逐步养成。语文教科书中的范文，正是学生训练能力、培养习惯的重要凭借物。例如朗读，是一种读文的方式；朗读得好，也是一种语文能力。引导学生在充分理解范文思想内容的基础上按规范的要求学着朗读，这是培养朗读能力的重要途径。在这种情况下，范文就发挥着训练朗读能力的凭借物的作用。语文能力训练是如此，语文教学过程中进行思想教育、审美教育也是如此，也得以范文作为凭借。

语文教学还有扩展学生知识视野的任务。这种扩展，并不如其他学科那样有自己确定的范围，如物理科扩展物理知识，历史科扩展历史知识等。语文学科扩展学生的知识，是综合的，是百科性质的，而其扩展的凭借物就是范文，就是承载着古今中外各种各样社会知识、自然知识的范文。因而从扩展学生知识视野这一点上说，范文也发挥着它特有的凭借作用。

2. 知识系统

这里所说的“知识”，主要指语文基础知识。

我国过去在私塾学馆中所使用的旧式读本，大都是所谓“纯文选型”的，它只有一个系统，即范文系统。一切需要讲授的语言文字知识，都“隐含”在这些选文当中，由教者自己确定，相机处理。自本世纪 30 年代起，开始有人把原来独立的、自成体系的语文知识，稍加剔选、整理，编进了语文教科书。于是知识系统便成了中学语文教科书中一个构成要素。

中学语文教科书中的知识系统，从中学阶段语文教学的要求出发，大致包括读写听说方法的知识、语言知识（即语音、文字、词汇、语法、修辞等方面的知识）、逻辑知识（即形式逻辑、辩证逻辑等思维科学方面的知识）、文体知识、文学知识（即初步的文学理论、文学史和文学鉴赏的知识）等五个主要领域。当然，在中学语文教学中，学生学习语文基础知识的根本目的，既在“知”更在“行”，是要掌握这些知识去指导实践，有效地提高读写听说的能力。因此，中学语文教科书中的知识系统，不管是独立编排，还是结合范文相机编排，都必须同语言运用的实际密切结合，避免把知识讲“死”。

3. 作业系统

语文能力是要靠语文实践来培养的，是要靠学生在一定的理论指导下动口、动手、动脑来培养。这种动口、动手、动脑的实践，就是练。练，要有目标，要有计划，要有指导。按照一定的目标有计划地设计出一系列“练”的内容和方法，便构成了教科书中的作业系统。

作业系统的作用，从消极方面说，是有助于教师检测教学效果和学生自测学习效果；从积极方面说，是有利于学生消化、巩固已经学过的知识，并通过实践形成和发展自己的能力。中学语文教科书中的作业，有关于范文阅读的，有关于知识的消化与运用的，也有关于语言表达训练的，这些都有利于促进语文能力的形成和发展。

作业系统一般都是与范文系统、知识系统密切配合的。也有一些语文教科书的编者出于某种需要，把作业系统单独抽取出来，做成独立的练习册。

4. 助读系统

旧式的文选型读本，常在文末加一些注解，或在文中插入一些评注的话。这些文字，对读者读解选文有助益，因此可以称作助读材料。随着时代的发展和教学观念的更新，人们越来越认识到培养和提高学生的自学能力应是学科教学的一个重要目标，所以在语文教科书的编制过程中便日益重视助读材料的编写，并使之成为语文教科书的重要组成部分。

助读材料，就是教科书的编者对整套书、一册书、一个单元、一篇课文的学习目的、学习要求、学习的重点难点、学习的方式方法等所作的简要提示。这些内容，过去大都编在教学参考书或教学指导书里，只提供给教师作参考。现在，把其中应当让学生事先了解的那部分内容提取出来，有机地编进了教科书，成为自学的线索，这就有助于学生随着编者的引导和指点，增强学习的自主性。助读材料的作用，概括起来有这样三个主要方面：一是使学生在未经教师讲述的情况下自己就知道学什么、为什么学、该怎样学，有利于提高教学效率，特别是有利于培养学生的自学能力，养成学生的自学习惯；二是使所有采用该教科书的学校和班级，凭借书上的助读材料都能明白教学的统一要求，有利于整个教学水平保持大致的平衡，也有利于统一考核；三是助读材料中某些重要提示，往往直接反映了教科书编者的编辑意图和教学指导思想，而一种先进的教学思想一旦在教科书中反映出来，固定下来，就使大面积的教学改革有了可能。

助读系统一般表现为两种形式：一是文字，二是图表。图表有时也需要有文字说明予以配合，所以文字说明是主要形式。

（三）中学语文教科书的结构类型

中学语文教科书中的范文系统、知识系统、作业系统和助读系统，可以有各种不同的组织编排方法，从而形成结构上的不同类型。

综观我国几十年来中学语文教科书的编制，其基本结构大致可分两类：一类是分编型，一类是合编型。分编型有不同的“分”法，合编型也有不同的“合”法。

1. 分编型

所谓分编型教科书，就是把中学语文教学的内容按不同的性质分别编制成几种教科书。这在实践上曾经有过尝试。

（1）两分法，即把教学内容分别编制成两套教科书。

例如，文言和白话分编。在范文系统中，原有文言、白话两种不同的语体。这两种不同语体的课文，可以采用“雨夹雪”的办法交错编排在一起，也可以在一册书的前半编入白话语体，后半编入文言语体，当然也可以分开来互不干扰地分别编成两套教科书。这后一种编法，就属于分编型。

又如，文学和汉语分编。在范文系统中，文学作品往往占有相当大的比重；在知识系统中，汉语知识又是主体。而文学属于艺术范畴，汉语则属于科学范畴，二者的学习要求和学习规律不同。所以有人认为，这二者不能“混合”教学，应当按不同的体系、用不同的方法进行教学，于是尝试着编制文学和汉语两套教科书。

再如，阅读和写作分编。中学语文教学的主要内容是阅读和写作。读和写尽管有密切联系，但前者重在理解和吸收，后者重在表达和倾吐，有各不相同的培养途径和学习方法。所以，阅读和写作可以分别编制两套教科书。

分编型的两分法当然不止上述三种类型。此外还有读本和练习册分编的，有课内读本与课外读本分编的，如此等等。

(2) 多分法，即把教学内容分别编制成三种或三种以上的教科书。

中学语文教科书中的范文系统和知识系统，包含的内容是多方面的。如果把其中多项内容独立出来，分别编成教科书，那就可以编制出多套教科书来。前几年，人民教育出版社编辑出版的分编型高中语文实验教科书，就是采用多分法的。它除了《写作》教科书以外，阅读教科书按课内和课外分别编制了6种，即高一用《文言读本》（课内）和《现代文选读》（课外），高二用《文学读本》（课内）和《文学作品选读》（课外），高三用《文化读本》（课内）和《文化著作选读》（课外）。就阅读方面的教科书看，采用的就是多分法。

分编型的教科书有优点，也有局限。它的优点主要是眉目较清楚，序列较分明，系统性也较强。其局限则在于：一个教师使用多套教科书，想求得教学上的综合效应和整体效应，比较困难。

2. 合编型

所谓合编型，顾名思义，就是把语文教学的多方面的内容合编在一套教科书内。分编型教科书，不论是两分的，还是多分的，每种教科书都有各自的名称。合编型教科书则往往统称为《语文》(旧时称《国语》或《国文》)。

合编型教科书也有多种类型。

(1) 范文选编法

这是我国传统的教科书编制法。用这种方法编制的教科书，全书都以精选的范文为主体。这类教科书的原始模式是只有范文系统而无知识系统和作业系统，供学生读的就是几十篇或几百篇范文，知识由教师相机讲授，作业由教师相机布置，教科书上并无规定。这就是所谓“纯文选型”的教科书。以后逐步有所改进：或在范文中夹入评注，借评注编入相关的知识和助读材料；或在范文后面编制一些思考题，形成一个粗略的作业系统。我国早期的文选读本、文选评注读本大都属于这种类型。

（2）主次配合法

从30年代开始，我国中学语文教科书的编制出现了一种新的格局，即在原来的文选本或文选评注本的基础上，有目的、有计划地编进了语文基础知识内容，使范文系统、作业系统、知识系统和初步的助读系统相互配合，形成了内容比较丰满的合编型教科书。此后的几十年间，这种合编型教科书，在教学内容的主次配合上作过多种尝试，出现了各具特色的体例。

有以培养阅读能力为主的。这种体例的教科书，以范文系统为主体，借此培养学生的理解能力和分析鉴赏能力。在编排时，或按文体，或按内容，或按时代，把范文组合成单元，以利于教学。与此同时，在范文的各单元之间，穿插编入有关语文基础的知识短文，这些短文前后保持一定的系统，形成一个知识系统。这类合编本的基本特点是以“读范文”为主，以“学知识”为辅。

有以培养写作能力为主的。这种体例的教科书，也以范文系统为主体，但范文的选择和编排主要服从于培养学生写作能力的需要。各单元有一定的表达训练目标，或“记叙建筑物”，或“记叙环境的一角”，或“记叙一幅画”，或“记叙动物”等，均以“写”为主线来选编范文。同时编写“单元提示”，简述知识和能力训练要点，形成一种以写为主、读写兼顾的格局。这类合编本的基本特点是以“读范文，学写作”为主，知识系统则为辅助性内容。

还有以学习和运用语文基础知识为主的。这种体例的教科书，往往以知识系统为主体，即把语文基础知识分解成若干个方面，每个方面又分出若干项目，然后以此为纲选编相应的范文。例如近人有作这样的尝试的：初中第一册一开始就学文字知识，学汉字造字法（旧时所谓“六书”），同时学习查各种常用字典的查检法。选读范文，也侧重在识字辨形、学会独立查检字典以解决阅读遇到的生字难词等。以后顺次学语音、词汇、语法、修辞、文章作法等各种语文知识。这种合编型教科书，并不多见，效果怎样还有待于实践的检验。因为知识本身是可以显示出鲜明的系统的，因而这类教科书往往序列清楚，训练目标集中，有它一定的优越性。

(3) 综合组元法

把范文系统组合成一系列单元，由来已久。在范文单元之间穿插编入一些知识短文，是教科书编制上的一种创新。但从内容上看，这种知识短文同范文单元是彼此分离的，单元之内只有范文（或有少量助读材料），短文之内只讲知识。在 30 年代中期，开明书店出版了夏丏尊、叶圣陶编的《国文百八课》，一种综合组元法开始以崭新的面貌出现在初中语文教科书中。《国文百八课》中的 108“课”，实际上就是 108 个单元。不过，这种单元已非单纯的范文单元，而是集范文、知识、作业和初步的助读系统于一体的综合单元。因为《国文百八课》中的每一“课”，都编有“文话”“文选”“文法与修辞”“习问”等四项内容，它本身就是一个传授知识、研读范文、训练能力的具有综合性的基本教学单位；集 108“课”而构成初中语文教学的完整体系。自从这种新体例出现之后，继起者中便有人尝试着从中学语文教学的内容中提取“知识点”和“能力训练点”，并把这些“点”排成各种系列，配以适当的范文，编入相应的知识短文和作业练习，其中还安排必要的助读材料，用这种综合组元法编制出各种不同的教科书来。至此，合编型教科书的编制逐步趋于成熟。

合编型教科书的优点主要是一个教师使用一本教科书容易从整体上处理教学内容，取得较好的综合效应；其局限往往在于系统性不容易体现，编得不好会显得眉目不清、头绪芜杂。因此，分编和合编，其优点和局限正好是相反的。能不能相互取长补短、相辅相成呢？应当是可能的。

以上是中学语文教科书基本结构的概貌。当然，所谓分编与合编，也只是一种相对的说法，教科书的编制法决不是静止的、凝固的，它在实践中不断变化、创造、发展着，从而形成教科书编制上多姿多彩的结构形态。

(四) 新编初中语文教科书概述

这里所说的“新编”，是指 80 年代后期开始编制，90 年代逐步扩大试用，适应九年制义务教育需要的那些初中语文教科书。自 1986 年我国实行教材多样化政策以来，初中语文教科书的编制，就呈现出空前繁荣的局面，九年制义务教育的教学计划和各科教学大纲陆续制订并逐步试行以后，这些教科书又依据新大纲要求再次作了修订，编写质量有了明显的提高。在全国范围之内，除了人民教育出版社编制出版的以外，还有十多种各具特色的教科书在推广使用。我们对这些新编教科书的概貌应有大致的了解，现在择要概述如下。

1. 人民教育出版社初中《语文》

这套新编教科书使用范围较广。其编辑的指导思想是：联系生活，扎实、活泼、有序地进行语文基本训练，培养学生正确理解和运用祖国语言文字的能力；在训练的过程中传授知识，发展智力，进行思想教育。

这套教科书十分注重语文教学与实际生活的联系，体现了语文教学改革的方向。在编制体例上还有如下一些特点：

（1）为求多样化并显示阶段性，把初中语文学习分为三个阶段，教学重点和编排方式各不相同。第一阶段（第一学期），认识语文运用与实际生活的关系，着重培养一般的语文能力，课文按照反映的生活内容分类编排，如家庭生活、学校生活、社会生活、革命生活、经济文化生活等；第二阶段（第二、第三、第四学期），联系生活，着重培养记叙、说明、议论的能力，三种表达方式依次分作三个学期的训练重点，课文按照表达方式编排；第三阶段（第五、第六学期），着重培养在实际生活中运用语言文字的能力，培养初步的欣赏文学作品的能力，课文按照文体分类编排。三个阶段，从综合到分解再到综合，与生活密切联系，由简到繁，由浅入深，比较符合人的认识规律。

（2）教读课文（主要是大纲规定的基本课文）后面的作业，划分为三个层次：（1）“理解・分析”：旨在引导学生理解和分析课文的思想内容、篇章结构、语言含义；（2）“揣摩・运用”：要求学生在初步理解的基础上进行推敲遣词造句、布局谋篇的技巧，并动口动手进行表达练习；（3）“积累・联想”：继前两项之后，进行熟读和背诵的练习，促进语言材料的有效积累，并通过比较阅读，开拓思路，加深理解。这三个层次的练习，从理解到运用，从知识到能力，从课文扩展到其他，较好地反映了凭借课文这个“例子”通过举一反三提高读写听说能力的一般过程。

(3) 内容有较大的弹性。①教学时间的安排留有余地，每学期 18 周教学时间，有 2 周机动；每两周教学时间，有 2 课机动。②课文分为教读、自读两类，另编课外《自读课本》，课内外可以相互沟通；练习题分必做和选做两种。由于教学内容的安排有一定的弹性，有利于面向大多数，适用于各地区条件不同的学校。

2. 北京师范大学四年制初中《语文》

这是一套专为四年制初中编制的语文教科书。它注意到内容的实用和编排的科学有序。主要表现在：

(1) 注重听说读写的全面训练。整套教科书共分七项内容：(1) 学习目的、学习方法和思维方法指导；(2) 听话训练；(3) 说话训练；(4) 现代文阅读训练；(5) 文言文读背训练；(6) 写作训练；(7) 语文知识。它们各自形成序列，中心内容是听说读写的训练。每册课本采用"积木式"结构方式组成单元。各单元一般都按听、说、读、写的先后次序编排。单元内部的几项内容能相互联系、照应。

(2) 语文知识序列清楚，简明实用。语文知识采用集中与分散相结合的编排方法。集中，即把语文知识分成若干要点，写成短文，配置在各册课本的后面，自成系统；分散，即把语文知识分散安排在听说读写训练之中，与各项语文训练紧密配合。集中安排的主要是文字、词汇、语法、修辞等知识；分散安排的主要是听说读写方法的知识。这样，就既照顾到知识的系统性，又突出了知识的实用性，二者兼顾，各得其宜。

(3) 智力训练渗透于语文训练之中。这套教科书的每一册，第一个单元都以思维方法的训练为重点。第一册至第八册思维方法训练的重点依次为：观察、积累，想象、联想、分析、综合，比较、分类，归纳、概括，推理，系统化，综合运用。每一册第一单元的思维方法训练重点，在全册各单元中都有所反映，有所关联。这样，就使智力训练贯穿于整套课本语文训练的始终。

3. 上海市 H 版初中《语文》

上海市经国家教委批准，对基础教育进行较大力度的综合改革，他们可以根据沿海经济发达地区的特点和条件，自行制订教学计划和各科教学大纲，并在大纲指导下自行编制各科教科书。H 版初中《语文》，就是其中的一种，有自己鲜明的特色。

这套教科书的编写宗旨，是在小学的基础上，着重传授学法，训练思维，切实提高学生实际应用语文的能力。其主要特点是：

（1）重在训练阅读能力。训练分三个层次：初一训练阅读中的感知能力，重点训练朗读和默读。朗读和默读训练又细分若干层次，如朗读能力训练层次为：①正确清楚；②自然流畅；③传情达意；④熟读背诵等。初二、初三重点训练阅读中的理解能力，初四重点训练阅读中的体会能力（即较低层次的赏析能力）。各册选文力求文质兼美，短小精致，注意时代性和可读性。课文编排服从于训练需要，不拘泥于文体和语体。

（2）增设视听单元和课外阅读指导单元。这是本套教科书的创新设计。视听单元中只编写“视听提示”和相应的训练题，课文则另配录音录像资料，使文字教材与音像教材相配合。视听单元各有训练重点，形成系列，如初一为“集中注意，了解大意”“抓住要点，领会主旨”；初二为“影视中的音乐语言”“影视中的环境烘托”等。课外阅读指导单元，旨在引导学生扩大阅读范围，养成阅读的良好习惯，训练也有一定的序列，如初一上为“报纸期刊的阅读”，初一下为“童话、神话的阅读”等。增设这两类单元，有利于实现手、口、眼、耳的同步训练，有利于课内向课外的延伸，也有利于推进教材的现代化。

（3）作业系统的设计，注意发挥不同层次的不同作用。讲读课文的训练题，大体分四个层次：①落实单元教学的目标要求；②理解课文内容，渗透德育与美育；③加强语文基础训练；④从课内延伸到课外，实现能力的迁移。这四个层次的训练，要求在教学过程中完成。自读课文则设计自读检测题，要求学生在自读课内独立完成，以培养和提高学生的自学能力。一个单元结束以后，设计单元综合练习题，力求在复习、巩固的基础上有所加深。

（4）表达训练单独设置单元，编排在阅读训练的各单元之后。说话训练除了在阅读课的练习设计中分散安排之外，另外专设“说话训练”单元，四个年级形成系列。作文训练，注意选用中学生的佳作，使学生既感到学有榜样，又不会觉得高不可攀。作文训练中还适当穿插了应用文体的训练。

4. 上海市S版初中《语文》

这套教科书，与H版一样，每一册书也分编为“阅读”与“表达”两个部分。

“阅读”部分的主要特点是：

(1) 压缩课文篇数，减轻学生负担。这套教科书，每册课文总数不超过18篇，选文注重于精。另外，在每个单元中又附“扩展阅读”的文章两篇。“扩展阅读”的文章是为扩大学生的阅读面而选编的，教师不教，只供学生自己“读读想想”，其中半数文章有简要的旁批，启发学生思考，有利于培养学生的独立阅读能力。

(2) 训练题的设计有整体的考虑。每篇课文后的训练题由三个部分构成：“语言·思维”“知识·积累”“方法·技能”。三个部分既有联系，又各有侧重、自成系统。以“方法·技能”为例，每一道训练题的设计都注意到前后单元的联系，若把分散于各篇课文后的“方法·技能”训练前后联系起来，就是一条贯穿整套教科书的阅读方法训练的基本线索。

(3) 语文知识的讲授，自然地安排在听说读写训练之中，与听说读写密切结合。这套教科书，尽可能避免孤立地讲解语文知识的弊病，而力求把知识讲“活”。尤其是汉语语法知识，一般都安排在“知识·积累”的训练题中讲解，讲解的方法是先提供语言现象，再从中归纳出知识要点，最后安排训练，由感性知识入手进而提高到理性，符合学生认识规律，内容浅显易懂。

“表达”部分的主要特点是：

(1) 从学生的生活和实际需要出发，设计情境，诱发表达欲望。训练内容注意生活化、情境化、趣味化，努力使学生产生发表的兴趣，并在表达实践中提高实际运用语文工具的能力。

(2) 训练不求一步到位，尽可能为学生铺设台阶。每一项表达训练，都有明确的训练要求，有精要的知识讲授。同时规定训练的内容和步骤，一步一个台阶，口头表达与书面表达兼顾，最后完成书面作业，井然有序。

5. 四川省新编初中《语文》

这套教科书是适应我国内地各省的实际需要编制的，注意到内容的精要、编排的醒目。其主要特点是：

（1）语文课本、自读课本、配套练习册三者结合。这套教科书以《语文》为课堂教学使用的正课本，另外又编课外阅读用的《自读课本》，课内课外密切配合。同时，把一般语文课本中所编的课后练习题，抽取出来独立编成《练习》，学生可以在《练习》本上完成作业，上交给教师批阅。因此，使用这套教科书，读有读本，练有练本；课内有教读，课外有自读；彼此配合，各得其宜。

（2）语文课本中编排的单元是兼顾读写听说训练的综合型单元。每个单元分四项，即：单元教学目标，置于范文之前；范文之后，又设基础知识、基本训练、单元知识小结等三项。教学目标用方框单独列出，一般包括五条：阅读能力、写作能力、听话能力、说话能力、基础知识，体现出语文能力全面训练的特点。这些目标分别在单元学习的每个环节上予以落实。基础知识一项，把听说读写知识、语法修辞知识等分解成若干专题，写成短文集中讲述；基本训练一项，以作文训练为主，兼听说训练。同时也安排了必要的应用文写作训练。单元的结束处，专设“单元知识小结”，用提要的方式揭示本单元学习要点，学生据此可以检测自己完成学习任务的情况。

（3）为适应内地农村、山乡的师资和生源条件，在助读系统上作了一些改革尝试。课文的助读，课文前编写一段“小引”，激发学生阅读的兴趣和冲动；课文后专设“课堂讨论”，为师生提示研读课文的重点，又设“读后指要”，对课文的内容和形式作精要的概括，使师生能掌握课文阅读的要点。附录中提示了较为丰富的资料，有助于弥补农村、山乡参考资料的匮乏。

6. 广东省新编初中《语文》

这套教科书是适应南方沿海经济特区的需要编制的。其主要特点是：

（1）以语文能力训练为中心，对整套教科书的单元编排进行整体的设计。根据教学大纲的要求，把语文能力训练内容分解成 46 个项目。编列为 46 个单元。整套教科书共六册，前五册各安排八个单元，第六册则为六个单元。每一册的各个单元，覆盖读、写、听、说以及思维训练等各方面的内容，如第一册，第一单元着重“说”的训练，第二单元着重阅读方法的训练，第三单元着重文学作品的阅读欣赏，第四单元着重思维能力的培养，第五至第七单元着重文章的结构和表达方式的分析训练，第八单元着重文言文的阅读训练。从纵向上看，每册书的同一个单元，内容上前后衔接，自成系列，如第一册第一单元着重“说”的训练，以后各册的第一单元也都是“说”的训练；第一册第二单元是阅读方法的训练，以后各册的第二单元也都是阅读方法的训练，只是训练的具体内容不同，体现出训练的层递性。其他各单元也同样如此。

（2）单元教学要求明确、集中。每个单元的教学要求，在单元开头都明确提出，并有提示性说明。课文讲读及作业练习，都围绕单元教学要求进行。如单元教学要求是训练“浏览与积累”，通过课文讲读，引起学生对浏览与积累的兴趣，并掌握其基本方法；单元教学要求是指导学生掌握文章的“结构与线索”，通过课文分析，教给学生剖析文章结构、找出文章线索的方法，并懂得在写作中如何按照“结构与线索”的知识来组织材料。至于单元教学要求以外的东西，可以少讲，甚至不讲。

（3）选文注意时代性和地方性。课文的选用，不拘于名家名篇，而是从南方沿海经济特区的特点出发，在大纲规定的基本课文之外，着重选用短小精悍、富有时代气息，又能反映南方沿海各省人情风物的优秀短章作为课文。

7. 辽宁省新编初中《阅读》和《写作》

这是一套分编型的初中语文教科书。其主要特点是：

（1）有明确的指导思想和探索意图。这套教科书旨在探索初中阶段语文能力早期培养的可行性（也即“初中语文能力过关”问题），进而探索中学语文教学分两步走的整体改革设想实施的可能性。因而，它的起点相对而言就比较高。这是一项建立在我国语文教育要实现“三个面向”的宏观战略思想基础上的实验，有一定的理论价值和实践意义。

（2）有比较完整的语文能力训练体系和语文知识结构。整套教科书按大纲要求，把初中语文教学内容分解成 98 个语文能力项目和 40 个语文知识要点，按照以语文能力训练为经、以语文知识为纬的原则，有机地组合成一个完整的教学体系。这个体系，分两翼：一是把理解系统的训练（即听和读的训练）编为《阅读》课本；把表达系统的训练（即说和写的训练），编为

《写作》课本。两翼分进，而又互相配合。

(3) 重视自学能力的培养。这套教科书，在助读系统方面倾注了较多的心力。在《阅读》课本中，不但编选了较多的课文（每册 40 篇），而且还附有供学生课外自读的优秀诗文（每册 30 多篇）。在每篇课文之前编有“目的要求”“预习提纲”“自学提纲”等，提示自学的要求和方法；每篇课文之后编有“自学参考”，提供必要的参考资料。在《写作》课本中，除了有知识讲解之外，还附了大量的例文，每次写作练习，还提示“表达和讲评”的具体要求和方法。这样，学生拿到教科书，就知道该学什么，该怎样去学，该怎样来检测自学成果。

8. 江苏省新编初中《语文》

这是一套以探索“单元合成，整体训练”新体系为目标的初中语文教科书。编者把这套书的特点概括为三个“一”，即：一本书，一串珠，一条线。

所谓“一本书”，是说整套教科书取“综合型”，它本身是一个引读（包括听）、引写（包括说）和语文基础知识相互配合的大综合体。读、写、知这三个系统，安排大体相等的、经过优选的知识点和能力训练点。这些点在自己的系统中是前后联系的，同时又与其他两个系统中相关的点互相联结，这样形成纵横结合、互相沟通、循序渐进的训练网络。这个网络中的各条知识链和训练线，尽可能做到“分之则系列分明，合之则相互为用”，体现整体性和系列性的和谐统一。

所谓“一串珠”，是说整套教科书以综合性的单元（即“单元合成”）为基本教学单位，单元与单元紧密相联，形成一个“珠串”。一个单元是一颗“珠”，这“珠”既是读、写、知配合训练的小综合体，又是整套教科书整体训练的一个阶段训练点。点点相联，形成系统；珠珠相串，结成网络，把初中语文教学的多元目标、复杂内容比较合理地整合起来。

所谓“一条线”，是指贯穿于全书的是一条读写听说能力的训练线，这条线是多股交织而又线索分明的。在这条“线”的统摄下，力图“使多方面的教学内容各有自己的适当位置”。

这套教科书的“三·一”体系，主要优点是整体性较强，具有“体积小而容量大”的优势，有希望收到既减轻学生负担，又提高教学质量的效果。

这套教科书注意到广大城乡普通中学的实际需要，力求达到科学性和实用性的统一。知识系统的内容，力求优化、简化、浅化，便于学生接受；范文系统，注意选文的少而精，篇幅短小，时代性强，可读性强；作业系统，着眼于语言的揣摩，着力于语文能力的训练，注意题型的多样化。在助读系统方面，进行了多方面的探索，为学生树立了学习语文的“路标”（单元之首设“单元教材支配表”），交给学生学习语文的“拐棍”（读前的“预习提示”和读中的“旁批提示”）、“钥匙”（“阅读方法和习惯”）和自测学习效果的“尺子”（“单元教学目标自测题”），有利于学生自学能力的培养。

9. 四川省新编自学辅导教材初中《语文》

这套教科书是在中国科学院心理研究所有关自学辅导教学实验研究的启发下编制的，又适当考虑到少数民族地区进行“双语”教学的需要，有自己鲜明的特点。

（1）课文选编有自己的创新设计。①每册课文分“必学课文”和“选学课文”两部分。“必学课文”集中编列，置于前；“选学课文”集中编列，置于后。这样编排，给条件不同的学校以灵活处理的较大余地。②无论是“必学”的，还是“选学”的，目录上一律不明确地划分单元，只是把题材、体裁、语体相近的相对集中编在一起，取“暗合”式。在课本的最后附录本册《单元结构表》中，显示编者的编排意图。③把语文基础知识编成短文，作为正式课文编在“必学课文”和“选学课文”之中。④课文中注意选用反映少数民族生活的优秀作品。

（2）适应自学辅导的需要，重视助读系统的设计和编写。①必学课文，正文之前设“学习要求”和“复习旧知识”；正文与“辅读”材料结合编排，“辅读”材料分两类，一是提示自学方法，二是循文作评点。②循文评点，有揭示内容、结构、语言、写法要点的，有提醒学生注意生字生词的音、形、义的，也有提出疑问、设计作业要求学生解答的，文字精练，有启发性，便于学生边读边思考边动手操作。③精选插图，帮助学生阅读理解。这套教科书配置了较多的插图，以第一册为例，有彩页 4 幅，黑白插图 19 幅。这些图画，与课文内容和写作指导要点密切结合，很切合学生的阅读心理。

（3）强调工具书的使用。既是坚持“自学辅导”的教法和学法，所以使用这套教科书必须要求每一个学生都自备工具书。编者在《前言》中说："语文自学辅导教学是把字典和词典包括在教材之中的。使用这套课本，学生必须自备《现代汉语词典》和《古汉语常用字字典》（都采用商务印书馆出版的），否则无法自学，也难达到教学大纲提出的会使用字典词典的目标。"可见，与指定的语文工具书配套使用，又是这套教科书的一个显著特点。

以上是对已经全国中小学教材审定委员会学科审查组审查通过的九种新编初中语文教科书的概略介绍。这些教科书各有自己的某些特点，它们在探索语文教材改革之路的过程中都作出了自己的贡献。

五、中学语文教材的使用

对于语文教师中的绝大多数人来说，了解语文教材与语文教学大纲的关系，了解一般语文教科书的构成要素和结构类型，了解现行各种教科书的特点，目的都是更好地使用教材，让教材在教学过程中更有效地发挥作用。从这个意义上说，教师对待教材应站定"自主"的立场，了解教材完全是为了驾驭教材。张志公曾经提醒说："教科书是教材编辑工作者编写出来的，但是一旦编出来，印成了书，就成了一个客观存在的物，和音像设备等一样的置于教师支配运用之下的物了。到了这时候，教师有了双重性：既被教材所制约，又反过来制约教材。教材终于产生什么样的效果，在相当大的程度上取决于教师怎样使用它。"① 编者把一套教科书编成、出版，其"产品"是静止的。一旦把教科书投入使用，它便成为师生共同研读的对象，并且循序渐进地被使用，处于运动状态。静态的教科书，其所应发挥的作用和功能暂时还处于"潜伏"期，即存有"潜能"，要把这种"潜能"转化为现实的功能，全靠教师发挥好主观的能动作用。

用好教科书，充分发挥教科书应有的教育教学功能，关键是教师要具备两个必不可少的条件：一是要有真本领，即有比较扎实的语文功底，善读善写，能有实实在在的"货色"给学生；二是要有责任心，即愿意花力气，下

---

① 引自《张志公文集》（广东教育出版社 1991 年版）第 5 卷第 51 页。

苦功夫，刻苦钻研，精益求精。在具备了上述两个条件的情况下，还得注意解决好以下几个问题。

（一）审慎选择，把握特点

新中国成立以来，直到80年代中期，我国的中学语文教科书一直是由国家教育行政部门统一编制，统一出版，统一指定使用的。在这种情况下，教师就没有选择教科书的任务。自1986年以后，我国的教材建设出现了多样化的局面，就九年制义务教育的初中语文教科书而言，除了人民教育出版社出版的以外，全国还有十多种在各地试用。这样，广大教师就有了从众多教科书中进行选择的任务。

教科书的选择要有一定的根据。

1. 根据主观意趣来选择。中学语文教科书，凡是经过审查通过并正式出版的，都是符合教学大纲精神和中学教学实际的，这是共性。但是，多种教科书并存，绝不可能彼此雷同，它们在内容选择和体系安排上总有自己的某些特色和长处。教师的选择，着眼点就在对于各种教科书的特色或长处的比较和权衡。这种比较和权衡，往往带有教师个人（或教研组集体）的主观色彩。首先是“意”，即教师自己对于语文教学规律的认识和理解；其次是“趣”，即教师个人在业务上的专长、兴趣和爱好。教科书就如同演出的剧本，导演要根据自己的意和趣来选择剧本，教师则要根据自己的意和趣来选择教科书。剧本只有被意趣相投的导演选中，才能在舞台上闪现光彩，取得扣人心弦的效果；教科书也只有被意趣相投的教师选中，才能在课堂上显出活力，让教师运用得心应手，取得授知练能的实际效果。

2. 根据客观条件来选择。教师的意趣是主观的，而教师的教学活动却要受到客观条件的制约。因此，在选择教科书的时候，还必须考虑客观的条件。教师面临的客观条件主要是：社会条件、学校条件和学生条件。其中主要是学生条件。有些教科书适用于文化基础较好的大中城市，文化基础较差的山乡农村就不一定适用。有些教科书重在打基础，有些教科书在打好基础的同时适当注意提高，两类教科书就适用于文化基础不同的学生对象。脱离客观条件，不顾客观的需要与可能，只考虑教师主观的意趣，这是选择教科书的大忌。只有既注意客观条件，又兼顾到自己个人的意趣，才能对教科书作出恰当的选择。

从目前我国的国情出发，教科书的选择权一般还不属于教师个人，但教师有责任向有权选择教科书的地方教育行政部门提出意见和建议。一旦选定了合适的教科书，教师的任务就是要通过认真的研究，正确把握教科书的特点，为制订教学方案作好准备。

所谓把握教科书的特点，主要是指：

1. 把握教科书总体结构的特点。教师实际使用的只是某套教科书中的一册，但是要用好这一册书，却必须对整套教科书的总体结构有所了解。所以，教一册书首先必须总览整套书。研究教科书的总体结构，要注意做好这样两件事：一是要认真研读教科书的“编辑说明”以及教科书中其他的助读材料。一般地说，在教科书的“编辑说明”里，编者对本书的总体结构总有或详或略的介绍。例如人民教育出版社编辑出版的初中《语文》，在卷首的《说明》里这样介绍：“总体结构分三个阶段。第一阶段：第一册（初一上学期），使学生认识语文的运用与生活的关系，培养观察、分析生活的能力；培养一般的吸收和表达能力。课文按其反映的生活内容，分类组织单元。第二阶段：第二、第三、第四册（初一下学期和初二学年），继续培养观察、分析生活的能力，培养积累、运用书面材料的能力，依次侧重培养记叙、说明、议论的吸收和表达能力。第二册侧重记叙，第三册侧重说明，第四册侧重议论。课文按表达方式组织单元。第三阶段：第五、第六册（初三学年），培养综合运用观察得来的材料和书面材料的能力，在日常生活实践中运用语文的能力，阅读和欣赏文学作品的能力。课文按若干种实用体裁和文学体裁组织单元。”① 这类说明，是概括的，也是精要的，至于这些特点在教科书中究竟是怎样具体体现的，还需要教师通过浏览全书才能真正了解。在浏览过程中，教师凭借自己有关教科书编制方法的知识，可以进行独立的分析与思考，从而在编者提示的基础上获得具体切实的感受。

2. 把握教科书的体例特点。教科书的体例主要是指教科书中教学内容的编排方式或单元组合方式，它与教学实践活动的关系更为密切，也更为直

---

① 引自人民教育出版社1990年九年制义务教育初中《语文》第一册卷首《说明》。

接。一般的教科书，编者在“编辑说明”中都要对本书的体例作简明的介绍，大的框架在目录上也往往有所反映。教师在研读“编辑说明”、总览本书目录之后，可以再翻看几个具有代表性的单元，然后自己用列表的方式来显示它的体例特点。

例如江苏省的那套初中《语文》的体例特点，可以用下表显示：

- 单元教材支配表
  - 引读
    - 教读课文：阅读重点—预习—读中提示（旁批）—思考和练习
    - 扶读课文：自读引导—读中提示（旁批）—思考和练习
    - 自读课文：自读引导—思考和练习
    - 图书箱
    - 阅读方法和习惯
  - 引写
    - 指导要点
    - 课堂听说：训练重点—训练作业
    - 课内作文：训练作业
    - 课外练笔
  - 基础知识及运用：知识要点—运用练习

根据上表可以看出，这套合编型教科书的体例特点是：①有明确的单元教学目标，以“教材支配表”的形式分项列述；②课文分教读、扶读、自读三类，由教到扶，由扶到放，重视自学能力的培养；③用“读中提示（旁批）”和“思考和练习”来制约教读和扶读的过程，便于讲练结合，落实教学目标；④用“图书箱”和“课外练笔”，使读、写训练向课外延伸；⑤强化方法的传授、习惯的培养和知识的运用。对教科书的体例特点作这样一番分析和研究，就为用好教科书奠定了基础。

3. 把握教育教学任务在教科书中是如何体现、如何落实的。任何一门学科，都有教养、教育和发展的任务。就教科书的编者来说，在编制过程中总要有意识地把教养、教育和发展的任务合理地安排在每册书、每个单元和每篇课文及其作业之中。使用这套教科书的教师，就要通过研读和分析去发现这些因素，把握这些因素的质和量，以及它们之间的相互联系。语文学科的教养任务，就是指导学习语文知识，养成必要的语文能力。这些知识和能力，被分解成一系列的项目，有计划地分散编排在教科书当中，教师要善于发现这些项目（要点），并把它们变“分散”为“集中”，变“隐含”为“外显”，使之成为前后有序的系列。这样，就可以在教学的进程中牢牢地把握住特定阶段的教养任务，实现教学的基本目标。语文学科的教育任务，主要是思想品德教育，包括审美教育，它们一般都体现在范文系统及其相应的作业当中。教师要在认真钻研课文，充分理解作业要求的基础上，明确各单元的思想教育和审美教育的重点。语文学科的发展任务，主要是良好的语文行为习惯和良好的思维品质的培养，它们一般都体现在教科书的助读系统和作业系统的设计当中。教师要在认真研究教科书体例特点的同时，认真细致地分析研究教科书中的助读材料以及各种类型的作业，明确特定的体例在促进学生习惯形成和智力发展方面的作用，把握某些作业在培养习惯、激发思维方面所应发挥的功能。对于每个单元的教养、教育和发展任务，教师要努力做到了然于胸。

（二）总揽全局，点面统筹

教师在使用教科书的时候，必须处理好整体与局部的关系、点和面的关系，使每一课教学内容、每一个教学步骤，都紧紧扣住教科书的编辑意图，做到与教科书编者的心灵相通。

1. 整套书和一册书。一套教科书，三年制的六册，四年制的八册。如果是分编型的，一套教科书，往往有十几册。编者把全部的教学内容，包括读写听说训练和语文基础知识，按照由浅入深、由简到繁的原则和语文能力形成的规律，分解成一系列的项目，有机地分散编排在各册之中。在编者来说，他心中是有全局的；而在教师来说，他所执教的只是整套教科书中的某一册，他面对的只是一个局部。他应当明白，所使用的这一册书原本是全局中的一个局部，这个局部前有“来龙”，后有“去脉”，决不是孤立的存在。例如广东省的那套初中《语文》，它的每一册的第一个单元都是“说话训练”，三年六册书前后有六个单元都是“说话训练”，这些训练前后衔接，由已知到未知，由旧知到新知，内容和要求是逐步发展、逐步提高的，它们构成了说话能力培养的一个个阶梯。我们所执教的那一册书的第一个单元，无非是这个阶梯中的一级而已。明白了这一点，我们才能自觉地联系旧知，由旧知引出新知，抓住重点，强化训练，又可以避免把后面几册书中将要讲到的内容拉扯到前面来讲，弄得前后杂糅，面目不清。说话训练是如此，其他的教学内容也同样如此。

2. 一册书和一个单元。一册教科书是整套教科书中的一环。在这一环节上，编者从全局着眼给它规定了语文能力训练、语文知识传授和德育美育以及思维训练等方面的阶段性目标。为了实现这一系列的目标，编者又编列了若干单元。这些单元之间，或有纵向联系，或在横向上展开，而其本身又负有特定的教育教学任务，是本册教科书中有机的一环，也即大环中的一个小环。因此，组织一个单元的教学，必须胸有全局，必须有“瞻前顾后”的通盘考虑。

3. 一个单元和一个教学项目。目前国内试用的初中语文教科书，其单元编制大都属综合型，即在一个单元之中包含着读写听说训练以及语文基础知识教学的多项内容。这多项教学内容，都不是任意凑合的，它们在单元教学目标的统摄下彼此有一定的内在联系。因此，在组织教学的时候，首先必须牢牢把握住本单元的教学目标，然后研究确定每一个教学项目（包括每一篇课文的教学、每一种能力训练、每一项知识讲授、每一道作业练习）在完成单元教学目标中所处的地位以及它所肩负的任务，使各条线上的各个点都集中指向单元教学目标。这样，才能使综合型的单元充分发挥出整体的、综合的效应。

总之，“总揽全局，点面统筹”就是要求我们用系统的方法来驾驭教科书。系统，既具有整体性，又具有关联性。所谓关联性，是指“任何具有整体性的系统，它内部的诸因素之间的联系都是有机的。诸部分之间相互关联、相互作用，共同地构成系统的整体。各个因素，在系统中不仅是各自独立的子系统，而且是组成母系统的有机成员。”① 我们就是要把语文教科书当作一个具有整体性的系统来加以研究，而不能把一个有机的系统人为地加以肢解。

---

① 引自王雨田主编《控制论、信息论、系统科学与哲学》（中国人民大学出版社1986年版），第428页。

（三）依纲守本，用活教材

使用教科书，首先要强调依纲守本。依纲，就是要在教学大纲的指导下深入领会教科书的编辑意图，使大纲的制订者、教科书的编制者和教科书的使用者之间在指导思想上真正达于一致，三者形成共识。有了这样的基础，教师使用教科书才能始终保持清醒的、自觉的意识。守本，就是要尊重教科书所规定的教学目标和教学内容，力戒任何随意性和盲目性。教科书是教学之本，按照教科书来组织教学，这是每一位教师的职责。

强调依纲守本，这是教学活动的原则性的体现。然而，教学活动毕竟又是一种富有创造性的活动，它绝对地需要教师充分发挥自己的主观能动作用，努力把教科书用好、用活。这是教学活动的灵活性的体现。一般地说，教师对待教科书先要求“入”，即要深入到教科书中去，把里面的一切都摸清、摸透。然后要求“出”，即要从教科书中跳出来，站在教科书之上来驾驭它，灵活地使用它。只知“入”而不知“出”，难免教“死”；只知“出”而不知“入”，又容易教“乱”。只有既能“入”又能“出”，才能真正教“活”。这里不妨说说活用教科书的几种情况。

1. 灵活处理教学程序。教学程序，可以有不同层次的理解：按照教学计划，安排好一册书的教学程序，这是一个层次；按照教科书中编组的单元，安排好一个单元的教学程序，又是一个层次；按照一篇课文或一个训练项目，安排好一节课或几节课的教学程序，又是一个层次。现行的教科书大都以单元作为教学的基本单位，因此合理安排好一个单元的教学程序，具有重要意义。一套教科书，其单元组合方法对教师的教学活动有制约作用。不过，这种制约作用也是相对的，教师通过自己的钻研，对整个单元的内容及其组合方法有了充分的了解之后，还可以根据教学需要灵活地安排教学程序。比如有些教科书，把知识短文编排在一个单元的开头部分，接着才编排教读和自读的课文。有些教科书则相反。从逻辑关系来说，前者取演绎式，后者取归纳式。究竟是先让学生学习理论知识，然后再学习课文，还是先让学生学习课文，然后再学习理论知识，这就可以灵活处理。又如一个单元中的作业练习，是集中完成，还是有机地分散在整个教学过程中完成，还是一部分集中、一部分分散，可以根据本单元教学内容的特点灵活处理。

2. 对教学内容作必要的补充、删减和修正。根据教学需要，教师在使用教科书的时候，可以适当提供一些补充材料，以增加信息量。补充材料，有对比性的，有佐证性的，有实例性的，也有扩展性的。补充材料，质要精，量要少，避免加重学生负担。教科书上的内容，一般都应当指导学生认真学习，切实掌握，但遇到学生基础较差、接受有困难的情况，教师也可以对某些内容作必要的删削或简化处理，使学生能集中主要精力把最基本的东西学到手。教科书讲究内容的科学性，但也不能保证绝无疏漏或错失。比如理论阐述未必精当，作业要求未必清晰，正音释义未必准确等，遇到这样的情况，教师在确有把握的前提下应当对这些疏漏和错失作必要的修正，同时向教科书的编者提出自己的意见。

总之，教师使用教材，一是要做到心中有“数”，即对教材中规定的教学目标、教学内容以及整个编排系统，一一了然于胸，尤其是对于能力训练和知识讲授的项目，要有明确的数量概念。二是要做到目中有“人”，即教师心目中要时时想到学生。教什么，怎样教，既要以教材为本，又要从学生的实际出发精心地、灵活地进行设计。

论语文教材编制的基础*

探讨中学语文教材的编制与使用，固然必须从历史的踪迹中找准自己的起点，但一旦进入本身的研究领域，却还必须在若干主要方面具备必要的基础。

首先是理论基础。无论是编制教材，还是使用教材，都必须有足够的理论知识作基础。这些理论知识大致可以分为三类：一类是有关哲学思想和科学方法的，一类是有关语言和语文学的，一类是有关教育科学和思维科学的。这三者缺一不可，而其中又以第一类为灵魂和统帅。

谈到哲学思想，当然是指马克思主义的哲学思想，主要是辩证唯物主义和历史唯物主义。世间一切事物，都存在于一定的“关系”之中；研究事物的存在形式及其发展规律，都离不开对该事物与他事物、该事物内部诸因素的各种“关系”的研究。马克思主义的哲学思想是人类研究世间万物诸种“关系”的最正确因而也最具有生命力和权威性的理论。就语文教材的编制而言，编制者在其外部必须要对教材与时代、教材与社会、教材与政治、教材与国情、教材与国家的语文政策、教材与国家的教育方针以及教材与人的心智活动规律等诸种关系有正确的理解和把握；在其内部，又必须要对教学目的与教学内容、教学的主要任务和相关任务、范文与范文、范文与知识、知识与能力、单元与单元以及单元之中的各种组合成分等的诸种关系有正确的理解和把握。所有这一切，都需要运用马克思主义的联系的观点、发展的

* 本文系作者《语文教材的编制与使用》（与顾振彪合作，江苏教育出版社 1996 年版）“绪论”中的一节。题目另加。

观点、历史的观点、辩证的观点去分析，去解决。此外，世间任何事物又都是有结构的，语文教材当然也有结构，而结构本身作为一个系统，其内部构成因素彼此紧相联结。分解这种结构、处理这种结构，我们也必须借助马克思主义哲学思想；同时，导源于索绪尔语言学说的结构主义理论（方法论），以及极富有魅力的系统论、信息论、控制论等一系列科学方法论，也可为我们提供思考的武器。这样看来，在马克思主义哲学思想和现代科学方法论方面，理论的功底越深厚，在编制实践的过程中运用得越恰当、越自如，教材编制的质量也必然越高。编制教材如此，使用教材也同样如此。

编制和使用语文教材，当然还须要有语言和语文学方面的理论基础，这里涉及文字学、语音学、词汇学、语法学、修辞学、文章学、文艺学、美学等，其领域相当广泛。文字学（训诂学）、音韵学和文章学，在我国有着极其深厚的历史基础，古代的蒙童识字课本以及旧式文选型读本，就是以文字学、音韵学和文章学的研究成果作为基础而编制起来的。到近现代，由于外来的影响，语音学、词汇学、语法学、修辞学以及文艺学、美学等，又在语言和语文学的研究领域里结出了新的硕果，这就为新式的语文教材创新开拓、滋生繁衍提供了客观可能性。20 世纪 30 年代，在纯文选型教材中有计划地编入有关语文基础知识，使原来的教学单元包容的材料更丰富、更系统，就是因为语言和语文学界已经为教材编制者提供了必要的研究成果。历史发展到了 20 世纪的 90 年代，社会语言学、应用语言学、心理语言学、计量语言学、现代修辞学、现代文章学、交际语言学、语用学、语义学、口才学等，又分别以新的视角、新的方法对语言和语文学作了更新、更细密的剖析，使人们对语言的特点及其运用规律认识得更深刻。这些新的研究成果已经或正在成为我们编制和使用新一代语文教材的高品位的营养物。因此，要求语文教材的编制者和使用者，都应该具有足够的语言和语文学方面的理论素养，都应该准确而敏锐地吸收有关语言和语文学方面最新的研究成果，这是时代发展的必然。

教材与一般读物的根本区别就在于，它是根据一定的教学宗旨和教学计划，按照特定读者（年龄不同、程度不同的学生）身心发展的规律和认知规律，循序渐进地、有系统地传授专业知识的特殊读物。它在编制过程中，既要充分考虑到专业知识本身的科学性、系统性以及社会的需求，同时还必须充分顾及在教学过程中教师的教和学生的学，要求做到“利于教又便于学”。这样，教育学、心理学、教学论以及研究人类思维发展规律的思维科学，就成了必不可少的理论基础。如果说，“学而不思则罔，思而不学则殆”，“不积跬步，无以致千里”，“读书百遍，其义自见”等传统的教育教学观念，对古老的教材编制曾经产生过深远的影响；那么，赫尔巴特、桑代克、杜威、麦柯尔等所倡导的“教师中心主义”“儿童中心主义”“学校即社会，教学即生活”以及重视教育实验和心理测量等学说，曾经在20世纪的二三十年代深刻地影响过我国教材编制的指导思想。在今天，巴班斯基的“教学最优化”理论、赞可夫的“理论为先导”和“让学生明白学习过程”等原则、布鲁姆的“教学目标分类”学说以及各种思维科学的最新研究成果，又在我们的教材编制实践中产生着或隐或显的作用。教材编制者按照一定的教育科学原理和思维科学成果来编制教材，就势必要求教材使用者也能凭借自身的理论修养，准确地洞察编制者的意图，从而使教材中蕴含着的理论原则在教学实践中得以充分反映。教材编制者的高明与平庸，教材使用者的高明与平庸，其重要分野正在于此。

其次，是国情基础。为本国、本民族编制语文教材，当然应该对自己的国情有充分的了解。国情，是个涵义相当广泛的概念。与语文教材的编制和使用直接有关的，至少包含着这样一些方面：政治的、经济的、文化的、教育的、民族心理的和语文本身的，等等。

语文学科的教学，在任何时候都是与一定时期的政治制度和政治思想紧密地联系着的。宋代创编的《百家姓》，原是一些姓字的汇集，“赵钱孙李，周吴郑王”，本身并无任何含义；然而编制者把“赵”字列为篇首第一字，就是向赵宋王朝表示自己的“忠心”，把“赵”视作天下第一“姓”。晚清一本小学国文读本，开始第一课就是“我是大清民，我爱大清国”，不就是为了向幼小的儿童灌输忠于大清王朝的思想吗？在以马克思主义理论为指导思想的社会主义中国，现在正经历着加速改革开放、加速社会主义现代化建设的历史性飞跃，教材的编制者必须充分了解这一基本国情，在教学目标的确定、范文的选择、助读材料的编写和作业练习的设计等方面，努力体现我们国家政治制度的特点和政治思想、政治路线的原则要求。

一个国家的经济发展水平，往往直接制约着教育事业的发展水平；而教育事业的发展状况，也会反过来对经济的发展产生影响。我们国家，从经济上看，还是一个发展中的国家；可是，社会主义制度和改革开放路线，却又在很大程度上保证我国的经济维持着一种稳定的、持续发展的态势。经济的发展要依靠科学技术，科学技术的发展要依靠人才，而人才的培养又必须依靠教育，因此，教育要为经济的腾飞服务，要为培养新一代的优秀的各级各类人才服务，已经成为不可推卸的历史责任。另外，我国的地域十分辽阔，西山东海，北国南疆，纵横千里，各个地区的经济发展呈现着明显的不平衡性，这就要求教育事业重视内容上的多层次性和方式方法上的多样性。根据前一个特点，语文教材的编制要注意体现为经济建设培养“适销对路”人才的时代新要求，要注意体现社会交际日益广泛、经济生活日益活跃、生活节奏日益加快的时代新特点；根据后一个特点，语文教材的编制又要充分反映各个地区经济发展的不同需求，以教材的多样化逐步取代教材的单一化。

我国是个闻名于世的古国，有几千年的文明发展史，积累了极其丰富的文化遗产，这是创造现代文明、开拓现代文化的一笔十分珍贵的财富。而当今社会主义的物质文明建设，又要求有高度的社会主义精神文明与之相适应。按照列宁主义的观点，无产阶级文化应当是人类演进过程中一切优秀文化成果的继承和发展的产物。作为传递我国优秀的历史文化和现代文化的重要凭借物，语文教材应当努力体现出我国博大精深的文化积累和光彩夺目的文化新貌。仅以我国的语文政策而论，推广普通话，用标准语音和通用语汇来逐步统一汉民族的交际语言，重视汉字教学，重视汉字书写的规范化，努力为祖国语文的纯洁和健康而斗争：所有这一切，都是语文教材编制者所必须恪守的准则，而这正是尊重民族文化和在继承的基础上发展民族文化的重要标志和重要条件。此外，语文教材由于其内容的丰富性，所选范文必然具有可观的“文化含量”，诸如文学的、艺术的、建筑的、饮食的、工艺的、服饰的、交际的、礼仪的、科技的等，在所有这些方面，古代已有的传统积累，现代涌现的创新成果，都必然要在语文教材中有所反映。“大教育观”

必然要以“大文化观”作为基石；语文学科在这一点上将体现得更为突出、更为鲜明。

语文学科的教学，是国家整个教育大工程中的一个重要组成部分，它必然要服从于国家的教育方针和政策，受到国家制定的各级各类学校课程设置、教学计划、教学大纲的制约。教育要面向现代化，面向世界，面向未来，这是我国发展教育的指导思想；教育要为社会主义现代化建设培养德智体美劳全面发展的“四有”人才，这是我国发展教育的基本方针；普及九年制义务教育，大力发展中等职业技术教育，大面积提高全民族的思想道德素质、科学文化素质和生理心理素质，是当前我国进行教育改革的重要目标。凡此种种，语文教材的编制者都必须深刻理解，使自己的编制工作能成为贯彻执行上述指导思想和方针政策的自觉行动。语文教材的使用者，同样也要通过教材的使用，把国家的教育指导思想和方针政策具体化为生动有效的教学行为。

一个民族有一个民族的传统，而民族传统往往是民族文化和民族心理长期积淀的产物。我们汉民族，在长期的历史发展过程中所形成的传统，特别是民族心理方面的传统，是编制汉语文教材所必须了解、必须尊重的。例如对于汉字的认读，汉民族在长期的读写过程中已形成了一种知、情、意的共生心理，看到“红”字，不仅知道它是指一种颜色，而且会产生一种热烈的、喜庆的感情和意念；看到“折柳”二字，不仅知道是攀折柳条的意思，而且会产生一种亲人别离的依恋难舍的感情和意念。又如汉民族的心理特点是倾向于融和、倾向于综合、倾向于领悟，而较少研究分解、讲究离析、讲究实证，这在艺术创造、戏剧表演、哲学思辨中都有明显的反映。所有这一切，语文教材的编制者也应当有所了解，并根据这种民族心理来设计自己的编制方式和编制方法，使我们本民族的青少年更易于理解和接受，从而取得理想的教学效果。

再次，是实践基础。正如前面所论及的，我们的民族语文教育已有悠久的发展历史，几千年来在汉字认读课本和文选阅读课本的编制方面，有长期的丰富的实践经验。这是我们当前编制语文教材的一个具有深厚历史内容的基础。至于本世纪以来，语文作为一个独立的学科，其教材编制的实践经验，由于已经有了较为先进、较为科学的观念和方法，所以具有更多的借鉴价值。当然，更应当重视的还是新中国成立以后这将近半个世纪的实践经验，因为这个时期的实践经验，既有历史的继承，又有时代的新流，能给我们以更多、更直接的滋养。

自新中国成立以来，在中学语文教材的编制实践方面，大致经历了三次重大的变革。一次是50年代，为实施汉语、文学分科教学，相应创编了汉语、文学分科的教材。这一次的教材变革，其历史贡献至少反映在两个方面：一是形成了一个有关汉语知识的相对严整的教学体系，这个体系曾经影响中学语文教学长达二十多年，为中学语文学科进行汉语教学积累了经验；二是形成了一个有关文学知识的相对精要的教学体系，即初中以文学体裁为序、高中以文学史为序，同时在继承传统和适应时代需要两个方面选出了大量的文学佳作，为中学语文学科加强文学教育积累了经验和资料。第二次是在60年代，分科教材被一种新的综合教材所取代。这一次的教材变革，其指导思想是重视语文基本功、重视语文教学的综合效应。它不强调系统地讲授汉语知识，而强调要以汉语知识为辅助切实提高汉语的实际运用能力；它不强调系统地学习文学知识，而强调要按照选文内容、形式的深浅程度，循序渐进地编排次序，并且重视了实用文章的读写训练。由于扬弃了分科教学而实行综合教学，因而在单元的组合上继承当年开明《国文百八课》的做法，强化了单元的综合性。第三次是在80年代，教材的单一化（即在全国范围内只推行一种教材）被教材的多样化（即在全国范围内试行多种教材）所取代。这一次的教材变革，由于有思想的解放、体制的改革、经济的腾飞和文化的繁荣作为大背景，因而呈现出空前活跃的态势，各种不同的教材设计思想和教材编制体例，使教材世界大放异彩；各种适应不同层次和不同地区需要的教材，更使教材世界第一次飘散出浓郁的乡土气息。尽管要正确估计这次教材变革的历史贡献为时尚早，但空前广泛和空前活跃的教材编制实践，必将为日后的教材更新提供丰富的经验，这是可以断言的。

教材的编制制约着教学实践，制约着教学内容、教学过程和教学方法；反过来，教学实践的每一个成功的改革举措，教学内容、教学过程和教学方法的每一项实验研究，都将为教材的编制者提供新的、有益的革新思路。从这个意义上说，无论是教材的编制者，还是教材的使用者，都应当十分重视教学第一线的教师们所创造的实践经验，并通过吸收、消化，使之成为自己进行创造性劳动的养料。且不说，新中国成立以后十多年间所积累的语文教学经验如何弥足珍贵，就是改革开放以后的80年代，众多语文优秀教师、特级教师所进行的改革实践，已经使我国的语文教坛形成了色彩纷呈的各种教学流派，他们根据自己对语文学科性质、任务的理解，和对语文教学客观规律的把握，创造性地耕耘，各自取得了令人瞩目的硕果。语文教材的改革，正是建立在这样丰裕、这样深广的教学改革实践的基础之上的。

试论扩展性课外阅读教材的编制*

新近颁布的九年制义务教育全日制初中《语文教学大纲（试用）》在“教学要求”中提出，要让学生“养成读书看报的习惯”；在“教学内容”中规定的“课外活动”一项，又要求学生“每学年课外读三五本书”。这样看来，由课内的阅读向课外的阅读延伸，已经成为中学语文教学题中应有之义。

学生在课内读的语文教科书，其主体部分是各体各类的范文。这些范文的特点，一是精，二是短。精，就具有示范性；短，就便于教学、便于细琢细磨。然而，它也有局限性，一是篇数毕竟有限，一学期读一册，范文大致只有三四十篇而已；二是篇幅也毕竟有限，每篇范文，短则一二千字，长也不过五六千字。真正要让学生养成读书的习惯，光凭这几册教科书恐怕难以奏效，还必须让学生在阅读短篇文章以外去读整本的书。关于这一点，叶圣陶先生早已有过论述。他说：“要养成读书习惯而不教他们读整本的书，那习惯怎么养得成？我们固然可以说，单篇短章和整本的书原不是性质各异的两种东西；单篇短章分量少，便于精密的剖析，能够了解单篇短章，也就能够了解整本的书，但是，平时教学单篇短章，每周至多两篇，以字数计，至多不过四五千字。像这样迟缓的进度，哪里是读书习惯所许可的？并且，读惯了单篇短章，老是局促在小规模的范围之中，魄力就不大了；等遇到规模较大的东西，就说是两百页的一本小书吧，将会感到不容易对付。这又哪里

---

* 本文系作者《语文教材的编制与使用》（与顾振彪合作）第 10 章中的一节。略有删改。

说得上养成读书习惯?”所以他主张要让学生“读整本的书”。

整本的书，在图书馆里藏的，在各类书店里摆的，真可谓汗牛充栋，难以计数。其中多数并不是专为中学生编写的，更不是专为中学生学习语文而编写的；然而，只要程度适合，内容有趣而有益，中学生也不妨去读读。我们这里要探讨的是可以作为语文课外辅助教材的那一类书。这类书也有两部分，一部分是虽然并非专为中学生编写而却是中学生所应该读、可能读的书，例如中外古今的一些文学名著，内容浅显文字生动的一些政治理论书、思想修养书以及各种科普读物等，这类书中学生读了，可以长知识，可以提高文化素养，大有裨益，语文教师应当鼓励和指导学生去广泛阅读；还有一部分则是专为中学生提高读写水平而编写的，这是语文课外辅助教材的主体，也是我们要研究的主要对象。

中学生课外读书，可以是无目的的随机阅读，即遇到什么书，觉得有意思，就随便翻翻，翻读中兴致来了就仔细读，感到不对口味就随时放下。这种随机阅读的习惯，也是一种好习惯。鲁迅先生曾经提倡过这种“随便翻翻”的读书法，说是可以增广见闻而不必一定要正襟危坐。除此而外，中学生还应当有目的地进行扩展阅读，即以课内学习的知识内容为线索，扩展开来去阅读一些相关的书。这种“相关的书”，可以称为扩展性阅读教材。

专为中学生编写的扩展性阅读教材大致可以分为这样四类：

一、延伸性的阅读教材

所谓延伸性的阅读教材，是指与课内学习的教科书内容直接相关的那种书，是对进一步充实学生的语文知识结构、进一步加深学生对课文的理解有益的书。它们是从语文教科书中的范文直接延伸出来的。

有关于作者的。例如在课内学了艾青的《大堰河——我的保姆》，相应地编一本《艾青和他的诗歌》，其中编有艾青的传略、评论家们对艾青诗歌的评述，同时选录艾青的一些代表作。对于教科书中所涉及的中外著名作家，都可以编制这样的书。这样，有助于学生更多、更全面地了解这些作家及其作品。而这种了解，正是文化素养的重要方面。有些中外作家评传之类的书，编得好，也可以作为这类延伸性阅读教材看待。

有关于背景的。例如在课内读了鲁迅的一些杂文，不了解有关的历史背景，理解内容就比较困难；而在课内的有限时间里又不可能把背景讲充分。这时，作为课内教学的延伸就可以编制类似《鲁迅杂文的社会历史背景》，或者《鲁迅在北京》《鲁迅在上海》《鲁迅在厦门》这样的书，让学生从课外阅读中扩展这方面的知识，以利于更深刻地理解课文。

有关于情节与事件的。有些课文是从古今中外一些长篇文学名著中节选出来的，而节选部分表现的只是一个精彩的片段，学生要知道情节的全部，就得直接去读有关的原著。而原著篇幅太长，或者又不易觅得，这就需要专门为他们编写一种“简写本”作为延伸性阅读教材。这在国外是很重视并普遍这样做的，例如英国，就有专门为中学生编写的《莎士比亚戏剧故事集》。我们似乎也应该为中学生编写《左传故事集》《史记故事集》《三国演义简写本》之类的书，使他们既不因为借阅不易而失去阅读的机会，也不因为受文字障碍而失去了解情节全貌的可能。

有关于人物的。课文中涉及的人物通常有两类，一类是历史上或现实中的真人，前者如郭沫若剧作《屈原》中的屈原，后者如《鞠躬尽瘁》中的焦裕禄；另一类是作家塑造的艺术形象，如鲁迅《阿Q正传》中的阿Q、契诃夫《变色龙》中的奥楚蔑洛夫、《红楼梦》中的林黛玉等。前一类人物，在课文中显示的往往只是其一生中的某些侧面或某些片段，要全面地了解他们，还得借助于其他补充读物，如《爱国诗人屈原》《县委书记焦裕禄》等；后一类人物，是中外艺术画廊里的典型。出现在短篇杰作中的人物，其深广的社会内容和思想意义，需要有补充读物的辅助，才能使学生有进一步的理解；出现在长篇杰作中的人物，其完整的经历和有关事件的来龙去脉，也需要有补充读物的介绍，才能使学生有全面了解，在这种情况下，像《文学人物谱》《世界文学名著中的艺术典型》之类的书，就可以成为必需的语文课外阅读教材。

关于同类题材的。语文教科书中有些课文，其题材往往是古今中外一些作家经常写到的。但是，题材尽管相同或相近，由于出自不同作家之手，或体裁不一，或主旨有别，或写法各异，呈现出艺术的多姿多彩。学生读了这些课文，再读一些题材相类的其他作品，可以从比较中获得更多的启发和滋养。例如朱自清的《春》是散文名篇，可是杂文家唐弢也写过《春》，画家兼散文家丰子恺也写过《春》；朱自清的《威尼斯》固然写得精美，邹韬奋的《威尼斯》和刘白羽的《威尼斯》也写得各有千秋；朱德的《回忆我的母亲》质朴感人，胡适、邹韬奋、老舍、丰子恺也都曾以《我的母亲》为题抒写对自己母亲的至爱深情。编写《同题作品选读》之类，实在是极好的语文课外阅读教材。

以上所说的，都属于延伸性的教材，只是延伸的方向各有不同，它们与课内学习的内容都是有直接关联的。

二、鉴赏性的阅读教材

中学语文教学大纲，无论是初中的，还是高中的，都有“提高学生欣赏文学作品能力”的要求。然而，果真要学会欣赏，要懂得如何去品味文学作品的真情真趣，光凭读语文教科书中选录的那有限的百十篇课文，是很难达到目的的。朱自清先生对于文学欣赏有过精辟的论述，他说：“欣赏并不是给课文加上‘好’‘美’‘雅’‘神妙’‘精致’‘豪放’‘婉约’‘温柔敦厚’‘典丽矞皇’一类抽象的、多义的评语，就算数的；得从词汇和比喻的选择，章句和全篇的组织，以及作者着意和用力的地方，找出那创新的或变古的，独特的东西，去体会，去领略，才是切实的受用。”试想，要在作品的主旨、语言、结构、写法等方面“找出那创新的或变古的，独到的东西”岂是容易的事？这就非下一点苦功夫不可。这里所谓的“苦功夫”，内容之一就是要尽可能地多读点作品。因为只有多读作品，知道袭旧才能知道“创新”，知道存古才能知道“变古”，知道一般才能知道“独到”；否则，缺少坚实的知识背景，欣赏就无从谈起，鉴别评判更如同瞎子摸象。因此，在课外扩展阅读中，为学生提供鉴赏性阅读教材，就显得十分重要。

相对于延伸性阅读教材，鉴赏性阅读教材与课内学习内容的联系是远距离的，是间接的，它的作用更多地体现在充实积累、丰富底蕴、磨砺眼力、增进文学素养等方面。此类教材的编制，一般都从纵横两方面予以考虑。

1. 纵向的。即按照历史发展线索，或由远及近，或由近及远，把各个时期具有代表性的作家的代表性作品选录下来，供学生阅读、欣赏。为了便于分年级阅读，可以取断代方式，分册编制，如《明清文学作品选读》《唐宋文学作品选读》，等等。外国的文学作品，可取国别方式，分册编制，如《英美文学作品选读》《日本文学作品选读》，等等，一册之内仍按历史顺序选编有关作家的作品。这种纵向编排的教材，一般适用于高中段的学生阅读，尤其适合于有学文志趣的那部分学生阅读。

2. 横向的。根据横向思路展开，首先要考虑的是各类体裁的作品欣赏，如《唐诗选读》《宋词选读》《明清小说选读》《现代散文选读》《现代影视作品选读》《现代科学小品选读》，等等。这类阅读教材，其作用除了扩大学生的视野以外，主要在于通过同类体裁不同作品的比较阅读，加深对某种体裁的构思特点、语言特点、结构特点的理解，加深对各个不同作家的特殊风格的认识，有助于提高各体各类文学作品的鉴赏能力。其次是从题材着眼来选编作品，即把题材相近的那些作品编集成册，如《古诗类选》，其中包括“怀亲诗”“恋情诗”“纪游诗”“咏物诗”“咏史诗”等；《现代散文集萃》，其中包括“忆念故人”“旧事重提”“新人新风”“托物言志”“风光揽胜”等。这类阅读教材，其主要作用在于启发学生更好地去领略记人述事、写景状物、抒情剖理的种种技巧，看作者们在处理同类题材时所采用的不同视角和不同写法，从而提高自己的鉴赏水平。此外，还可以从不同流派的角度来选编作品，这当然只适用于倾向学文的学生阅读。

让中学生尽可能地多读一些高品位的文学作品，目的倒不仅仅在于提高他们的文学鉴赏能力，其实际所能产生的效用是综合的，即不但有利于扩展他们的视野、锻炼他们的眼力，也有利于发展他们的语言表达能力，净化他们的审美情趣。从教育的最高目标——育人的角度看，为中学生提供更多更好的鉴赏性阅读教材，其价值是不可低估的。

三、知识性的阅读教材

说到知识，其范围可以说是难以穷尽的。中学生要提高自己的语文水平，就要有决心从各方面来拓展自己的知识视野。因为语文的理解和表达，都离不了知识背景；各方面的知识积累越丰富，语文的理解和表达水平就越高。从这个意义上说，只要是科学的、有价值的知识，不管是日常生活知识，还是自然科学知识和社会科学知识，把它们编写成适合于中学生阅读的材料，对提高中学生的语文水平都有裨益。然而，这样的说法，毕竟失之于泛。我们现在所要探讨的是语文课外辅助教材，所以谈到知识性的阅读教材，其知识内容当然应该更贴近“语文”，应该是语文知识结构和语文能力结构中的构成因素。

在中学语文课上，必然要讲到各种为提高语文水平所必需的知识；只是这种“讲”，通常都是与读写听说的实践相结合的，它可以体现出某种顺序、体现出某种循序渐进的痕迹，但就知识本身而言，毕竟缺乏谨严的逻辑系统。何况，中学语文教学重在训练学生的语文能力，知识的讲解要为训练语文能力服务；这样，就知识本身而言，也不可能讲得很充分、很周详。基于这样的情况，编制一些知识性阅读教材作为中学生语文课外辅助读物，似乎也有它的必要性。

从目前的现实需要看，与语文学习直接相关的知识性阅读教材大致可分为四类：

1. 语言类

适合于中学生的语言类阅读教材，可以是讲义式的，但更理想的则是密切结合语言运用实际来揭示语言运用规则、文字生动活泼的描述式。因为前者固然有定义、有规则、有实例，体系严整，但一般说来，文字比较平实，对中学生缺乏吸引力；后者尽管未必讲究知识体系的严整，却切合实用，具有较强的可读性。在 40 年代，蒋伯潜、蒋祖怡父子曾为世界书局编写过一部《中学国文自学辅导丛书》，其中《字与词》和《章与句》两种，就是采用故事体来讲授语言知识的，由于形式生动活泼，颇受当时青年学生的欢迎。近年出版的有一些书，如吕叔湘的《语文常谈》、陈炜湛的《汉字古今谈》、计永佑的《语言学趣谈》等，都是各有特色的语言类读物。

从语言研究和语言学习的发展趋势来看，过去那种对语言特点和语言运用规则作静态解说的那类书，将逐步被另一种书所取代，那就是结合社会交际，对语言特点和语言运用规则作动态描述的书。即使不是“取代”，后者也将逐步占有优势。我们现在迫切需要有这样一种以新的视角、新的方式来揭示语言特点和语言运用规则，并且写得深入浅出、生动有趣的语言类读物，这对中学生学习语言固然十分有用，就是对社会上一般读者增进语言修养也有积极作用。

2. 读写听说方法类

学语文，有知识问题，也有方法问题。方法对头，学习效率就高；方法掌握不好，势必影响学习效果。就语文的理解和表达而言，它们也都有各自的特点，都有各自的操作方法和要求，这里往往包含着某些规律性的东西。古人学语文，重在作文，所以关于文章作法有丰富经验，也有众多论述，从魏晋南北朝陆机写《文赋》、刘勰撰《文心雕龙》起，到清代刘熙载著《艺概》、唐彪编《读书作文谱》，其间关于文章作法的言论、著作，足以传世的，为数不少。但相对而言，关于文章读法的研究往往都重个人体验，有点滴的然而是闪光的言论，却少见系统的论著；至于听话、说话，更少有论及（不是说完全没有，如孔子有“言以足志，文以足言”的卓见，荀子在其《非相篇》中也有关于论辩术的言论，等等）。“五四”新文化运动以后，系统论述语文学习方法的著作或者分别论述读法、写法、话法的著作，便日见其多，而且显示出了观点和研究方法上的先进性。梁启超的《作文法》，叶圣陶的《作文论》，夏丏尊、刘薰宇的《文章作法》，叶圣陶的《文章例话》，陈望道的《作文法讲义》，都是当时关于文章读法和写法的重要论著。洪为法和胡云翼合著的《国文学习法》，全书共三编，除第一编是总论国文学习的一般方法外，第二、第三两编分别阐述读法和作法，内容颇为详备。关于话法，当时尽管也已经有《论辩术》和《演讲术》之类的专著问世，但比较而言，还未被研究者所重视。古代且不说，“五四”以后的那些论著，有些曾经是作者在学校授课的讲义，后来编辑成书，出版后供在校学生或社会青年作学习辅助教材，有些则是专为中学生课外阅读而编撰的。

综观“五四”以来有关读写听说方法的课外读物，其体例大致有两类：一类是讲义式的，如夏、刘二氏的《文章作法》，按文体分章分节论述文章的作法，系统性较强；一类是示例式的，这又可分为两个小类，其一是正面示例，如叶圣陶的《文章例话》，以优秀作品为例，说明文章该怎么读、怎么品味，其二是反面示例，如题为《文章病院》之类的书，等等。这两类书，只要内容切实，对中学生都有指导作用，前者可提供有关方法的系统知识，后者结合实例指点门径，学生容易受到启发。

3. 思维方法类

蔡元培论国文教学，曾提到要让学生懂得一点科学研究的方法。梁启超在谈到作文要诀的时候也曾说道："中国古代有所谓'名学'，印度有所谓'因明'，西洋有所谓'逻辑'，都是说思想和辩论的法则，研究怎样才能立能破，我们统名之为'思辨学'（旧译为论理学）。凡作辩论文，断不许违背思辨学的法则，凡当作文教授的人，最少要懂得思辨学的大概。"蔡、梁二氏所论，实际上就是科学的思维方法对培养学生语文能力的重要意义。所以，在语文课堂教学中固然要重视学生思维能力的训练，在课外为学生提供有关思维方法的辅助教材也决非多余。只是因为系统地学习形式逻辑和辩证逻辑，恐有超出语文学科所应学习的主要内容之嫌，所以为中学生提供的此类辅助教材，必须紧密联系语文的理解和表达，不一定讲求知识本身的系统。

专门为中学生提高语文能力而编制的讲述思维方法的书，历来少见；近年来，虽已有人尝试，但数量毕竟不多，还不能满足需要。江苏省语文特级教师洪宗礼曾编写一种书，题为《中学生思维训练》，内容侧重于逻辑思维训练。全书共列"事物间的普遍联系"等 30 个系列专题，编入 100 则思维训练材料；每个专题包括"读材料""想哲理""写作文"三个环节，把语言训练与思维训练同步安排，把阅读与写作紧密结合，注意在读写训练中培养辩证思维能力，以辩证思维为指导培养和提高读写能力，较好地体现了学语文与学思维方法的有机统一。像这样的书，就可以作为中学生课外阅读的辅助教材。

4. 文学类

鉴赏性的阅读教材，只是提供值得鉴赏的优秀文学作品；然而，鉴赏不但要以阅读一定数量的作品作基础，而且还要有必要的文艺学、美学和文学史的知识作背景。前者，在广度上保证鉴赏者有足够开阔的视野；后者，在深度上保证鉴赏者有足够深邃的眼力。著名美学家朱光潜先生早在 20 年代就曾发表过《给青年的十二封信》，30 年代又以"谈美"为题给青年写了第 13 封信。这些书信体的谈美的著作，尽管是以人生修养为指归，但其中的审美观和审美心理剖析，却为青年提高艺术欣赏的品位提供了有益的滋养，以至成为当时一代青年的课余必读书，影响至巨。王国维的《人间词话》，以“境界”说为核心，结合抒情诗的形象创造和形象欣赏，阐述了文学方面的很多重要原理。由于作者借助近代西方的艺术哲学思想，把历来被认为玄妙莫测的审美心理过程，结合古典诗词的读写实践说得比前人清晰易懂，所以此书一出，就被认为是文艺学和美学领域开一代新风之作，受到在学青年和文艺爱好者的普遍欢迎，书中提出的“有我之境”与“无我之境”，“隔”与“不隔”等概念，竟成为当时文学鉴赏者的常用术语。至于在文学史方面，仅以王森然于1927年编写的《中学国文教学概要》附录中所开列的中学生课外阅读书目为例，就有胡适的《五十年来之中国文学》、刘师培的《中国文学史》、鲁迅的《中国小说史略》、周作人的《欧洲文学史》等10余种。从我国本世纪早期的中学语文教学革新运动来看，重视中学生的课外读物的编制、推荐与指导，是一个总的趋势，这一点应当引起我们的深长思索。

当然，在今天，我们为中学生编制有关文艺学、美学、文学史的课外阅读教材，在内容上应当反映新的研究成果，显示新的研究方法，同时要充分重视当代青年的实际水平和心理需求，把学术性与普及性很好地结合起来，使之能更好地发挥提高学生文化修养和艺术鉴赏力的作用。

四、乡土性的阅读教材

编制乡土性教材，是进行爱国、爱乡教育的一项不可忽视的工作。自80年代以来，这项工作已受到了教育行政部门和教材编制工作者的重视，为配合历史、地理、生物等各科教学编写的乡土教材，全国不少地区已陆续出版了一些。从语文学科的现状来看，由于实行了“一纲多本”，国内有些地区试编的实验教科书中，为增添一点地方色彩，也或多或少增选了少量反映本地区新人新事新风貌和历史上曾经作出过卓越贡献的人物生平事迹的优秀作品。但总的说来，限于教科书的篇幅，增选数量毕竟不多。为弥补缺憾，可以另编语文乡土教材供学生在课外阅读。

编制语文乡土教材，比编制历史、地理、生物等科的乡土教材难度可能要大些。主观条件且不说，客观上其乡其土必须具备一些特殊的人文条件，比如自古至今要有相当数量的讴歌该地人情风物的优秀诗文流传于世；更有所谓人杰地灵，历代名人辈出，他们发表的锦绣文章，足以成为人们学诗习文的范本等，这就不是任何地方都有这样的条件了。但不管怎么说，这项工作做得好，就在语文课外辅助教材的花苑中培植起了一种富有乡土气息的新葩，还是十分有意义的。

江苏扬州曾编制出版过一种书名为《爱我扬州》的中学语文乡土教材。扬州，是全国首批经国务院批准的24座历史文化名城之一，文化蓄积丰厚，编制语文乡土教材就具备了比较优越的条件。该书编者在“编者的话”中说明了这套教材的总体设想：“本教材拟编一套两本，一本供初中试用，一本供高中试用。初中用书，内容侧重在‘写扬州’，选录古今中外题咏、吟唱古城扬州旧容新貌的优秀诗文，让学生从这些名篇佳作中进一步了解扬州这块蕴美毓秀的‘地’；高中用书，内容侧重在‘扬州人写’，选录古今扬州籍或与扬州有较深渊源的文人、学者的代表作品，让学生从这些‘本乡人’的作品中进一步了解扬州这座文化名城哺育陶冶出来的‘人’。”这一设想，为编制中学语文乡土性辅助教材提供了一条可资借鉴的思路。

以上四类课外阅读教材，其共同主旨在“扩展”，在扩大学生的阅读范围，丰富学生的知识积累和语言积累，提高学生的文化素养。因此，尽管不同类型的教材有不同的编法，有不同的编制要求，但毕竟还有一些共同的原则，需要掌握。

首先，内容和形式的难易程度要与相应学段学生的程度相切近。这种“切近”，一般不是“就低”，而是适当“就高”。也就是说，课外扩展阅读的材料，其深浅程度一般可以略高于课内学习的材料，至少其中有相当一部分材料要比学生在课内已经学过的课文或知识程度略高一些。内容新鲜，又略有难度，学生阅读才有兴趣，这是符合中学生的阅读心理的。当然，这种“就高而不就低”的原则，一定要以程度“切近”为前提；离开了这个前提，让学生难以卒读，效果必然适得其反。

其次，既然是语文课外阅读教材，其文字表达必须具有示范性。如果是选录现成的文章或作品，已有定评的名篇当然另作别论，其他的选文如果文字上有明显的疵病，也得认真地加以修改或润色。至于编者自撰的教材，不论是知识性的，还是乡土性的，都要在文字上细加推敲，力求清顺流畅，且有一定的文采。尤其是知识性的阅读教材，内容的科学性固然是首要的，文字的示范性也需重视。

再次，要讲究形式的活泼、多样，富有吸引力。为学生提供的课外阅读教材，最好能引起学生主动地、饶有兴趣地去阅读的欲望。一般不宜取讲义式。如果是诗文选编，可以在每篇选文的前面加一段“小引”，以引起学生阅读的兴趣；也可以适当配置一些作者肖像或情节插图，以增加视觉的美感。如果是知识性的阅读教材，行文中可穿插一些生动有趣的故事，配置一些实物的图片。每篇材料的标题要拟得形象些，比如讲文章作法，其中讲到游记，与其用“怎样写游记”之类的标题，不如用“山山水水总是情”这样的标题来得引人；再如讲汉字知识，其中讲到“客”字，与其用“‘客’字的来历”“‘客’字是怎样造出来的”之类的标题，不如用贺知章的诗句“笑问‘客’从何处来”作标题来得逗人。

吕叔湘先生说：“少数语文水平较好的学生，你要问他的经验，异口同声说是得益于课外。”这个事实，一方面说明语文的课内教学不能尽如人意，学生从课内所能得到的益处不多，因此有待改进；另一方面也说明语文的课外学习指导，不但天地广阔，而且指导得法可以收到意想不到的效果。因此，从全方位地为学生开辟语文学习空间的角度考虑，每一位语文教师都应当把“课外阅读指导”纳入自己的教学计划中去。

新时期语文教材建设述评*

语文教材是语文教师在教学大纲指导下组织教学活动、完成教学任务的最重要的材料，它是教学大纲与教学实践活动之间的中介，是对学生进行思想教育、情感陶冶和读写听说全面训练的凭借。语文教学的改革，很大程度上要取决于语文教材的改革。因此，“文革”结束以后的历史发展新时期，语文教学的改革竟可以说是从语文教材的改革起步，并在语文教材改革中集中体现出来的。

中国的语文教材编制工作，几十年来一直是由教育部委托人民教育出版社具体负责、具体组织实施的。人民教育出版社负责语文教材编制工作的人员，在这方面作出了极大的贡献，他们自新中国成立以来所编制的全国中小学通用教材共有 9 套（局部试用的除外），具体情况见下表：①

序列	第一套	第二套	第三套	第四套	第五套	第六套	第七套	第八套	第九套
编写年代	1951	1954	1960	1961	1977	1981	1986	1989	1988
出版年代	1951	1956	1961	1963	1978	1982	1987	1990	1993
学制（年）	12	12	10	12	10	12	12	12	义务教育 六·三 五·四

* 原载《中国现代语文教育史》（四川教育出版社 1997 年版），李杏保、顾黄初著。

① 《新中国中小学教材建设的理论与实践》附录二，见《课程教材研究十年》。

在历史发展的新时期，随着思想政治上“左”的禁锢被解除，教育战线呈现出空前活跃的态势。语文教材的改革和建设，事实上已逐步形成了多元化的格局：一方面，人民教育出版社编制的全国通用教材，在国内绝大部分地区使用着；另一方面，某些省、市、自治区的少数学校，根据自己的需要和对语文教学规律的认识也在试编教材，供本校或其他学校试用，进行着教材改革的实践尝试。这种情况，同样是以1986年为界分前后两个阶段：前一阶段，地方性的教材改革试验，只局限在较小的范围之内，他们的实践成果并未得到国家教育行政部门的正式认可，只是为教材改革提供可资参考的种种思路和方案。1980年召开的全国第二次语文教材改革座谈会，各地为座谈会提交了二十多种教材改革方案和设想，就是这种情况的具体反映。1986年9月，国家教委成立了全国中小学教材审定委员会，从此中小学的教材建设由过去的“编审合一”制改变为“编审分开”制。该委员会的工作职责，主要是：(1) 审定全国中小学各学科教学大纲和教材；(2) 指导各学科教材审查委员会的工作，解决教学大纲和教材审查中提出的问题；(3) 指导优秀中小学教材的评选工作。该委员会由国家教委聘请著名专家担任顾问，语文学科方面有吕叔湘、朱智贤、朱德熙、严文井、杭苇等；被聘任为审定委员的，有12人，语文学科方面有叶至善、吕型伟、张志公、朱绍禹、曹余章、斯霞、霍懋征等。下设各学科审查委员会，中学语文科审查委员是于漪、冯钟芸、刘国正、江山野、严修、吴亨淑、张传宗、张鸿苓、顾黄初、徐振维等（后又增加章熊、钱梦龙、欧阳黛娜等）；小学语文科审查委员是朱敬本、袁微子、刘国正、陈哲文、袁瑢、高惠莹、戴宝云等（后又增加杨再隋、李吉林等）。这个委员会成立以后，为实施九年义务教育的教材建设需要，国家教委便在全国范围内组织编写全国通用的和地区适用的十多套教材，这样，“在统一要求下，实行教材多样化”的局面便开始形成，许多地方性的教材也被正式列入了国家教委的教材建设规划。

从1978年起到1981年，人民教育出版社编写并出版了全日制十年制小学语文课本。这是一套具有承前启后意义的比较优秀的课本，它的主要特点是：(1) 坚持低年级以识字教学为重点，识字方法取各家所长，采用多种识字方法；(2) 为培养观察能力、思维能力和理解能力，安排看图学词学句、看图学文等课文；(3) 为培养学生的自学能力，把课文分成讲读课文、阅读课文和独立阅读课文三类；(4) 系统安排读写训练项目，有计划地培养读写能力；(5) 为了体现读写结合，安排了习作例文和读写例话；(6) 课本除编有课后作业外，还专门设计了基础训练，把学生在课文中学到的分散的语言现象，通过分析、比较、归纳的训练，使之系统化。① 这套课本，在总结新中国成立以来小学语文教材编写正反两方面经验的基础上，有较大的革新，因而受到较高的评价。1981 年，教育部颁发《全日制五年制小学教学计划（修订草案）》以后，1982 年便将这套十年制小学语文课本改编为全日制五年制小学语文课本，改编的着力点主要在于适当减少教材分量，放缓学习坡度，调整课文难易。1983 年，在五年制小学语文课本的基础上又编写了一套六年制小学语文课本。后面所述的两种课本，其基本框架和改革的基本思路，与前述的 1978 年本大体一致。

在 1978 年至 1986 年间，人民教育出版社曾主持编写过两套体例不一的中学语文课本，一套是合编型的，一套是分编型的。这两套课本，在 80 年代，曾经发挥过很好的作用，并为 90 年代的教材改革提供了许多有益的经验。那套合编型课本，是初、高中一贯的（五年制、六年制中学共用），于 1978 年开始使用，其间经过 1982 年、1987 年两次修订，目前仍作为过渡性教材在继续发挥作用。这套课本的主要特点是：(1) 能力训练，初、高中采取循环加深的体例，即以记叙、说明、议论为序，安排初、高中各年级的教学重点；(2) 为处理好适当增加阅读量和适当减轻课业负担的矛盾，课文分三类编排，即课内讲读、课内自读、课外自读（初中阶段，还编了课外阅读课本），以利于培养学生的自学能力；(3) 语文基础知识分散编排，文学文体知识和读写听说知识，随着练习、注释相机介绍，汉语知识集中编排在课本的后面，由教师灵活处理；(4) 练习题题型多样，注意联系生活实际，并适当编入少量标准化习题；(5) 每册附有古代诗词十多首，供学生课外自由选读，以适当增加一点文学素养。② 另一套分编型课本，取阅读、写作分编，原是供六年制重点中学试用的。初中阶段与高中阶段又有不同的“分”

① 陈国雄《不断探索，不断前进》，见《课程教材研究十年》。

② 张厚感《建国后中学语文教材的建设和改革》，见《课程教材研究十年》。

法。初中课本分两种：《阅读》与《写作》（1982 年用《写作》，1986 年改为《作文·汉语》）；高中课本的阅读部分，又分为《文言读本》（高一）、《文学读本》（高二）、《文化读本》（高三），另外配套编有三种选本作课外阅读用，即《现代文选读》（高一）、《文学作品选读》（高二）、《文化著作选读》（高三），再加上《写作》课本（三个年级各一册）。这套分编型课本的主要贡献在于：（1）无论是初中，还是高中，课本中都新选了相当数量品位较高的课文，丰富了教材的"文库"；（2）训练的意识比较突出，无论是阅读，还是写作，利用分编的优势，注意训练程序的科学性、计划性；（3）初中课本中的练习题分层次设计，具有创新意义；（4）高中课本建立"三文""三选"新体系，为高中语文教材改革提供了新经验。从总体上看，这套分编型课本，难度相对较高，尤其是高中课本，要用好它，教师和学生都要有较扎实的基础。

差不多与此同时，中央教育科学研究所教改实验小组编写、出版了一套分编型的初中语文课本，供国内少数中学的初中试用。阅读课本名《语文》，写作课本名《作文》。《语文》课本，选文的量较大，每册课文在 40～50 篇之间，并附有 30 首古代诗词和少量古代短文、现代诗歌；围绕各年级阅读训练的重点，编排了相应的听、说、写的训练内容；按照语文能力训练和文体知识教学两种列序方式组编单元，在单元编制上是一种有益的尝试。《作文》课本，有较为严整的训练序列，并注意到口头表达能力的训练。这套课本，试用的时间不长，1986 年以后因编辑人员变动，不再继续出版。

自 1986 年实行教材多样化政策以来，供九年义务教育试用的中小学语文教材，呈现出空前繁荣的新局面。根据国家教委的规划，人民教育出版社、北京师范大学、四川省、广东省、浙江省、上海市等省市和单位都分别承担了九年义务教育中小学各科教材的编制任务，其中有适用于五·四制的，有适用于六·三制的；有适用于内地的，有适用于沿海的；有适用于国内大多数地区的、有适用于经济发达地区或少数民族地区的，实行全方位的教材改革试验。在规划中间，除了各科成套的教材以外，还列入少量单科的教材，以初中语文学科为例，就有北京师范大学实验中学的、辽宁省的、江苏省的、四川冕宁地区的、广西壮族自治区的等等，都作为国家教委同意送审的规划内教材。这些新编教材，都以九年义务教育的宗旨为目标，在总结以往教材编写经验的基础上，力争编出新意，编出新水平，在国家义务教育教材的百花园中显示出各自独特的风采。

人民教育出版社根据九年义务教育小学语文教学大纲的精神，编写了五年制和六年制两套小学语文课本。这两套课本除了适当降低要求以利于学生全面素质的培养外，还显示了如下一些特点：（1）重视吸收教改的新鲜经验，主要是黑龙江“注音识字，提前读写”的经验，充分发挥汉语拼音帮助识字、阅读和学习普通话的功能，从发展语言入手编排教材，在发展语言过程中识字。（2）识字教材，着眼于在语言环境中识字，强调从短文中学词句，从词句中识字，并注意和写字配合。（3）重视阅读量的扩大和学生自学能力的培养，增加独立阅读课文，单编成自读课本，做到课内外两种课本配套使用，相互促进。（4）系统地安排训练项目，特别注意重点训练项目的核心作用，同时在训练项目中又把读写听说兼顾起来，克服了以往重读写轻听说的倾向。（5）实现以教科书为基础的教材系列。教科书扩大开本，彩色胶印，装帧精美，富有吸引力；此外，还有教学指导书、自读课本、教学挂图、汉语拼音卡片、生字卡片以及其他音像教材。（6）教学内容安排富有弹性，以适应不同地区、不同层次学校的需要。其他各地所编的小学语文课本，也都各有自己创造性的设计。

人民教育出版社中语室所编的初中语文课本，有三年制、四年制两套，编辑指导思想是一致的，即：联系生活，扎实、活泼、有序地进行语文基本训练，培养学生正确理解和运用祖国语言文字的能力；在训练过程中传授知识，发展智力，进行思想教育。其主要特点是：（1）注重语文学习与社会生活的联系，较好地体现了语文教学改革的方向。课本中编入指导阅读报刊、进行社会调查、图书资料利用等切合实用的课文单元，是一种新的尝试。（2）教读课文的练习分层次设计，一是“理解·分析”，二是“揣摩·运用”，三是“积累·联想”，三个层次的练习，从理解到运用，从知识到能力，从课文扩展到其他，较好地反映了凭借课文这个“例子”通过举一反三提高读写听说能力的一般过程。（3）内容安排注意有适当的弹性。

其他多种试用教材，也各有特色。北京师范大学编的四年制初中语文课本，张鸿苓主编，该课本注重听说读写的全面训练；语文知识序列比较清楚，且注意实用性；在训练中，渗透思维方法的培养。上海市H版初中语文课本，徐中玉、徐振维主编，该课本的编写宗旨是在小学的基础上，着重传授学法，训练思维，切实提高学生实际应用语文的能力。其特点是：注重训练阅读能力；增设视听单元，另配录音录像资料，使文字教材与音像教材相互配合；编有课外阅读指导单元，借以扩展学生的阅读范围；讲读课文、自读课文以及单元结束，编制不同层次、不同要求、不同方式的练习题，使练习真正发挥其效用；表达训练，书面和口头兼顾，编排在阅读训练各单元之后，由教师灵活处理。上海市S版初中语文课本，姚麟园主编，该课本的特点是：精读课文篇数减少，另编“扩展阅读”，由学生自由阅读，既不加重学生负担，又可以保证一定的阅读量；训练题的设计有整体考虑，分别由“语言·思维”“知识·积累”“方法·技能”三部分组成，彼此既有联系，又各有侧重，且前后单元三条线构成系统，颇有新意；避免了孤立地、静止地讲解语文知识的弊病，注意结合读写听说训练适当地有针对性地讲述知识，把知识讲“活”；表达部分也与H版相同，单独编排，并注意从学生的生活和实际需要出发，设计情境，诱发学生表达的欲望，内容活泼，步骤合理。四川省有两种新编初中语文课本，一种是列入省九年义务教育中小学各科教材整体规划中的，一种是单科的。前者是潘述羊主编，为适应内地各省的实际需要而编，其特点是：语文课本、自读课本、配套练习册三者结合，读有读本，练有练本，课内有教读，课外有自读，彼此配合，各得其宜；比较注重语文基本功的训练，尤其是汉字书写的训练；为适应内地农村、山乡的师资和生源条件，重视助读系统的编写，课文前有“小引”激发学生阅读兴趣，课文后专设“课堂讨论”，为师生提示研读的重点，又设“读后指要”，对课文内容和形式作扼要的概括，使师生能掌握课文阅读的要点；附录中提供了较为丰富的资料，有助于弥补农村、山乡参考资料的匮乏。后者是颜振遥主编，为适应少数民族地区的需要而编，主要进行“语文自学辅导”的试验，必学课文和选学课文分前后集中编排；课文旁边均作批注，以方便学生自学；选文中适当注意选用反映少数民族生活习俗和地区风光的课文；插图比较精美，用16开本，便于学生在课本上作批注。广东省新编初中语文课本，曹础基主编，为适应南方沿海经济特区的需要而编。该课本的主要特点是：以语文能力训练为中心，每册课本读、写、听、说、想（思维）分单元进行训练，整套课本六册书的各单元在纵向上形成前后连贯的训练系统，体系相对比较严整；选文注意时代性和地方性，课文的选用不过分强调名家名篇，而是从南方沿海经济特区的特点出发，在大纲规定的基本课文之外，着重选用短小精悍、富有时代气息、又能反映南方沿海各省人情风物的优秀短章为课文。辽宁省新编初中《阅读》和《写作》，欧阳黛娜主编，是分编型课本，其主要特点是：旨在探索初中阶段语文能力早期培养的可行性（即“初中语文能力过关”），因而起点相对较高；有比较完整的语文能力训练体系和语文知识结构，理解系统的《阅读》和表达系统的《写作》，在读和听、写和说两个方面都有比较清晰的训练序列；十分重视自学能力的培养，因而助读系统的编制比较讲究。江苏省新编初中语文课本，洪宗礼主编。该课本以探索“单元合成，整体训练”新体系为目标，每个单元由引读（包括听）、引写（包括说）和语文基础知识三大部分组成，单元与单元前后衔接，形成系统；为适应广大城乡普通中学的实际需要，知识系统的编写，力求优化、简化、浅化，范文系统注意选文的少而精，篇幅短小，时代性和可读性较强，作业系统着眼于语言的揣摩，注意题型的多样化；在助读系统方面，为学生树“路标”（单元之首设“单元教材支配表”），给学生交“拐棍”（读前的“预习提示”和读中的旁批“提示”）、“钥匙”（“阅读方法和习惯”）和自测的“尺子”（“单元教学目标自测题”），有利于学生自学能力的培养。广西壮族自治区的新编初中语文课本，耿法禹主编。该课本按中小学衔接、分解训练、综合训练和整理巩固四个阶段编排教学内容的序列；教材又分章—单元—课文三个层次，章是一个相对集中的大课题，其中分若干单元，是从属于大课题的分课题，课文则为单元中的示例；课文除讲读课文以外，另配有“单元辅助读物”，供学生自由选读；练习分必做与选做两类，有一定的弹性；编有较为丰富的语文活动内容，使课内教学与课外活动互相配合，相得益彰。以上这些课本各有自己的某些特点，因而也都各有自己存在和发展的价值，在探索语文教材改革之路的过程中都作出了自己的贡献。它们自 1991 年起先后通过国家中小学教材审定委员会中学语文学科审查委员会审查，修改后在各自一定的范围内推广试用，大都取得了很好的效果。

自 1993 年秋季开始，全国各地的小学和初中都从起点班起使用新编的九年义务教育教材，于是高中各科新大纲、新教材的编写工作也就迫在眉睫了。

综上所述，自 70 年代以来的十多年时间中，中小学语文课程、大纲、教材的改革和建设都有长足的发展；这种发展，与人们对语文教学规律的不断探索、潜心研究分不开，也与国家在课程教材建设上采取正确的政策分不开。可以预见，在迎接 21 世纪到来的时候，语文课程教材的改革将会出现更加繁荣的景象。

中外母语教材内容的比较研究*

一、比较研究

（一）课文系统

1. 课文系统与范文系统。在 1987 年，我为南京大学出版社出版的《语文教学论》撰写其中《教材论》专章时，分析了我国汉语文教材的基本结构，提出了范文系统、知识系统、作业系统这三个概念。以后，考虑到新编教材中越来越重视对学生自学的指导，又先后提出过助读系统和导学系统的概念，这样，我就把汉语文教材的基本结构确认为由上述四个系统所构成，并认为这四个系统的不同组合便形成各种不同体例教材的不同结构。通过中外母语教材的学习、比较和研究，我意识到“范文系统”的提法不如韩雪屏教授提出的“课文系统”来得更周妥。因为“范文”的外延较小，“课文”的外延要大得多。范文，顾名思义应当是“堪作范例”的模范文；而课文既可以是模范文，也可以是讲述知识、提供病例、训练思维的案例，或者是用来说明某种语言运用法则、文章表现技巧的语言片段。国外母语教材中有没有范文一说？是有的，它主要是指用来开拓学生作文思路时所提供的同龄人的优秀习作，也就是我国常说的所谓“葫芦文”。这种“范文”，是学生经过

---

* 作者注：2000 年，时代跨入新的 21 世纪，洪宗礼领衔主持了一项国家级教育科研课题：“中外母语教材比较研究”。70 多位专家，近 3 年时间共同协作，一部（或者说是国内有史以来第一部）反映课题研究初步成果的五卷本《中外母语教材比较研究丛书》由江苏教育出版社陆续出版。本文就是《中外母语教材比较研究论集》（江苏教育出版社 2001 年版）“理论卷”中的一篇。

努力可以达到习练目标的文章。当然，也有使用“范文”这个概念来指课文的，这大概和翻译者的译笔有关。

2. 课文的选材。国外的母语教材，选材范围广泛而新颖。一是尊重多元文化。例如英国的《牛津英语教程》的 A 部，是以生活主题为线索编选课文和组成单元的。全套 3 册，选文内容大致可分两大类：一类是“人与社会”，共有 6 个课题：家庭、亲属、学校内外、社区问题、社会问题、传播媒介；另一类是“人与自然”，共有 3 个课题：人与动物、探索自然、生命与死亡。又如日本光村出版社 1992 年出版的初中语文教材第一册的“单元与要求”是：一、走向新世界——思考学习方法；二、文学的乐趣——抓住对事物的看法和感觉；三、自然中的奇特现象——掌握文章的结构和条理；四、祈求和平——领会情景和人们的心情；五、在生活中——抓住对事物的看法和想法；六、接触古典文学——养成阅读古典文学的习惯；七、少年岁月——领会人物心情，触及作品主题。从这些课文的选材内容来看，编者是出于培养现代公民、世界公民的需要，而把多元文化渗透于课文选材之中的。至于美国的《文学》中就直接对“多元文化学习”规定了具体的内容，如短篇小说单元中规定的多元文化学习的内容是：“马的作用”“渔的风俗”“爱国主义和文化忠诚”；戏剧单元中有“不同时代和不同文化中的鼓乐”“美国地名：文化万花筒”“颜色的象征意义及不同文化对颜色的态度”；美国民间文学单元中有“恶作剧的精灵——郊狼”“民间文学：世界瑰宝”。特别要提到的是，英国的一种母语教材中，选了一篇题为“美国人的吃相”的记叙文，用一个中国小朋友的口气，讲述了刚移民到美国的一个中国家庭，与一家美国友人共同用餐的故事，表现了中美两国普通百姓生活方式的巨大差异，以及在这种文化碰撞中各自所产生的微妙心理。课后，又安排了一项作业，要求学生回忆自己生活中曾经遇到过的类似的情景和当时的心情。这样，学生阅读了这篇课文，完成了这样的作业，便对英国的、美国的、中国的以及其他国家的不同的生活方式留下了深刻的印象。而这种印象、这种知识是一个未来的世界公民所必需的。二是重视多学科知识的沟通。这可以日本的母语教材为例，《灰姑娘的时钟》由童话故事灰姑娘中说到的“时钟”，引出一系列的疑问，自然地介绍了有关机械时钟发展历史的物理学知识，进而说明不定时法则向定时法则转化所造成的雇佣劳动制的出现，以及随着工商业的进一步发展，形成“时间等于金钱”的经济伦理观念等这样一些近代社会发展的历史轨迹。还有有关思维科学知识的课文，如《事物的正确答案不止一个》(这篇课文已被我国 2000 年夏全国高考语文作文试题采用为命题材料)，用 4 个不同的图像进行比较，要求指出其中与其他 3 个不同的一个图像，从而说明生活中许多问题答案都不止一个，进而阐明创造性思维的特点和形成原因。像这样多学科知识沟通的课文，在国外母语教材中屡见不鲜，这几乎已成为他们的共同特点。三是课文的体裁、样式丰富多样。西方的文章分类学，历来是把文章体裁分为文学类和非文学类两大类别。文学类分为诗歌、散文、小说、戏剧；非文学类，分为记叙文、描写文、抒情文、说明文、议论文等。这种分类方法与我国传统的文章分类法完全不同，这些从 19 世纪末 20 世纪初转道日本输入我国，至今已有近百年历史。从当今西方和日本那些母语教材的课文体裁来看，文学类和非文学类仍然有严格的区别，但显然已具备了一些新的特点。在非文学类的所谓实用文章中，适应市场经济的需要派生出商业信件、市场调查报告、广告、经济情报分析等，随着科学技术的发展又产生科技说明、科技小品文、科技原理分析、科学研究论文等。至于文学类的课文，特点是样式似乎分得越来越细，例如戏剧就细分为儿童剧、广播剧、肥皂剧、家庭剧、滑稽剧等；小说，除了短篇小说、中长篇节选外，还有科幻小说、探险小说、推理小说等。特别值得注意的是图像课文，主要是由连续的有故事情节的若干幅漫画构成。例如英国的一种母语教材《牛津英语教程》第三册有个“专题”，名称是“生死树”，选自 14 世纪英国著名的文学家乔叟的《坎特伯雷故事集》中的“宽舒者”。这一专题用了 33 幅图组成了一个连环画故事体式。这种办法首先要求学生对于图画的形象感知和想象力。在每一节故事图画的边白安排了古今英语词汇的对照表，要掌握这些词语，学生必须认真辨识、比较和记忆。这就使图像课文和古今英语词汇的对照表相互结合，使学生的想象力和古今英语词汇的辨识力都得到了训练。还有随着电脑的日益普及，德、法等国的母语教材中又开始出现光盘、网页等反映先进的信息技术的资料性课文。四是课文的多功能的发挥。在阅读教材中，课文的主要功能是示范（通常也就称为“范文”)。在写作教材中，课文往往是“范例”（也就是通常所说的“例文”）。在国外的一些母语教材中，课文还有另外的一些功能，例如训练的凭借功能，即课文成了训练某种表达技巧的凭借物。例如英国母语教材中曾选过一首短诗，标题是《我是歌》：“我是小鸟唱的歌。/我是地上长的叶。/我是月球推进的潮汐。/我是沙砾阻塞的小溪。/我是驱赶风雨的乌云。/我是阳光照耀下的大地。/我是石块敲击出来的小火。/我是用手捏制的黏土。/我是人类说的语言。”编者指出：“虽然这首诗很短，却包含众多内容。初看起来字里行间无多大意思：它们好似可以首尾倒置，而有不同的译意，用此方法讨论一下，看看能译出多少不同的意思。”这首诗全都是用“我是……”并列写出，要学生把这首诗中的名字做一些调整，使它译出不同的意思来。再如有一篇课文题为《火鸡为什么不飞?》，是篇故事，读后要求学生假设鹧鸪对火鸡施惩过度，引起鸟类不满，受到控告，在法庭受审的情节。这样的课文，它的功能主要不是示范，而是训练思维力、想象力的凭借物。在写作教材中，甚至还有选“病文”为课文的，也就是选用有缺陷的短文作课文，是训练学生修改病文的凭借物。此外，还有阐述和总结某些语言、文学和听说读写方法的知识性课文，这样的课文又成了传播知识的载体。

3. 课文的处理。国外母语教材的课文处理有几点特别值得我们重视：一是语言类和文学类分别处理。以美国为例，它把语文课程分为语言和文学两大类。语言类课程有的称为“英语”，也有的称为“语言艺术”，其中包括语言技能、实用写作、有效交流等课程。文学类课程包括当代文学、英国文学、美国文学、欧洲文学等。初中阶段语言和文学并重，高中阶段以文学为主。英国、法国、俄罗斯这样一些有悠久文学传统的国家，大都是把语言类和文学类分别处理的。语言类课文的教学目的在于学习语言知识，掌握语言运用的规律，为提高听说读写能力在“语言”方面打好基础。课文有完整的，也有片段的，旨在显示某种语言运用规则、记叙描写技巧、说明议论方法、人物事件的描写等。文学类课文的教学目的在于引导学生欣赏本国的乃至世界的著名作家的代表作，初步熟悉本国的乃至世界一些主要国家的文学发展历史，提高文学素养，进而提高语言表达的艺术品位。这样，课文的配置界限分明，不致纠缠。二是实行大单元制，无论是语言类课程、文学类课程还是混合型课程，为追求综合效应，大都采用“综合组元”法，甚至比一般意义的“综合组元”规模要更大些。例如英国教材中有一册分4个单元，其中第二个单元是“阅读”，里面共分10项：①如何成为一个优秀读者；②读故事；③读自传；④读日记；⑤读信；⑥在阅读中获取信息；⑦读诗；⑧全面地掌握要点；⑨自读文选：书本与匣子的对抗；⑩自读文选：学习。德国的母语教材以“板块”式结构为主要特征，它与大单元制相近，是一种新的成功尝试。这种结构的主要优点是：以专题性教学替代以往的单项训练和单元教学，对教学内容作综合的、立体的设计，从而拓宽了教学内容，容纳了听说读写多项训练，突出了语言的交际功能，以利于取得综合的学习效果。三是课文中配有“专稿”，使课文更具针对性。这在日本教材中显得较为突出。据介绍，日本教材的编写人员不仅要负责教材的整体编排、课文的选定、练习注释与导读部分的编写，而且要根据教材编排的需要，自己动手以及请有关专家专门为该书撰写课文。以光村出版社的初一语文教材为例，共17篇课文，其中6篇是为此书写的专稿，另3篇阅读文章有2篇是为此书改写的专稿；初二教材共16篇课文，其中10篇是专稿，另外2篇阅读文中一篇是专稿；初三教材共18篇课文，其中8篇是专稿。教育出版社的教材，也大致如此，初一、初二、初三共有专稿22篇。这样，就大大提高了课文内容的针对性。在我国，在30年代曾有个别教科书请一些名家写过专稿，可惜未能坚持。

（二）知识系统

国外不少母语教材的知识系统突出的特点首先是重视应用性。认知心理学认为知识有两类：一类是陈述性知识，是说知识“是什么”；另一类是程序性知识，即这知识“怎么做”“怎么操作”等。国外的一些母语教材在讲语言知识、听说读写知识和文学知识的时候，除了讲陈述性的知识（通常用“下定义”“作解说”的方式）外，着重讲程序性知识，也就是说把那些应当转化为能力的知识该怎么去运用、去操作以及这种运用和操作的步骤、方法等讲清楚。这种程序性的知识，我国的语文教材中已经开始注意，但是讲什么、怎么讲的问题还没有解决好，因此，国外母语教材中重视程序性知识的讲授，大大缩短从知识转化为能力的过程，是很值得我们学习和借鉴的。例如美国语文教材中讲“叙述角度”的知识，写了这么一段话：“第一人称是从‘我’的角度讲述故事（如‘我朝窗外看’）。第三人称有‘他’‘她’或‘他们’（如‘她朝窗外看’）。上面的这篇文章是以第三人称角度写的。如果用第一人称，从威莉的角度叙述，第三段就可以这样开头：‘这时泰勒医生已经走到我身边。’用第一人称重写这段。”这一段是关于陈述性知识和程序性知识相结合的一种表述方法。前三句是讲有关人称的陈述性知识，后面一句通过“假设”转入程序性知识，提出开头一个例句（已经变第三人称为第一人称），然后要求学生用第一人称重写这一段。又如讲“想象力”的知识，德国的母语教材连什么是“想象力”的陈述性知识都不讲，只是说：“地球某个地方或者宇宙深处某个地方存在着一个不知名的国度，叫乌托邦。那里的一切都与我们地球不一样。到底怎么样呢？这就靠你们去发挥想象（插图略）：那里的房子和道路什么样子？那里的人穿什么样的衣服？那里的人怎样活动？学校里有没有成绩和考试？我们地球人怎样才能去访问他们？……如果你们能把乌托邦国画出来，那你们对这个国家的想象就更具体、更形象，那样你们就能更好地描述这个国家和国家里的人、机器、动物、树木和房子。”日本的母语教材在名为“表达广场”的技能训练中，也有训练想象能力的知识，只讲了两句话：“看下面由 12 幅漫画构成的故事，设想画中的场面和人物的心情，写出一个故事。然后与同学互相交流，看谁描述得最好。”这都是只讲程序性知识的例子，当然写法上有变化。其次是知识的多科性，也就是说它所讲的知识除了语言类和文学类本身的知识以外，还涉及历史的、现实的甚至未来的多学科的知识。教材的编者是力图用语言文学本身的知识，以及与语言文学相关的多学科知识，例如航天知识、信息技术知识、生态知识、环保知识甚至健康知识等，来丰富学生的头脑，尽可能充实和完善学生的知识结构。第三，是重视知识的探源性，即通过适当的历史探源，让学生了解知识形成的过程。例如语言类的知识，英国、法国、德国等国的母语教材，初中阶段以学好当代本国语言为主，到高中就要学拉丁语、希腊语，让学生知道当代本国语言的形成和发展的历史。文学类课程，在学习本国的文学、欧洲的文学以及世界其他主要国家的文学时，都是以“史”为序，使所讲的文学知识具有历史的纵深感。这种由古到今对于文学发展的“鸟瞰式”的了解，是一个有教养的现代公民所必需的。第四，知识的呈现采取集中与分散相结合的方式。集中，主要是在知识短文中和教材最后的附录中，用文字和图表表述；分散，主要是在阅读训练、写作训练和语文知识教学中分散安排。而重点就在“分散”安排中，因为这种知识是同特定的作业结合在一起的，它的指向是能力的形成，因此也是活的知识。例如澳大利亚中学英语第四册第二单元，有关于广告的知识是这样处理的：第一是有关“广告语言”的知识短文；第二是“广告阅读”：1. 仔细阅读下面这则广告，该广告是怎样引起读者注意的？2. 这则广告侧重提供信息还是劝告？请说明理由。3. 这则广告的版面设计将每一个句子独立为一个段落，你认为是什么原因？解释一下为什么有些句子在下面画线。4. 该广告旨在激发读者的什么感情？5. 该广告宣传的是什么？它想让读者做什么？6. 该广告是针对哪类读者的？7. 评论此广告的总体效果。（以上都是作业练习）第三是“报刊杂志上的广告”，这又是一篇知识性短文。第四是“广告分析”：1. 你认为下面汉莎航空公司广告和图片的目的是什么？它对你有什么影响？2. 你会怎样描述广告主体的基调？它想给你什么感觉？3. 它迎合了读者的哪些需要？4. 广告强调了汉莎公司的什么服务质量？5. 广告鼓励你做什么？（又是若干作业练习）第五是“广告设计练习”。这是“知识”和相关的作业结合在一起的典型一例。其他一些国家的母语教材中类似这样的练习设计较为习见。

（三）作业系统

国外母语教材对作业系统比较重视情境化。也就是说，凡是重要的作业，都尽可能设计成各种生活情境，让学生在特定的生活情境中进行语文实践，完成规定的作业任务。生活，是运用语言的最广阔的天地，语言运用又必须由生活提供背景和需要。所以在国外的母语教材中，很少安排单项的听、说、读、写作业，绝大多数是在特定的生活情境中，把听的、说的、读的、写的作业，自然地关联起来。这实际上成了语文能力的综合训练。第二，是善于把比较抽象的任务化为具体的操作步骤，使作业化虚为实。这主要体现在阅读训练和写作训练的作业中。例如，作业中安排一篇供阅读的短文，要求理解分析短文中的人物和情节的特点。这个阅读训练要求相对抽象，教材编者根据完成上述任务所必须经过的步骤，设计出阅读的思路：先从哪几个问题入手思考，然后沿着怎样的思路继续解决哪些问题，最终完成任务，达到要求。德国的《现代德语》第九册，在设计此项作业的最后还专门作了小结：如何读懂一篇文学作品？以下问题可能对你的阅读理解有帮助。1. 联想：①你对作品的第一印象是什么？②能勾起你什么联想？③有哪些难懂的地方？2. 时间：①故事发生在什么时间、什么年代？②有哪些事与当今类似？哪些不同？3. 地点：①故事发生在什么地方？②任务来自何方？居住何处？迁往何处？4. 情节：①发生什么事情？情节由哪些内容构成？②是否有几个情节穿插在一起？③你能提供解决问题或矛盾的其他方法吗？5. 人物：①有哪些人物？他们是何种联系？②他们如何交往？如何感受？③有哪些情景？你觉得哪个情景最重要？6. 联系自我：①你与故事人物有没有共同的性格？②这篇文章对你意味着什么？是否具有一定的现实意义？7. 作品题目：①文章的标题是否在故事中出现？②标题与作品内容有无关联之处？8. 语篇类型：①这篇文章属于哪种语篇类型（文学形式）？②这篇文章体现了这类语篇哪些典型特征？再如作文训练，要求写一篇读后感（提供阅读材料），分写作前、写作中、写作后（包括修改），一步步作具体指导。写作前往往会安排读书卡片的制作，写作中则要安排提供模仿和参考的范文，写作后要提出几个思考题，指导学生检查完稿是否符合要求，然后提供常用的修改符号，要求修改（或交流）。这样的作业设计，大大降低了难度，而且使学生真正学到了读书的步骤和方法、写作的步骤和方法。第三，重点的作业常作循序渐进的安排。例如，培养学生利用图书馆的能力，美国一种母语教材是这样循序渐进地来安排训练的：第一册第五单元“你和你的图书馆”，先向学生介绍 4 种阅读材料（文学作品、非文学的文章、参考书和期刊），并说明组成一本书的 8 个部分（作者、题目、出版者、护封、书脊、书脊上的图书分类标签、扉页或版权页、目录、索引），还让学生练习找出不同种类的书籍，并说明它们的各个部分。然后指导学生学会如何把书名、作者名转换为阿拉伯数字的代码。在第二册的第 15 单元中（与上册的“你和你的图书馆”同名）先让学生给词语分类，再学会图书分类的数字代码，而后让学生到图书馆利用题目索引、卡片盒去查找一本书。第三册第五单元的题目是“图书馆技术”，这个单元在一开始就要求学生像一个成年人那样为了一定的公务去利用图书馆资料。这就是一个完整的、连续的作业安排。第四，讲究作业的趣味性。国外母语教材的作业形式多样，能激发起学生完成作业的兴趣。其中用漫画和照片引出训练作业，往往形象生动。例如英国的教材，在一项作业中列出了 10 幅照片，并说明这是从一本发型图书上选出的一种法国式编辫发型，可惜把每幅照片的说明丢失了，要求学生给每幅照片写出一段该怎么做、做成什么样子的说明文字，给那些对这种发型一无所知的女伴（这大概是适宜于女学生做）。还有一份作业，说是一个男孩子丢失了他的外套，编者用图形举出 8 种外形类似但有细微差别的外套图样，让学生用语言描写其中哪一种是你自己的。用语言描写时不要写图片的字母号，然后，在小组中读自己的描写片段，让同伴猜出你描写的是哪一种外套（这大概适宜于男学生做）。第五，重视作业中的合作交流。一般的作业都有“讨论”“交换看法”“相互批评”“座谈”等形式，培养学生人际交往、心灵沟通的习惯。例如美国一种综合母语教材《语言》第 23 单元训练学生“描写人物”。交代如何构思、写作、修改以后，有“报告”一项，其中说：“将你的作文读给同学听，并听一听其他同学的人物描写。然后，告诉同学你是从哪儿找到这本书的。听其他同学读时，将你感兴趣的书目记下来，以后可以读一读。”在“讨论该草稿”一项中又说：“分成小组，谈谈你修改的草稿，并听听其他同学是如何修改的。然后将以上草稿重写一遍，增加你认为重要的修改。”第六，最有特色的是专题性作业。语言类教材名为“语言应用活动”，文学类教材则名为“专题”。例如英国的《牛津英语教程》，每册分 A、B 两部。A 部是文学类，B 部是语言应用类。在第一、第二册的 A 部中，还编制了 10 个单元的“专题”资料。这些专题是以讲述故事、分析信息、解决问题为目的的综合运用言语的实践活动。这 10 个专题的题目和体裁如下：第一册①“提修斯与人牛怪”（希腊神话）；②“寻找宝石的竞赛”（传说故事）；③“海底妖魔”（科学探险）；④“在岛上”（旅游）；⑤“玛龙和伙伴”（编剧和表演）。第二册⑥“买最好的”（广告和说明）；⑦“肥皂街”（社区生活）；⑧“连锁信”（社区生活）；⑨“新产品发布”（营销活动）；⑩《格列佛游记》（故事）。B 部，以“语言应用活动”为题，第一、第二册分项落实课程纲要中规定的训练项目，第三册不再分项，安排了10个扩展性的语言应用实践活动，如新闻活动小记、调查、访问记、关于制服问题的讨论等。这种作业设计是联系生活实际，对学生进行全方位、大容量的综合训练最有效的方法之一。

（四）导学系统

国外有些母语教材成功处理导学系统的重要原因是，让导学的过程与学生学习的思维流程相契合。学生的学习过程，一般要经历获知、学法、练能、检测这样一些环节。从学生的内部思维来说，隐含着一个思维流程，而且每个环节都潜藏着心理诱因。编者用符合学生心理特点的语言，处理好各个环节的衔接与过渡，使导学本身成为激发兴趣、开拓思路、促进思维的一种引导力量。整体如此，局部也同样如此，在英国牛津大学出版社出版的初中英语教程第一册中，有一篇课文题为《农夫的妻子和老虎》。为培养学生的联想想象能力，编者在课文后面写了一段“导学”的语言：“农夫的妻子显然善于处理问题。想想她的性格，她是如何处理难题的。现在再想想，她可能如何解决这个难题：农民的田地属于一个富有的地主，地主老了归天以后他那自私的儿子继承了产业。他告诉农夫和他的妻子他要他们付四倍于原先的地租。如果他们不付，就要收回田地卖给一个有钱的朋友。他们怎么办呢？他们付不起额外的地租，如果被撵走就要挨饿了。”这段话分两层意思，前一层是紧扣课文肯定农夫的妻子善于处理问题，而这一特点是由她的性格决定的。这属于“获知”的范围。后一层是假设一种新情况所产生的新难题，要求学生根据农夫的妻子的性格想象她可能如何解决这个新难题。这属于“练能”的环节，即训练想象能力和推断能力。第二，成功的导学语言把讲述知识要点、阐明作业要求、提供作业方法、组织作业评判等等一系列的活动，天衣无缝地勾连起来。勾连的方法往往是设计一系列的问题，引起学生一连串的思索，最后达到学习目标。例如美国一本综合母语教材《语言》，其中第八章的第二课是学习“人物的性格特征”。“导学”部分首先提出学习重点：“人物的行为与反应能表现人物的性格。下面这个片段节选自第一课的小说。医生的动作及威莉的反应告诉我们医生是怎样的人？”下面是节选小说的两个片段。接着又说：“对话是人物在故事中说的话。对话也能反映人物性格。佳娜夫人是另一篇小说中的人物，下列对话反映出她怎样的性格?”下面引录另一篇小说中的佳娜夫人和其他人物的对话。接着又说：“我们将构成人物性格的单个品质称之为人物特征。下面列出一些人物特征，以一组组反义词的形式出现。学习这些人物特征。下面列出反映人物特征的一组反义词：整洁—杂乱，有责任心—无责任心，勇敢—胆小，紧张—放松，诚实—不诚实，严格—松散，礼貌—粗鲁，温和—粗暴，友好—敌对，有耐心—不耐烦。”最后又提出一个问题：“泰勒医生和佳娜夫人具有以上哪些特征?”这一“导学”过程经历了了解知识（关于人物的性格特征）、阅读范例（表现人物性格特征的典型例子）、积累词汇（表现人物性格特征的一组组反义词），最终掌握泰勒医生和佳娜夫人所具有的性格特征。第三，特别值得重视的是，有些单元的结束处，“导学”语言能延伸到后续的学习内容，使它真正起到承前启后的作用。母语教材中的一个个单元和一册册课本，都有不同方面的关联，“导学”部分从“承前”开始到“启后”结束（实际上是一个新单元或是一册新课本的开始），形成前后的一条知识链或训练线。从这个意义上说，写好结束处的“导学”部分，尤其显得重要。突出的例子是，日本有一种母语教材，共 3 册（一学年一册）。其中的第三册是初三毕业班用的，最后一个单元《走向未来》有一段引语是这样写的：“初中语文的学习终于迎来了最后的阶段。让我们发挥三年来所掌握的技能，搞好本单元的学习。在本单元中，我们为大家准备了近代小说、最新的生命科学论述以及 20 世纪初的报纸社论。通过这些课文的学习，请大家认真思考一下人类与社会的现状，并重新探讨自己今后的人生方式和我们社会的现状。”下面选录了 3 篇课文，一篇是近代小说《我是猫》，一篇是最新的生命科学论文《三十五亿年的生命》以及 20 世纪初的报纸社论《展望二十世纪》，要求学生分别阅读，加深理解。同时提出 3 个课题，一是“设立主题交谈”：(1）将《我是猫》中所描述的猫与人的关系，与《三十五亿年的生命》中所阐述的 DNA 的共性与个性相联系，进行思考；(2）将从《三十五亿年的生命》中了解到的生命的漫长发展与阅读《展望二十世纪》后所意识的道德科学技术的发展相联系，进行思考；(3）结合生物的生存环境，思考自己的人生方式。二是“根据主题，扩大阅读范围”：(1）参考读书指南和文学史年表，选读近代小说和近代诗；(2) 选读描写现代社会和现代科技的文章和书籍；(3) 选读描写现代社会和未来科学技术的文章和书籍。三是“确立主题，汇编文章”：(1) 站在人类之外的动物或植物的立场上，以小说的形式描述周围的人物或人类社会；(2) 21 世纪将是一个怎样的社会？在了解现代社会和现代科学动态的基础上，总结列举的事物，写一篇论说文；(3) 在本单元学习的基础上，以“十五岁的我”“当我三十岁的时候”等为题，写一篇描述自己今后人生的文章。最后，将自己三年学习中所写的文章汇编成册。这是初中阶段学习的最后一个单元，这个“导学”部分的教育价值（思考人生）、训练意义（汇编三年来的文章）、扩展视野（扩大阅读范围）都非常突出，并且为学生在初中毕业后的继续学习奠定了基础。

（五）图表系统

国外母语教材对图表的配置特别重视。因为图和表都有形象，适合于中小学生的接受心理。同时图和表又各有自身的训练价值。图像，其中训练价值主要体现在形象思维方面；表格，其训练价值则主要体现在逻辑思维方面。在国外的母语教材中，图像尤其丰富，例如日本光村版母语教材，第一册的图像有 82 幅，第二册有 69 幅，第三册有 67 幅，平均每课有 2～3 幅。表格也多种多样，有分类表、分析表、统计表、提要表、关系表、卡片表等。第二，图像的品种丰富，一般都有水彩画、油画、风景画、简笔画、图案画、速写、地图以及各种照片（人物、动植物、风景、地方风情等），全都印制得美观清晰。在初中阶段的课本中，大都以夸张的幽默的线条画和黑白画为主，能激起学生巨大的观赏兴趣；在高中阶段，特别是文学类课本，就增加了一些著名画家为文学名著所画的插图。第三，在国外有些母语教材中还特别配置了一些装饰性的图像和符号，作为一种特殊的“导学”标记。如要学生注意听，就画一只耳朵，也就是耳形图，用以强调学生注意听编者提出的问题和要求；画一只脚，表示这里需要停顿；用各种不同的图形表示各种不同的选择。用矢号（画一个→）标示作业要求；用连续矢号（→→→）标示作业步骤等。在这方面，德国的教材中此类装饰性的图像、表格、符号似乎用得较多，再加上色彩丰富生动，令人赏心悦目。

（六）附录系统

国外有些母语教材也都重视附录的编制。其作用，一是知识要点的索引，包括本册书中提到的语法术语、写作用语、重要概念、表现手法等，用索引的方法分类集中，形成网络，既便于学生巩固知识，又便于学生日后查找。二是学习内容的总结，例如英国教材的附录中编制的“写作手册”，其内容一般包括整册书学习写作过程中各个阶段使用的策略：前期——捕捉主题，安排内容，确定读者和意图，写出提纲；中期——本教材中所介绍的常规写作方法；后期——草稿写成后的修改方法。三是配合本册学习内容，提出课外延伸写作的题目及要求，和课外扩展阅读的书目及要求等。还有一种母语教材，在附录中特意编入了“备忘录”，让学生记下自己的成绩或知识缺陷等。这样，附录便成了一册教材的不可或缺的组成部分。

（七）结语

学习、借鉴国外母语教材的一些成功经验，目的在于建设好我国新一代的汉语文教材。先进教育思想、科学思维方法、现代编制技术等，我们是要向国外一些母语教材学习的，这也可以说是一个与国际“接轨”的重要方面。然而，我们要建设的毕竟是汉民族的母语教材。凡属母语教材，都应当有自己的民族特色。试比较：叙利亚的母语教材与法国的母语教材，就有巨大的差异，年轻的美国母语教材与古老的英国母语教材，也是风格迥异。编好一套母语教材，除了语言的不同外还要牵涉到国情和国力、教情和教力、学情和学力的不同，是不能也不应该轻言“接轨”的。我们的目标只能是：在学习各国母语教材的长处的基础上，创建科学化与民族化相结合的新的汉语文教材，以适应21世纪培养高素质人才的需要。

二、一点感想和几点建议

（一）一点感想

本课题组成员是一个很有特色的学术群体。它是由大学、中学、海内、海外、科研院所、出版单位、外交机构中那些关心各国母语教育现状和发展趋势的专家学者，为了一个共同的目标而合力攻关的科研队伍。海内外9所大学16个单位70多位专家学者凝聚成这么一个学术群体，靠的是什么？我想，靠的是两条：一条是课题的主持人洪宗礼对母语教材建设的那种执着痴迷的精神、海纳百川的谦虚和大度；另一条是对于各国母语教材的比较研究这课题本身特有的魅力。洪宗礼固然是著名的语文特级教师，但他毕竟是个普通的中学教师，竟有勇气在“中外母语教材比较研究”这个顶尖课题面前主动请缨，终于使一些著名的大学教授、专家学者愿意同他携起手来，承担起这项为创建有中国特色的汉语文教材新体系、开拓理论视野的跨世纪工程。“中外母语教材比较研究”这个课题，教育部、中央教科所、课程教材研究所这些国家级教育研究机构，对此都曾给予巨大的关心，有规划、有组织地在这个课题的研究上倾注力量，务求取得突破性进展。对于母语教材的研究者来说，了解两个以上国家的母语教学情况的，固然不多，了解 10 个国家以上的母语教学情况的专家，当然就更少。视野的逼仄，“比较”就受到局限，“研究”也就较难有创新成果。洪宗礼主持的这个课题，其魅力之所在就在于通过熟悉 21 个国家和地区的母语教材现状的专家学者的共同努力，在较短的时间内，把亚洲、欧洲、美洲、非洲等许多国家具有代表性的，体现不同语种、不同国情和风格特点的母语教材汇集起来，仿佛一下子在研究者的眼前打开能观察到世界主要国家母语教材建设千姿百态的窗户。有志于此者对此怎能不怦然心动！

这个课题组完全是民间性质。但它得到了全国第一流的教育家、课程理论家有力的理论支撑，得到了 70 多位专家学者的智力支撑，还得到了一家在全国有良好声誉的地方教育出版社的经济支撑，终于在不到三年时间里就编辑出版了煌煌 5 卷《中外母语教材比较研究丛书》，总字数近 200 万。有人说这是奇迹，“奇”在哪里？确有许多值得深思之处。洪宗礼是幸运的。由于对事业执着追求，他在奋斗的途中，总有高人相助。从 80 年代初至今的 20 年中，他以“十年磨一剑”的精神，通过编写、送审、修改、再送审、再修改，如此循环往复矢志不渝，终于磨出了在省内外有较好影响的九年义务教育苏教版初中语文教材。在这近 20 年的历程中，他和他的编写组曾得到从全国到全省多位高人的鼎力相助。从本课题的立项开始，他又得到了南京大学教授、博士生导师柳士镇先生的有力援助，终于在结题之前向国家的汉语文教材建设事业献上一份厚礼。这个课题组的全部工作，它的历史价值固然主要体现在其成果本身，但深究起来，它在开题以后所经历的全部过程，其中的工作经验、工作作风、工作特点等，对教育科学领域中其他难点、重点课题的突破，都有借鉴作用。仅课程理论家钟启泉先生所提出的研究课题就有语文教学史的研究、各国语文教学比较研究、语文基础学力研究、语文教学体系的研究等，都是经长期研究而仍未取得突破性进展的领域。现在我们有理由相信，运用本课题组的那种方式方法去组织力量，重点突破，抑或有望。

（二）关于教材内容和教材建设有关问题的几点建议

1. 追求教材的多样化。随着我国课程改革由单一化向多样化目标的推进，教材建设也必然要实现多样化。在 50 年代，我国语文教材改革的第一次实践是实行汉语和文学分科。但是，当年由于理论准备不足，又兼形势的变化，以致中途夭折。而环顾当前各国母语教材的现状，相当一部分国家的母语教材是实行语言类教材与文学类教材分别编制的。语言类课程的基本任务，是学习语言和语言运用的规律性知识，包括口头的和书面的理解和表达，重在应用；文学类教材的目标则是学习本国的文学名著，及在世界文学史上享有盛誉的其他国家文学巨匠的名著，重在鉴赏，以提高自己的文学修养。如果这样处理，那么在我国由来已久的一些论争——一部分人主张语文教学重在训练，因为它具有工具性，而另一部分人则认为语文教学应重在领悟，因为它具有人文性——大致可以平息，因为“各得其所”了。学语言和语言运用的规律毫无疑问需要“训练”；学会文学欣赏提高文学素养，当然要重在“领悟”，重在欣赏者个人的“再创造”。像这样的分科型教材，在总结以往教训，吸收当今各国新鲜经验的基础上，不妨再试编一套。以往我们的语文教材中，把课文系统、知识系统、作业系统和导学系统四条线索或分或合组织起来，眉目很清楚。所谓“读写结合”“学用结合”“听说读写结合”等，都需要教师根据教材内容自行处理。有些教师能处理得很好，有些教师则未必能处理好。如果现在我们从其他国家的母语教材中学习一点“结合”的技巧，使上述种种“结合”都落实到教材里面，只要教师使用这本教材，又忠实于这本教材，那就人人都能处理好这种“结合”。这样，我们就又多了一个独具特色的教材品种。当然，过去有人主张三分法，即把语文教材分作阅读、写作、语文基础知识；也有主张综合起来编成一本书的；也有主张在一本书中分阅读、表达前后两部分的；还有主张在编文学课本时把现代文学和古代文学编成两种课本的。诸如此类，都可大胆尝试，各展其长。

2. 讲究教材的生活化。语言实践离不开生活，生活中的人际交往，也必须通过听说读写的语言实践才能实现，所以才有“语文学习的外延与生活的外延相等”的说法。语文教材的编写应当尽可能与生活靠拢，特别是在为听说读写训练设计作业时尽可能安排一种生活情境，把听的、说的、读的、写的训练，同特定生活情境的需要，自然地串联起来。这既是一种生活的模拟，也是一种语言运用的实际操练。在国外有些母语教材中，大单元里有一项是生活的“专题”设计。美国从 20 年代开始，曾经推行过“设计教学法”的实验，主要是把教学单元设计成一项有训练价值的活动，把一些主要学科的学习内容巧妙地组织到活动中去。这项实验尽管还有种种不完善的地方，但它对于培养学生的综合素质是很有优长之处的。到了 80 年代、90 年代，我们又从一些母语教材的大单元中，看到了经过革新了的“设计教学法”的痕迹，这是大可认真研究的。我想，在我们今后的语文教材中不妨从这类“专题”设计中吸取有益的养料，把那种假想的、真实的生活情境巧妙设计，周妥安排，使学生们在兴趣盎然的活动过程中，听的能力、说的能力、读的能力、写的能力，甚至思维能力、组织能力、指挥能力、协作能力、克服困难去实现目标的能力等，都能得到实际的锻炼。这就是我理解的生活化了的教材对培养学生综合素质的独特功能。

3. 教材内容要相对稳定。人的素质中，有相当一部分是属于“基本素质”，还有一部分是所谓“时代新质”。“基本素质”对于一个人来说是长期起作用的、稳定的，是素质中的稳定因素；“时代新质”是随着时代的发展而产生的对人才素质的新要求。基础教育阶段的根本任务之一是要培养青少年为人为学的基本素质。各科的教学，特别是语文学科的教学，着眼点都应该是学生基本素质的养成。从这个意义上说，语文教材的基本内容应当保持相对稳定。“一年一小变，三年一大变，五年基本面目全非”，是不可取的。“文道结合”中的“道”，现在除了思想政治教育外，还应包括科学思维方法的教育，为人处世态度的教育，人际合作交往的教育，严谨求学的教育，不怕挫折的教育，人与自然和谐共处的教育等。总之，这里的“道”是内涵非常丰富、外延非常广泛的概念。许多“基本素质”就都包含在里面。我们不能今天要提倡什么，就增加几篇有关这方面的课文；明天反对什么，就又把反映这方面的课文抽去。几十年前，许地山的一篇《落花生》教育了几代青少年；朱自清的《背影》尽管被冷落了许多年，但它所表现的父子之情是人之至情，属于为人的“基本素质”，最终还是被选了出来编进了教材。当然，我这里只是说“教材要相对稳定”。历史在发展，时代在进步，语文教材不可能“超然物外”，几十年纹丝不动，它也应该有发展有进步，也应当逐步增添“时代新质”；但需慎重，因为“时代新质”是要经受时代考验的。

4. 教材的目标要求应有适当的弹性。在追求教材多样化的时候，是需要强调有一个统一的基本要求，也就是所谓“在统一基本要求的前提下实现教材的多样化”。在我们这样一个大国里，这样的提法是正确的、必要的。但是，我们国家除了“大”这个特点以外，还有一个重要特点，那就是“极不平衡”。东西南北中，经济、文化、教育的发展都很不平衡。东南沿海发达地区与老、少、边、穷地区，要求就很难完全统一。我们在教育观念上已认识到，应当鼓励少数学生在学习上有“突破”，能“冒尖”，在整个学生群体中，似乎又不能对发展水平很不平衡的学生也都强求统一。因此，在编制“课程标准”的时候，应有“最低限度要求”的规定。套用经济领域的俗语说，“下限封底，上不封顶”。编制教材的时候，课文系统、知识系统、作业系统、导学系统都应考虑“弹性处理”。

5. 教材编写要避免“趋同”，力求“创新”。在教材实现多样化的过程中，各套教材相互取长补短是无可厚非的。但要避免“趋同”，“趋同”了就没有特色了，而没有特色的教材，也就没有存在的价值了。一套教材之所以有存在价值，之所以能够参与竞争，正是因为它为教材建设提供了“创新”的东西。何况我国的课程改革正在推进之中，为各种教材显示其特长提供了广阔的空间。例如课程内容的综合化就是趋势之一。这种综合化的课程需要综合化的教材来体现。国外有些母语教材十分重视语文知识与其他学科知识的沟通，文理渗透，文史地交融，语文与生物化学结合，语文与影视手段配合等，一套教材，能在某个方面有“创新”，它就为教材建设提供了新鲜经验。

6. 教材编写队伍的结构要合理。我这里所说的教材编写队伍是指两部分人，一部分是“编”的队伍，一部分是“写”的队伍。国外有些母语教材，在“编”的队伍中有一个显著的特点，即聘请教育学、心理学等方面的专家教授参与。而我国“编”的基本队伍是由研究语言学、文章学、文史学、文艺学并有一定编辑经验的专家组成。据我所知，大概只有中国科学院心理研究所卢仲蘅教授主持编写的自学辅导《数学》教材，是以心理学研究成果组织编写的。现在看来，教材教材，是用来教学生的材料，而“教”的规律是离不开教学双方的心理规律的，就以课文的选择为例，课文不仅是“范例”，而且还应该是“适例”，也就是说适宜于某个年龄段的学生的心理特点。是“适”还是“不适”，不能想当然，要有科学依据，要有教育学家和心理学家参与研究，就连导学系统中的一段话要说得娓娓动听，能引起学生强烈的求知欲望和好奇心，除了必要的语文功底以外，还应具有熟悉儿童心理的素养。至于说到“写”的队伍，我国的中学语文教材历来是选现成的优秀文章。文章是现成的，当然作者也就是现成的了。因此，从编辑教材的角度说，无所谓“写”的队伍。国外的有些母语教材，仿佛不是这样，它的课文中有相当比例的所谓“专稿”，就是有目的地请某个领域的专家撰写文稿。这就有个队伍问题了。从培养现代公民甚至世界公民而言，需要用多元文化、多学科知识来充实学生的头脑。所以，教材的编者应该用世界的多元文化的眼光，来观照多学科领域中那些既有学术建树又是文章高手的专家，把他们吸纳到“写”的队伍中来（至少是吸纳到自己的视野中来）。

7. 要提高教材装帧和设计的质量。国外的母语教材都十分讲究装帧和设计的质量，它们为保护青少年的视力、培养青少年的爱美习惯、提高青少年的审美情趣，在教材的装帧和设计上都要力求精美。这种精美的教材，往往不止一届使用，上一届的学生使用了，回收后下一届学生继续使用。学生们一般都很珍爱这精美的教材，在上面绝不肯乱涂乱画。我国为经济条件所限，教材的装帧和设计水平虽逐年有所提高，但还不十分理想。随着国力的增强，这种状况是会改变的，尤其是在经济比较发达的地区，这种改变可以更快些。愿我们那些热爱教育的装帧家、美术家、书刊设计师都来关心我国教材装帧设计的质量问题。

8. 教材审查机制要进一步完善。自 1986 年起，我国中小学教材建设实行编审分开新制度以来，教材的审查工作促进了教材质量的提高。但应当承认，这一审查制度还有待于进一步完善。一是审查委员的构成，要老中青结合，多学科交叉；二是要实行半脱产制度，委员们的工作应记入该委员所在单位的实际工作量，主管单位要按期发放津贴，以保证委员们有足够的时间和精力来承担这项严肃的任务；三是审查委员下面要设立一个“教材审读委员会”，这个审读委员会既负有初审的职责，又负有校正教材中可能存在的技术性、科学性错误的责任，以保证审查委员能集中精力按标准进行审查工作。

9. 教材的使用要引入市场机制。编制成功的教材，通过审查，供学校选用，它便成了商品，只不过是一种特殊的商品。这个商品进入市场，谁愿意选用，一不靠权威，二不靠广告，三不靠高额回扣，根据的只靠一条：质量。在实行教材多样化的形势下，出版机构不管是权威的还是非权威的，所出的教材一律都投入竞争的旋涡。竞争，就要讲究公平竞争。教材的选用权应该下放到学校。一级教育行政部门可以组织本地区的专家对多种教材进行科学论证，进行客观评估，但是最终选用权还在学校。

10. 教材建设要立足于有“中国特色”。我国有几千年的文明史，在汉语文教育教材教法上也积累了丰富的经验。我们应当坚持“在继承中求创新”，对于国外母语教材建设的成功经验，我们要采取“拿来主义”，经过改造、消化，吸纳其中有利于我们创新的成分。决不能食而不化，生搬硬套。过去这方面的教训必须记取。听、说、读、写，都应当有“中国气派”；学风、文风，都应当讲究“中国风格”；书写训练，都要体现“中国功夫”。

语文教学论

我们对发展智能问题的看法*

——第一届“西湖笔会”讨论纪要

出席这次“西湖笔会”的章熊（北大附中）、欧阳代娜（鞍山十五中）、钱梦龙（上海嘉定二中）、陈钟梁（上海黄浦区教师进修学院）、范守纲（上海徐汇区教师进修学院）、顾黄初（扬州师范学院）、林炜彤（杭州二中）、陆鉴三（杭州四中）、刘清涌（广东连山中学，书面发言）、张翼健（东北师大附中，书面发言）等同志，就语文教学中有关发展智能的问题交换了意见。下面就是他们通过讨论取得了较为一致的看法的几个问题。

问题的提出

在语文教学中提出要重视发展学生的智能，这不是偶然的。它是我国语文教学发展的必然趋势。

粉碎“四人帮”以来，我们的语文教学正经历着意义重大的深刻变化。这变化，大致可分两个阶段：

第一阶段重在批判和肃清语文教学领域中长期存在着的“左”的倾向，这种倾向在十年浩劫中由于“四人帮”的肆意横行而恶性发展，以致形成了语文课不讲语文的荒唐局面。重新摆正了“文”与“道”的关系后，语文基础知识的讲授和语文基本技能的训练得到了应有的重视，必要的思想政治教育能按照语文课本身的特点进行得较为自然，因而也较为有效。从教学思想

---

* 原载《语文战线》1981年第8期。这篇《纪要》，在“笔会”参加者集体讨论后，由顾黄初执笔写成。

上来说，这个阶段所要解决的主要问题是语文课该不该切切实实地教语文。在这个问题上的拨乱反正，为我国语文教学的健康发展奠定了必要的基础。

第二阶段重在研究和探索提高语文教学效率的规律、途径和方法。在初步解决了语文课应该切切实实地教语文这个问题之后，随之而来的必然是如何教才能提高效率、提高质量的问题。这个问题尽管是今天我国语文学界的前辈吕叔湘先生首先提出来的，但是从根本上说，这是社会的呼声，是时代的要求，也是历史的殷切期待。正因为如此，问题一经提出，便引起了整个语文教育界以至整个社会的强烈反响和普遍关注。“语文教学科学化”，就是在这样一个背景下提出的一个崭新命题。这个命题打开了人们的思路。科学地安排教学内容，科学地确定教学程序，科学地运用教学方法，成了人们共同追求的目标。一个个革新的方案提出来了，一批批成功的经验涌现出来了。人们在思索中前进，又在前进中思索。而在这种思索、前进中，人们对于外来的先进教育学说，感受和反应就格外敏锐。

“我们的时代不仅要求一个人具备广泛而深刻的知识，而且需求发展他的智慧、意志、情感，发展他的才能和禀赋。”苏联著名教育家赞可夫这样说。

“帮助每个学生获得最好的智慧发展，应作为教育的最一般的目标”，因此，“最好把人当作主动参加知识获得过程的人”。美国著名心理学家布鲁纳这样说。

这些学说，对于每一个愿为祖国四化建设迅速培养人才的教育工作者来说，具有诱人的魅力。于是，“怎样在语文教学中有效地培养和发展学生的智能”，便自然地引起了人们强烈的兴趣。

如果说，这后一个阶段是对于提高语文教学效率的追求，那么到现在为止，这种追求还只是一个开端。这个开端是以教学思想上的重大突破即对于教学科学化和智能发展的高度重视为标志的。

问题并不神秘

发展智能，说到底无非是为了使学生的头脑更加灵活起来，变得更聪明，更具有思考力，更富于创造精神。这个问题，对于我们来说，决不是完全陌生的。

在我国，春秋时代的大教育家孔子，就提出过“学而不思则罔，思而不学则殆”的卓越见解，要求把“学”和“思”密切结合起来，在博学精思中求得学业的长进。后来，如孟子的“尽信书，则不如无书”，王充的“学之乃知，不问不识”，韩愈的“业精于勤”“行成于思”，直到朱熹的“读而未晓则思，思而未晓则读”，戴震的“学贵其化”等，在强调思考力的养成这一点上，都是一脉相承的。只是因为这些教育家都生活在长期停滞的封建社会之中，受到时代和阶级的拘囿，没有也不可能把这种关于智能培养的认识建立在科学的基础之上从而形成完整的、系统的学说而已。至于伟大的无产阶级革命导师列宁，反对把学习者培养成“书呆子”和“吹牛家”，坚决主张要“用基本事实的知识来发展和增进每个学习者的思考力”；使“学到的全部知识融会贯通”，更是马克思主义教育学说中人所共知的重要组成部分。这些事实说明，发展智能的问题并不是一个突然从地底下冒出来的怪物，而是早已被许多教育家和思想家认识到的带有规律性的问题。

正因为发展智能是一个带有规律性的问题，所以它不仅出现在一些教育家、思想家的理论著作里面，更存在于广大教育工作者的卓有成效的教学实践之中。一个优秀的教师，他可以有自己独特的教学风格，有自己独辟蹊径的教学设计，但只要是在教学上取得了明显的效果的，那他必定是注意到了学生智能的培养的。不过，当这种“注意”还处于不自觉的朦胧状态的时候，教学效果的取得可能会使人感到有点神秘，而一旦发现了其中的奥秘，真正感受到发展智能的必要，因而在行动上变得更自觉，那么，所有的神秘感就会随之消失：在教学过程中注意发展学生的智能，本是理所当然的事。

我们的任务应该是：打破神秘感，增强责任心，在学习国外先进教育理论的同时，善于从我国传统的教育学说中吸取养料，并且认真地去发现和总结那些活跃在第一线上的广大语文教师的成功经验，从中探索发展智能的多种多样的途径，使之成为我们大家共同的财富，为迅速提高语文教学效率作出贡献。

发展智能的广阔天地

在语文教学中发展学生的智能，值得探索的领域是很广阔的。

首先是如何正确认识和恰当处理发展智能和加强“双基”的关系问题。

在初步纠正了语文教学领域中的“左”的倾向之后，加强“双基”便成为人人关注的一个重要课题。这是很自然的，也是十分必要的。但从教学实践上加以考查，“双基”的加强似乎有两种做法：一种是不给学生留下任何发展余地的“加强”；一种是有意识地给学生以充分发展余地的“加强”。前一种“加强”反映在课堂教学上往往形成了这样一套做法：(1) 面面俱到的要求——不求全不放心；(2) 公式老套的分析——把文章分析变成僵化的程式；(3) 支离破碎的提问——片面追求字字落实，处处落实，大搞烦琐哲学；(4) 孤立浩繁的练习——脱离语言环境，大搞题海战术；(5) 生搬硬套的模仿——满足于依样画葫芦；(6) 实用主义的“结合”——把学用结合理解得十分狭隘机械；(7) 形式主义的板书——纵横交错，使人眼花缭乱；(8) 死记硬背的考查——满足于机械记忆。这一套做法，在摆脱极“左”思潮的桎梏，开始重视“双基”教学的最初日子里，也曾经产生过一定的积极效果：学生毕竟少听了许多政治空话，多学到了一些基础知识和基本技能。但是，随着现代化建设的迅猛发展，国家对于人才的需求在质和量两方面都提出了更高的要求，那种单纯满足于让学生学到一些现成知识和简单技能的想法和做法，再也无法适应时代前进的步伐。于是，人们开始了新的探求：例如，能不能有意识地在“双基”教学中留给学生以充分发展的余地呢？既然教学的目标是要使学生能“举一反三”，那么，如果我们把教学的重点放在“一”上，把这个“一”讲清楚，讲清它的基本概念和运用规律，然后指导学生在“反三”上下功夫，并教会他们如何去“反”，这样，学生岂不是既学到了现成的知识，又学到了获取新知识、扩展新知识的本领；既学会了一定的技能，又获得了在千变万化的现实环境中适应情势解决问题的才能、促进自己语言的发展吗？如果不在语言实践中学习语言，不在思维训练中学会思维，光懂得什么是单句复句、什么是比喻象征、什么是判断推理，又有什么实际意义呢？

毫无疑问，语法、修辞、逻辑的知识是应该学习的。问题是怎么学。假如我们能够从丰富复杂的语言现象中归纳出汉语在词法、句法和章法上的某些变化规律，使学生能掌握这些规律进一步去理解语言，学会分析和运用语言；假如我们在范文讲读中十分重视培养学生的语感，使学生逐步懂得怎样来品味语言的格调、色彩和节奏；假如我们把活跃思想和学习语言合理地结合起来，从思维的逻辑性着手去求得语言的准确性，从思维的活跃性着手去求得语言的生动性；假如我们把学生从无休止的病句修改中解脱出来，让他们更多地去接触和诵读名篇佳作，从中感受汉民族语言的无限魅力……；我们也许就有希望找到一条建立在发展学生智能基础上的语言教学的新路。

信念和期望

以发展智能为中心来研究我国语文教学改革的具体道路，这是一个新课题，目前谁也不可能提供什么现成的经验。但我们坚信：

(1) 这个方向是完全正确的，因为它同我们为祖国四化建设培养有思想、有才学、有魄力的一代新人的战略目标相符合。

(2) 它同目前正在试行着的各种教改方案的精神是一致的。发展智能是润滑油，它可以使学生的思维神经运动得更灵活；它又是加速器，可以使人们设计的各种语文训练较快地获得成效。因此，任何一点发展学生智能的努力，都必将有利于那些教改方案的实施。

(3) 它对于程度较好的学生固然是必要的，对于程度较差的学生则更加必要。因为观察力和思考力的迟滞低下是所有语文程度较差的学生的共同特点；不从发展智能着手，不从活跃思维着力，便很难从根本上提高这些学生的语文程度。认为发展智能只是“尖子班”的事，是毫无根据的。

信念是重要的，它能给探索者以前进的勇气；期望更是必不可少的，因为它是探索者永不枯竭的力量源泉。

我们在思索，我们希望有更多的人一起来思索；我们在试验，我们希望有更多的人一起来试验。

城市的、农村的；初中的、高中的；尖子班的、普通班的；文科的、理科的……试验的类型越多，经验也就越有普遍性，结论也就越有说服力。

我们在思索和试验的过程中，深切地感到：要注意发展学生的智能，教师本身首先要具备相当的智能素养。我们期望着在发展学生智能的实践中，我们自己的智能素养能不断得到提高。

思索只是提出问题，实践才能解决问题。我们期望着第二届“西湖笔会”，能总结出有关发展智能的一些具体经验来。

1981 年 4 月

“出路”在于改革*

——致郑天任同志

读了您发表在本院学报1983年第3期上的那篇文章（指《语文教学的出路何在？——关于恢复传统语文教学法的刍议》），觉得有些话不能不提出来，同您、同所有关心这个问题的同志讨论。

说“不能不”，是有原因的。您的文章，叫人读后感到既有值得首肯的地方，也有未敢苟同之处，而且觉得那些应该被认为是有价值的东西很有可能被某些偏颇之论所淹没，所以许多话犹如骨鲠在喉，不说不安，不说不能平静。

您在文章中提出，要恢复传统的语文教学法，认为这是当今提高语文教学质量的唯一的“出路”。为此，您给传统语文教学法许多美誉：“先进”“科学”“成效卓著”“有强大生命力”；也给所谓新的语文教学法不少毁辞：“背离汉字汉文特点”“基本上是从西方的洋学堂进口的”“违反了科学性”，等等。

的确，对于我国传统的语文教学法，自五四运动以来很少有人以科学的态度认真地、系统地去研究过。新中国成立以后，张志公先生写了一部《传统语文教育初探》，算是对这个课题的研究成果，但从此就没有“再探”。十年动乱期间，当然就更谈不到这个问题。所以，现在再重新提出要重视对传统语文教学法的研究，应当说是正确的；甚至在提法上稍稍“矫枉过正”，

---

* 原载《扬州师院学报（社会科学版）》1983年第4期。

语气上稍稍加重一点，都无可非议。但是，因此而干脆提出要“恢复”传统语文教学法，要完全按照“我们的祖先开拓出来的那条成功之路”去走，是不是又从一个极端走到了另一个极端了呢？

您的“恢复”论，是由这样两个推理过程来支撑的：

一、采用好的、成功的语文教学法，教学质量必然提高。五四运动以前采用传统的语文教学法，教学质量最高，五四运动以后，抛弃了传统语文教学法、采用了新的教学法，教学质量日益下降，而且越到后来质量越低，新中国成立以后特别是“文革”以后，质量已降到了最低点；因此，恢复传统语文教学法，刻不容缓。

二、凡是好的、成功的语文教学法必须符合本民族语文的特点和规律。传统语文教学法是符合我国语文的特点的，所谓新的语文教学法是从西洋进口的，根本不符合我国语文的特点；因此，恢复传统语文教学法，势在必行。

这是两个令人遗憾的推理过程，因为它们在完全正确的前提之下，竟推出了完全不能成立的片面性的结论。

您这样说：“自五四以来，语文教学质量总的趋势是在下降。……”简言之，您认为语文教学质量是今不如昔，但事实果真是这样吗？

自五四以来，关于“语文教学质量下降”“中学生语文程度低落”的感叹和议论，的确时有出现：“五四”以后的 20 年代初期、抗日战争前的 30 年代中期、抗日战争胜利前后的四五年间，有过这样的感叹、议论；新中国成立后，发展国民经济第一个五年计划初期、“大跃进”年代的后期，也曾有过这样的感叹、议论；在党的十一届三中全会后，我国社会向着实现“四化”的宏伟目标前进的历史新时期，类似的感叹和议论又出现了，并引起了社会各界的普遍关注。这样一种反复出现的历史现象，究竟说明了什么呢？我在 1980 年写的《改革中学语文教材之我见》一文中曾经作过这样的解释：“它至少说明这样一个事实：我国的语文教学历来都要受到时代风云的影响，而这种影响的结果又往往在实际上削弱了对学生语文能力的切实有效的训练；只是因为在奔腾湍急的历史旋涡中，这种影响不易被人觉察，要到时代进入相对平稳时期，矛盾才充分暴露罢了。”我当时的这种解释，旨在论证把语文教学真正建立在科学的基础之上的必要；否则，语文教学质量不可能从根本上得到保证。这里丝毫不意味着历史的倒退。代代在喊“下降”“低落”，并不能说明“一代不如一代”，因为每一个历史时期提出的语文教学质量的“下降”“低落”，都是有它具体的历史内容的。

先让我们回忆一段史实。在30年代中期，叶圣陶先生主编的《中学生》杂志上曾组织过一场关于“中学生国文程度”的讨论。讨论中，就有人笼统地认为当时中学生的国文程度比“五四”以前降低了。可是热心中学语文教学研究的朱自清先生却不这样看，他认为要比量程度，首先得认定比量的标准。他说，那些认定“五四”以后中学生国文程度低落的人，“显然只从写作着眼，他们的标准大致是文言”；“单就中学生的文言写作而论，五四运动以来，确有低落的情形”。为什么？朱先生说：“原来‘五四’以前的中学生，入学校之先，大都在家里或私塾里费过几年工夫，背诵过些古文，写作过些窗课——不用说是文言。这些是他们国文的真正底子。到了中学里，他们之中有少数能写出通顺的文言，大半靠了这点底子”；如果“学生在入学校之先没有写通文言，到了中学，除非自己对国文特别有兴趣，自己摸索到门径，毕业的时候大概还是不能写通文言的”；至于“背古文，作窗课，都是科举的影响的残存。到了“五四”以后，这种影响渐渐消失，学生达到学龄，就入学校，不再费几年工夫去先学文言，这些学生是没有国文底子的”，再加教材教法上旧的既破、新的未立，存在着不少混乱，“程度低落，是必然的”了；“可是低落的只是文言的写作，白话尽管在这样情形之下，还是有长足的进展”（《中学生的国文程度》）。

我在这里讲这段史实，并且较多地引述了朱自清先生50年前说的这些话，无非是想说明，在讨论语文教学质量的时候，重要的是要确定一个质量标准，然后再作具体分析。汉字、汉语本身是在发展变化的，社会对一个中学毕业生在语文能力方面的要求也是随着时代的发展而有所变化的。我们既不能简单地拿“五四”以前的那把“尺”来度量“五四”以后的语文教学的长短，也不能简单地拿新中国成立以前的那把“尺”来度量新中国成立以后社会主义学校里语文教学的长短，甚至还不能简单地拿“文革”以前的那把“尺”来度量今天80年代在实现四个现代化宏伟目标指引下的语文教学的长短。例如，“能够运用现代口语准确地自由地表达自己个人的思想和情感”，这曾经是“五四”以后在中学生写作能力上提出的一个目标。这个目标要真正达到很不容易，但不管怎么说，自从白话文被正式引进课堂，长期的“言文脱节”状况被冲破了，学生运用现代口语进行写作的能力远远超过了“五四”以前，这就为进一步扩大语言文字的交际范围创造了条件。因此，拿“五四”以前以培养文言写作为主要目标的那把“尺”来度量“五四”以后的教学质量，就不能被认为是科学的态度。同样，新中国成立以后的语文教学，除了要求学生能运用现代口语进行写作以外，还提出了语言文字的规范化问题，要求语言的纯洁和健康；并强调听说读写四项语文能力要同步发展。因此，拿“五四”以后旧中国语文教学的那把“尺”来度量新中国成立以后社会主义学校语文教学的质量，也不可能得出科学的结论。

您可能会说，现在我们所比量的不是什么新的高的标准，而是最起码的要求，比如识字、认词、造句、谋篇以及某些最基本的语文知识等，在这些最起码的语文基础知识和基本技能方面，现在的学生远远不如五四以前的学生。这该怎么理解呢?

这里有两个问题需要讨论。

一个问题是果真“五四”以前的学生语文程度就远远高于现在的学生吗?熟谙旧时代封建教育真相的叶圣陶先生在《认识国文教学》一文里，曾经针对那些声称要回复到封建学塾时代去的人们的言论，恳切地说：“现在的感叹家早也一声‘国文程度低落’，晚也一声‘国文程度低落’，好像从前读书人的国文程度普遍‘高升’似的。其实这哪里是真相?通文达理的是极少数人，大多数人一辈子不能从读书达到通文达理。知道了这个真相，就会相信从前读书人的国文程度并没有普遍的‘高升’了。为什么不能普遍的‘高升’?就为旧式教育守着古典主义和利禄主义。”（着重号引者加，下同）这就是说，封建的旧式教育由于受封建复古主义和追求功名利禄等这些社会政治条件的影响，不可能真正建立在科学的合理的基础之上，因此，也就不可能——事实上也并没有——全部把受教者培养成“通文达理”的人。类似这样意思的话，鲁迅先生也曾经说过多次，他在《人生识字胡涂始》里说：“我们先前的学古文也用同样的方法，教师并不讲解，只要你死读，自己去记住，分析，比较去。弄得好，是终于能够有些懂，并且竟也可以写出几句来的，然而到底弄不通的也多得很。”所以，对“程度”“水平”“知识面”等，都必须作具体分析：哪些方面，现在的学生不如过去的学生？哪些方面，过去的学生又不如现在的学生？现在的学生，语文程度达到要求的占学生总数百分之几，达不到要求的又占多少？过去的学生，终于达到“通文达理”的占学生总数百分之几，到底“弄不通”的又占多少？要这样来作一番调查研究，得出的结论才有可能比较地符合实际，比较地有说服力，因此也比较地有助于我们认识问题和解决问题。

另一个问题是，果真现在的学生在语文基础知识和基本技能方面降到了最低水平吗？事实恐怕也不是这样。远的不说，在现代语文教育史上，凡是讨论到学生的国文程度，总要举出多少多少证据来说明学生的国文程度低落，而这些证据也无非是错别字多、思路不清、文字技术低劣之类。不过，这从反面提醒我们：语文教学上存在的问题由来已久。只是因为现在中、小学生的数量猛增，国家能提供给学校的合格的教师远远不能适应需要，而社会对各级各类毕业生语文能力方面的要求又越来越高，所以从总体上看问题比较突出，不能不使有高度责任感的教师感到焦虑（这里，且不谈十年动乱所起的严重破坏作用）。

客观事实既然是这样，那么问题的症结又在哪里呢？我认为答案只能是：因为我们的语文学科向来不被人们当作是一门科学；中、小学的语文教学还始终没有能完全真正建立在科学的基础之上。正如夏丏尊、叶圣陶早在30年代就说过的：“在学校教育上，国文科向和其他科学对列，不被认为一种科学。因此国文科至今还缺乏客观具体的科学性。”（《国文百八课·编辑大意》）而这种缺乏客观具体的科学性，突出的表现就是忽视汉字、汉语特点的研究，忽视听说读写规律的研究，忽视语文技能的严格训练。叶圣陶对“五四”以后的语文教学曾作过精辟的分析，他说，“五四”以来的国文教学“专重精神或思想一面，忽略了技术训练，使一般学生了解文字和运用文字的能力没有得到适量的发展”。这就是问题的症结所在。当然，这里所说的“精神”或“思想”，有守旧与革新、落后与进步的本质差别，但就其忽略技术训练，忽略科学的训练方法，致使学生的语文能力得不到适量的发展而言，革新派和守旧派彼此似乎一样。这种倾向，就全国范围说（在解放区，当时已有了初步的革新成果），延续到新中国成立，几乎没有什么根本改变。这就是“学生国文程度低落”这类感叹和议论在几十年间反复出现的主要原因。新中国成立以后，在语文学科本身的建设方面曾经取得过许多可喜的成果，文道统一问题的讨论、汉语文学分科教材的试用、1963 年新教学大纲的编制，都显示出了我们的语文教学向着科学化迈步的足迹。因此，在 50 年代的中期和 60 年代的前期，我国中、小学生的思想政治素质和语文程度都曾有过令人鼓舞的提高。但是，由于一再泛起的“左”的思潮的影响，特别是十年的空前动乱，语文教学科学化的种种尝试和探索，不是中途夭折，便是遭到不应有的非难。所以，从总的方面说来，语文教学上历来存在的问题仍然没有真正得到解决。现在，党中央号召各条战线上的人们都要以实事求是的态度来对待本身从事的工作，努力去把握客观事物的规律性，把自己的工作真正建立在科学的基础之上。这就为我们在更深更广的范围内去探索我国语文教学科学化道路提供了最好的条件。近几年来，这种探索和研究所取得的成果，已经足以使我们对前景充满信心。

谈到语文教学的科学化，就必定要涉及语文教学的民族化问题。因为诚如您所说：语文学科的“教学法愈切合本民族的语文特点，它就愈科学，愈有教学效率。反之，它就不科学，就不会有高的教学效率”。但是，这个完全正确的前提却未必就能推出我国传统的语文教学法最科学、效率最高的结论来。为什么呢？

我们不妨把传统的语文教学法姑且看作是您所设想的那种最符合汉字、汉文特点的教学法。那么情况又怎样呢？遗憾得很，当我们在祈求世间永存这种绝妙的“最优化”教学法的时候，历史却已跨过了若干个世纪，一切应该与教学法直接联系、相互纠结着的事物都在急剧变化，于是势必要有某些新的教学法在传统的基地上产生，并逐步发展，益趋完善，终于与一定历史时期的新的事物相适应。这是不以人们的意志为转移的事，是不可逆转的客观规律。

语文教学是以汉字、汉语作为自己的教学内容的，可是汉字、汉语却是在不断地发展变化着的。我国古代先哲王充在一千多年前就已经觉察到语言的变异现象，发现了“古今言殊，四方谈异”的规律。近人对此的研究成果当然更加丰富、深入。而您在谈到这个问题的时候，又采用了一种极不周严的推理方法。您说：“古今汉语有很大的差异，但两者之间，在词汇、句式、语法、修辞、文章作法以及语文的知识营养（如天文、地理、文学、历史、名物、典章制度等知识）上，存在着十分紧密的继承性”，因此，“要学好现代汉语，就必须学好古代汉语，多读多背古文，从‘源’学起”。既然古今汉语有前后继承的联系，又有古今言殊的差异；那么为什么非要“学好古代汉语”，“多背多读古文”，而后才能学好现代汉语呢？何况，在事实上，古今汉语的差异已经如此之大，以致一些语文教育家如吕叔湘先生就认为，“学习文言，应该多少采取一点学习外国语的态度和方法，一切从根本上做起，处处注意它跟现代口语的同异”，这才能够收到实效。吕先生在《语文常谈》中曾举《邹忌讽齐王纳谏》一文开头一段为例，指出：“把这一段用现代话来说一遍，就会发现有很大的差别”，其中“大多数的字，不是意义有所不同，就是用法有些两样”。就词汇而论，不少古词汇已经死去，大量新词汇正在萌生，而单音词向复音词的演变，更使现代汉语的词汇量大大超过了古代。这种“古今言殊”的情况，将使古代风行一时的《三字经》《千字文》《名物蒙求》之类的启蒙韵语读物黯然失色，因为后世特别是当代许多新事物的出现，以及反映这些新事物的新词汇和新表达方式的产生，三个字一句、四个字一句的缀联方式在很多场合将无所施其技。

就说发展较为缓慢的汉字吧，古今变异也是十分明显的。最容易被人们发现的，是古代大量的生僻字被废弃，大量的异体字被取消，大量笔画繁复的字被简化，这样，就大大减缩了常用字的数量，大大减少了认辨常用字的难度。现代人不必再像孔乙己那样，要记住“回”字的四种写法了。而汉语拼音化的发展，又将给语文教学法提出新的研究课题。所以，简单地提出要“恢复”传统语文教学法，说说当然不妨，认真“恢复”起来，势必要到处碰壁的。

您十分赞赏传统的集中识字法。的确，照目前不少人的观点看，似乎都倾向于集中识字法，认为它较为符合汉字的特点。不过，这也不是绝对的，眼下正在试验的就远不止这一种识字法。粗粗地分，至少有三种：集中识字、分散识字、相对集中识字。究竟哪种识字法更好些？据说处理得法，都能收到好效果。自从汉语拼音字母公布，识字教学有了功效很高的拐棍，它本身已发生了重大变化；而电化教学手段的逐步推广，又将使识字教学的效率提到空前的高度。在这样的新的形势之下，还要求“恢复”那一套“三、百、千”的课本，就未免离现实太远了些。

您还十分赞赏传统的知识灌输方法，认为让儿童早一点囫囵吞枣地背诵一些韵语知识读物，对他们将来的阅读和写作都有好处。这话也有一定的道理。这种早期知识灌输的方式方法也的确值得分析研究。不过，在旧式学馆中，教学不分科，所有百科知识都在“读文”过程中获取，这与后世的分科教学有大别；而且，作为当代的青少年，他们的“知识营养”，已经远不是什么“古代的天文、地理……名物、典章制度等”，这些当然应该知道，但同时更必须明白现代的百科知识，这才能够成为有必要的“知识营养”的名副其实的“现代”人。为了达到这个目标，语文教科书的编写固然需要改进，其他各科教学也必须相应提高教学质量。所以说，中、小学生语文程度的提高，将有赖于学校所有学科（特别是政治理论、中外历史、中外地理和生物学、生理学等）教学质量的提高。这决非过甚其词。不知您以为如何？

总之，事物是在不断发展变化的。语文教学的内容汉字、汉语在变化，语文教学的形式也在变化（从旧时学馆的个别教授到后世学校的班级教授），语文教学所要达到的目标更具有新的历史内容，再加上我们现在的教学对象，青少年们的思想情况、智力水平和见闻深广程度都是旧时代所不可比拟的，所有这些都无可争辩地说明：对待过去传统的语文教学法决不能简单地“恢复”，而只能用科学的态度和方法严肃认真地加以研究。“传统”只是个笼统的、模糊的概念，“传统”中有好的东西，有不很好的东西，也有很不好的东西。“五四”以来，我们对传统的东西确有“把污水和小孩一起泼掉”的弊端存在。而在语文教学领域里，情况甚至更糟些，“小孩”泼掉了，“污水”却有不少残留着。比如您所提到的那些传统教学法中有价值的东西，我们研究得就太少太少；而传统教学法中那种“八股遗毒”却长时间潜藏着，直到今天，这种因袭势力还程度不同地在起作用。

我对我国语文教学的优秀传统，学习得很少，研究更谈不到，但感情始终很深。这倒不是因为自己曾经进过旧式学塾，读过几本古书，“迷恋骸骨”；实在是因为多年涉足于语文教学园地，深深感到长期以来我们身在宝山不识宝，明明自己的祖先有许多真知灼见，有许多在当时行之有效的教学方法，我们没有认真去研究，去汲取，却把提高教学效率的希望主要寄托在外来经验的引进上。这是严重的失算。我在全国叶圣陶语文教育思想讨论会上曾说：“正像鲁迅在论述文学创作的历史价值时曾经说过的，文学创作愈有地方性，也就愈有世界性。探索语文教学的规律也有类似的情况，对于语文教学的科学化的追求，往往无法脱离对本民族语文的特点及其传统的学习方法的研究。换句话说，教学的科学化离不开教学的民族化。以学习本民族语文为基本内容的语文学科的教学，尤其如此。”这确是有感而发的。所以，您完全可以相信，我之所以写这封信，实在是因为您在文章中所表达的感情，使我觉得有必要把那些在探索语文教学科学化和民族化道路上容易产生的偏颇观念提出来讨论讨论，使我们的认识能建立在更加科学、更加符合客观实际的基础之上，以利于语文教学事业的发展。

最近，邓小平同志给北京景山学校题词，指出我们的教育必须“面向现代化，面向世界，面向未来”。这是一个具有战略意义的重要思想。所以，我的结论是这样：语文教学的“出路”在于改革，在于立足崭新的现实，吸取当代最新的科学研究成果，在批判继承我国语文教学优秀传统的基础上探索语文教学科学化、民族化的道路。这是一项十分细致、十分复杂的工程，任何简单化的想法和做法，都将无补于事。

在一种强烈的感情驱使下动笔，观点固然未经提炼，材料也相当庞杂，行文更必有疏漏，深望有以教正。

语文教学要贴近生活*

我想用一句话来概括我的语文教学方法论的基本点，那就是：语文教学要贴近生活。

要谋求语文教学效率的提高，老是把思想封闭在四壁合围的教室里，把眼光死盯在篇幅有限的课本上，恐怕很难求得突破性的进展。语文是在生活的广阔天地里频繁运用的重要工具，要教学生掌握好语文工具，我们的思想要向广阔的生活开放，我们的眼光要向广阔的生活审视。我们要想一想：人们在生活中是怎样运用语文工具的？我们要看一看：生活对语文怎样要求又怎样制约？文学创作中，最近出现了一种所谓“寻根文学”。我想借用这个“根”字，说语文教学的改革也得寻找它的“根”，这“根”就是实际生活中语文运用的情况。语文教学工作者如果不去悉心研究人们在实际生活中运用语文工具的情况，并由此领悟到过去教学因脱离实际而产生的种种弊端，任何改革设想都难免要落空，即使有时仿佛已经开花，这花也终将因无根而很快枯萎。所以我说，语文教学的改革，关键在贴近生活。这是“根”。

“贴近生活”，是怎样的意思呢？说起来也是十分浅显明白的，主要是：

第一，根据实际生活中运用语文工具的规律来探求语文教学的规律。

现在大家都相信，语文教学应当是有规律可循的。那么这规律是什么呢？从哪里去寻求呢？作为一种教学活动，它当然要受教和学双方的活动规律、认识规律所支配。这里且不赘述。因为这里要着重探讨的是语文的教学

---

* 原载《教学与研究》（南通教育学院）1988 年第 1 期，后收入北京出版社 1991 年出版的《语文教学方法论》一书。略有改动。

规律，我们的着眼点就不妨落实在“语文”上。我以为，探讨语文教学的规律，首先就要研究在实际生活中人们运用语文工具的规律。换句话说，要懂得怎样“教语文”，似乎就该先懂得在生活中人们怎样“用语文”。

人们在实际生活中运用语文工具进行听说读写活动，总要受到三个方面的制约：

首先是受生理机制、操作方法、实践频率的制约。听说读写活动是人类特有的实践活动。听需要健全的耳，说需要机敏的口，读需要清明的眼，写需要灵活的手，听说读写又都离不开具有一定发展水平的大脑。耳、口、眼、手、脑，这五个方面的生理机制如有缺损，就会直接影响到听说读写的正常进行。因此，练耳、练口、练眼、练手、练脑，应该是培养听说读写能力在生理机制方面的基础。对于生理机制健全的儿童，为了培养他们听说读写的初步能力，从入学开始，在语文课上就该有意识地进行耳口眼手脑的机能训练。将来待他们要从事某些特殊专业时还得进行专门训练，如电话接线员得专门进行耳听训练，广播员得专门进行口说训练，校对员得专门进行眼视训练，等等。此外，听说读写作为人类的社会实践活动，它们各有自己的“操作”方法。听，要集中注意、排除干扰、捕捉信息、概括要点、辨析语意等；说，要发准语音、控制语调、理顺语脉、借助语态等；读，要识记文字、调节眼动、循文明义、控制疾徐等；写，要明辨结体、书写端正、符合格式、相机标点、删改清晰等。所有这些，都是最基本的“操作”方法；这些基本“操作”方法掌握不好，就会直接影响听说读写应有的社会交际功能的正常发挥。还有，任何一种实践能力都必须在具体的实践活动中才能形成，才能发展。因此，听说读写的能力必须要受实践频率的制约；只有坚持频繁的、不间断的听说读写实践，人们的听说读写能力才能得到发展。在语文课上，企图通过教师的“讲授”使学生获得听说读写的能力，这无异于缘木求鱼，因为它违背了听说读写能力形成和发展的规律。

其次是受思想、知识、智力的制约。人类的听说读写活动，需要一定的生理机制作为基础；但它们决不是一种纯粹的生理活动，而是一种复杂的心智活动。任何语文行为，它都包含着形和质两个方面。文字符号、语音语调、行文格式等，是形；而借文字符号、语音语调、行文格式等所表达的思想观点、知识内容、思维成果等，是质。质不能“外化”为形，就不成其为语文行为；形不能“传递”出质，也不成其为有社会意义的语文行为。因此，思想、知识、智力是听说读写能力提高和发展的极其重要的三个潜在因素。从实践社会交际功能的目标来说，听说读写都要求做到“准、实、巧”，即达意的准确、内容的充实、表现的灵巧；而思想则能使其“准”，知识则能使其“实”，智力则能使其“巧”。从提高语文行为的实际效果来说，听说读写都要求达到“真、善、美”；而思想则能使其“善”，知识则能使其“真”，智力则能使其“美”。我们不可能设想，一个人思想品德低劣、知识视野狭窄、头脑呆板迟钝，而他的语文能力却孤立地超越他人，竟然达到“准、实、巧”“真、善、美”的境地。因此，一个人听说读写能力的提高和发展，除了有赖于掌握必要的语文知识和语文技能以外，还必须相应地提高思想水平、道德素养，相应地扩展知识的领域和发展机敏的头脑。忽视了后者，把全部力量单纯地倾注在“语文”上，到头来，难免要事与愿违。

此外，还要受目的、对象、场合的制约。人类的听说读写活动，是一种特殊的社会交际活动。一般地说，这些活动都是根据一定的目的、针对一定的对象、在一定的场合之下进行的。目的不同，对象不同，场合不同，听说读写的要求和方式方法往往也就不同。有人说，以往我们的语文教学总是与社会的实际需要相脱节。这“脱节”的表现之一，我以为就是听说读写训练的无目的、无对象和无场合。这“三无”的训练，可以名之为“不定式”的训练。这种“不定式”的训练，由于没有尊重实际生活中听说读写的规律，所以其效果必然有很大的局限。英国应用语言学家S·皮特·科德指出，传统的语言教学法坚决主张“正确性”，注重语法规则的传授；却很少关心“适合性”，也不考虑语言行为对不同社会环境作出反应的方式。而现代语言教学则不同，“它较多地从社会的角度来对待语言，并且重视语言在不同社会环境中的交际功能问题”。（参见《应用语言学导论》）这里所说的“社会环境”就包括着目的、对象、场合等诸种因素。这个观点，对我们设计听说读写的训练内容和训练方法，具有重要的启发意义。

以上所说的三个方面的制约关系，可以认为是实际生活中运用语文工具进行听说读写的共同规律。而听说读写的本身，它们作为人类吸收和表达的几种不同的行为方式，自身又各有其特殊的规律。应当说，对于这些各不相同的语文行为，前人已经总结了他们的实践经验，我们的教学不能说全是盲目的；但是用现代语言学、现代心理学和现代思维科学来进行深入的研究，从而揭示其内在规律，现在似乎还仅仅是开始。而我们如果不能在这些领域的研究工作中获得突破性的进展，语文教学的科学化就很难实现。

例如关于读和写的规律。“阅读是吸收，写作是倾吐”，人们历来这样说，这话当然是不错的。但这只是从读和写的目的和作用上着眼所作的判断，其实从读和写的心智活动过程来细加分析，情况就决不是这么简单的了。

先说阅读。如果阅读过程仅仅是信息的吸收过程，那么人的大脑也就等于电子计算机中接收信息输入的装置，外界输入什么信息它就容受什么信息；甚至可以说，大脑就像人们日常生活中用到的任何容器，作用就在于盛放各种物件而已。人们的阅读过程，却是经历着一系列紧张而复杂的心智活动的过程，其间，信息的输入和信息的处理是几乎同步地进行着的。换句话说，从阅读中的心智活动过程来说，吸收和倾吐是相互联系、交互为用的；在阅读中，为了更好地吸收，同时就必须有一定的量和一定的质的倾吐；而这一定量和质的倾吐，正是有效的吸收的必要前提。这正像人们的饮食。人们食用任何有益的食物，目的和作用都在于吸收；但为了有效的吸收，人们同时必须有所倾吐，吐出唾液、胃液、胆汁等等各种消化液，把摄进的食物细细地加以消化，经过这样一个加工、处理过程，食物中的营养料才可能被人们真正吸收。阅读和饮食，在这一点上道理是相通的。

要倾吐，当然需要有蓄积。有一定量和一定质的蓄积，才可能有一定量和一定质的倾吐。而在事实上，蓄积的量和质决定着倾吐的量和质；倾吐的量和质又直接影响着吸收的量和质，这是可以用大量阅读经验来加以证实的一条规律。为什么读同一篇文章或同一部书，认字率尽管相差无几，可是小学生、中学生、大学生和学有专长的学者读后所得却往往有“天壤之别”？原因就在这不同层次的人们在阅读过程中倾吐的量和质大不相同。为什么同一个人在不同时期读同一篇文章或同一部书，理解程度也会有变化？原因就在这个人随着阅历的增长，蓄积丰富了，读的时候倾吐的量和质有了变化，于是吸收也大异于前了。深谙读书之道的人，大都重视所谓语感的培养。叶圣陶说："要求语感的锐敏，不能单从语言文字上去揣摩，而要把生活经验联系到语言文字上去。"这个"把生活经验联系到语言文字上去"的过程，实际上就是不断倾吐自己的蓄积，也就是吸收和倾吐交互为用的结果。

阅读过程中吐和纳的辩证法，是我们需要深入研究的一条阅读规律。只有明白了这条规律，才能懂得阅读教学中增加信息量的必要，才能懂得广泛开拓阅读领域的必要，才能懂得培养学生知识迁移能力的必要，也才能真正让学生锻炼出阅读技巧来。

写作也同样如此，写作决不纯粹是倾吐，它的倾吐是要以吸收和蓄积为基础的，没有必要的吸收和蓄积，也就不可能有充畅的倾吐。在 1983 年，我曾写过一篇短文，提出"要重视作文的全程训练"。（参见《中学语文教学》1983 年第 10 期）我的意思是：一个人要写出一篇像样的东西来，首先必须在认识和经验上有必要的、足够的准备，这就是所谓写作前的蕴蓄。没有这种蕴蓄，或者虽有某些蕴蓄而还不足以构成文章充实的内容，就根本谈不到提笔写文章。而过去我们的作文教学，在"认识和经验"这件事上，着力很不够，总是抓了"流"而忘了"源"，作文课常常是"临渴而掘井"。学生因此叫苦不迭。我主张的"全程训练"，就包括了提笔写作之前的吸收和蓄积的训练。

总之，只要我们用现代语言学、现代心理学和现代思维科学的研究成果，密切联系实际生活，进行深入细致的考察，就不难逐步摸清听说读写本身特有的规律。而这，正是我们切实把握语文教学规律的基础。

第二，根据实际生活中运用语文工具的众多场合来开拓语文教学的空间领域。

要摆脱语文教学"封闭式"的桎梏，还必须把眼光投向实际生活中运用语文工具的众多场合。语文是个"公器"（叶圣陶语），它具有广泛的社会性，它在社会生活的各个领域里被广泛地运用着。不要认为学生只是在语文课上才学语文、用语文。恰恰相反，学生学语文、用语文的大量机会，倒不是在语文课内，而是在语文课外。语文课上，只是让学生懂得怎样学语文、怎样用语文的某些法则、原理，主要作用在于"知"（当然语文课上也有把

“知”转化为“能”的练习）；真正要让这种“知”转化为“能”，就得靠学生在语文课外运用这些法则、原理于实践。而在事实上，学生在课外的这种实践机会是很多、很广泛的。我们的语文教学要形成一种开放式的格局，就要努力“贴近生活”，把施教的视角延伸到课外的广阔天地里去。

学生的实际生活大致可以概括为四个方面：一是各科学习生活。中学生学习的许多主要课程，都有各自的教科书，这些教科书就是他们需要研读的文字材料；各门课程都要完成一些作业题，无论是运算题还是问答题，都是他们运用语言文字或其他符号进行解答的书面表达训练或口头表达训练。因此，各科学习中都包含着学语文、用语文的因素。二是学校课余生活。中学生的课余生活包括团队的活动、文娱体育活动以及科技小组活动等，开展这些活动有时需要写文字材料，有时需要翻阅大量资料，有时需要作口头的报告或讨论，其中也包含着大量的学语文、用语文的因素。三是校外组织生活。中学生还经常有组织地到校外开展一些活动，如调查、参观、游览、扫祭等。在这些活动中也往往包含着学语文、用语文的因素。四是家庭日常生活。中学生作为家庭的一个成员，也经常有运用语文工具的机会，例如与亲友通信，给他人辅导，为邻里代笔等。如果这样“全方位”地把学生各方面的生活都有机地联系起来，有意识地以语文课堂教学为轴心向学生生活的各个领域扩展，就将使语文教学形成这样一个“辐射型”的整体网络结构：

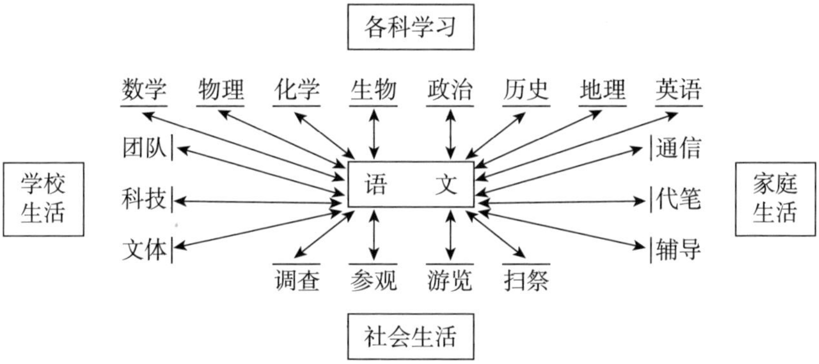

形成这样的整体网络结构，当然不是意味着语文教师的工作“无限膨胀”，不是意味着语文教师要对学生课内外一切语文实践活动都实行“承包”，它只是要求语文教师更加自觉地去培养学生良好的听说读写习惯，使

他们不仅在语文课上而且在生活的一切领域都能严格地按照运用语文工具的规范化要求办事，利用各种机会来提高自己的语文实践能力。吕叔湘同志说："语文课跟别的课有点不同，学生随时随地都有学语文的机会，逛马路，马路旁边的广告牌，买东西，附带的说明书，到处都可以学习语文。"我们所谓"开拓语文教学的空间领域"，其用意就在于引导学生懂得"到处都可以学习语文"的道理。另一方面，语文实践能力的提高又是同生活的不断充实、知识的不断积累有关，语文教学同其他生活领域建立起横向联系，就使学生的听说读写在内容上不断获得"源头活水"，而不致流于空疏。

第三，根据现代生活的发展前景来规划语文教学的未来。

教育的本身，从实质上讲，总是面向未来，服务于未来的。因此，语文教学无论是教材、教法，还是教学手段，都不能永远停留在一个水平上，它们都需要随着现实生活的发展而发展。

长期以来，我们都习惯于用"文道统一"来解释语文教学的目的任务，其中的"道"，被规定为"政治思想教育"，应该说，这样的解释，原则上是正确的。但从现代生活中语文工具实际所发挥的作用来看，它已经不仅是交流政治思想的工具和传播政治信息的工具。因此，"文道统一"中的"道"，也不仅仅是指政治思想教育，它的内涵应该更广泛，应该包括伦理道德教育、人生哲理教育、科学思维教育、审美情感教育、治学精神教育、人际关系教育等。为此，我们完全有理由设想今后的语文教材，在选文标准上应该是多项的而不是单项的。

现代社会的一个越来越显著的特点是生活节奏的加快，过去我们的阅读教学，大半专注于锻炼"咬文嚼字""字斟句酌"的功夫，读书不求快而求精，这方面的功夫，当然是需要重视的；但今后必须引起我们注意的新课题将是"快速阅读"。现代生活中，要求人们必须培养起一种特殊的习惯和本领，那就是利用尽可能少的时间来阅读尽可能多的资料，吸收尽可能多的信息，以适应生活和工作的需要。因此，如何使阅读范围的扩大与阅读速度的加快很好地统一起来，将是未来语文教学需要着力研究的问题。

在作文教学方面，为了"贴近生活"，我们得认真思考这样一个问题：20 世纪 80 年代的青少年，他们是四化建设的后备军，他们今后在学习、工作和生活中究竟应该学会写一些什么样的文章才合乎时代发展的需要呢？这里，国外的一些教改动向值得我们注意。在日本，不管是小学还是中学，写作教学的一个突出特点就是从现代社会的实际出发，从生产和科研需要出发，注重培养学生写研究报告、调查报告这类综合性说明文的能力。在法国，语文教材中也选进了相当数量的科技说明文，为的是要让学生了解现代科学技术的现状和发展趋势，掌握这类文章的特点和写法，以适应将来从事理科、工科研究工作的需要。类似这样的情形，在欧美各国相当普遍，可以说是一种共同的趋向。现在，只要稍稍留意我国整个现代化建设的进程，就可以发现：诸如读书报告、实验报告、考察报告、市场信息评析、情报资料综述、科技说明文和科技议论文这一类文章的应用频率已日益增高，在中学作文教学中，对这一类文章如果再不给以应有的位置，那就势必由于脱离现代生活的需要而使教学失去生机。

再从写作的语言表达方式来考察，过去传统的作文教学，往往着力在铺陈、敷演、渲染、描绘、形容等方面的训练。自魏晋以来，赋体盛行，一把扇子、一阵清风，能转七绕八地写出一大篇文字来，尽管内容贫乏，也还得标榜他是文章“高手”。这种遗风，竟一直或隐或显地影响着我们目前的作文教学。而在现代社会，一切都要讲究速度和效率，人们没有多少余裕时间来读不得要领的长文章，而要求用最经济的时间和精力来获取最新的、最精要的信息。因此，在作文教学中，缩写训练、概括训练、摘要训练、综述训练以及所谓跳跃式表达训练等，将成为人们所重视的新课题。现代社会要求人们在文章中能按照实际需要综合运用各种表达方式，以求得最佳的表达效果，因此，文字中配以必要的表格和插图，也应当出现在中学生的习作之中，使这些习作呈现“图文并茂”的特色。

随着现代生活中社会交际的日益频繁和“人机对话”的日益普遍，整个社会对人们口头表达能力的要求将越来越高，培养学生“善于辞令”，学会“在需要的时候说恰当的话”，将是语文教学不可推诿的责任。

现代科学研究已经得出这样的结论：利用幻灯、电影、电视和其他视听手段来辅助教学，必将显著地提高教学效率。过去从事语文教学，习惯于传统方式，手段十分落后；而为了要有效地训练学生听说读写的能力和速率，这落后的教学手段就日益暴露出它的弱点，因为它只适合于“潜移默化”却无法适应“快速反应”。

语文教学必须“贴近生活”，这个命题的内涵十分丰富。这篇短文只是画出一个粗略的框架，随着语文教学改革的不断深入，必将提供更多的例证，使这个命题的科学内涵不断充实。我坚信这一点。

贴近生活：语文教学改革的一种趋势*

有些事情，孤立起来看，不容易看出它所蕴含的深刻意义，如果把这些事情联系起来，作一点深层次的思索，也许就会发现：其间原来潜藏着一种时代发展的趋势，反映着人们一种新的祈愿和追求。

语文教学改革，这十多年来，无论是理论探讨，还是实践尝试，都有显著的成绩，可以说是硕果累累，形势喜人。而这些累累硕果，如果用“显微镜”看，多数都是极有价值的，真正照着去做，并在实践中求完善、求发展，对改进语文教学都有裨益；如果用“望远镜”看，即用宏观的、战略的眼光看，其中有些改革方案或改革实践就可能更具有突破性、开拓性意义。

人们也许已经发现，上海《语文学习》的彩色封面上，从 1993 年 7 月号起，忽然出现了一行醒目的字：“语文学习的外延和生活的外延相等。”这是美国教育家华特·B. 科勒涅斯的一句名言。引用这句名言，作为杂志封面的主题词，这反映了编辑们的一种信念和追求、一种呼唤和契约；同时也意味着语文教学改革者的目光，从 90 年代起几乎不约而同地一致投向了“生活”。

早在 80 年代初，河北省邢台二中的张孝纯（张先生已经谢世，人们将永远怀念他）开始提出所谓“大语文教育”的概念。他在《“大语文教育”刍议》一文中说：“根据 36 年来从事语文教学特别是 1980 年以来进行语文

---

* 作者注：“语文教学改革的重要环节是与生活靠拢、与生活贴近”，这是我一贯坚持的语文教学方法论。我用这个基本观点去分析评价当代语文学科的课程、教材、教法的改革，于是便有了这篇论文，发表在陕西《中学语文教学参考》1994 年第 10 期。

教改实验的实践，我认为：应当实行‘大语文教育’。因为只有这样，中学语文课才能适应‘三个面向’的要求，在培养具有共产主义精神的创造型、开拓型人才方面充分发挥它的应有作用。”他的“大语文教育”观，具体说来是四句话：联系社会生活，着眼整体教育，坚持完整结构，重视训练效率。核心在第一、第三两句。所谓“联系社会生活”，就是要充分利用现代的条件，通过多种渠道和方式，使语文课同社会生活联系起来，打破以往封闭式的格局；所谓“坚持完整结构”，就是要把语文教学置于社会教育系统、学校教育系统之中协调地活动。根据这样的指导思想，他设计了“一体”“两翼”的语文教学整体结构模式。一体，就是以语文课堂教学为主体；两翼，一是以课外阅读为重心的有计划、有组织的多种多样的语文课外活动，二是对学校语文环境、家庭语文环境、社会语文环境的利用。张孝纯说：“一体两翼，不可或缺：无体则失去主导，无翼则不能奋起。”

张孝纯凭他的经验和睿智，看到了语文和社会生活之间的那种天然联系，于是形成了他“一体两翼”的构想，在校内进行改革试验，取得了预想的成功。然而这种结构性的改革，若无教育行政部门的支持和学校各科的配合，实行起来难度极大，因此许多信从者尽管知道这样做的合理性，要自己去实行却总有点犹豫：条件不允许。在我看来，倒不是条件不允许，而是条件还没有成熟。一旦条件成熟，是灯总是要亮的，是花总是要开的。

到 90 年代，我们终于看到灯亮了，花开了，那就是课程结构改革的设想从纸上真正搬到了地上。国家教委在颁发的教学计划中提出，要在中小学教学的课时总量中辟出一个“课外活动”的空间，又要求把单科课程改变为选科课程，使必修课与选修课并行。这样一来，整个基础教育阶段的课程结构便将发生实质性的巨大变革。上海市的中小学课程教材整体改革方案，在部颁计划的基础上提出了所谓三个“板块”的课程结构模式，整个课程由必修课、选修课和课外活动三部分组成，而且在比例上适当压缩必修课，而让选修课、课外活动增加容量。有人还提出了“隐形”课程的设想，要求把学校环境、家庭环境、社会环境联系起来，让校风班风建设和校内外环境建设，置于整个课程改革工程之中，协同考虑。这样一来，使语文教学贴近生活，与社会生活密切联系，实行真正意义上的“大语文教育”，条件终于成熟了。尽管普通中学课程结构改革，并不是仅仅为了给语文学科的教学改革提供方便，而是为了更好地实施素质教育，更有利于发展学生的个性、特长、爱好，使整个学校教育变得更活泼、更有生气。但毕竟使语文与生活沟通、语文与其他学科沟通，有了“计划权威”的保证。而就语文这门特殊学科来说，学校的教学计划和课程设置越是“活”，它的教育教学潜能便越能发挥得充分。相反，它就必然因为不敢越雷池一步，死守课堂，死守课本，脱离运用语文的广阔天地——生活，而了无生气。

以上说的是课程，再说教材。语文教材的改革似乎也在寻找与生活靠拢、与生活贴近的路。传统的语文教材观，把注意力几乎全部投向“选文”，要求千方百计把课文选好，要求篇篇课文都能达到“思想内容好，语言文字好，适合教学”的标准。这当然没有错。而现在的语文教材观，似乎有了些变化，就是在坚持选文标准的同时，把更多的注意力投向“生活”，投向语文在实际生活中的应用，投向学生未来学习、工作和生活的实际需要。这是一个可喜的变化。

这里我不能不提到人民教育出版社的中语组。他们在组织编写九年制义务教育初中语文教材的时候，给自己确定了一个目标：在总体构思上体现出语文与社会生活的联系。这是中语组全体同志的共同追求，当然也是主持者刘国正的久蓄的心愿。刘国正早在 1981 年发表的《把语文基本训练搞活》一文中就提出了“生活是发展语文能力的基础”的观点。1990 年，他根据语文教学改革的现状，提出了语文教改的三个“基本点”，其中再次强调：“要使学习语文同生活紧密联系起来，把教学搞得生动活泼。这生活，包括学生自己的生活，家庭、学校、社会的生活。语言产生于生活，并为生活服务，脱离了生活，就变成毫无生气的空壳。语文教学也要同生活相联系，脱离了生活，就会变得呆板枯燥。”他坚信语文教学必须与生活相联系，他既是语文教材的资深编辑，就必然要在新编的教材中努力实践这一信条。

人教社新编的这套初中语文教材的特点，我以为有两条：一是着眼于语文与生活的联系；二是着力于语文能力的训练。从整体构思看：“第一阶段（第一学期），认识语文学习与生活的关系，着重培养一般的语文能力，课文按照其反映的生活内容分类编排。第二阶段（第二、三、四学期），联系生活，着重培养记叙、说明、议论的能力，三种表达方式依次分作三个学期的训练重点，课文按照表达方式编排。第三阶段（第五、六学期）着重培养在生活中运用语文的能力，同时培养文学欣赏能力，课文按照文体分类编排。”这总体设计体现了编者这样的思想：“进行语文基本训练必须与生活密切联系。语文是交际工具，是用来反映生活并服务于生活的。联系生活进行基本训练，既‘导流’，又‘开源’，有利于学生生动活泼地、主动地学习，有利于学以致用和学文育人。本书的编写贯彻这个思想，三个阶段从不同的角度和方面都力求使语文训练与生活密切联系”。（以上引文均见人教社新编初中《语文》的“说明”）尽管由于探索的是一条新路，又多少受制于《大纲》规定的“基本课文篇目”，所以“贯彻”之中尚有不尽如人意的地方，但第一册的格局、各册练习题的编制、“语文活动”的安排，特别是关于报章杂志阅读、社会调查、图书资料利用等单元的设计，都由于注意到“与生活的联系”而显得新人耳目，勃勃有生机。

在许多地方性的实验教材中，“贴近生活”的努力也随处可见，如广东沿海版的注重口语表达训练，四川内地版的强化书法训练，江苏、辽宁版的重视读写方法指导和读写习惯培养，广西版的编列语文课外活动项目，各种版本的新编教材都把实用文体的教学摆到重要位置，如此等等，不必一一赘述。这些努力，决不是为了标新立异，而是把目光投向“生活”之后所引发出来的一系列创意活动，对整个语文教学改革将产生积极影响。

人教社的周正逵分析了现代生活对一个高中毕业生的语文素养要求，确定高中语文教学的基本任务是在初中的基础上进一步提高学生理解和运用祖国语言文字的能力，重点是阅读能力和表达能力。阅读能力包括文言和白话两个方面，以白话为主；表达能力包括口头和书面两种方式，以书面为主。高中阶段的阅读能力，主要包括初步阅读文言文的能力，初步鉴赏文学作品的能力和初步研读文化科学著作的能力。书面表达能力，主要是适应日常生活、学习和工作的需要，运用各种常用文体进行写作的能力；口头表达能力，主要是对话、讲演、辩论和专题发言的能力。根据这样的理解，他设计了课内“三文”、课外“三选”的高中语文教材总体结构，即课内设《文言读本》（高一）、《文学读本》（高二）、《文化读本》（高三）；课外设《现代文选读》（高一）、《文学作品选读》（高二）、《文化著作选读》（高三）。此外，还有配套的《写作》教材。他设计的着眼点，也在于现代化建设对一个高中生的实际需求。

考察了语文教材的改革趋势，再来巡视语文教学方法上的多向探索，也就不难发现：重视学生自学能力的培养，建立知、情、意、行交融的立体化教学模式，变“讲读”为“教读”或“导读”，注重学生思维品质的改善，教给学生读写听说的方法，提倡教学民主，如此等等，都是自觉或不自觉地在走着“与社会生活紧密联系”的路。

魏书生的教学经验很丰富，他的教育思想也很深刻。丰富的经验来源于深刻的思想，因而这些经验也就越加可贵。他重视培养学生的自学能力，因为他确信学生在未来生活中求发展，必须凭借“自学”，凭借足够的自学能力和良好的自学习惯。然而，自学能力不是说培养就能培养起来的，它必须同时培养自我教育能力，即要求学生学会自我认识、自我勉励、自我控制，使之形成推动“自学”的一种强大的内驱力。对于教学内容，魏书生有自己独特的处理方法，他说：“中学教材选了许多名篇，学生应该认真读，但学生毕业后在工作岗位上接触较多的，主要是比较实用的，离自己生活比较近的，直接有助于自己工作思想水平提高的文章。为使学生具备自学这些文章的能力，近八年来我每学期都用50左右课时指导学生自学完统编教材，剩下的时间除了加强基础知识复习和能力训练之外，还增加一些学生感兴趣的，对他们今天和明天的工作与学习都比较实用的五方面教学内容。”那就是：引进心理学、教育学方面的知识，介绍现代科技发展概况，引进其他学科内容，联系名篇时文，讲授科学的学习方法。这些，多数看来似乎是“非语文”的，但从“贴近生活”的角度看，从“语文学习与社会生活紧密联系”的要求看，恰恰是提高语文教学效率的匠心独运的做法。

语文教学改革之花，绽满枝头，我只撷取这么几朵。这几朵，我认为都是报春之花。要问我：语文教学改革怎样才能有突破性的进展？这几朵花已经报告我们春的消息。

试论语体学与语文教学*

中学语文科的教学，就“语文”本身的知识讲授和技能训练来说，其涉及的基础理论，主要是语言学、文章学和一般文学原理。因此，在语言学、文章学和文学这三个领域里面，理论研究的任何新的进展，都将对中学的语文教学产生积极的影响。

近年来，部分语言学的专家、学者和积极探索语文教学规律的语文教师，从不同的视角出发，都把目光转向了语体学。这一现象很值得注意，因为它意味着语言的理论研究和实际教学，其思维空间都被一种强大的磁力引向了“生活”。

谁都知道，语文教学的基本任务在于培养和发展学生的语文能力，即正确运用语文工具有效地进行听说读写活动的能力。而语文，作为一种思维的工具和社会交际的工具，是人们在实际生活中经常地、广泛地使用着的，语文教学的成败得失，不仅要在课堂作业和各类试卷上接受检验，更重要的也是最根本的是要经受“生活”的检验。因为归根结底，语文教学的规律无非是生活中运用语文工具的规律在教学领域中的反映。要问怎样“教”语文，前提是要正确理解并回答生活中怎样“用”语文。当前，语体学之所以被人们重视，正是“生活”提醒的结果。

如果说，一般的词汇学、语法学和修辞学过去曾经作为中学语文教学的重要理论支柱，受到教师普遍的重视；那么，为了使语文教学进一步贴近“生活”，为了使语文教学的成果能真正经受得住“生活”的检验，使学生真

---

* 原载《扬州师院学报（社会科学版）》1989 年第 3 期。合作者周梅珍。略有删减。

正学会“在需要的时候说恰当的话”（叶圣陶语），现在就有必要引进语体学的某些理论建树。

在实际生活中，根据不同的语言环境来有效地进行语言交流，不仅涉及内容，而且也涉及语言的本身，涉及语言材料及其表达手段、组合方式等的准确选择。这就是语体学所要研究的课题。因此，语体学可以说是现代语言学中紧密联系社会交际环境来研究语言可变性规律的一门分支学科。

同样是反映“笑”的种种不同特点，高士其这样表述：

> 笑在胸腔，能扩张胸肌，加强肺部的运动，使人呼吸正常。
>
> 笑在肚子里，能使腹肌收缩了又张开，及时产生胃液，帮助消化，增进食欲，促进人体的新陈代谢。
>
> 笑在心脏，能使血管的肌肉加强运动，促进血液循环，加快淋巴循环，使人面色红润，神采奕奕。
>
> 笑在全身，能使全体肌肉都动作起来，兴奋之余，使人轻松愉快，睡眠充足，精神饱满。（高士其《笑》，1981 年 4 月 15 日《光明日报》）

周汝昌在他的一篇随笔中却这样表述：

> 笑因人而异其态：夫子定是“莞尔”，美人势必“嫣然”。《红楼梦》里的张道士理应“呵呵”大笑；“回眸一笑”只能是杨玉环；薛大傻子“呆霸王”决不会工于“巧笑”，他一发言，常常引起“哄堂”“轰然”。（周汝昌《谈笑》。见《四方集》）

而《红楼梦》四十回却有这样一段精彩描写：

> 贾母这边说声“请”，刘姥姥便站起身来，高声说道：“老刘，老刘，食量大似牛，吃一个老母猪不抬头。”自己却鼓着腮不语。众人先是发怔，后来一听，上上下下都哈哈的大笑起来。史湘云撑不住，一口饭都喷了出来；林黛玉笑岔了气，伏着桌子嗳哟；宝玉早滚到贾母怀

里，贾母笑的搂着宝玉叫“心肝”；王夫人笑的用手指着凤姐儿，只说不出话来；薛姨妈也撑不住，口里茶喷了探春一裙子；探春手里的饭碗都全洒在迎春身上；惜春离了坐位，拉着他奶奶叫揉一揉肠子。（人民文学出版社 1982 年版）

对于以上的引例，一般文体学将作这样的回答：前例是说明文，重在分项说明各种笑的生理功能；中例是文艺随笔，重在揭示各种笑态与人物的年龄、性别、性格特征的联系；后例是小说，重在再现各种不同人物的各具神采的笑态。而语体学却将进一步考察：这些书面表达形式怎样由于目的、对象、场合以及期求发挥的社会作用的不同而在语言上显示出各不相同的功能特点和色彩。从语言材料说，前例多用“胸腔”“胸肌”“呼吸”“腹肌”“胃液”“新陈代谢”“血液循环”“淋巴循环”等的科学术语；中例多用“定是”“势必”“理应”“只能”“绝不会”等推断性的副词；后例多用“喷”“伏”“叫”“滚”“搂”“指”等动作性强烈的动词。从句式说，前例各节用大体相同的句式，通过排比条理分明地列出各种笑的不同功能；中例用的是各种不同的判断句式，而且故意采用对举法以鲜明地体现笑态与人物性格的联系；后例，作为一部著名古典白话通俗小说中的一个片段，用的是较为纯粹的北方口语，而且多短句，多顺承和连动式的句子，借以再现笑态各异的群像。

以往的中学语文教学，对于文章的分析，视角大多偏于文体学，较少注意语体学；而忽视语体的结果，就连文体往往也不可能让学生切实把握。某教育学院中文科一年级学生写的学年自我小结，多少可以证明中语教学忽视语体探讨所带来的后果：

①匆匆乎，入学时激动的心情尚未平息；悠悠哉，岁月无情，人生的舞台又揭开了新的一幕。回顾一年来的经历，酸甜苦辣一齐涌上心头，令人不胜感慨，又似怅然若失……

②人生道路永远是曲折前进的。也许，只有尝尽甜酸苦辣才觉充实。然而，一切都在追求中才更闪光。这一年的路，我走下来了，采过鲜花，踏过沼泽，也攀登过悬崖，获得了什么？硕果，还是海市蜃楼？

不，是一枝“夜来香”。……

③又是一年时光，在新学年的钟声中逝去了。前年的现在，我们正赶上了中学时代最后一趟火车，鸣响的汽笛告诉了我们的使命；明年的现在，我们将永远脱下可爱的学生装，一声“老师好!”甜、响、脆，心会让它压得沉甸甸!

限于篇幅，这里引用的只是一些小结中的少量句段，实际上整篇小结全用这类笔调的决非个别。这类误用“文采”的例子，决不能简单地用当代大学生特殊的心态来加以解释，不懂得根据目的、对象、场合来恰当选用语言材料和语言手段恐怕是主要原因。因此，在中学语文科的教学内容中充实语体学的研究成果已是客观上的迫切需要。

语文教学实践殷切期望于语体学的，主要是：

一、科学地揭示不同的语体在语言材料选用上的特点

对于语体特点的研究，目前似乎仍停留在“描述”的阶段。例如，文艺语体的特征是形象性、凝练含蓄、丰富新颖；科学语体的特征是精确性、严密性；政论语体的特征是逻辑性、鼓动性、文学性；公文语体的特征是准确性、简洁性、程式化，等等。而对于这些不同语体在语言材料及其组合方式上的具体特点，往往语焉不详；即使涉及，也大都凭研究者从自身阅读或听说的经验中所获得的印象和感受。这样对语言应用的实际指导作用就有极大的局限。

对于不同语体选用语言材料的特点，需要计量语言学的援助。例如，常用字的统计和研究，无疑是语体学研究的一项基础工作。在这方面，过去几十年已经取得了可观的成果，特别是分类字汇研究的成果对语体学更有直接的关系。例如早年傅葆琛搜集有关农耕园艺方面的书报 14 种以及房契、婚书、历书、借据、请帖等多种乡村应用文件，检得单字 3 659 个，从中选取 1 500 字用来编纂《农民千字课》；张耀翔统计北京 4 947 家商店的店号用字，得单字约 800 个，发现“兴华和义成顺丰天聚同泰源祥盛恒大公裕隆昌”等 20 个字出现频率最高。这类对于基本字汇、农用字汇、商业字汇、科技字汇、公务字汇等的统计，将为语体学中有关语言材料的研究提供最基

本的数据。

但是，单字还只是一种书写符号，研究语言却必须以词汇（包括语汇）作为基础。而基于语体研究的需要而进行的词汇统计，却至今还没有为人们所重视，在这方面所能提供的资料甚为寥寥。“五四”时期，现代白话语体勃兴，为了科学地揭示古代书面语（文言）和现代书面语（白话）这两种不同语体的语言特点，语言学家们曾经作过深入的探讨，因此有关文法和语法的专著相继问世，有关市民常用词汇和学生常用词汇的统计也屡见发表。40年代，吕叔湘先生以《文言和白话》为题发表长篇论文，选12段文字，予以对照比较，从文化史和社会学的角度对文言和白话的联系和区别作了精辟的分析，从而作出了比较科学的界定。但是，历史的发展要求语言学对语体的研究有新的开拓，即要求对口语和书面语在广泛的、各不相同的交际环境中实际运用时所显示的语体特征作进一步深入的剖析。遗憾的是，在这一个深层领域，研究者所能提供的答案，却至今仍停留在“直觉印象”和“个人阅读经验”的阶段。如果按照计量语言学的研究方法和要求，那么第一步先得对口头语和书面语的各类典型语言资料分别进行词汇量的统计，包括频率统计；第二步对各类典型语言资料中的词汇，根据使用频率的高低进行质的分析研究，从而科学地显示出哪类性质的词语经常出现在哪类语体的作品中，而哪类性质的词语在哪类语体的作品中较少出现等。当然，这是一项浩繁的工程，但随着现代化研究手段的普遍使用，还是可望在较短时间内取得积极成果的。而这一成果的取得，将对语言教学包括中学语文科的教学产生深远的影响。

二、语体研究要如实地反映社会交际环境的复杂性

语体研究离不开对社会交际环境种种复杂状况的细致考察。人类文明史的发展，重要标志之一是人际关系的内容和形式日趋复杂，因此在各种交际环境中使用的语言也相应地呈现出越来越丰富的色彩。为了如实地反映社会交际环境的复杂性，进而充分地勾勒出语言在各不相同的交际环境中所显示的特殊色彩，语体研究似乎有必要讲究一定的层次性。这种层次的衡量尺度就是语言材料或语言手段在实际使用中的“相对频率”。语体学中经常要提到语言“共核”这个概念，所谓“共核”就是指在各种社会交际环境中人们

都要用到的那部分语言材料或手段，这在语言运用中的相对频率是最高的，我们通常所说的基本字汇、基本词汇、基本句式之类，就是构成“共核”的物质内容，这是第一个层次。但是，掌握了“共核”部分，还不能自由地、得体地应付某种特定交际环境的需要。为此，人们在“共核”以外还必须掌握更多的语言材料和语言手段，必须进一步懂得“共核”内部某些语言材料和语言手段细微的功能差别等。目前，一些语体学的专家、学者对语体进行了分类研究，提出了迄今为止多数人认同的分类方法。概括起来就是：

- 语体
  - 谈话语体
    - 随意谈话
    - 认真谈话
  - 书卷语体
    - 科学语体
    - 艺术语体
    - 政论语体
    - 公文事务语体

（引自王德春《语体略论》）

这一分类，以及基于这一分类而进行的语体色彩研究，其价值是明显的。它使人们对语言可变性的理解更具体，更充分，因此对人们在不同交际环境中恰当地运用语言更有实际的指导作用。但是，应当承认，上述的分类，还只能说是语体研究的第二个层次，姑且可以名之为“次共核”的研究。“次共核”的研究成果回答的只是某类语体的共性的问题（尽管它已经与“生活”大大贴近），还不能充分地反映出社会交际环境的复杂性，还不能体现出各种不同的具体交际场合对语言的各种“特殊需求”。看来研究还得深入到第三个层次，即深入到“特殊使用域”的“特殊用语”中去。近来人们在这种“特殊使用域”里已经有所开拓，有所发现。例如，在科学语体中又细分出专门科学语体和通俗科学语体，在公文事务语体中又细分出法律事务语体、商业事务语体、行政事务语体，如此等等，就是一种有价值的探索。但是，这类深层的研究，目前还仅仅是开始，还远不能适应语文教学的现实和未来发展的需要。

从理论上说，要求语体学穷尽社会交际的每一个具体的、特殊的领域，是不可能的。“使用域”这个概念本身就反映了它所能研究的只是范围宽窄不等的一些交际领域而已。理论总是概括的，它能反映和指导“一般”，却不可能完全穷尽“个别”。然而，语文教学一旦与社会生活中语言运用的实际相贴近、相沟通，它就无法再滞留在“共核”和“次共核”的层次上，而必然要求语体学的研究向“特殊使用域”突进。当前，中等职业技术教育的发展，更使这种需求日益显得迫切。如果说，一般普通中学，学生的职业取向是未定的，因此语文教学的目标要考虑未来适应面的广泛性，而对于语言的“共核”和“次共核”的研究成果已大致可以满足教学的需要；那么，中等职业技术学校的学生却是专业定向的，而且专业门类划分得越来越细，特定的专业将有一些特殊的交际领域，对语言来说也就有一些“特殊使用域”，因此教学的内容就决不可能再停留在“共核”和“次共核”的层次上了。这决非理论上的奢望，而是实践上的渴求。

语文教学引进了语体学的研究成果，必将获得新的生机；而广大第一线执教的语文教师，特别是中等职业技术学校的语文教师通过社会调查和教改实验，在语言的“次共核”和“特殊使用域”内不断有新的发现，也必将反过来有力地促进语体学研究的深入。

语文教学研究的多向探索*

自 80 年代以来，我国的语文教学研究呈现出空前活跃的局面。这种活跃局面的形成，是同我们整个国家的政治生活、经济生活、文化生活的蓬勃生机密切相关的。时代唤醒人们的改革意识，改革的意识必然伴随着对一切既成秩序和旧有观念的再思考、再认识。语文教学作为人才素质培养的一项奠基工程，时代赋予的使命是沉重的，因此改革的要求必然也就更加迫切，对它的既成秩序和旧有观念的震荡也必然更为强烈。现在已进入 90 年代，人们有理由要求对过去的深层思考和多向探索作一番梳理，以便更清醒、更坚实地迈向未来。

本文的论述将从这里展开。

探索之一：语文教学任务的多元结构及其核心

在中小学的众多学科中，没有哪一门学科像语文学科那样，教学任务呈现如此的复杂性。从高一级的层次说，语文学科有进行思想政治教育、语文知识教育、语文能力训练、文学教育等任务。在这个层面上的各项教学任务，其中哪一项应该是核心，人们的认识不完全一致。过去有一段时间，曾经有过“语文教学应以思想政治教育为核心”的提法。这种观点的偏颇是显而易见的，现在当然很少有人接受。到 80 年代，强调语文教学应以语文能力训练为核心，似乎已成为人们的共识，多数人的改革实践也都以这种认识为基点。可是也不尽然，在讨论到语文教材建设的时候，有人就提出：“语

---

* 原载《扬州师院学报（社会科学版）》1992 年第 3 期。略有删减。

文教材只有以语文知识为主干，才能形成科学化体系，它在教材中应当同数、理、化中的概念、原理、定律一样起统率作用。”（西安六中董敏堂先生语）有人甚至认为“编一套以知识为系统的语文课本，向学生进行比较系统的知识教学”，可能是“一条语文教学的新途径”。（北京师院刘国盈先生语）有人就根据这一观点，设计了一套语文教改方案：初一开始解决文字问题，初一上学期的后半，从文字推进到词法。初一下学期，又要从词法推进到语法。学习语法之后再学形式逻辑。初一下学期的最后再学修辞。初中二年级先学文体概论，上学期后半，集中学议论文和抒情散文，初二下学期开始学文化史，初三下学期简介外国文学名著，随后进行总复习。（北京师院欧阳中石先生的看法）提出这些观点的几位先生，都是语文教育界的前辈，其探索的思路是颇有价值的，也颇具魅力。至于文学教育，尽管许多专家一再强调语文学科主要是解决语言文字的理解和运用问题，国家教委副主任柳斌也曾强调“语文课要加强听说读写等基本技能的全面训练，纠正‘重文轻语’的偏向，使学生真正掌握好祖国的语言文字”；可是持相反观点的，也大有人在。苏灵扬先生主张语文教学应注重文学教育，这是人所共知的；及至美育被提到重要位置之后，有人就批评语文教学中存在着严重的“重语轻文”，“重阅读、轻欣赏”，“重实用、轻审美”等偏向，认为：语文教学应当传递以语言文字为载体的美的信息，应当培养学生对语言文字所负载的美的感知、美的鉴赏、美的评价并通过语言文字形成初步审美判断能力。要让学生听到人类情感从最低音调到最高音调的全音阶：我们整个生命的颤动，我们灵魂最深沉最多样化的运动。（《荆州师专学报》1987 年第 1 期龚仁贵文）这就无疑是主张语文教学应以文学教育、审美教育为核心了。可见，在较高一级的层次上，人们对语文教学任务的多元结构及其核心，有着多向的思考和探索。

至于在下位的层次上，例如在语文知识教学中，习惯上所说的字、词、句、篇、语、修、逻、文这八个方面，其核心究竟是什么，人们的认识也不尽一致。长期以来，“篇章”的教学事实上占有绝对优势，可是自 80 年代以来，这种事实的必然性已日益受到人们的怀疑。前面提到的那些主张以系统的知识教学为核心的人们，其立论的基点之一都在否定以“篇章”为核心的旧观念。此外，还有人从汉语的特点着眼，主张语文学科必须花最大的气力突破汉字关，汉字教学应是汉语文教学的核心；有人看到语言表达的由粗到细、由疏放到精密全凭词汇的不断积累，主张语文学科必须尽最大努力来丰富学生的“词汇库”；有人则从表情达意的基本单位是句子这一事实出发，认为句子教学应当是语文教学的核心问题；而一旦人们知道世界上有许多国家，其母语教学侧重在抓“段落”，于是又从各个不同角度来论证段落教学的核心地位，并在实践中探索着段落教学的有效途径。可见在语文知识的“八字结构”中，究竟什么是核心，人们也在进行各不相同的思考和探索。

又如，在语文能力训练中，习惯上所说的听说读写四项训练任务，其中究竟以什么为核心对全面完成训练任务更为有利，人们也有不同的见解。叶圣老一贯主张“听说读写都重要”，这在理论上、战略上是人们普遍认同的，但在实践上要做到“并重”并不易。因此，有人主张在小学阶段侧重听说训练，中学阶段侧重读写训练；也有人提出，在读写训练中应当“以写作训练为中心”，以“写”来带动其他；有人则持相反的观点，认为阅读训练是基础，忽视阅读训练，提高写作能力无异于缘木求鱼。自从思维训练被人们普遍重视以后，有人主张在语文能力的“四字结构”以外，还须加上思维能力，并且认为听说读写的“总开关”是思，即思维能力，语文能力训练应当以思维能力训练为核心。

以上这些不同的主张，都在实践中形成了各不相同的改革方案，并且都取得了一定的成效。这里也许可以证实吕型伟先生的论断是正确的，他在1986年发表的《对当前中学语文教学改革的几点看法》中曾经指出：“语文教学可以有基本规律，但突破点不一定相同，可以百花齐放。”这种“百花齐放”的局面，正体现出80年代以来语文教学改革的勃勃生机。

探索之二：语文教学内容的优化选择和合理列序

率先进行这一探索的是那些关心和尝试编制语文实验教材的人。在70年代末，尽管当时国内已经有了新出版的通用教材，但人们普遍感到这套教材在体系上还有明显的缺陷，还不适应形势发展的需要，因此有必要探索教材建设的新路。在1980年召开的中学语文教学改革第二次座谈会上，各地提交的教材改革方案就有二十多份。其中，无论是主张以写作为线索的，或主张以知识为线索的，还是主张以能力训练为线索的，都分别提取了自认为最重要的“知识点”和“能力训练点”，同时也分别设计了自认为最合理的知识教学或能力训练的序列，从而构建起教材自身的体系。例如辽宁的欧阳黛娜先生，她从听说读写全面训练的总体目标着眼，从丰富复杂的语文教学内容中优选出了 97 个能力训练项目、40 个基础知识专题，并把它们由浅入深地编织成一个线性系列。上海的陆继椿先生按记叙能力、论述能力和文言文阅读能力三大项，设计出 140 个训练点，试图建立起“分类集中分阶段进行语言训练”的教学体系。这些探索性方案，在当时的座谈会上都引起了与会者的瞩目。以这次座谈会为起点，人们都开始从不同角度进行语文教学内容的优化选择和合理列序的探索。到 1986 年全国开始实行“一纲多本”的教材建设新体制以后，这种探索更有了实质性的进展。目前，九年制义务教育初中语文实验教材，除人教社的本子以外，还有沿海版、内地版、大中城市版、农村版以及少数民族地区版等多种本子，它们在内容选择和序列编排上都各有特色，形势十分喜人。

在 80 年代中期，对于作文教学序列的探索，曾经出现过一股热潮。这是不难理解的。因为长期以来，我国的作文教学一直处于无序状态，这种情况亟需改变。因此，为提高作文教学效率，人们开始按照自己的见解来构想作文教学的训练序列。

从总体上看，这些构想大致可以分为两类。一类是在传统的文体训练的基础上，充实一般写作能力训练的内容或一般写作对象的因素，从而构成一种稍有新意的训练程序。如中央教科所编的《作文》实验课本，一方面以记叙、说明、议论的文体训练程序作为基本线索，一方面又穿插列入编提纲、写初稿、修改、打开思路、收集和积累作文材料、语言和文风、审题和构思等一般写作能力的训练项目。人教社编的六年制重点中学《写作》实验课本，则在培养学生掌握各种常用文体的基本写作能力的同时，又安排了观察和分析生活中各种现象的能力、搜集和整理材料的能力、表达和修改的能力等所谓“实际应用能力”，使之相互配合，相辅相成。扬州师院中文系编的《中学作文教学设计》，把写作对象涉及的“写事、写人、写物、写景、写情、写理”等六个方面内容，分解为单纯的“一事、一人、一物、一景、一番情、一种理”和复杂的“一事多人、一人多事、多人多事、由物及人、托物寄情、触景生情、事物剖析、事理推究”等项目，由简到繁，循序渐进排成序列；而把“怎样写”涉及的各种写作技能，包括“写作的基本能力”“思维能力”“驾驭多种文体的能力”等，有主有次地列出项目，与“写什么”穿插编排起来，形成一个“多股交织”的训练系统。这一类的构想，总的思路是在遵循大纲要求、照顾传统习惯的前提下，对以往的做法适当加以丰富和发展，以增强作文教学的科学性和有效性。

还有一类是突破传统模式，在人们实际运用语文工具进行表达的自然过程中去探索新路。例如北京的刘朏朏、高原两位先生，他们确信观察、分析、表达是人们写任何文章都必须经历的自然过程，因此设计出了观察训练→分析训练→表达训练的“三步训练法”，在这“三步”训练中分别都有具体的训练项目、步骤和方法，从而形成一个完整的训练程序。上海的钱梦龙先生认为，学生的写作总要经历“从单纯模仿到逐步摆脱模仿而进入创造”这样一个自然过程，因此设计了一条“模仿—改写—借鉴—博采—创造”的训练“链索”。

以上两类设计思路，各有自己的特点和价值，也都需要在实践中进一步充实和完善。而后者，其总的思路是要突破传统的文体训练框框而从人们进行写作活动或思维活动的“自然过程”中另辟蹊径，由于革新的意识比较鲜明，引起人们格外的重视。

探索之三：语文教学过程的本质及其有效性

教学过程是由教学目的任务、教学内容、教学方法、教学组织形式、教学效果检测等五大要素构成的动态系统。语文教学过程则是教师依据教学大纲、教材体系和教学原则，有计划地组织引导学生学习语文知识、训练语文能力，进而发展其智能、提高其思想修养和审美情趣的过程。在这一动态过程中，传统的教育观实际上是主张由教师分析讲解教材，并把分析的结论传授给学生，走的是“教师—教材—学生”的路。自 80 年代以来，人们对这种教学过程开始提出了怀疑，认为在教学过程中，学生应该是认识活动的主体和最活跃的因素，教师只应该起组织引导、启发点拨的作用，让学生自己去接触教材、分析理解教材，走的应该是“教师—学生—教材”的路。上海钱梦龙先生提出的“教师为主导，学生为主体，训练为主线”的“三主”模式，就是对语文教学过程的本质的一种新的理解。其实，这个问题本来并不“新”。叶圣陶先生早就说过：“教师当然须教，而尤宜致力于‘导’。导者，多方设法，使学生能逐渐自求得之，卒底于不待教师教授之谓也。”只是囿于传统偏见和习惯势力，这些精辟之论始终未被多数人所理解、接受而已。

由于对语文教学过程的本质有了新的更深刻的理解，因而以增强实效为目标的多种教学方法的探索，也成了人们关心的热点。这些探索的鲜明特点是：着眼于教会学生“自己去学”。

对于新的教学方法的探索，首先引出的积极结果是语文课堂教学结构模式的更新。

从阅读教学方面考察，人们试图把课堂教学过程处理成“定向—自读—研讨—归纳—应用—反馈”这样一个线性系统。在这一系统中，教学的具体方法尽可以优化选择，不拘一格，但其基本思路完全是以“确立学生的主体地位”为内核的。而且，鉴于语文学科的特殊性质，在阅读教学中，尽可能减少刻意求深的“分析”和华而不实的“讨论”，尽可能增加学生自己诵读课文、品味语言以培养语感的时间，已成为人们普遍关注的课题。

如果说，以上这种教学模式，其视角还是“内向”的，限于课堂这个特定空间，那么另一种模式，其视角则是“外向”的，延伸到课堂以外的广阔天地里去。那就是河北张孝纯先生倡导于先，江苏孙宏杰、柳印生等先生探索于后，在“大语文教育观”支配下构建起来的一种开放式教学格局。它的基本思路是“全方位”地把学生各方面的生活都有机联系起来，有意识地以课堂教学为轴心向学生生活的各个领域扩展。这一种教学模式，已经把“学语文”和“学做人”密切结合起来，真正体现出对语文教学过程本质的深层理解。

对于新的教学方法的探索，引出的又一个积极结果，是单元整体教学重现光彩。

在语文学科中，把教学内容划分成若干“单元”，本不是新鲜事；不过，自本世纪20年代以来，这种“单元”设计思想主要体现在教科书编制中间，并没有真正成为教学活动中一种新型模式。所以严格说来，过去只有教科书中的“教学单元”，却没有教学实践中的“单元教学”。1981年，张志公、张定远两位先生联名发表题为“谈谈单元教学”的文章，内容虽然主要是谈教科书编制中如何组织单元的问题，然而也已经提到成功地运用“单元教学”会取得比“单篇教学”更好的效果。此后，单元教学理论探索和实践研究便掀起了一股热潮。近年，由于布鲁姆“教学目标”说的引进，单元教学的研究又注入了新的内容。

探索之四：语文教材体系的更新

新中国成立以来，中小学语文教材一直采用全国统一编制的办法。所以，对于教材建设的理论研究，只是限于极少数参与教材编制的专业人员；至于绝大多数教师，对此很少关心。在以改革开放为时代主旋律的80年代，情况有了明显的改变，由国家教育行政部门主持召开的几次语文教材改革座谈会，对中学语文教材体系的更新提出过许多方案，从而大大开拓了人们的思路。

但是应当承认，在语文教材建设上，真正进行比较深入、比较广泛的理论研究和改革实践，还是开始于1986年。

首先是两“型”教材的并峙争雄。自“五四”以来，我国的中学语文教材一直是分编型和合编型同时并存的。新中国成立以后，除了50年代一个较短时间内曾经试用过文学、汉语分编教材以外，基本上采用的是统一的合编型教材。而到80年代，各种分编型教材又相继问世。其中有人教社编“六年制重点中学”试用的《阅读》《写作》分编本，中央教科所编初中试用的《阅读》《作文》分编本，辽宁欧阳黛娜编《阅读》《写作》分编本，人教社编中等师范学校试用的《文选和写作》《语文基础知识》分编本等。而人教社所编“六年制重点中学”试用的高中教材，迈出了更大更新的步伐，它在高中三年分别编制了《文言读本》和《现代文选读》（高一）、《文学读本》和《文学作品选读》（高二）、《文化读本》和《文化著作选读》（高三）；另有《写作》三本分别供高中三年试用。这种分编型与合编型教材并峙争雄的局面，由于有强烈的改革意识和必要的理论研究作基础，因此产生了优势互补、彼此促进的积极效应。

在实践中，大家一致公认：分编型教材的优点在于眉目清楚，序列分明；缺陷在于较难求得综合的、整体的效应。合编型教材的优点在于整体性较强，一人执教便于统筹兼顾；而缺陷又在于知识讲授和能力训练的序列不容易梳理、组织得恰好。二者的优势和弱点，正好相反。而这种“相反”，通过进一步的深化认识和积极探索，完全有可能得到“相成”的结果。分编型教材的主编者们，凭借着“分则眉目清楚”的优势，努力在知识系统和能力训练系统中提取基本元素，从而确定讲授和训练的项目；并根据知识和能力本身的内在逻辑，设计出讲授和训练的程序，形成各种“知识链”和“训练线”。这些研究成果给了合编型教材的主编者们以有力的援助，使他们在自己教材体系的建设上有可能做到“合”中有“分”，克服过去序列不清，长期处于“浑然”状态的痼弊。而合编教材的主编者们，则凭借“合则相互为用”的优势，努力在教学内容的优化组合上作新的探索，努力在知能结合、知能转化、听说读写相互配合、语修逻文彼此渗透上求得新的突破。这些研究成果，同样给分编型教材的主编们以有益的启示，使他们在自己的教材体系建设上有可能做到“分”中有“合”，克服因过分强调系统性而多少忽视语文教学综合效应的弱点。这种“相反相成”的事实，引出了当前教材编制上的一系列颇具新意的改革趋势：其一是在合编型教材中强化了知识教学和能力训练的序列性；其二是在合编型教材中重视了单元组合的优化。人教社最近编辑出版的九年制义务教育初中语文教材、江苏省洪宗礼主编的“单元合成，整体训练”初中实验教材，就是这种改革趋势的代表。这两种合编型教材，已不再是过去的那种“流行式”了，它们都具有了新的性质和更高的品位。这正应了北京夏秀容等先生在1987年发表的《语文教学的整体观》一文中所作出的预见：“从发展趋势看，未来可能会于分科教材继续改进的同时，将出现高一级的综合型教材。……当分科教材完成了它们的要素分析的任务以后，为综合性的课本创造了必要的条件，有可能出现更为理想的综合型教材。”

在语文教材体系改革的探索中，还有一点也值得人们重视，那就是在教材中渗入了“学法”指导的因素。这种改革趋势的突出标志，是对教材中“导学系统”（或叫“助读系统”）的精心设计和精心编写。一般说来，语文教材中包含着四个系统，即知识系统、范文系统、作业系统和导学系统。前面三个“系统”，在编制时固然需要注意符合学生的认知规律和学习心理，但这种“注意”往往是间接体现出来的，唯独导学系统是直接面向学生，为帮助学生研读范文、领会知识、完成作业而设，因此它的编写更得注意学生的需要，更得注意学生的接受心理。最近四川省编辑出版的两套初中语文实验教材，在这方面都作了有益的尝试。尤其是颜振遥主编的那套供少数民族地区试用的实验教材，因为标明“自学辅导”为宗旨，所以在导学系统的编写上更是费心费力，形成了鲜明的特色。

以上四个方面，是80年代以来在中学语文教学的若干全局性问题上的多向探索。既是探索，所以论者辈出，各有卓见；既是探索，所以被褒者未必都是“是”，被贬者也决不都是“非”，彼此切磋，认识就可望接近完善。在迎接21世纪到来的前夕，这些探索将在更高的层次上向前发展，这是可以断言的。

1991年8月初稿

1992年5月二稿

略论造句训练*

能够组织通顺而得体的句子来准确地表情达意，这是一个中学生在语文表达能力方面的一项重要的基本功，需要扎扎实实地进行科学的训练。

在以往的中学语文教学中，“造句”练习是经常做的，但实际效果不太理想。原因何在，值得研究。在我看来，过去那种“造句”练习，无论是“生词造句”，还是“联词造句”，着重点似乎都是在检查“用词”的是否恰当，而不在训练“造句”的能力。这是问题的症结所在。诚然，“用词”和“造句”是互有联系的；但词法和句法毕竟有区别，它们各有各的训练要求和训练方法。因此，要培养和提高学生的造句能力，就得深入研究“句子”在实际的语言运用中的特殊规律，在此基础上明确训练目标、确定训练内容、设计训练方法，这才能真正取得实际的成效。

造句既有内部规律（句子本身各部分的组合法则），也有外部规律（句子与句子之间的组合法则）。造句涉及的知识，既有语法方面的，也有修辞、逻辑方面的，甚至还有音韵方面的。而所有这些规律和知识，在实际的语言运用当中，都互相交织，互相渗透，不可分割。要想把其中任何一个方面从统一的语言现象中分离出来，然后排出一个序列，作为造句训练的内容，看来是既不妥当也不现实的。比较合理的办法，应该是从习见的语言现象出发，找出我们汉民族语言在实际运用中的某些带规律性的东西，以此作为造句训练的内容。大体说来，这些所谓带规律性的东西，主要体现在语式、语序、语气、语感、语调等几个方面。现略述于后。

---

* 原载《语文教学通讯》1980年第7期。略有改动。

一、语式

所谓语式，就是语言的表现形式；从造句的角度说，就是句子的格式。汉语句子的格式大致可归纳成下面五种：

①束句。这是指那种组织严整、结构上骨架清晰、内容上血肉丰满的句子。例如："它要求我们共产党人向着背上背着旧制度包袱的广大的农民群众，进行耐心的生动的容易被他们理解的宣传教育工作。"(《〈中国农村的社会主义高潮〉按语》)这句话的主干是"它要求我们……进行……工作"，其余是枝叶。这类句子，主干突出，枝叶分明，形式上如同花枝一束，所以叫"束句"(用朱自清先生的说法)；常出现在议论文或科学说明文中间。

②散句。这是指那种结构比较松散，词语组合比较自由，跳跃性比较大的句子。例如："罗盛教嗖地站起来，甩掉帽子，飞也似的直冲过去，扑通一声，一头钻进了冰窟窿。"(《罗盛教》)这类句子，活泼自然，仿佛少受拘束；常用于小说、散文当中。

③对句。是指那种成双作对、语意相关的句子。例如："中南海上，轻尘不飞；勤政殿前，纤萝不动。"(《地质之光》)"(这排排串串的珍珠)使天上银河失色，叫满湖碧水生辉。"(《珍珠赋》)"春天繁花开遍峡谷，秋天果实压满山腰。"(《天山景物记》)严格意义上的对偶句，是我国汉民族语言的特产。由此而变通的对句，一方面保持了对偶句应有的整齐和和谐的美，一方面又稍有变化，不过于拘泥，因此有更强的表现力和生命力。在写景、抒情、说理的某些关键地方，用上一组两组对句，有时能叫整段文章生色增辉。

④排句。是指那种包含着三个以上结构基本相同、词语大致相对的并列成分或并列分句的句子。这类句子，普通的修辞书上都谈到，这里不再赘述。

⑤倒句。是指那种被颠倒了某些句子成分的正常位置的句子。例如："谁不喜欢呢？从心里，从灵魂的深处。"(《歌声》)这是严格意义上的倒句。而从造句训练的角度看，倒句的概念还不妨理解得略微宽泛一些。例如："在苍茫的大海上，狂风卷集着乌云。"(《海燕》)一般说，作状语的介词结

构，其正常位置应该紧贴在动词（或形容词）的前面，现在提到句首来了，提到主语前面来了，显然是“倒”了。这类“倒置”格式，在日常语言中大量存在，用处很大，中学生也应该有所了解。

汉民族语言的句子格式，可能还有一些；不过，择其要大概不外乎这五种。一个中学生要真正提高造句能力，要真正达到造句能“通”，首先得学会这五种句子格式，并能娴熟地驾驭它们。

二、语序

一个句子内部词语的组合，有一定的次序，这就是所谓语序。在汉语里面，同样的几个词语，由于组合的次序不同，表达出来的意思和情味也就不同，例如“屡战屡败”是窝囊废，“屡败屡战”却是硬骨头；“他争取我”，主动者是“他”，“我争取他”，主动者又成了“我”。可见，语序是汉语表意的一个十分重要的手段。

一个有高度语言修养的人，他总是善于根据表达的需要恰当地去安排语序的；在需要修改原句所表达的意思和情味的时候，他又可以自如地去调整语序，使之与改变了的意思和情味相适应。严格地说，在特定的语言环境下，要表达某个意思或某种情味，最恰当的语序只能有一个。例如臧克家《毛主席向着黄河笑》的开头是：“毛主席视察黄河，一张留影告诉了我这个消息。”把“消息”的内容——毛主席视察黄河——提到了最前面。他既不说“一张留影告诉了我毛主席视察黄河的消息”也不说“一张留影告诉了我一个消息，毛主席视察黄河”。因为“毛主席视察黄河”是文章抒写的中心内容，篇首揭出，突出醒目，且能充分反映出克家同志兴奋自豪的感情。同样的道理，袁鹰的《井冈翠竹》，开头一句是：“井冈山五百里林海里，最使人难忘的是毛竹。”这句话的语序可以作多种的变化，但从表现井冈山特有的风貌和井冈山人民的特殊的功勋来说，目前这样的语序是最恰当的。

通过“语序”部分的训练，要使学生解决如下几个主要问题：①语序是可以变化的，建立“语序可变”的观念；②语序的变化得根据需要，建立“语序不可乱变”的观念；③语序变化后得根据具体的语言环境判断其优劣，建立“语序本身无所谓优劣”的观念。一个中学生，如果能把有关“语序”

的这些知识转化为熟练技巧，那么，语言就将真正成为他们手中可以任意驱遣、运用自如的工具了。

三、语气

一个句子总该有一定的语气。平时说话，可以借助手势、表情以及声调的高低快慢来表达某种语气；造句撰文，则需要依靠某些表示特殊感情色彩的语词，再加上必要的标点符号，才能显示出一定的语气来。

在日常的语言运用中，句子的语气大概有这么几种：

①陈述语气　不带什么特殊的感情色彩，只是平直地作叙述、下判断；一般用句号。

②疑问语气　不管有疑而问，还是无疑而问（设问或反诘），都属疑问语气。句子常带疑问代词（什么、谁、怎样之类），句末惯用疑问语气词（吗、呢之类）；加问号。

③感叹语气　表达比较强烈的感情，句中常带某些不定副词（多么、何等之类），句末往往有感叹词（啊、呀之类）；用感叹号。

④祈使语气　表示命令、希望、要求的语气，句中不一定用什么特殊的词语（有时也用“请”“愿”之类），句末却常用“吧”以显示祈使语气；强烈的用感叹号，一般的用句号。

⑤婉言语气　表示一种推测估计或婉转陈词的语气，常用一些表程度、表推测、表可能之类的副词或能愿动词（几乎、也许、大概、可能之类），句末也有用“呢”“吧”这些词的；通常加句号。

除此而外，还有一些表现说话结巴、断续、跳跃等特殊语气的句子，一般用叠字，用省略号或破折号来表示。

语式、语序和语气，是造句训练的三项基本内容。一个中学生，能在这三个方面受到比较严格的训练，他笔下出现的句子就能达到大体准确、完整、连贯和得体的要求，并为进一步提高造句能力奠定基础。

四、语感

语感，这里是指语言所给予人们的感受。造句而能注意语感，是要求较高的训练内容。

语感不是难以捉摸的东西，它应该具有可以把握的物质内容，试列举其要如下：

①概括的与形象的。对客观事物作必要的科学概括，句子准确、简洁而富有概括力；对客观事物作细致的形象描写，所用句子生动、形象而富有感染力。过去有人把前者称为逻辑句，后者称为艺术句。这两大句类给人的语感，是截然不同的。

②动态的与静态的。动态描写着眼在客观事物在特定时间内的变化、推移和发展，句子中常出现一系列表示动作的词语，使人感受到的是某种“过程”；静态描写着眼在客观事物在特定空间内的姿态、布局和情状，句子中常出现一系列形容、修饰的词语，使人感受到的是某种“画面”。

③舒缓的与急促的。一个动作、一种情状、一幅画面，用多重修饰语来形容、描摹，勾勒细致，进展迟缓，变化不大，这样的句子给人以舒缓的感觉。与此相反，一个动作、一种情状、一幅画面，瞬息数变，令人目不暇接，句子短促，节奏明快，就给人以急促的感觉。

④书面的与口语的。有些句子结构严谨、规整，选词精确、凝练，用的是书面语言，洋溢着雅洁的书卷气息，给人以严正、雅致、庄重的感觉。有些句子结构松散、自由，选词通俗、明朗，用的是口头语言，充满浓郁的生活气息，给人以活泼、清新、刚健的感觉。

当然，上面所举的这些造成不同语感的、相互对立的因素，既是各有特点的，又是辩证统一的。在什么样的情况下该组织什么样的句子来给人以某种相应的语感，这需要一定的匠心；而这种匠心的获得，却有赖于平时严格的训练。

五、语调

句子的“通顺”，既指语意的通达，还指语调的顺畅。几句话连在一起，有语意虽通而语调不顺的；也有语意根本不通而语调却相当流畅的。所以，造句撰文不能不注意语调。

汉语中直接影响到语调的，主要是：

①重复词语的处理。凡是散句，应尽量减少词语的重复，特别是靠得很近的句子，更应避免这种重复。例如《荷塘月色》中有一段话用了三个比喻，它们的比喻词却各不相同："月光如流水一般，静静地泻在这一片叶子和花上。薄薄的青雾浮起在荷塘里。叶子和花仿佛在牛乳中洗过一样；又像笼着轻纱的梦。"但在排句中，却不但不避重复，而且还经常利用这种重复以增强语言的节奏。例如《天山景物记》中有一段话，也用了三个比喻，比喻词却完全一样："在轻轻荡漾着的溪流的两岸，满是高过马头的野花……像织不完的织锦那么绵延，像天边的彩霞那么耀眼，像高空的长虹那么绚烂。"这类重复的词语，处理得不当，就会造成语调的滞塞、拗口。

②句间节奏的调整。汉语语句惯于两个音节一顿，例如古文《张衡传》中一段："（候风地动仪）以精铜铸成，圆径八尺，合盖隆起，形似酒尊，饰以篆文山龟鸟兽之形。"在语体文中，由于双音节词越来越多，所以在用字上虽不必如古文那么简约，在节奏上却仍然保留着两个音节一顿的习惯。

有时为了调整音节，使之符合两个音节一顿的要求，或者为了求得上下句之间音节的协调，人们常巧妙地利用"之""的""而"这些字眼作为衬字，例如："这时，远远前方，层峦叠嶂之上，迷蒙云雾之中，忽然出现一团红雾。"（《长江三峡》）"瀑布在襟袖之间；但我的心中已没有瀑布了。我的心随潭水的绿而摇荡。"（《绿》）这些加点的字，都有调整音节的作用。

③字词声韵的讲求。这牵涉到双声叠韵词的运用，如："清晨，窗纸微微透白，万籁俱静，嘹亮的喇叭声，破空而来。"（《风景谈》）叠词的配置，如："密密的塔松像撑天的巨伞，重重叠叠的枝丫，只漏下斑斑点点细碎的日影。"（《天山景物记》）还有平仄声的安排，如："这种结论，不是甲乙丙丁的现象罗列，也不是夸夸其谈的滥调文章。""有实事求是之意，无哗众取宠之心。"这两句上句落在仄声上，下句落在平声上，语调显得谐和。

上面就造句训练的主要内容勾了个粗线条的轮廓。

有了训练的目标和训练的内容，方法问题就比较容易解决了。这里不妨提出几条原则：

（一）循序渐进，重点突破。上文论述的训练内容一共有五项，每项又各有一些细目；可以依次制订训练计划，在一段时间内集中突破某个项目，务求有所得益，有所前进。

（二）讲练结合，严格要求。对于造句方面的一些带规律性的东西，在阅读课上应选择典型例句作具体的分析；在布置造句练习时，应对本次训练的重点和要求作明确的讲解。讲和练两方面要紧密结合，严格要求。

（三）“立意造句”，重在实用。对于过去习用的那种“生词造句”，我是素来怀疑它的训练效果的。因为一个陌生的词语，人们总是需要经过反复接触、多次揣摩之后才能真正有所理解，并进而学会运用；哪能接触一次两次就会用它来造句？我以为，比较理想的方法恐怕还是“立意造句”：由教师规定一种情境，或指定一个范围，或确定一个中心，让学生写一段话；词语可以根据要求在已经学过的词汇中自由选用，不作硬性规定。每次的“立意造句”，都有明确而单一的训练内容，或要求练习某种句子格式，或要求学会表达某种语气，如此等等。这是一种联系特定的语言环境来训练造句能力的方法，重在实用，比较有效。

（四）大胆创新，灵活多样。造句训练的内容既然有许多不同的项目，造句训练的方法相应地也必须灵活多样。不能认为只有凭空组织起一个句子来，才叫“造句”。其他如选词填空、病句纠正、给上半句联下半句、出上一句对下一句、把一句话中的语序作不同方式的变换、从若干句子中挑选出最合乎要求的一句、替一群层次紊乱的句子重新安排层次，如此等等，一概都是造句训练的方式。为了取得理想的训练效果，在方法的设计上，也应该突破常规，大胆创新。

议论与思辨*

——略论“议论能力”的培养

所谓议论能力，就是指人们对现实提供的思想材料进行必要的逻辑分析，并进而作出有根有据的判断的能力。这种能力，偏于理性，偏于抽象，它的形成和发展固然需要现实生活的阳光雨露的滋育，但也需要人们按照思维发展的规律有意识地进行培养。正如恩格斯所指出的：“理论思维仅仅是一种天赋。这种能力必须加以发展和锻炼。”(《自然辩证法》)

从一般意义上说，衡量一个人的文化素养，估量一个人在业务专长方面的发展前途，归根结底，不是看他对客观事物能不能作绘声绘色的描述，也不是看他面对某种特殊境遇是不是能真切地表达出发自内心的喜怒哀乐的情感，而是看他对于现实生活中复杂纷纭的现象，能不能准确而敏锐地认清其本质、发现其内在联系、把握其发展趋势，从而得出肯定或否定的判断，以此指导自己的行动。前面两种能力，当然也有它们各自不容忽视的重要性，但是这两种能力若不以后一种能力作基础，都不免要流于空疏和浅薄。从特殊意义上说，当今的时代正是一个知识更新、各种科学技术日新月异的变革的时代。学校教育所固有的文化传递的保守功能和文化变革的进步功能，由于时代的驱使，不能不发生剧烈的冲突。时代要求学校教育不但传授现成的知识，而且要用知识构成和发展的内在规律武装学生的头脑，使他们的智力得到充分而有效的发展，以利于他们冲破现成知识的拘囿，能动地去探索社

---

* 原载《扬州师院学报（社会科学版）》1982年第1期。略有改动。

会现象之间、自然现象之间的内在联系，敏锐地去发现各种知识之间的相互关系，从而在学习过程中自觉地去开拓新的天地和新的知识领域。只有这样的学校教育才能培养出推动社会物质生产和精神生产发展的真正有用的人才。总之，不论从哪种意义上说，培养议论能力，培养对客观事物进行逻辑分析并作出正确判断的能力，对于中学教育特别是对于中学语文教育，都是非常必要的。

我们知道，议论能力决不单纯是一种表达技巧，辩才也不是纯技术的东西。一个人的口头或书面的议论能力，是同他大脑所具有的思辨能力直接联系着的。叶圣老说过："凭各人的底子，努力说好话，其实就是一串思想过程。……朦朦胧胧的思想就是七零八落的语言，如果说出来，不成其为话。清清楚楚的思想就是有条有理的语言，如果说出来，就是一番好话。"(《集体习作实践记·序》) 这就是想和说的辩证关系，思维和语言的同一性。因此，对现实提供的思想材料进行逻辑分析，并进而有根有据地作出判断，这种功夫蕴之于内就谓之思辨，发之于外就是议论，口头的或书面的议论。思辨能力的强弱决定着议论能力的高低。议论与思辨的这种表里关系，是我们探索议论能力培养途径的重要依据。换言之，我们要培养和提高学生的议论能力，就得抓住"思辨"这个内核，否则就是舍本逐末。漠视这一点，只是在"什么叫论点""什么叫论据""什么叫论证"这些概念上兜圈子，机械地开列出若干"怎样开头""怎样结尾""怎样证明""怎样反驳"的条条，要学生去生搬硬套，这样，势必要引起学生的厌烦，因为他们原来很少受拘束的思想反而被禁锢起来了。过去在提高中学生的议论能力方面成效较少，问题恐怕就在这里。

那么，这看不见、摸不着的"思辨"究竟是怎么回事呢？人们的思辨又是怎样引起、怎样形成的呢？这里不妨将幼儿识别事物的过程作一番粗略的考察。当幼儿还没有接触过任何玩具的时候，你给他一个小布娃娃，他会手舞足蹈，显得很高兴。一旦玩久了，他便不再感到兴趣，这时你再给他一只纸折的公鸡，他尽管还不认识这是什么，却会扔掉小布娃娃来抓这纸公鸡。在这样的智力发展阶段，选择只是由于本能而决不是由于思辨。待年龄稍长，幼儿接触的玩具多了，他便能从式样、色彩、质料、机巧等方面来辨别哪种玩具“好玩”，哪种玩具“不好玩”。如果你左手拿个小布娃娃，右手拿个大的神气得多的塑料娃娃，让他选择，他会争着来要右手拿的那个，因为他这时已能以自身经验作基础，通过思辨，确定何者为“美”、何者为“丑”了。但如果你再把那小布娃娃的身子用力一捏，布娃娃发出了声，而这却是幼儿始所未料并感到新鲜的，于是他又会扔下大塑料娃娃来要这会“唱歌”的小布娃娃。这固然是由于幼儿的思辨力还远没有摆脱以直觉为基础的幼稚状态，因而显出意向上的朦胧和严重的不稳定；但同时也表明认识对象（小布娃娃）的某种新的品质（发声）的出现，会使幼儿对原有的选择发生动摇，以致重新加以权衡。这就是思辨力经受了考验。

通过上面的简单考察，我们可以发现，大脑的思辨至少是由这样一些因素促成的：第一是具有一定的“量”和一定的“质”的思想材料。许多旧玩具和那只突然出现的新玩具，引起了幼儿的思索、权衡和判断，这些玩具对幼儿来说，就是思想材料。幼儿若不接触若干种（量）各不相同（质）的玩具，面对一种新玩具他就不可能进行基于思辨的选择，他甚至也不可能对美的表示兴奋、对丑的表示厌恶，他的思维不可能显示出最低限度的活跃性。第二是合乎规则的逻辑思维。具有一定思辨能力的幼儿，他喜这厌那，取此舍彼，其间是经历着一种极简单的、以直觉为基础的推理过程的。这种推理能力的获得当然还不是由于教师有意识的教育（从事学前儿童教育的人们应该去研究这一点），而是由于幼儿自己多次反复的观察、比较，由于幼儿从成人的某些态度中受到启示。这种被恩格斯称为“天赋”的“理论思维”的强弱锐钝，往往就成为衡量一个幼儿智力发达程度的重要标志。第三是思辨结果的一定的反映方式。当一个幼儿通过思辨确认了何者为美、何者为丑之后，他便会决定自己该采取什么方式去获得那美的、舍弃那丑的。他或是笑着拍手表示喜爱，或是哭着摇头表示厌恶，或是伸手去抓，或是举手就扔，如此等等。这些都是他思辨结果的各不相同的反映方式。反映方式的巧拙，也显示出人们思辨能力的高低。综上所说可知，一定数量和质量的思想材料保证了思维的活跃性和敏锐性；合乎规则的逻辑思维，保证了思维的合理性和严密性；而恰当的反映方式，则保证了反映思维成果的有效性：这三者是促成人们的思辨积极展开的不可或缺的因素。我们认为，要培养学生的议论能力，就得从上述三个方面着眼去探索途径，这才可望奏效。

首先是要有意识地提供学生尽可能丰富的思想材料，使学生的思想活跃起来，敏锐起来。青年人本来就是对周围一切事物感觉敏锐，生气勃勃，较少保守思想的；当今的中国青年更是善于思考的，他们对“已死、方生、将生和未生”的一切都有自己的认识和见解。我们应该因势利导，从自然科学、社会科学各个门类，从小说、戏剧、电影、诗歌、报告文学等各个领域，从政治思想、社会道德、文艺思潮、科技动态、校风建设、班务工作等生活的各个侧面，引进各种现象、问题和其他思想材料，以开拓学生视野，激发学生兴趣，启迪学生思索，引起学生争论。例如有些学校在语文课上专门开设“当代文艺讲座”，及时向学生介绍和评述当前文坛、剧坛、影坛上出现的新作品或有争议的作品；有些语文教师则在讲读课上有意识地介绍各种意见不一致的分析材料和字词疏解材料，启发学生去对照比较，以增进他们的知识和思辨能力；还有些语文教师在作文教学中经常注意引导学生去关心和讨论报章杂志上提出的有关青年人道德、理想、情操等方面的问题，让他们敞开思路，各抒己见，互相启发，提高识别能力。这些做法，目的无非是为了用五彩斑斓的生活的石块叩击学生的大脑，使之迸发出欢蹦乱跳的思想的火花。当然，广开思路，活跃思想，不独是语文教师的责任，各科教师应相互配合，彼此在学科所及的范围内为学生提供各种思想材料，使学生的思想得以在古今中外、天上地下浩瀚无垠的空间自由地、活跃地驰骋。这样，学生就会感到事事可深究，似乎到处都可以发现萌发智慧之花的未开垦的处女地，到处都存在着通往真理的曲径通衢。而议论的闸门就必将为这样的思想高度活跃的青年打开。

谈到思想材料的获得，其间有被动接受和主动搜集的区别。从教师们提供思想材料，到学生们自己主动去发现、搜集和整理材料，这在思辨能力的发展上是一个飞跃。教师要善于有意识地促使这个飞跃的实现。这里，认真指导学生学会定专题、查资料、做摘记、制卡片等项工作，具有十分重要的意义。对此，早在“五四”前后语文教学革新运动的初期，就有一些人曾经积极提倡过。他们主张在中学高年级的最后几个学段里，通过“演说与辩论”，教会学生自定题目、自集材料、自制卡片的治学方法，为他们出校后进行独立的研究工作奠定初步基础。这种见解是很有价值的，可惜长期以来很少有人在这条路上认真去做，去探索。现在不少大学生缺乏应有的独立工作能力，原因当然不止一端，但同中学阶段缺少这方面训练恐怕也有直接关系。这个薄弱环节应该引起我们注意。

如果说，提供思想材料旨在打开议论的闸门，那么进行逻辑思维训练，则是为了引导学生的议论沿着正确的航道奔泻。思辨思辨，思是基础，辨是关键。不教思想活跃起来，思辨无从谈起；思想活跃起来之后，不及时引导，不要求学生把自己的思维过程整饬得更合理、更严密、更合乎逻辑，那么，思辨必将陷于混乱，发表议论也只能是乱说一气。

逻辑思维的内涵是很丰富的，决非一篇短文所能尽述。但从思辨的一般要求来看，似乎也并不复杂，无非包括辨正误、辨真伪、辨表里、辨分寸、辨序列这么几个主要方面。辨正误，是思辨的出发点和归宿，也是议论的最基本的要求。这里除了立场观点的问题以外，主要是通过辨析概念、研究判断、解剖推理等不同的方法，达到辨别正误、确立自己的正确观点的目的。辨真伪，主要是指对材料的真实性的辨别，因为思辨并非凭空而来，议论中的观点既是从材料中提炼出来的，又必须用材料来证明，因此材料的真伪对确定观点的正误有直接关系。一般说，材料的不可靠不外乎虚假、过时、伪饰、片面、表象等原因；这就需要辨表里，透过材料的表象去洞察问题的本质。待到整个思辨过程接近完成的时候，辨分寸、辨序列就突出起来，成为不可忽视的两个环节：每个判断的量和质是否恰如其分，每个推理过程是否合理、是否完整，整个思辨过程能否顺理成章，如此等等，都需来一番检查整理。这就是逻辑思维在思辨过程中的主要作用和基本要求。

为了进行逻辑思维训练，当然要讲述一些有关形式逻辑的基础知识；但更重要的，是要通过平时的语言实践活动（复述课文要旨、课堂讨论答问、专题讲演辩论以及短文习作等），有针对性地加以严格的训练，使学生逐步养成正确地、严谨地进行思维的良好习惯。

为议论而进行的思辨，还包含着反映方式的确认。这里所谓的反映方式，主要是指篇章结构方式和语言表达方式。当人们一旦决定把某种思辨成果发为议论的时候，总得回顾思辨的全过程，从中找出自认为最有效的发射点或突破口，列出自认为最理想的议论序列，以期获得论辩的最佳效果。这种能力，除了天赋的因素以外，主要得通过读说听写的实践进行训练和培养。读一些优秀的议论文，揣摩作者怎样思路清晰而又尖锐泼辣地展开议论。说一番道理，注意自己表达的意思能否给听者以鲜明、畅达、完整的印象。听别人的讲演，成功的，体会其先声夺人、理直气壮、倡言质驳一气呵成的妙处；失败的，找出它主旨模糊、思路混乱、倡言质驳纠缠不清的缺陷。写作议论文，通过反复修改，掌握一段完整的议论在谋篇布局上的诀窍。这里不仅不能排斥模仿，而且正是要引导学生通过模仿借鉴，在读说听写的反复实践中逐步领会篇章结构方式的多样性和有效性，从而养成一种“巧思善辩”的能力和习惯。

雄辩家的思辨能力往往还体现在他善于选择最富于表现力和感染力的语言来展示他的观点。语言的苍白反映了思想的苍白；语言闪烁光彩，是由于思想在炽烈地燃烧。在整个思辨过程中，语言始终保持着它的活跃性，它在思辨中不断被提炼、被净化，最后成为精确地反映思辨成果、并具有美的品质的物质外壳。所以，“巧思善辩”，不独表现在结构上，更为鲜明的常常倒是反映在语言上。

总之，培养议论能力必须抓住“思辨”训练这个根本。在训练过程中，既要促其“思”，更要导其“辨”，还要教其“巧”：三者相辅相成，密切联系。

苏联著名教育家赞可夫曾把观察能力、思维能力和实际操作能力当作衡量学生智力发展水平的三根标尺；而其中的思维能力，又以逻辑思维能力为基本内容。从这个意义上说，培养和提高学生的议论能力就决不单纯是为了让学生多掌握一种表达方法和加强一点语言修养，而是为了更好地促进学生智力的发展，从而使各科教学的质量普遍提高。因此，语文教师固然要为此付出应有的辛劳，各科教师包括整个学校的教学活动，也都应该为此提供条件，开辟道路。

开源·疏导·引渡*

——漫谈作文前的指导

作文前的指导可以有多种多样的方法，但细究起来，凡是在实践中取得较好效果的方法，大致总是符合开源、疏导、引渡这样一些基本的指导原则的。

开源就是引导学生去观察、追忆、联想、思考那些与命题有关的生活，并激起他们急欲表达的强烈愿望（有时甚至是冲动），使他们确实感到“有话说”，而且“要说话”，产生一种“胸有所积，不吐不快”的激情。这种指导方法注意给学生以启迪，重在作文内容上的开拓和挖掘。

主旨在开源的指导方法，当然不止一端。例如指导学生写自叙见闻、自叙经历的作文，可以采用连类而及的方法以触发学生的记忆神经，即通过旁人的某种见闻或经历的叙述，激起学生对自己一些相类的生活片段的回顾和忆念，从而产生“发表”的欲望。

曾经听过这样一堂作文指导课。教师先讲了自己当年在中学读书时的一段经历，说自己在少年时期曾因家庭变故而精神上受到极大刺激，后来在作文中向自己敬爱的语文老师无保留地诉说了自己内心的痛苦和矛盾，得到了老师的亲切关怀和诚恳劝慰，终于重新鼓起了生活的勇气，走上健康成长的道路。接着他就满怀深情地说：“我们每个人在学习或生活中都有各种感受，都有发自内心的希望和理想，也都有令人难忘的苦和乐，令人难解的疑和

---

* 原载《语文学习》1982年第10期。

难。所有这些如果去向亲人、向老师倾诉，可以求得他们的理解、支持和帮助。”随后，他就在黑板上写了这样几个大字：跟××说说心里话。这就是作文题。他要求学生根据自己的实际情况确定诉说对象（爸爸、妈妈、哥哥、姐姐、朋友、同学、老师都可以），各人写出自己的心里话来。实践证明，这样的指导有叩人心扉的作用，能触发起学生的无限情思，能让许多饱含着真情实感的话语从学生的内心深处奔涌出来。

此外，人们的写作实践还证明，“写什么”的问题往往是同“为什么写”的问题不可分割地联系在一起的。同一个事物，同一桩事件，同一种情思，同一番道理，因写作目的不同、读者对象不同，而在反映的角度和选材的详略上显出差别来。所以，当生活之源一经开拓，要写的材料从学生的记忆仓库里一一被剔检、梳理出来之后，教师就得引导学生围绕“为什么写”的问题，自己确定写作的目的和读者对象，并以此为准来确定内容的主次详略和语言的色彩基调等，这就是“疏导”。

在这里，有意识地设计某种“规定情境”，用假定性的“需要”来调动学生写作的积极性，同时训练学生根据“需要”确定说话内容、说话方式的能力和习惯，具有重要的意义。在日常生活中，文章总是应某种生活需要而写，读者对象或是个人或是集体，也总是明确的。而在作文课上写文章，情况有点不同，其目的似乎仅仅在于训练。因此，学生常常把作文当作为训练而写，甚至为老师而写的一种十分勉强的差事。这种观念形成既久，便养成了为写文章而写文章的不良习惯，这对他们今后的生活和工作都是有害的。为此，在我们的作前指导中，应该把确定目的、确定对象放在一个十分重要的位置上来加以考虑才对。要通过指导，通过不断的实践，让学生养成这样一种习惯，当他们在立意构思的时候，总要先向自己发问：这文章为什么要写？这文章是准备写给谁看的？只有在明确了这两点之后，才动笔。

例如以“游泳”为题写一篇说明文，可以假设几种生活“需要”：向初学游泳的少年儿童宣传游泳安全知识；向积极学习游泳的少年儿童介绍游泳的基本方法和基本姿势；向具有初步基础的少年儿童介绍进一步提高技能技巧的方法和途径；向初次担任游泳教练的青年运动员说明训练的方法和途径；向那些害怕下水或不了解游泳对促进人们身体健康的作用的人宣传游泳的乐趣和保健意义，如此等等。还可以从生活出发进行种种假设。这些不同的假定性“需要”，就在一定程度上决定着各篇同题说明文内容上的不同重点和写法上的不同特点。这就把学生的思路引入某种“规定情境”，使那些奔涌到笔尖的、来自生活的材料，能在一个统一目标和特定对象的支配下，有秩序、有针对性地组织起来。

解决了“写什么”和“为什么写”的问题，文章的题材内容和立意构思已大致确定；随之而来的，就是考虑具体写法，即解决“怎么写”的问题。

在指导学生领会和掌握某些写作技法的时候，做好引渡工作十分重要。所谓引渡，主要是指典型引路和台阶过渡这两项工作。

要说明写作上的某种技法，总可以找到足以反映这种技法特点的典型例子。用这样的典型作例文，对其中可资借鉴的某些写作特点进行精要分析让学生从中得到启发，使他们在尝试某种写作技法时能有所依循，从而上规入格，逐步掌握其要领，这是作文指导的一项重要工作。只是选例要精当，不但要求写法上符合训练重点，而且要求深浅程度符合学生的接受能力。是要跳一跳可以摘下的果子，而不是雪山顶上难以采撷的雪莲、灵芝。

在学生正式动笔作文之前，先布置若干由浅入深的作业练习，作为过渡手段，也被实践证明是一种有效的指导方法。有位老师在指导学生学习“对一种事物作分类说明”时，先印发三篇短文作为引路材料：①《自然界中的生物》；②《棉花的种类》；③《字典》。然后布置了这样四道作业题：

一、阅读材料①，领会它分类说明的方法，并填写下表：

自然界（按________分）{ 生物 { 按________分 { ；按________分 { } ；非生物 }

二、阅读材料②，领会它分类说明的方法，并填写下表：

事物	分类	说明
棉花		分布：　缺点： 优点：　科研现状：
		分布：　缺点： 优点：　科研现状：

三、材料③是按编辑方法的不同对字典进行分类说明的。字典还能不能用其他的标准来分类呢？试举两例（指用另外两种不同的标准来分类的）说明之。

四、根据性别、年龄、籍贯、是否团（队）员等几个方面标准，对本班同学的情况进行分类统计。

在完成了这些作业（有些是通过口头答问的方式进行的）以后，再布置综合性作文的命题《伞的自述》，要求介绍有关伞的知识。由于学生通过若干作业，比较熟悉了“分类说明”的基本要领，所以完成命题作文就不至于感到太困难。

开源——疏导——引渡，是从内容到形式、从立意构思到写作技法在学生写作之前的一个完整的指导过程。在这一过程中，各个环节当然不能平均用力，每次指导应当根据命题特点和班级需要各有侧重。况且，从广义上说，作文指导也决不仅仅是指每次作文课上针对具体命题所进行的指导活动，它同时应该体现在平时的讲读教学中，体现在师生相处的一切活动中。这里仅就作文前的指导活动中一些基本原则，谈一点粗浅看法，谬误之处，请同志们指正。

对于阅读教学的思考*

联系当前中学阅读教学的状况来学习叶圣陶同志的有关论述，觉得有些问题很值得我们思考。

比如阅读教学的任务问题。是不是每学期把一册课本的全部课文都讲完，学生抄下并记住了这些课文的中心思想、段落大意、写作特点等，阅读教学就算完成了任务？是不是为了应付考试，学生都能把课文后面“思考和练习”的答案记住，课文中的一些词语也都会解释、会填空，阅读教学也算完成了任务？这些问题很值得研究。当然，上面的这些工作并不是毫无意义，但阅读教学的根本任务恐怕还不在这里。

叶老在《国文教学·序》中说得很明白：“讲读负担着三重的任务。讲读一方面训练了解的能力，一方面传播固有的和现代的文化，另一方面提供写作的范本。”所谓训练了解的能力，就是为了提高学生读书的能力，养成良好的读书习惯。这应该是首要的、基本的任务。因为，对于各种“固有的和现代的文化”的吸取，对于各种写作技术的借鉴，都得以提高“了解的能力”为前提。离开了“了解”，其他一切都谈不到。所以，叶老在《大学国文·现代文之部·序》中又强调说：“不妨在这儿提出一句口号：了解第一。”叶老所谓的“了解能力”，就是我们现在通常所说的阅读能力。

一个人的阅读能力究竟由哪些因素构成，这些因素的形成和发展的条件是什么？这又是须要进一步思考的问题。一般地说，一定的认读能力是基

---

* 原载《课程·教材·教法》1983 年第 5 期。后收入人民教育出版社 1986 年出版的《中学语文教材和教法》第 1 集。

础。认，就是识记文字。据研究，会识记 2 400 个汉字，阅读一般书刊文章，认字率可以达到 90%。老舍先生的《骆驼祥子》，全书十几万字，只用了 2 413 个不同的单字。如果识记汉字 3 600 个，阅读一般书刊文章，认字率可以达到 99.9%。现在通用小学语文课本，10 册共有单字 3 081 个；通用初中语文课本，6 册共有单字约 3 600 多个，在小学基础上增加了六七百个新字。完成了这样的识字教学任务，就为认读能力的形成和发展提供了必要的条件。读，就是句读分明地读书读文章，不读破句，不任意拆词，能作合理的停顿。要达到这样的要求，就得对词和句子的概念有明确的认识。这些都应该在小学和初中低年级求得切实的解决。

构成阅读能力的核心因素是理解的能力。理解能力的形成和发展条件比较复杂，它涉及人们的思想认识水平、生活阅历和知识积累等方面。而从阅读教学本身说，积累一定数量的词汇，掌握一定数量的基本句式，明白一般常用文章的结构方法，是提高理解能力的必要前提。而所有这些，都不能靠死记硬背，它要靠对于文章的精心研读和反复温理，从反复的揣摩、体味中才能真正掌握。此外，还得注意发展学生的思维能力，主要是分析和综合的能力。分析，是一种求异思维；综合，是一种求同思维。这二者，也须要在阅读的实践中逐步养成。

记忆能力和阅读速度，也是测量一个人阅读能力的标志。养成学生读书能集中注意力的习惯，经常指导学生温故习旧，教会学生随时把知识整理成一定的网络、一定的类群，指导学生做摘记、制卡片等，都有助于提高学生的记忆能力。而要求学生在限定时间读完一定数量的章节、段落，并在快读快记中掌握这些章节、段落的主要内容，是提高学生阅读速度的必要措施。

这样看来，提高学生的阅读能力决不是一件简单的事情，它要我们付出足够的精力，要我们在教学上努力去寻求符合阅读能力形成和发展的规律的方法，才能收到实效。

那么，怎样的教法才是真正切实有效的教法呢？这更是一个值得认真思考的问题。

叶老曾有这样的感慨，他说我们的语文教学所以至今收效不大，原因是教学方法五十多年来没有多大改变。过去旧式教育，采用的是以“教师讲解，学生记诵”为基本特点的教学方法。现在，教学内容变了一些，什么时代背景、段落大意、中心思想、写作方法、现实意义等，但教法没有多大改变，还是教师讲、学生听，教师写、学生抄，教师考问、学生答问这一套办法。这样的办法，能切实有效地提高学生的阅读能力、养成学生良好的阅读习惯吗？恐怕不能。

按照叶老的观点，凡是一种能力或者习惯，不靠学习者自己运用心力去实践，去尝试，是无论怎样也难以养成的。因此，他在很早以前就主张要把整个阅读教学过程处理成“学生独立阅读”和“师生集体阅读”相互结合的过程。具体地说，就是要把精读一篇课文的过程划分为三个阶段：预习；报告与讨论；练习。并且强调指出：预习是“训练阅读的最重要的阶段”。

“预习”，在现在虽然已是尽人皆知的事，但是真正做得符合叶老的本意的，却并不多见。因此，有必要再来重温一下叶老的论述，以便领会他所以把预习看作“训练阅读的最重要的阶段”的原因。叶老在《论国文精读指导不只是逐句讲解》这篇著名论文中说：“所谓阅读书籍的习惯，并不是什么难能的事，只是能够按照读物的性质作适当的处理而已。需要翻查的，能够翻查；需要参考的，能够参考；应当条分缕析的，能够条分缕析；应当综观大意的，能够综观大意；意在言外的，能够辨出它的言外之意；义有疏漏的，能够指得出它的疏漏之处；到此地步，阅读书籍的习惯也就差不多了。……而养成的方法，唯有让他们自己去尝试。按照读物的性质，作适当的处理，教学上的用语称为‘预习’。”这段话说得再清楚不过了，所谓“预习”，它的意义决不在于给教师的滔滔讲解“扫除文字障碍”，提供一些方便；而仅仅在于要让学生自己运用心力尝试着去认真读书，从而提高读书能力，掌握读书方法，养成读书习惯。因此，预习指导得法，做得又切实有效，阅读教学可以说已成功了大半。这一点，确实值得我们深长思索。

预习的指导工作主要是两个方面，一是读书方法的训练，二是读书所应领会的内容的提示。读书方法，细说不尽，但最基本的恐怕只有那么几条：首先是遇到生字难词，能翻查字典词典自己去解决；其次是学会圈点勾画和批注，也就是叶老所说的学会在书上做“标记”，以便领会书中的重点、难点和疑点；再进一步，就是要学会做读书笔记。这些方法，学会并不难，但必须从一开始就切切实实地抓，一步一步有计划地加以训练。至于提示阅读要点，当然要从具体的课文出发，从教学的目的着眼，但也要考虑学生的实际水平，提示力求恰当。

要做好预习工作，使阅读教学真正成为训练学生阅读能力的有效手段，有些观念必须改变。首先要明白，学生的能力不是靠教师讲出来，而是要靠学生自己的实践才能逐步形成。教师讲解指点，固然是必要的，但归根结底，讲解指点只是示范，是启发，而学生自己的实践才是根本，是基础。此外，还得明白学生本身有一定的潜在能力，有些问题并不一定要教师讲，只要引导得当，他们完全能够自己通过阅读和思考求得解决。观念一改变，教法上就容易突破旧框框，开创新局面。

叶老说："逐句讲解的办法废除了，指导预习的办法实施了，上课的情形就将和现在完全两样。上课做什么呢？在学生是报告和讨论，不再是一味听讲；在教师是指导和订正，不再是一味讲解。"（《论中学国文课程的改订》）这就是说，切实把预习工作抓起来，必然要引起整个课堂教学方法的改变。预习是学生自己独立阅读；课堂教学就是师生的集体阅读，就是学生在自读基础上，通过教师的组织和指点，大家相互切磋。

"报告和讨论"要进行得好，要搞得真正有效，前提当然是要学生们都预习得好；否则，难免要回到"教师滔滔讲解"的旧路上去。所以，在指导思想上还是应该确认：报告和讨论无非是在学生独立阅读（预习）基础上的师生集体阅读，前后是不可分割的两个环节。集体阅读需要一个主持者、组织者、引导者，我们教师就是承担这些工作的人。在报告和讨论的过程中，教师怎样才能发挥主持、组织、引导的作用，这又是一个值得思考的问题。

为了使报告和讨论搞得生动活泼，切实有效，教师似乎应该在问、点、串、结这四个字上下些功夫。

问，就是提出所要讨论的问题。讨论的问题提得好，提得既符合课文本身的特点又突出教学的重点，既明白切实又富有思考性、趣味性，这确实需要费一番心思。有人说，阅读课的教学艺术，在一定意义上也就是"问"的艺术，这是经验之谈。同样是分析《孔乙己》，叶老在《〈孔乙己〉中的一句话》里，只提出一个问题引导读者深入地去思考；而在《揣摩》一文里，却提出了十多个问题启发读者循此去探索这篇著名小说的精妙之处。前者的提问，高屋建瓴，纲举目张；后者的提问，缜密细致，入幽探微：可谓各尽其妙。当然，课堂中的集体阅读，是在学生思维积极展开的过程中进行的，情况会时有变化，教师预先设计的问题未必一定都能使学生很快领悟，并立即作出合乎教师意愿的反应。这时，教师就得随机应变，重新改变问题的提法，逐步引导学生找到问题的正确答案。这就是所谓“导问”。在学生们找到了一个问题的正确答案以后，教师立即顺着文章固有的思路提出一个新的问题让大家进一步思考，这就是“追问”。环环紧扣的追问，会有效地引起学生的积极思维。一个人的阅读过程，如果不是浮光掠影，也不是纯粹为了消遣，那么总是伴随着一连串的“问”的。一个善问的教师，往往有利于养成善读的学生，这大概是一条规律。

点，就是指点，点拨。叶老说，在学生报告预习结果和讨论预习中提出的问题时，教师应该随时注意点拨：“学生预习如有错误，他得纠正，如有缺漏，他得补充，如有完全没有注意到的地方，他得指示出来，加以阐发。”这些相机诱导的纠正、补充、指示、阐发的话，无疑都是学生感到需要、感到有兴趣的话；而这些话又往往都是教师事先深思熟虑而后根据课堂教学的实际进程自然熨贴地表达出来的。

串，就是整理，串联。一个个问题的讨论和解决，在学生头脑中形成一个个知识的点。当讨论进行到一定阶段，教师要把这些知识的点（或对局部问题的理解）及时地加以整理，让它们串联起来，构成一个相对完整的认识。到整个课堂讨论结束，教师得作必要的小结，把讨论结果用精练的语言加以归纳，使它成为全班学生共同的认识。

做好问、点、串、结的工作，当然要比事先预备了一大篇话，到时候不管学生愿不愿意听，懂了还是没有懂，滔滔讲述一通要困难得多。而教师的工作热诚和业务功底却往往由此充分地显露出来。

“练习”，又是学生独立阅读，不过是在师生集体阅读以后，对课文已经有了比较透彻的理解基础上的独立阅读。所以，设计练习就不能不考虑学生对课文的“读”。阅读教学而竟忽视指导学生“读”课文，这是不可思议的。叶老在《精读指导举隅》一书中把“吟诵”“参读”“温理”列为练习的重要项目，很值得我们深思。吟诵是对课文的出声的读，要求读出抑扬顿挫来，读出感情来，以此综合、消化、巩固、加深已有的理解。参读是用其他相类似的文章参照比较着读，体会相类文章的共同特点。温理是温故习旧，把过去学到过的有关知识或有关课文重新加以温习、整理。从这些练习项目中，我们可以领悟到，叶老在练习设计上是讲究“综合”的，不满足于什么孤立的释词、造句、填空之类。

如果把预习、报告与讨论、练习这三个相互衔接的教学过程理解为课堂教学的纵向结构，那么，在横向结构上叶老曾经把阅读课分成“精读”和“略读”两种课型。这也是值得我们思考的问题。因为，既然如叶老所说，“教材无非是例子”，那例子就得精选，精读，篇数不宜多，研读的时候宜力求精细周到。学生从“精读课”中学到阅读的方法，就在“略读课”中独立地加以应用。叶老说：“精读文章，只能把它认作例子与出发点；既已熟习了例子，占定了出发点，就得推广开来，阅读略读书籍，参读相关文章”，让学生“在敏捷上历练”，在应用中进一步掌握读书的方法。这样看来，把一册课本中各单元的课文审慎地规定哪些是精读，哪些是略读，前者重在学，后者重在用；不平均使力，也不采用一律的教法：这是改进阅读教学的又一个不可忽视的研究课题。

叶老对于阅读教学的许多精辟论述，是在30年代、40年代就已经发表了，但在几十年后的今天，我们读来仍然感到十分亲切，觉得改进我们今天的阅读教学似乎还应该走他所指出的路。当然，几十年来我们也积累起许多新的经验。如何把叶老的有关论述同我们现有的新认识、新经验结合起来加以深入的思考，使我们的阅读教学能一改旧观从而大幅度地提高效率，应是我们的责任。

三读三问《雷电颂》*

作为一篇语文教材，《雷电颂》具有诗、剧、史等多种教学因素。

它是郭沫若著名历史剧《屈原》中一段脍炙人口的独白，是主人公屈原一段重要的台词，教学时当然不能不注意“剧”的因素。

它是诗人屈原的内心独白，郭老写的时候用的是诗的语言、诗的表达方式，它与一般的散文化、口语化的台词不同，教学时自然丝毫不能脱离“诗”的因素。

屈原是我国古代一位伟大的爱国者和卓越的诗人，他在中国文学史和古代政治思想史上都有十分重要的地位。读这段独白，就接触了这样一位重要的历史人物和他丰富的精神世界。同时，郭老写作此剧正值我国抗日战争最艰苦的年代，蒋介石国民党的反共卖国政策，使国家和人民遭受了深重的灾难，剧中写的那两千多年前的“历史”正暗示和影射着这四十多年前的“现实”。因此，教这篇课文，在今天无疑又有着历史的认识作用。

但是，在这三种因素中，应该有一种处于支配地位。我认为，那就是“诗”的因素。教这篇课文，应当突出它作为政治抒情诗的有关特点，“剧”和“史”的因素应该从属于它。

这是一篇“阅读”课文，主要由学生自己在教师指导下独立阅读、独立思考（适当展开议论），实现教学目的。

在学生阅读之前，可先作两点提示。

一是明确教学目的。作为一篇诗化了的抒情独白，阅读时重点无疑应该

---

* 原载《教学通讯》1983 年第 8 期。

在把握屈原的性格以及在这大段独白中所表达的复杂感情。这一点把握住了，并且把握得准确，那么，联系 40 年代初期我国反侵略、反投降斗争的严酷现实，就不难理解郭老的创作意图。

二是交代规定情境。五幕历史剧《屈原》是以战国时代合纵、连横两条政治路线的斗争为背景的，通过伟大爱国诗人屈原因为力主抗秦而遭楚国内外反动势力陷害的故事，生动地再现了一幕正义和邪辟、光明和黑暗殊死搏战的悲壮历史，热烈讴歌了爱国诗人屈原刚正不阿、凛然难犯的高洁品格，愤怒抨击了楚国的黑暗政治和郑袖集团出卖民族利益、迫害爱国力量的无耻行径，表现了具有时代意义的主题。全剧构思的焦点在于一个“愤”字。从第二幕屈原宫廷中计、含愤被谪开始，到第四幕怒斥张仪、龙门被囚，郭老是有意识地要把楚国反动势力给予屈原的精神迫害层层加深，使刚正高洁的诗人内心的愤火愈燃愈烈，以至于达到近乎发狂的地步，达到所谓感情的“爆炸点”，从而把情节推到了高潮——第五幕第二场。这段独白，正是这一场中屈原抒发自己满腔悲愤的最重要的片段。郭老曾经说过，写《屈原》的时候，他是着力要把“时代的愤怒”复活在屈原时代里的。因此，“愤”是贯串全剧的感情跃动的脉搏，也是这段抒情独白的基调。郭老自己曾把这段独白名为“向雷电泄愤”，原因也就在这里。

为了增强这段独白的感人力量，郭老在环境渲染和情节安排上也作了独具匠心的艺术处理。屈原被囚在东皇太一庙里，当时，午夜已过，黎明未临，东皇太一庙正殿里昏暗的灯光下兀立着各种奇形怪状的神像，气氛阴森恐怖。这气氛象征着现实世界中暴虐无道的统治者对于一切正直的人们精神上严重的威压，这神鬼的世界实际上就是人的世界的变形。在这黎明前最黑暗的时刻，殿外“雷电交加”“大风咆哮”，无边黑暗的宇宙在剧烈地颤动、撕裂、爆炸。这情境，无异是屈原一生悲剧命运的形象概括，也是楚国当时政治形势的形象概括，它为诗人尽情倾吐内心的郁愤，强烈表达他对摧毁黑暗世界的伟大力量的渴求，制造了特定的气氛。何况，上官大夫靳尚这时已奉南后密令，到此责成太卜郑詹尹用毒酒害死屈原，伟大诗人的生命危在旦夕，这一切都更增强了这段抒情独白的撼人心魄的控诉力量。

以上这些材料，是深入领会课文底蕴所必需的，教师事先应该稍作介绍。如果介绍的内容精要，语言又富于感染力，那就十分有利于引导学生进入诗的意境。

提示以后，学生开始阅读和思考，整个过程可以处理成三“读”三“问”的过程。

初读，是低声诵读，要求边读边看注释，适当注意读的速度，争取在较短时间（约 10 分钟）内读完全文，并了解基本内容。

初问：在这段独白中，诗人屈原抒发了怎样的思想感情、表现出怎样的性格特征？要求恰当地引用独白中的一些语句来说明自己初读后获得的印象。

在这段独白中，屈原一方面表达了对“黑暗的宇宙，阴惨的宇宙”以及制造一切污秽和罪恶的那些“土偶木梗”的满腔愤怒，显示了摧毁这“一切沉睡在黑暗怀里的东西”的决心；另一方面也表达了他对“那没有阴谋，没有污秽，没有自私自利”的光明和自由的世界的向往和追求。而所有这些思想和感情，在独白中，都不是以舒缓、含蓄的方式出之，而是以一种狂飙突进的方式喷涌出来的，这就充分地表现了屈原那种嫉恶如仇、为摧毁黑暗迎接光明不惜献身的烈火一般的性格。

再读，是潜心默读，要求逐句逐节细细琢磨，注意读的深度，争取在一定的时间中梳理出整段独白的抒情层次，从而在整体上把握它的构思特点。

再问：这段独白感情发展的层次是怎样的，其中哪些地方是感情起伏变化的转接点？

感情发展大致有三个层次。

第一层是向风、雷、电的呼唤和祈求。屈原渴望这些宇宙中“伟大的艺人们”发出万钧之力把这无边的黑暗“爆炸”“劈开”，以迎来“没有限制的自由”和灿烂眩目的“光明”。在这一层中，人物对于自然力来说，主要还是呼唤者、祈求者，本身还没有和自然力同化。因此，这时的“自由”与“光明”，还只是一种借助外部力量才能实现的理想和憧憬。不过，我们从“电，你这宇宙中的剑，也正是，我心中的剑”一句中，已隐约看到这种“同化”在感情发展上的动态。

第二层从雷电击出的“火”，转入向光明的使者——“火”的倾诉，并将生命与之一起燃烧。这时，“火”既是“宇宙的生命”，也是“我的生命”，“我”和自然力融为一体；“光明”既是宇宙的生命燃烧的结果，也是“我”的生命燃烧的结果。诗人与雷电“同化”，成了烧毁黑暗战胜光明的主宰。于是，面对东皇太一、云中君等这些象征着暴戾、奸诈、播弄、怯懦的怪力乱神，诗人发出了愤怒的斥责，发出了“我都要把你们烧毁”的誓言，诗人由于意识到自己的力量而愈益昂奋、坚定。

第三层，由目睹诸神中的河伯而想起了生活中扮演河伯的正直的钓者，想起了纯洁坚贞的女弟子婵娟，飞越的神思又回到了现实。他意识到自己虽然身陷囹圄，却并不孤单，因此感情有短暂的平缓；但随即又想到正直的人民总是受到群小的陷害，只有奋起抗争才有生路，于是感情又激越升腾起来，喊出了“我们只有雷霆，只有闪电，只有风暴，没有拖泥带水的雨”的震撼寰宇的呼声。

总之，从抒情对象上看：向风、雷、电呼唤—向怪力乱神怒斥—向正直的人民和弟子致意—向黑暗的一切宣战；从抒情主体看：渴望借助自然力去实现自己（人民）的愿望—相信自己（人民）具有摧枯拉朽的力量—由于感到现实中正义力量的不可压抑而更增强了自信；从与自然的关系看：寄热望于自然力—与自然力同化—与宇宙、人间一切跟黑暗势力势不两立的正义力量汇成一体。这就是对整段独白抒情层次的基本的理解。

三读，是高声朗读，边读边体味独白的用语，要求注意语调的高低抑扬，尽可能传达出屈原丰富复杂的思想感情。

三问：为什么说这段独白实际上是一首气势磅礴的抒情诗，它在语言上有什么特色？

这段独白抒发的是屈原个人的情怀，但同时也是当时楚国人民共同的心声。独白中不用平实的叙述语和冷静的说理语，通篇几乎都是呼告语、祈使语和反诘斥责语，字里行间激荡着屈原高昂、炽烈的感情。在屈原的眼里，宇宙中的风雷电、东皇太一殿上那些土偶木梗，都是有生命的东西。自然被人格化了，静物被注入了跃动的生命。整段独白用了 78 个“你”和“你们”，38 个“我”和“我们”，这就大大强化了正义和邪恶的对垒气氛。诗人虽是在孤身被囚的恶劣境遇中，向着宇宙中的一切倾诉自己的爱和恨、意愿和愤怒，却像是在指挥千军万马，向恶势力发起总攻。这样的充满着奇幻想象的表达方式就赋予独白以抒情诗的特有的色彩和气势。

当然，多种修辞手法的运用，在这里也发挥着重要作用。例如，排比与重叠的结合运用，在独白中几乎随处可见，而且多姿多彩。从一定角度上可以说，独白的磅礴气势主要就是借助着这一连串排比、重叠的错综运用造成的。此外，同位复指这种语言手段，在独白中也相当突出，值得细细吟味。例如，“你们风，你们雷，你们电，你们在这黑暗中咆哮着的，闪耀着的一切的一切”，“你，你这宇宙中的最伟大者”，等等。这些语句具有诗的魅力，因为它们传达出的感情特别强烈；也有戏的效果，它们时时提醒观众注意到主人公的抒情对象在戏剧舞台和生活舞台上的存在。

独白的后半部分中，随着感情波澜的迭起，自然地出现了一些押韵的句子，这也值得注意。

教学《雷电颂》这样的课文，应在吟诵和体味上多费心力。这是三读三问教学设想的出发点。

《我的叔叔于勒》微型教案设计*

通过嫌贫爱富、趋炎附势的丑行，来揭露旧时代世态炎凉的社会风气和人与人之间的冷酷关系，这在中外古今的文学作品中已经不是什么新鲜的主题。读莫泊桑的《我的叔叔于勒》，通过它的故事情节弄清楚其中的人物关系，并通过人物关系及其变化看清楚当时社会的本质——资产阶级的拜金主义和极端利己主义，这并不困难。而这篇著名小说为揭示上述主题所显示的独特的艺术构思，如果不引导学生细加探究，倒是不容易深刻领会的。因此，指导学生学习本文，应把重点放在领会作品艺术构思的独特性和深刻性上。指导主要采用读议结合法，读读想想议议，再读再想再议，逐步深入。教学安排两教时。

第一教时：学生第一次自读课文，初步了解故事情节和人物关系。自读以前，教师提请学生注意：①这篇小说是以什么人的口吻来讲述故事的？②讲的是什么故事？③故事牵涉到哪些人？其中主要人物是谁？学生自读以后，要求把课本合上，凭各人读后的记忆口头回答上述问题。重点是口头复述小说的故事情节，要求口齿清楚，声音响亮，重要情节和细节不遗漏。指定两位学生上讲台复述，其余学生听后评议、补充。教师在学生复述、评议、补充的基础上，完成如下板书：

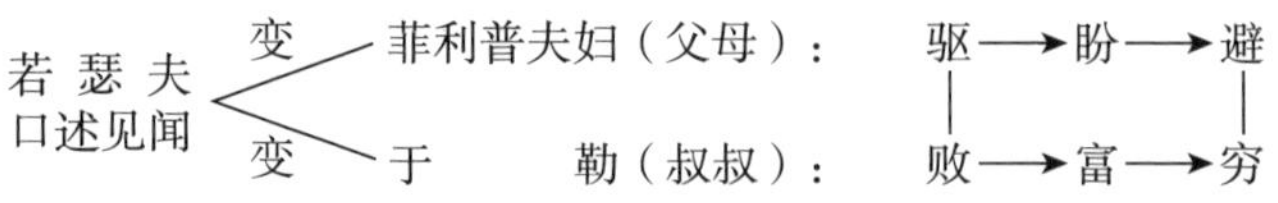

* 原载《初中语文优秀教案、课堂实录选评》(湖北教育出版社 1985 年版)。

学生打开课本第二次自读课文。思考：①小说的主要人物有人说是菲利普夫妇，有人说是于勒，究竟哪种说法对？为什么？②黑板上概括的故事情节过程与小说本身的情节有什么差异？小说为什么要这样安排情节结构？读这一遍的时候，要求根据思考题重点细读，不必由头到尾平均使力通读。读后讨论，明确：①小说的主要人物应该是菲利普夫妇。这不仅仅因为小说用主要篇幅刻画这对夫妇的丑行和性格，而且因为小说的主题就是通过这对夫妇对待于勒前冷后热又冷的反复无常的变化来揭示的。于勒境况的忽起忽落，不过是作者设计的一面凹凸镜，借以照出菲利普夫妇虚伪、自私的可鄙嘴脸而已。②小说从"盼归"写起，然后再补叙早年于勒浪荡被兄嫂打发去美洲的前情，在时间顺序上是前后倒置的。这样处理，一是为了造成悬念，引人入胜；二是为了形成波澜，使情节跌宕起伏。而所有这些又都是为了更有力地刻画和嘲讽菲利普夫妇极端利己主义的面目。布置作业：先找出表现菲利普夫妇对待于勒前后不同态度的词语，再找出表现菲利普夫妇发现穷于勒时心理变化的词语，体会这篇小说语言的艺术表现力。

第二教时：学生第三次自读课文。思考：欺贫爱富、只认金钱不认人——这是旧时代人们习见的事。用这样的事作题材，并不新鲜。但是，莫泊桑这篇小说有特殊的艺术魅力，这是因为什么？要求从"普遍"中看出"特殊"，要求在研读中有自己新的发现。讨论交流后，明确：①本文不是写资本家之间的尔虞我诈，不是写远亲近邻之间的你争我斗，也不是写亲朋好友之间的朝秦暮楚，而是写同胞手足之间的亲疏无常。骨肉至亲尚且如此，更不须论其他；选取这样的题材，寓意更深。②对有钱有势者，趋之唯恐不及；对穷困潦倒者，避之唯恐不远；这样的丑行，可以实写也可以虚写，可以正面写也可以侧面写。这篇小说用的是虚实结合、正面与侧面交织的写法。前面写于勒的"富"，用虚写法，侧面写，让菲利普夫妇的"盼"和"夸"更带讽刺色彩；后面写于勒的"贫"，用实写法，正面写，让菲利普夫妇的"避"和"骂"，更显出自我暴露的本质。③菲利普夫妇的丑行，全部从他们的儿子若瑟夫眼中反映出来，而且若瑟夫对叔叔于勒满怀着同情和怜悯，态度跟他父母完全两样。这种同情和怜悯，出之于一个少年的纯洁的心灵，十分可贵。这样的构思，深刻体现了莫泊桑的唯孩童才是纯真天良未泯的社会理想。

学生第四次自读课文，并作口头作文准备。口头作文题三个：①《〈我的叔叔于勒〉内容提要》，把原文情节压缩在300字之内。②《变色龙》。模仿契诃夫《变色龙》的写法，表现菲利普夫妇随着弟弟于勒境遇的变化而不断改变态度的丑行。③《啊，菲利普！》。用穷愁潦倒的老水手于勒的口吻，写出他眼中的兄嫂的虚伪和势利。指定学生根据自列的提纲口述。师生共同评议。最后布置作业：课后各人评定一题，完成书面作文一篇。

目标：提高 45 分钟课堂教学效率*

自从 17 世纪捷克著名教育家夸美纽斯提出建立定班、定员、定时的班级授课制以来，世界各国的教学论专家都殚精竭虑地在探索这种教学制度的机制特点，研究在规定课时内提高教学效率的途径和方法。尽管有些国家的教育家已经意识到这种教学制度，在空间和时间上对授课对象和授课过程有种种限制，因而提出了设计教学法、分团教学法、道尔顿制作业法等各种设想，试图突破以课堂为中心的藩篱，但是，从总体说来，班级授课制在学校教育中仍然占据优势。在我国，从 20 世纪初新式学堂建立起，直至现在，学校各科教学也仍然是按班级、按固定课时集体授课，很少例外。因而，提高课堂教学效率，始终是教学研究和教学改革的重要课题之一。

现在我们把"提高 45 分钟课堂教学效率"的问题重新提出，并以此作为当前教学改革的目标之一，实在是由于一个现实的问题令学生、家长、社会感到困惑和忧心忡忡：在各级各类学校，学生的课业负担越来越重。这种过重的负担，不但使学生本人难以承受，而且通过不同的方式转移到一部分家长身上，使家长也感到不胜重荷。学习，不能没有负担，但是，过重的、不合理的负担，导致的结果却是对于学习的厌倦、恐惧和不知所措，因而大大降低了学习效果，这就得不偿失了。

课业负担过重，学习效果却并不见佳，这有多种原因，其中有个原因恐怕就是我们某些学校的领导和教师不十分懂得要珍惜学生在校的每一分钟，特别是要珍惜课堂教学的每一分钟。在实行班级授课制的条件下，教师指导

---

* 原载《江苏教育报》1996 年 3 月 4 日、4 月 1 日。

学生获取知识、训练技能、形成良好学习习惯的最重要的阵地是课堂，最重要的时间是每节课的45分钟。课堂上45分钟的学习不到位，热衷于“堤内损失堤外补”，必然要增加课外学习的负担。课上稀松，课后沉重，这是造成学生课业负担过重的重要原因之一。

要提高课堂45分钟的教学效率，前提条件当然是要提高教师自身的素养。这里的关键是两条：一是肯负责；二是有本钱。有本钱而不肯负责，上课必然稀松；肯负责而没本钱，教师自己昏昏，学生安能昭昭，效率云云，当然更谈不上。所以，学校工作的重要环节就是要采取有力措施加强师资队伍建设，努力提高教师的德才素养。

从教学论的角度来说，首先是要增强教学的目标意识。班级授课，是众人集体授课，上课铃响，学生坐定，这时学生们的思维呈离散状态，需要有一种力量把处于离散状态的思维很快集中起来。这种力量就是教学目标。用控制论上的说法，就是所谓目标控制，或叫定向控制。这是教学取得高效率的关键之一。当然，揭示教学目标，不完全是为了有效地集中学生的思维。教学目标一经确立，它将成为整个教学过程的支配力量，45分钟内的一切活动都将围绕这个目标展开。学生的思维也将在特定目标的支配下，呈现出紧张而活跃的态势。教学的随意性、模糊性必然要造成学生思维的离散，即走神；只有教学的定向控制明晰而有力，学生才能始终处于思维的紧张、活跃状态。

其次是要处理好每一个教学环节。课堂教学的45分钟，就如同一篇文章，也要讲究章法。文章千篇，章法各异，但都要有章法。各门学科有各门学科的特点；同一门学科，每堂课也有每堂课不同的教学内容，因而章法也不可能完全雷同，但毕竟也都要有章法。课堂教学的章法，大致说来，要有这样一些环节：一是定向，即揭示教学目标。二是自读，即学生按照提示的教学目标自己阅读教科书的有关部分。学生阅读教科书，在语文科是受到重视的，在其他学科往往被忽视，这一点需要特别提出。苏联的一些教育家曾经强调：各学科的教师都有指导学生独立阅读教科书的任务。这个观点有十分重要的教育教学价值。三是研讨，即师生围绕教学目标，提出问题，共同研究和讨论。这是实现教学目标的重要环节，也是解决重点、难点问题的重要环节。理科教师这时往往需要运用直观教具进行必要的演示，以便由感性向理性推进。四是归纳，即“举一”，根据教学目标，概括出某些规律性的知识和方法。五是应用，即“反三”，通过适当的作业练习，让学生运用这些规律性的知识和方法去试着解决实际问题。六是反馈，即总结“应用”环节的得失，作为下一次教学活动“定向”环节的参照。这些教学环节，应当环环紧扣，共同为实现教学目标而展开，形成一个有机的整体。

上述一些教学环节，可以因教学需要而分出主次轻重，从而形成各种不同的课型，如启发讲授课、自学质疑课、重点研讨课、操作演示课、作业练习课、综合复习课，等等。但是，不管什么课型，它本身仍然需要讲究章法，使教学进程有条不紊，使学生学有所得。

另外，还要重视当堂获取目标实现程度的信息反馈。教学目标规定的新知传授和技能训练，学生究竟有没有懂，懂了哪些；有没有掌握，掌握到何种程度，教师都应该做到大体有数。这就涉及课堂作业的时机、数量和质量的问题。凡是属于目标检测性质的作业，一般都宜于当堂布置、当堂完成。而当堂布置、当堂完成的作业，必须紧扣目标，量少而质高，并且尽可能覆盖全班。笔者曾经结识过一位姓高的资深中学数学教师，在职时人称“高三题”，他每讲一个重要数学原理，一般都布置三道作业题。一道题当堂完成，检测学生对这一数学原理的掌握程度，并作扼要小结；另两道题布置学生课后完成，其中一题是巩固性的，另一题是延展性的。学生课后负担不重，教学效果却极佳。当然，要精选出三道作业题比照抄照搬各种练习册上编制的大量作业题难得多，因为这是长期积累的结晶。但是，既要减轻负担，又要提高质量，却非有这种精益求精披沙沥金的功夫不可。

当堂获取信息反馈的又一个积极意义，是便于及时发现某些差生的“盲点”，并给予必要的帮助。班级授课的局限之一，就是不易针对学生的个别差异，实行因材施教。而要提高课堂 45 分钟的教学效率，又不能把差生问题“略而不论”；恰恰相反，重视差生的转化，正是教学效率的重要体现。所以，有些学校、有些任课教师尝试设计 A、B 两种作业，使部分差生也能当堂获得“成功的喜悦”，并逐步缩小与一般同学的差距，无疑是一种有益的探索。

要提高45分钟课堂教学效率，教师还须树立这样一种观念：把课外学习的主动权还给学生。所谓"学生课业负担过重"，主要是说学生课堂学习以外的时间，甚至包括放学回家以后、节假日期间的课余生活，都被教师布置的超量的作业和练习挤满，以致得不到应有的休息、娱乐和其他自主活动的时间。造成这种状况的又一个重要原因，就是有些教师认为学生课外学习也必须置于自己的控制之下，如果稍稍放松，不是因为"失控"而造成"自流"，就是因为自己的"宽容"而让别的学科把时间占去，自己的教学效果会受到影响。这些想法的本意无可非议，然而违背教育教学规律，无视青少年身心健康发展的需要，因而是不科学、不合理的。

提高课堂教学效率和把课外学习的主动权还给学生，是一个问题的两个方面，是相互联系、相辅相成的。主观上不想把课外学习的主动权还给学生，也就不可能自觉地、千方百计地提高课堂教学效率，因为课堂上煮出来的夹生饭，反正可以利用学生课外的时间通过大量作业、练习来再加温、重新煮。要是学生家长有条件，还可以帮着加温帮着煮。反之，主观上意识到课外学习的主动权应当尽可能多地还给学生，也就必然要十分珍惜课堂教学的每一分钟，力求教学目标在课内得以实现，使学生真正学有所得，不致把夹生饭端到课外去。可见，要提高45分钟课堂教学效率，在课内课外的关系问题上，非转变观念不可。

学生除了必要的休息和自娱时间以外，在课外当然还需要学习。学生课外学习的内容，大致可分两类：一类是受控的，一类是自主的。一个学生，从幼时入小学到成长进大学，课外学习的受控部分，相对而言，应该是"两头小，中间大"。在小学，特别是低幼年级，受教师控制的课外作业练习应该是很少很少的。日本的有些小学，低幼年级学生的书包放学时是不准带回家的（有专设的柜子存放）。换句话说，根本没有硬性规定的课外作业，所有的作业都在课堂上完成或在放学前完成。审视我们现在的小学教育，从孩子读小学一年级开始，就已经被大量的课外作业所控制。现在实行六年制、九年制的义务教育，"失学"的少年儿童是越来越少了，可是因为过重的作业负担而"失欢"的却越来越多，这不能不令人忧虑。至于一旦进入大学，按理说课外学习的受控部分也应当逐步减少而自主部分逐步增多，因为这时学生的自主意识已经增强，学习专业知识主要靠自己。然而，即使在眼下的大学里，也有点“失常”：不“受控”便“失控”，该“自主”却“自流”。真正能自主学习、自为研索者当然有，但为数并不多。在一般的中学或小学高年级，学生课外学习的受控部分相对多一些，是正常的，这就是所谓“合理的、必要的课业负担”。这里绝对需要的是数量和质量的控制。有些学科或有些教学内容，学习任务可以在课内完成的，就不必布置课外作业。必须布置作业的，数量要控制，质量要提高，力求“一以当十”，决不搞“题海战术”。

即使是课外学习受控部分相对较多的中学阶段，也必须有意识地留出时间让学生自主学习，并逐步增大其比重。自主学习是学生丰富知识、锻炼能力、增长才干、发展个性的重要环节。而自主学习的能力和习惯，是需要在自主学习的实践中逐步培养、逐步形成的。中学里不注意提供这种实践机会，只让学生在严格控制下被动地学习，久而久之，便形成一种依赖性，只要没有教师布置的作业，就不知道自己该做些什么。所谓“高分低能”，就是这种持续高压的产物。进入大学，不懂得或不习惯自主学习，中学教育不能辞其咎。

自主学习要有时间，要能取得好的效果，提高课堂教学效率是关键。从宏观上说，提高课堂教学效率的积极结果应该表现在两个方面：一方面是全班学生都在规定的课时内程度不同地达到了教师的教学目标，应知的知了，应会的会了，不需要在课外用过多的时间来重煮夹生饭。这样，就为学生课外的自主学习提供了必要的时间，留出了必要的余地。另一方面是通过课堂教学，激发起学生对于本学科学习的浓厚兴趣，并让学生逐步掌握独立学习、独立钻研的方法。这样，就为学生课外的自主学习奠定了情感基础，给予了方法指导。有时间，感兴趣，懂方法，学生课外自主学习的效果便有了保证。

人们常说，教学的成败得失，主要取决于学生学习的积极性、主动性发挥的程度如何。这话是不错的。然而，学生的这种积极性、主动性决不是与生俱来的，也不是靠超量的作业和连续的测验压出来、逼出来的。它是靠学科知识本身的魅力和课堂教学的高效率逐步激发起来的。这样激发起来的学习积极性、主动性，才是可以巩固、可以持久、可以长时间发挥作用的。而这种积极性、主动性的巩固、持久和有效，其表现固然是在课内，而更重要的恐怕还是在课外。如果在离开了教师的控制以后，学生在课外仍然保持着这种学习的积极性、主动性，那就是教学的最大成功。叶圣陶先生有句名言："教，是为了达到不需要教。"我们之所以要强调提高 45 分钟课堂教学效率，就是因为只有这种高效率的课堂教学才能为"不需要教"创造必要的条件，才能为学生积极、主动地学习提供可能。当学生在课外也能有效地进行自主学习的时候，作为一种反作用，也必将对课堂教学产生积极影响。这样便形成了教学上的良性循环。

有人担心，如果不用大量的作业、练习控制学生课外全部的学习时间，在中考或高考中难免要"失分"。其实这种担心是完全不必要的。试想，课堂教学效率不高而课外实行"全方位"控制，与课堂教学高效率而课外适当放开，让学生有较多的休息和自主学习机会，二者相比，何者效果更好些呢？在升学教育向素质教育转轨的新形势下，在各类考试以考查学生整体素质和实践能力为主的总趋势面前，无疑是后者的效果更好。这绝不是理论上的推断和揣测，而是被许多改革者卓有成效的教学实践所证明了的事实。

努力提高 45 分钟课堂教学效率，尽可能把课外学习的主动权还给学生，这是我们追求的目标。

现代语文教育研究

我国现代语文教育发展的历史轨迹*

从20世纪初开始确立的语文学科，在将近80年的发展历史中，似乎存在着几条明显的轨迹。

一、“文”和“言”的分合

1919年，蔡元培在《国文之将来》一文中说：“国文的问题，最重要的就是白话文与文言文的竞争。”因为语文学科归根结底是学习语言、学习语言运用规律的学科。那么它所要学习的，究竟是什么样的语言呢？是学习古代通行的“死语”呢，还是学习“通行于今人喉舌”的“活语”呢？这是首先要解决的问题。

当语文学科在新式学堂中独立设科之初，不管是定学科名为“词章”，是“中国文学”，还是“国文”，要学生读的、写的，仍然都是文言文，即蔡氏所谓的“死语”。在这个时期，“文”和“言”是分离的、脱节的。这种情况，对于培养和造就服务于现代社会的新一代国民是非常不利的，就连当时的国学大师梁启超也痛切地感到“言文不一致，足以阻科学之进步”，因此主张“及早造成一种国语，用以编纂教科书以利教育”。

从民国元年以后到五四运动兴起，鼓吹国语统一，提倡言文一致，成了一股强大的时代潮流。这股潮流，首先猛烈冲击着学校的语文教学。1916年，在“国语统一筹备会”召开第一次大会的时候，刘半农、钱玄同、周作

* 本文及本专题未注明出处的论文，均选自南京出版社1991年出版的作者的《现代语文教育史札记》一书。

人、黎锦熙等人联名提出了一个“国语统一进行方法”的提案，第一次公开亮出了改国民学校的“国文”课本为“国语”课本的主张。到1920年，教育部便通令全国：“自本年秋季起，凡国民学校一二年级，先改国文为语体文，以期收言文一致之效。”随后，又进一步规定初级中学“国文”科一律改名为“国语”科。于是，“五四”前后涌现出来的大批白话文学作品和白话翻译作品，连同一些古代优秀的白话小说之类，被编进了语文教科书。何仲英等人发表《白话文教授问题》等一系列文章，专门就白话文的教学进行理论探讨。这时，“文”和“言”长期分离的局面终于被时代潮流所冲破，二者在语文教学领域同时并存，汇为合流。

文言文和白话文同时并授，带来了一个新的问题，那就是二者的比例如何确定、教材如何组合的问题。这是另一种意义的“文”“言”分合问题。在二者的教材内容安排上，当时大致有三种不同的主张。一种主张是，初中阶段全教白话文，高中阶段全教文言文；另一种主张是，初中文言、白话兼教，但按一定的比例，初一主要教白话文，随着年级递升，文言文的比重逐步加大，高中则仍然全教文言文；还有一种则主张，无论初中还是高中都应该文言、白话兼教。于是，在教科书的编制上，出现了文、白混编和文、白分编的两种不同的类型。文、白混编，就是在一册课本中，既选文言文，也选白话文，采用所谓“雨夹雪”的编排方法。文、白分编，就是同时编两种课本，一种专选文言文，另一种专选白话文。这样，在教材处理上，“文”和“言”是分呢，是合呢？还是分中有合，合中又分呢？这又成了人们长期探讨的一个课题。

说到“文”和“言”的分合，还有一个重要问题不能忽视，那就是书面语与口头语的教授问题。新式学堂兴办之初，语文科的教学仅专注于书面语，口头语完全被排斥在外。对此，早在1912年庚冰在《言文教授论》中已经有所觉察，他说：“语言为文字之母，文字者，不过为语言之符号，语言之与文字，具此密切关系，故教授文字，莫不由语言入手。”强调要由语言入手来教授文字。尽管他的重视语言教授，目的是更有效地进行文字教授，但毕竟已经意识到语言教授的不容忽视。此后，到“五四”时期，由于国语教育的推行，在学校语文科的教学内容中也曾规定要训练学生用国语会话，要训练学生演讲和辩论，但真正在教学中重视学生口头语的训练的为数极少。因此，当时尽管白话文已经被引进语文学科的教学内容，但从严格意义上说，文言文是古人的书面语，白话文是今人的书面语，所以在总体上教的还都是以书面语为主，“文”和“言”的分离问题，仍未得到彻底解决。不过历史发展的趋势是十分显然的：人们已经越来越清楚地意识到语文教学中对于口头语的严格训练的重要意义。因此，到1949年春，当时的华北人民政府教育部教科书编审委员会就决定把过去“国语”“国文”的学科名称一律改为“语文”。当时改学科名称为“语文”，其中的“语”，就是指口头语；“文”，就是指书面语。规定“语文”一科的基本任务在于对学生进行口头语和书面语的全面训练。至此，“文”和“言”的分离问题才算通过学科名称的变更，从理论上得到了解决。

因此，从词章到国文，从国文到国语，又从国语到语文，学科名称的一再变更，这决不只是字面上的不同，而是反映着时代前进的足迹，反映着人们对语文学科性质和任务的认识在逐步深化，反映着“文”和“言”、书面语和口头语在整个语文教学中的地位及其相互关系日渐明确，日渐趋于统一。

二、“文”和“道”的分合

传统的语文教学，讲究的是义理、考据、辞章。其中的“义理”，是指探究文章的内容、文章的思想；“辞章”，是指探究文章的句法、章法，文章的形式；“考据”，则是指对于文章的语言文字和用典引语的考证辨伪，是为正确探究文章的内容和形式服务的。从这个意义上看，传统的语文教学倒是讲究“文道统一”的；只是当时所谓的“道”，是封建伦理道德之“道”、儒家道统之“道”，而“文”，则是旧时的作文规范，甚至是八股文的一些僵化了的程式。

到新式学堂实行分科制以后，“文”和“道”却有了某种程度的分离，即把过去属于“道”的部分，主要靠独立设置的“修身”“读经”这样一些科目来灌注；而“词章”或“中国文字”（小学）、“中国文学”（中学），则主要是熟悉和探究各类文章以及诗词歌赋的作法。“修身”“读经”，也都要读文章，但重在内容、精神；“词章”等，也要读文章，却重在形式、技术。

民国元年以后，学校中取消了“读经”，保留了“修身”，但“国文”一科明确提出要“启发智德”，重视了读文讲文中的思想、道德教育和美育。这时，“文”和“道”又由分而逐渐趋于合。

“五四”以后，一些思想文化界的革新派，鉴于语文教育中封建复古势力的严重存在，坚执地要求在语文学科中着重传播新文化、新思想。例如当时的浙江第一师范，国文采用自编讲义，课文按思想内容、按社会和人生的各种问题编组，有研究民主与科学的、自由与平等的，有研究劳工神圣的、妇女解放的，等等。教法是以各种问题为中心，引导学生读文章，组织学生讨论问题，教师参与讨论并及时进行小结、评判。何仲英、沈仲九等人对“国文”科的这种教材教法，都曾经加以总结，大力倡导。与此针锋相对的是那些企图挽回封建道统颓势的遗老遗少们，又竭力鼓吹“读经”，想把语文教学重新引入宣扬和灌输封建伦理道德的歧路。这新旧两派人物，他们要张扬的“道”显然是不同的，甚至是根本对立的；但他们在语文教学上所坚持的做法却有共同之处，即都割裂了“文”和“道”的统一关系，把“道”强调到脱离了“文”的不适当的位置。所以叶圣陶、朱自清两人在40年代回顾“五四”以来语文教学状况时曾经这样说过：“‘五四’以来国文科的教学，特别在中学里，专重精神或思想一面，忽略了技术的训练，使一般学生了解文字和运用文字的能力没有得到适量的发展，也未免失掉了平衡。”因此，在五四运动以后的一个时期里，作为一种时代印记，语文教学中“文”和“道”一度又产生了分离现象。

对于这种“文”和“道”的分离现象，人们经过了一段时间的沉思、讨论和实践，已经有所察觉。1920年，陈启天在《中学的国文问题》一文中，就已经提出语文教学应有“正”和“副”两方面的目的。“正目的”是：①要能说普通言语；②要能看现代应用文和略解粗浅美术文；③要能做现代应用文。“副目的”是：①要启发思想，锻炼心力；②要了解和应付人生和自然。他用正、副目的的概念正确概括了他对语文教学中“文”“道”关系的理解。在1925年，朱自清发表《中等学校国文教学的几个问题》，反对将

“人的教育”的全副重担都放到国文教师的两肩上，他提出了语文学科的双重目的：(1) 养成读书、思想和表现的习惯或能力；(2) 发展思想，涵育情感。他并明确指出：“这两个目的之中，后者是与他科相共的，前者才是国文科所特有的；而在分科的原则上说，前者是主要的；换句话说，我们在实施时，这两个目的是不应分离的，且不应分轻重的，但在论理上，我们须认前者为主要的。”在这里，朱氏第一次从理论上正确阐明了语文学科中“文”和“道”的不可分离性以及它们的主次关系。这样一种观点，后来逐渐被多数人所接受，从而推动了30年代语文教学的发展。

“文”和“道”的分合问题，是我国现代语文教学发展的又一条基本轨迹，它从另一个侧面反映着人们对语文学科的性质和任务的认识不断接近于完整、全面。

三、“文”和“知”的分合

这里的“文”，指的是各类文章；“知”，指的是包括语文知识在内的百科知识。

语文学科，既是一门很单纯的学科——读的和写的都是一篇篇文章；又是一门很复杂的学科——教学内容所涉及的知识十分广泛。这“文”和“知”的相互关系如何处理，又是现代语文教学发展中人们不断思考和探索的重要问题。

在新式学堂兴办之初，“词章”或“中国文学”一科，都是以读写各类各体文章为基本内容的，所有关于文字、语音、句法、章法以及文章流别等方面的所谓语文基础知识，一概融合在文章的读写中相机进行讲授。因此，在那个时期，“文”和“知”是混合的。到民国元年以后，由于语文知识的系统研究有了某些进展，于是出现了在读写文章的同时，独立地、系统地讲授语文知识的状况，在中学里除了“讲读”“作文”以外，又设置了“文字源流”“文法要略”“中国文学史”这类语文的分支课程。“文”和“知”相互分离了。“五四”以后，特别是从1923年到1928年这一阶段中，中学试行分科制和选修制，那时各校国语、国文科内设置的分支课程就十分繁复。据语文教学法专家阮真的调查统计，当时语文学科所设置的分支课程累计竟达 42 种、69 项名目之多。“文”和“知”的分离达于极致。

从 1929 年起，中学学制又改为单一的普通科制，“国文”科的教学内容相应地也作了简化归并。按当时部颁《中小学课程暂行标准》规定，初中、高中便只设“精读文”“略读文”“文法与修辞”和“作文”这四门课程。“文”和“知”从极端的分离又渐趋于混合。在这个时期，除了有了专门编撰语法、文法、作文法等属于语文基础知识的讲义或教科书以外，更多的人采取分中有合、合中有分的方式，把有关的语文基础知识写成系列性短文，或穿插编排在课文单元的前后，或作为附录集中编排在每册课本之后，供教师相机行事，灵活使用。这种种处理方法，大致沿用到新中国成立前夕。

至于在小学语文教科书的编制上，这种“文”和“知”的分合现象也十分明显。最初的小学语文教科书一般都是根据“以常识为内容，以语文为形式”的原则来编制的，“文”和“知”是混合的。“五四”以后，一些新进人物主张小学语文科应以学习儿童文学为主，教科书的编制强调文学性和趣味性，而不注重知识性，“文”和“知”趋于分离。抗日战争期间，又出现了国语、常识混编的教科书，既教国语，也教常识，一种课本双重效用，“文”和“知”合中有分、分中有合。

“文”和“知”的这种分合聚散，交递更替，当然都不是毫无意义的循环和随心所欲的往复，它反映了人们对语文学科的教学内容在组合方式、系列安排上的积极探索。

四、“教”和“学”的分合

在新式学堂兴办之初，语文学科的教学方法依然沿袭着过去旧式学塾的一套模式，即教师讲授、学生记诵，教师的注意中心在“教”而不在“学”。因此，“教”和“学”是分离的。

五四运动前后，随着日本和欧美一些资产阶级教育学说的不断引进和广泛传播，教育界开始注重研究学生的“学”。当时商务印书馆《教育杂志》的主编张元善组织了一些懂得日文的编辑员，从日本的若干种教育期刊中编译了大量的资料，以“天民”的笔名发表在《教育杂志》上，于是“自习主义”“自动主义”“学生本位主义”“自习法”“预习法”“渐明法”等一些强调以学生为学习主体的新观念和新教法开始引起许多学校、许多教师的重视。陶行知根据“教学做合一”的教育观，提出要把过去惯用的“教授法”改为“教学法”，强调教学无非是“教”学生“学”，教和学应当合一。梁启超在《中学以上作文教学法》一文中，提出了自动式的预习和讨论式的讲授相结合的新的教学模式。所以在“五四”时期，语文教学在教学法研究方面，总的趋势是由“教”和“学”的分离转向“教”和“学”的结合。

五四运动以后，由于美国资产阶级教育家杜威、孟禄、克伯屈、柏克赫斯特等先后来华，广泛宣传他们“儿童中心主义”“儿童兴趣主义”和“在做中学”等一整套教育观点，而国内一些积极谋求教育改革的激进人士，在“全盘西化”的思想支配下，想把他们的一些做法不加分析地全部移用到国内，移用到本国的语文教学中来。在小学，开始盛行“设计教学法”，取消固定的课堂教学，取消固定的教科书，只为儿童创设一种“生活情境”或“工作情境”，然后根据儿童在这特定情境中的需要选择教材，并相机开展各科教学。在中学，试行“道尔顿制”成为一种“时髦”，学校把教室一律改为“作业室”，教师把教学内容一律编制成分阶段、分专题的“作业”，学生在作业室里自动完成各科作业，教师只担任指导和评阅作业的工作。这样的做法，在诱导和组织学生积极、主动地学习这一点上是可取的，但全部教学活动都以儿童为“中心”，教师的主导作用、教科书的系统内容、教学活动的计划性统统被取消了，这又走到了另一个极端。这是“教”和“学”的另一种形态的分离。

30年代以后，上述那种生硬照搬西方那套教法的状况有所改变，人们总结了过去的成功经验和失败教训，在积极研究“学法”的同时，也积极研究“教法”，并努力使二者在语文教学的过程中更好地统一起来。许多人一方面发表探讨中学生学习语文的方法的论文，另一方面针对过去片面强调学生“自学”的偏颇，着重研究教师如何实现有效的指导的问题。叶圣陶、朱自清在40年代合著《精读指导举隅》和《略读指导举隅》，就是这方面的重要研究成果。

正确处理“教”和“学”的相互关系，是现代教学论的中心课题。我国现代语文教学史上人们在探索中所走过的道路，对于我们今天思考语文教学革新之路无疑是有启发意义的。

五、“教”和“研”的分合

我国的传统教育，衡量教育、教学的利弊得失，多半是凭借教者直觉的印象和个人的经验，缺少客观的、科学的标准。新式学堂兴办之初，语文学科的教学也仍然凭经验办事。教者是旧式文人，自己过去是怎么学的，凭以往的经验也就怎么教；编教科书的，熟悉过去的旧选本，凭以往的经验也就怎么选编课本。在这个时候，“教”和“研”是分离的。

真正注重以“实验”为基础的科学研究，在我国也起始于五四运动前后。

就语文学科而言，在五四运动以后，曾经对常用字汇、常用词汇、文章作法、文章读法、文言文法、国语语法、阅读测验、阅读心理、汉字书写、新教学法等作过卓有成效的科学研究。其中许多研究成果，不仅在当时，就是在今天也还具有一定的认识价值和实践价值。

例如对于汉字常用字汇的研究和统计，它不仅构成语文行为研究的基础，同时对语文教科书的编制也具有重要意义。这项科学研究，以陈鹤琴为先驱。他在 1921 年就编成《语体文应用字汇》一书，从儿童用书、报章、杂志、儿童作品、古今小说、杂类等六种材料共 55 万多字中，通过分析，筛选出常用单字 4 261 个，其中复现率最高的单字共 94 个。这是我国基于科学实验的一项最早的汉字字汇研究成果。此后，刘德文（《市民常用字汇》，1925 年）、王文新（《小学分级字汇研究》，1930 年）、陈人哲（《大众实用字汇》，1934 年）、杜佐周和蒋成堃（《儿童与成人常用字汇之调查及比较》，1933 年）等也都纷纷发表各自的研究成果。这些成果在推进现代语文教学科学化方面发挥了积极作用。

如果说上述这类研究还只是专家们在实验室、研究室里进行的工作，它们同实际教学还未必能直接地、紧密地结合；那么，五四运动以后各地实验学校的建立，就使“教”和“研”的结合出现了崭新的局面。在我国，最早自觉地运用实验方法来研究教育上面种种问题的学校，当推廖世承主持校务的东南大学附中。廖氏在 1920 年以后，根据美国实验教育家麦柯尔的指导，率先在本校开展了道尔顿制和非道尔顿制的对比试验。其中在语文学科进行试验的有穆济波、沈仲九、孙俍工等人。当时在该校附小任教的陈鹤琴也着手进行多种实验研究，如：“生字教学的讲解法与练习法之优劣比较”“中文横写与直写之比较”“注意写字与随意写字之比较”“毛笔、钢笔、铅笔书写之比较”，等等。由于实验教育思想的普及，全国各地的学校，特别是小学，教育教学的实验研究曾经蔚然成为一时的风气。因此可以说，在 20 年代和 30 年代的前期，“教”和“研”的结合已成了一股潮流，它对以后的语文教学产生了深远的影响。

抗日战争爆发以后，由于战乱频仍，时局动荡，严格意义上的教育科学研究因失去了政治上安定的环境、经济上必要的实力而陷于瘫痪。即使如著名心理学家艾伟，有志于汉字心理、阅读心理的研究，并亲自领导着一个教育心理实验室，但终因得不到社会各方面的支持，“奉令裁并，研究人员，相率星散，致使英雄无用武之地”。（艾伟：《阅读心理·汉字问题·自序》）当时，在抗日的大后方，西南联大师范学院创办的《国文月刊》，算是为语文教学的理论研究提供了一块可贵的园地。许多著名专家、学者就大学、中学、小学的语文科教材教法展开了多方面的探讨。这些理论研究成果，因为有以往几十年的教学实践作为基础，所以有较高的历史价值。然而，在当时那种特殊的环境下，这些成果不可能成为全国广大教师据以改进教学的准绳。从全国范围来看，除了我党所领导的抗日革命根据地，教育行政部门从当时条件出发十分重视学校各科教学的实验和研究以外，国统区内只有个别矢志不渝的有志之士在十分艰苦的条件下做一些实验工作（如于在春的“集体习作”实验）；绝大多数的学校和教师都不能不维持着“教”和“研”分离的局面。

以上概述的五个方面，是我国现代语文教学发展的一些基本轨迹。研究这些轨迹，研究它们形成的历史原因和语文学科本身发展的内部规律，将有利于我们探索当今语文教学的改革之路。

现代语文教育的回顾与前瞻

我国现代语文教育自20世纪之初开始萌生，至今已有八十多年的发展历史。就新中国建立以前的近半个世纪而言，其间大致经历了三个发展阶段。

从1902年清政府制定《钦定小学堂章程》《钦定中学堂章程》起，到1912年中华民国建立，共和国教育部公布《中小学令施行规则》止，前后整整10年，是语文学科在中小学堂独立设科的阶段。在这个阶段中，不管名为"中国文字""词章""中国文学"，还是名为"国文"，语文一科已成为中小学堂中一门独立的学科，并且有了自己设科的宗旨和要求。尽管当时读的写的还都是文言文，但在小学里已经开始有了新编的教科书，中学的读本也在传统文选型教材基础上有了某些改进。

从1912年共和国教育部公布《中小学令施行规则》起，到1932年国民党政府教育部颁布中小学各科《课程标准》止，整整20年，是语文学科在新学制下逐步建立起自己的学科体系的阶段。一门学科，要成熟地建立起来，就必须要有自己严整周密的学科体系。这体系主要体现在有详备的教学大纲（旧时称"课程标准"）和完整的教科书。在前一阶段，语文尽管已成了一门独立的学科，但它本身还没有独立的教学大纲，也还没有根据大纲要求和现代教育理论编纂起来的新型教科书；到第二个阶段，由于"五四"新文化运动的掀起，由于国外一些教育家对于课程建设的理论不断被引进，语文学科本身的体系建设已经有了客观上的需要与可能。在这个阶段中，中小学被规定为普通教育，语文被确认为现代公民必须人人掌握的工具，语文学科开始有了现代意义上的教学目的；同时，由于五四运动提倡"言文一致"

和“国语统一”，各种新的教育思潮也相继涌入，白话文和实用文在语文学科的教学内容中占有了合法地位，新式的教授法开始被越来越多的人所接受；1923年，随着学制的改革，以现代教育学为理论依据的语文学科《课程标准》首次正式制定、公布，以后，在1929年和1932年，课程标准又不断有所修正，在课程标准指导下编制的新式教科书也陆续出版。语文学科在教学领域里开始形成了比较成熟、比较完整的体系。

从1932年国民党政府教育部颁布中小学各科《课程标准》起，到1949年新中国成立前夕，历时17年，是语文学科在复杂多变的社会政治环境下探索前进的阶段。在这个阶段中，以编著教科书为中心，语文教育界的有识之士展开了对于语文教学客观规律的多方面的探索；同时，在语文教育界形成了以“开明派”为代表（国统区）和以陕甘宁边区为中心（解放区）的革新语文教育的中坚力量；此外，语文教学的心理实验，语文教学的专题性研究以及“语文教学法”的理论著述，在这个阶段都有了可观的、令人鼓舞的进展。乃至1949年春，华北人民政府教育部成立教科书编审委员会，叶圣陶建议把原来定名为“国语”和“国文”的学科名称改称为“语文”，确认“语文”一科的教学目的在于对学生进行书面语和口头语的全面训练，并由叶圣陶本人草拟出《中学语文科课程标准》，由蒋仲仁草拟出《小学语文科课程标准》，我国的语文学科便进入了一个新的发展阶段。

以上所述，是新中国建立以前近半个世纪中语文学科发展、演变的基本轮廓。而语文学科就其性质而言，是整个教育大系统中的一个重要组成部分，它的形成和发展必然与整个教育思想的更新和教育体制的演变相联系；就它的教学内容而言，它又离不开语言和文学，离不开语言文学中渗透着的政治思想和道德观念，因而它的发展又必然同我国汉语汉文的发展、同政治思想和道德观念的发展紧密相联系。所以，对于我国现代语文教育的发展演变，还必须要放在我国整个民族文化发展的大背景之下来加以考察，才能了解其外部的和内在的动因。

在这近半个世纪的岁月里，我国的整个民族文化发生了前所未有的巨大变化，而以下几个方面的变化又与语文教育的发展有着更为直接的联系：

首先是传统教育经受着时代的严格筛选。

我国的传统教育具有几千年的悠久历史。到19世纪末、20世纪初，传统教育中的糟粕因时代的不断前进而日益显出它的腐朽性和落后性。封建的传统教育，旨在培养少数的、不同层次的封建官吏。可是到了19世纪末，时代的要求是除了官吏以外，还需要有办实业的人、会采矿筑路的人、会制枪造船的人、能教书的人、能跟外国人打交道做买卖的人等。新教育的宗旨是在培养为发展现代社会所需要的各种各样的人才。这样，原来封建传统教育的宗旨就因不能适应时代需要而终于被人们所抛弃。封建传统教育的教学内容，主要是四书、五经和科场八股。这样的教学内容显然是服从于并服务于它原有的教育宗旨的。现在，新教育的宗旨变了，它要求培养“完美的人格”，要求培养适应现代生活的各种不同的人才，教学内容自然要彻底更新。现代分科教学的实施，语文教材中知识说明文和程式应用文的增加，正是对传统教育教学内容的扬弃和否定。封建传统教育的教学方式主要是个别教授，它适应教育为少数富家、官宦子弟服务的宗旨；而在20世纪的历史新时期，普及教育已成为时代发展的新的潮流，班级集体授课制取代个别教授制乃是历史发展的必然。封建传统教育的教学方法主要是讲解（教师）和记诵（学生）。在新的时代，资产阶级标榜“个性解放”“个性发展”，无产阶级要求“人的全面发展”，尽管前者和后者所要求的“发展”有本质上的区别，但反对束缚儿童的身心健康发展则是共同的。讲解—记诵的传统教学方法，用逐句串讲、死记硬背等僵化了的手段来窒息儿童的创造性，显然已违背了时代的要求。

当然，传统教育中也有精华。这些精华的部分，到19世纪末也已发展得相当充分。它的来源主要是两个方面：一是先秦以来一些重要思想家所提出的一系列带有朴素唯物主义思想和辩证因素的教育主张。我国古代的哲学家往往同时也是教育家，这同西方思想史上的情况十分相似。例如孔子的“学而不思则罔，思而不学则殆”“不愤不启，不悱不发”“知之者不如好之者，好之者不如乐之者”；孟子的“君子深造之以道，欲其自得之也”“梓匠轮舆，能与人规矩，不能使人巧”；荀子的“不闻不若闻之，闻之不若见之，见之不若知之，知之不若行之，学至于行而止矣”“不积跬步，无以至千里”；王充的“不学自知，不问自晓，古今行事，未之有也”“故口言以明志，言恐灭遗，故著之文字。文字与言同趋，何为犹当隐闭指意”；韩愈的“弟子不必不如师”“道之所存，师之所存也”，等等。这些古代先哲的教育主张，到19世纪末、20世纪初，已经被近现代许多学者所接受，并根据新的思想观点加以充分的论证和发挥。传统教育中精华部分的又一个来源，是古代学者对读书作文规律的自身体验的总结。古代的教育家又往往同时是大学者和大文章家。先秦诸子不必说，汉代的王充、扬雄，魏晋的刘勰、陆机，唐代的韩愈、柳宗元，宋代的朱熹、张载、陈骙，明代的宋濂、胡应麟、黄宗羲，清代的唐彪、王筠、康有为等，都是对读书作文规律有自己独到体验的人物，他们对读书作文之道所作的精辟概括，无疑也是传统教育中的瑰宝。

传统教育中所有这些有价值的东西，在历史发展的新时期，都成了一些有识之士探索语文教育规律的宝贵精神财富。

其次是我国的语言、文字和文学在这一时期经历了巨大的历史性变革。

在20世纪，汉字已不再是少数人手中的特殊工具，而是整个社会每个现代公民都必须掌握的基础工具。因此，汉字的简化、汉字拉丁化的试行、注音字母和国语罗马字的推广等，就是时代发展的必然产物。此外，日益频繁的人际交往，已不容许言文脱节的现象再继续存在，“言文一致”“以我手写我口”，成了现代社会的普遍要求。白话文的兴起，已经是不以人们的意志为转移的历史必然。“五四”时期，大量优秀的白话文学作品冲破了文言文一统天下的局面，使语文教材的更新有了客观上的可能性。同时，方言杂陈的现象也严重阻碍着新时代广泛而频繁的信息交流，因此“国语统一”“推广普通话”也成了社会各界普遍的呼声。随着语文工具普遍使用于人们日常的工作和生活，实用文体的重要性也日益被人们所认识。凡此种种，都为语文学科在新的历史时期绽放新蕾提供了现实的条件。

此外，更不容忽视的是，在这一时期资产阶级的进步教育思想和马克思主义的革命理论先后猛烈冲击着封建的传统观念，使人们对传统教育的观察和分析有了全新的、科学的思想武器。

在19世纪末，清政府中一批主持洋务的官僚，从维护封建专制统治的根本利益出发，竭力主张兴办“新学”。洋务教育尽管是封建买办性质的，然而它在实际上所产生的历史影响也是客观存在的：我国的新式学堂由此发端；西文、西艺、西政的引进，毕竟对长期封闭的封建旧教育以巨大的冲击；同时，还培养出了我国最早的一批留学生和一批具有资产阶级改良主义、民主主义思想的新型人才，他们中的许多人后来成了传播新思想、新文化的重要力量。

稍后，维新派领袖梁启超等人竭力鼓吹国民教育。他在《论教育当定宗旨》一文中指出："一国之有公教育也，所以养成一种特色之国民，使之结为团体，以自立竞存于优胜劣败之场也。……故有志于教育之业者，先不可不认清教育二字之界说，知其为制造国民之具；次不可不具经世之炯眼，抱如伤之热肠，洞察五洲各国之趋势，熟考我国民族之特性，然后以全力鼓铸之。"把教育看作是制造国民之工具，而不是制造官吏之工具，这对封建教育和买办教育而言，显然是一个进步，它代表着资产阶级在政治上要求独立、平等、民主的利益，后世的普及教育、义务教育等，正由此派生出来。

在我国，首倡美感教育的是蔡元培。蔡氏提倡的美感教育，从实质上看是一种世界观的教育，他认为人的世界观的形成，不能靠强制，而要靠美的感化。他的这一观点，对现代语文教育影响颇大，后世中小学语文学科中注重文学教育，特别是注重儿童文学教育，与他提倡的美感教育有着直接的联系。

"五四"时期，实用主义教育思想呈一时之盛，这当然与美国资产阶级教育家杜威的影响有关。倡导甚力者为胡适、黄炎培等人。黄炎培在《学校教育采用实用主义之商榷》一文中对德育、智育、体育作了基于实用主义的解说："所谓德育者宜归于实践。所谓体育者求便于运用。而所谓智育，其初步一遵小学校令之规定，授以生活所必需之普通知识技能而已。"黄氏批判了往昔的教育与实际生活相隔绝，学生受了那种教育不但多不能增进生活的能力，或竟失掉了生活的能力；他认为，实用主义教育旨在补救这种弊端，而使受教育者真正获得生活上必备的知识与技能。其后，黄氏又由实用主义教育思想进而倡导职业教育，提出"使无业者有业，有业者乐业"的职业教育宗旨。这些教育思想，由于强调教育与生活相联系、标榜教育的出发点在于获得生活上必需的知识和技能，因此在否定封建的、封闭的传统教育方面，具有不可忽视的积极意义。

与实用教育相联系的还有平民教育。平民教育的鼓吹者也是美国的杜威。这种教育思潮在我国传播也十分广泛，其代表人物分左右两派：左派以陶行知为代表，他提倡平民教育，旨在提高工农大众的政治、文化程度，并把教育革新作为政治革新的一种必要的助力；右派以晏阳初为代表，他接受了杜威的资产阶级政治观点，竭力把教育与政治分离开来，并认为只有先推行平民教育，才能实现平民政治。在这两派中，陶行知的思想和实践对我国现代语文教育的发展影响更大，如教材要注重实用，教学方法上讲究教、学、做三者合一，语文规律的掌握须凭借实际的练习，教科书编纂要注意生动性、通俗化等，无不与陶氏的倡导有直接关系。

平民教育向革命的、积极的方向发展便是所谓大众教育，这是在俄国十月革命影响下，在马克思主义革命理论指导下形成的人民大众普遍受教育的思想。这一思想的积极倡导者是李大钊、陈独秀、毛泽东、恽代英、陶行知等人。工人教育、乡村教育的蓬勃兴起，正是这一思潮影响的结果。在现代语文教育发展过程中，这种具有革命意义的教育思潮曾经成为抵制各种封建的、陈腐的、反动的内容渗入语文教材和教法的强大力量。

实验教育是“五四”时期由一些留美、留日的教育家从国外引进的一种新教育思潮。实验教育一般包括三个方面：一是办实验学校，如杜威的“实验学校”，凯兴斯泰纳的“工作学校”，托尔斯泰的“自由学校”等，在我国，一度也曾仿照国外的这一做法办起了大量的专以实验各种新教材、新教法的学校，如当年东南大学的附中就是这类学校。二是教法实验，如试行“五段教学法”“自学辅导法”“分团教学法”“设计教学法”，比较各种教法的优劣得失，等等。三是心理实验，如用科学方法进行阅读心理、写作心理、测验心理、书写心理等的实验研究。这些实验教育的理论与方法，在20年代和30年代曾经直接影响着我国语文教育的发展。

由此看来，研究和考察我国现代语文教育的发展，就不能不联系我国清末、民初以来政治思想和文化教育发展演变的大背景，其中直接有关的是：传统教育的影响、语文工具本身演进的影响以及各种教育新思潮的影响。只有了解了这个大背景，才能明白现代语文教育发展的来龙和去脉。当然，语文教育因为同政治的联系要远比其他学科紧密，因此它必然还要受到整个国家政治形势变化的影响，其中辛亥革命、五四运动、抗日战争、解放战争、社会主义新中国的建立等重大政治历史事件，对语文教育的影响尤其巨大，这是不言而喻的。

自 1949 年新中国成立起，我国的语文教育事业就在一个全新的社会政治条件之下开始了自己新的发展历程，成为中国共产党领导的整个社会主义事业的重要组成部分。作为党和人民的事业，新的语文教育确认自己的根本指导思想是马克思主义和毛泽东思想，根本的宗旨在于全面贯彻党和国家制定的教育方针，培养能正确理解和运用祖国语言文字、愿意为祖国的社会主义事业献身的新型人才。这样的基本特征，决定了语文学科所使用的教材，必须彻底清除一切封建的、陈腐的、反动的内容，代之以革命的、进步的、反映劳动人民的思想和生活、体现社会主义新风貌和新精神的内容，使语文学科在教育、教养和发展等方面都能充分发挥其应有的积极作用。这样的基本特征，同时也决定了学校语文教育必须以国家制定的教学计划和教学大纲为依据，在全国范围内实行统一的宏观管理，从根本上改变了旧中国各自为政的局面，从而保证了全国教育、教学质量的大致平衡。

当然，在社会主义新中国，党和人民对语文教育事业的领导、马克思主义和毛泽东思想在语文教育事业中的导航作用，决不意味着语文教育事业从此停止了发展；恰恰相反，它为语文教育事业的发展提供了空前未有的最优越的社会政治条件，开辟了空前未有的最广阔的发展前景。新中国成立以来，语文教育事业从获得新生到长足发展的几十年历史，充分证明了这一点。

说我国的语文教育事业在新中国建立以后的四十余年间，不但获得了新生，而且有了长足的发展，这并不是说在其发展过程中走的是一条毫无曲折的路。如同一切新生事物在其成长过程中总要经历风和雨的磨炼一样，社会主义的语文教育事业也是在前进中探索、在探索中前进，在面对种种新的矛盾、新的问题而不断寻找着克服新矛盾、解决新问题的过程中逐步发展的。其间，人们有时还会惊异地发现，在推进语文教育、探索语文教育新路的历程中，竟会碰到过去半个多世纪里面许多前辈已经碰到过、并且力图加以解决的相类似的问题。正如吕叔湘先生在为《叶圣陶语文教育论集》所写的序言中所说“现在有很多问题表面上是新问题，骨子里还是老问题”，所以叶圣陶在解放以前所写的“这些文章大绝部分仍然富有现实意义”。那么从这个意义上说，为了更好地解决我们当前所面临的一些现实的问题，还完全有必要去学习历史、研究历史，用马克思主义的观点和方法去总结和整理新中国成立以前我国语文教育发展的历史经验，从而为建设具有中国特色的、既符合科学化精神又体现民族化要求的新型语文教育开辟新路。

回顾过去，展望未来，历史为我们提供的是创造未来所应当借鉴的经验，而美好未来的实现，都要靠我们用智慧和毅力脚踏实地去工作。这应该成为我们从事社会主义语文教育工作的人的共识。

语文学科教育的百年步履*

这是个大题目、难题目，在世纪之交，却又是必须探讨的重要题目。应编辑部之邀写这篇短文，自知力不从心，但我有偷懒的办法：一是把“语文教育”定位在“语文学科教育”，口径缩小；二是抽取几个与当前语文学科教育改革联系较多的要点，说说个人的看法，角度集中；三是尽量少说“大背景”，紧紧扣住语文学科本身来探讨某些历史发展的轨迹，靠船下篙。

想完之后，提笔试着谈三个问题。

为什么教

这是有关语文学科的性质和任务问题。

对语文学科的性质和任务，近百年来人们的认识经历了一个曲折迂回而又不断接近完善的历史过程。这集中反映在对“语文是工具”这一命题的认识和理解上。

对“语文是工具”这一命题，不同历史时期有不同的理解、不同的历史内容。在清朝末年废科举、兴新学之前，也就是当语文学科还没有在中小学堂正式独立设科之前，语文也被认为是一种工具，那是被用来当作应试赴考、擢升仕途的工具，即用来叩开官宦之门的一块敲门砖。新式学堂成立，根据清政府1904年颁布的《奏定学堂章程》，在分科课程中定语文学科名称为“中国文学”（是为癸卯学制，一般以为是语文学科正式诞生之始）。当时受维新变法余绪的影响，语文作为一种工具，已经不单纯是追求功名利禄的

* 原载《中学语文教学参考》1998年第1、2期。略有删节。

工具，同时也为“从事于各项实业”的工具。直到“五四”前后，封建政体瓦解，共和政体建立，学校教育的宗旨改变为：（一）培养国民健全的人格；（二）发展共和精神。教育已开始摆脱封建主义腐朽绳索的束缚而成为旨在培养民力、开发民智的工具。辛亥后，蔡元培主持的教育部制定颁布的《中学校令施行规则》，其中对“国文”一科作了如下规定：“国文要旨在通解普通语言文字，能自由发表思想，并使略解高深文字，涵养文学之兴趣，兼以启发智德。”这一表述，显然是从当时日本的同类文件中搬来，但也确乎反映了认识上的某些进步：语文是自由发表思想的工具，是培养文学兴趣的工具，是启发智德的工具等。此后，在旧中国政府颁布的教育文献中，尽管文字上和表述方式上略有差异，但基本精神大致没有改变。在理论界，则各抒己见，如“语文只是人类生存必有之一种工具”（1923 年，穆济波），“语文为传达思想的工具”（1931 年，程其保）等，论述的角度不同而已。

在新中国建立以前，对语文学科性质和任务的认识，有两点值得重视：

一是 40 年代，陕甘宁革命根据地在马克思主义思想指导下，制定《初中国文课程标准草案》，其中对于语文学科的教学指导思想和具体目标作了如下规定：

> 本科教学的全部活动，必须贯彻新民主主义革命的立场、观点、方法，以达到下列具体目标：提高学生对大众语文和新社会一般应用文字的读写能力，掌握其基本规律与主要用途，获得科学的读、写、说的方法，养成良好的读、写、说的习惯——这是本科的基本目的。同时，适当配合各项课程，提高学生的思想认识，增进其他各种知识。

上述规定的特点主要反映在思想性、科学性和完整性三个方面。所谓思想性，就是它强调了语文学科教育必须以新民主主义革命的立场、观点、方法为指针。从这个根本指针着眼，在具体目标上突出要“提高学生对大众语文和新社会一般应用文字的读写能力”；同时配合其他课程，“提高学生的思想认识”。这就使过去一些资产阶级民主主义者着意追求的“培养国民健全的人格”的目标有了具体的现实内容和可靠的保证，使争论多年、悬而未决的言文关系、知能关系等问题得到了初步的解答。所谓科学性，就是它强调了要学生掌握大众语文和新社会一般应用文字的“基本规律与主要用途”，使获得的“方法”和养成的“习惯”，都符合读、写、说的科学规律。这是以往的各种“纲要”和“课程标准”中从未提出过的，即使在过去那些专家、学者的论文中也很少论及（国统区的进步学者群，如“开明派”人物曾经意识到这一点，但也似乎未能从理论上充分地阐述过这个问题）。所谓完整性，就是它既提出了语文学科教育的“基本目的”，又强调了要配合其他课程所该达到的其他目的，如提高学生思想认识和增进学生其他知识等。这样，把语文能力、思想认识和相关各科知识三者联系起来加以考虑，意识到了语文工具的特点和语文学科的综合性功能，又正确分清了它们之间的相互关系，提法上相对地完整了。其他如读、写、说并提和能力、方法、习惯兼顾，都体现了观点的周妥。

综上分析可见，陕甘宁边区所制定的这份《标准草案》，尽管是在革命根据地内实行的，但由于它在马克思主义指导下广泛吸纳了国统区内部分学者的进步观点，又深刻认识到语文工具的性质和特点，所以比较正确地反映了语文学科教育的客观规律，而且言简意明、表述合理，应该被认为是我国现代语文教育发展史上代表正确方向的、具有划时代意义的历史性文献。

二是南京国民党政府教育部在30年代颁行的《修正中学国文课程标准》提出了语文工具与传播文化的相互关系问题。其中，关于初中阶段的教学目标提到要“使学生从本国语言文字上，了解固有文化”“使学生从代表民族人物之传记及其作品中，唤起民族意识并发扬民族精神”；高中阶段规定为“使学生能应用本国语言文字，深切了解固有文化，并增强其民族意识”。且不说适应抗战时期的特点，强调“唤起民族意识并发扬民族精神”的必要，就是从语文工具与传播文化的相互关系而言，也是认识上的一大进步。所以，现在有人把“语文是重要的文化载体”这一提法看作是创新的观点是没有历史根据的，因为前人已经意识到语文工具与承载、传播文化的内在联系。

以上两点之所以特别值得重视，是因为新中国建立以后在讨论语文学科性质和任务的时候，凡是代表正确的一面的，都是继承了过去历史存留的重要观点，并结合新的现实加以发展的。今后也仍然应该把这些作为我们思考语文学科教育改革之路的宝贵财富。

教 什 么

这是关于语文学科的教学内容问题。

在20世纪初，尽管新式学堂已独立设置语文学科，但它不像数、理、化、生等课程可用外来译本作教材，所以无论是“词章”（1902年）还是“中国文学”（1904年）都还没有自己新编的课本。先从小学堂开始，专为小学语文学科编教科书，继而中学堂也不再沿用《御选古文渊鉴》《经史百家杂钞》等古文选本，而有了自己新编的教科书。但名为“新编”，也多半是传统诗文名篇的汇集或略加评点而已。

辛亥革命以后，这种状况开始有了改变。值得注意的历史轨迹有如下几点：

一是书面语的分化。语文学科是以语言文字的特点及其运用规则为教学内容的，所以语言文字的发展演变必然要影响到它的教学内容。书面语有两种，一种是完全脱离口语的，即文言；一种是接近口语的，即白话。辛亥革命以后，特别是“五四”以后，口语化的书面语，在交际领域逐步取代了文言，以至占了统治地位。文言文除了在少数场合还运用以外，多半成了一部分知识分子接受历史文化遗产、提高自身文化素养的媒介。于是在中小学里，语文学科的教学内容形成了这样的新格局：低年级（主要指小学和初中）以学习口语化的书面语为主；高年级（主要指高中）以学习文言为主。从总体上看，是言文并存。这种状况延续到了今天。言文并存，必然要带来这样一系列问题：言文比例问题、言文编法问题、言文取舍标准问题等。

二是口头语的分化。传统的语文教育是不重视口头语训练的，新式的语文学科教育开始在学习书面语的同时逐步重视口头语的训练。“五四”以后，以北京话为标准语音的普通话（“五四”时期称“国语”），在正式的口语交际场合取代了各地方言，各地方言则在特定地域内继续存在。于是，中小学的语文学科教育中，通过汉语拼音字母的学习和运用，大力推广普通话。“五四”时期，黎锦熙等人研究“话法”教学，引起普遍重视。这个问题，在旧中国尽管有人呼吁，有人倡导，但很少实绩。新中国成立以后，直到今天，推广普通话仍然是个艰巨任务。面对新世纪的到来，在社会交际日益频繁、人机对话将成为现实的形势下，对中小学生进行普通话的训练，争取在大面积上取得成效，将是我们这一代语文教育工作者的历史责任。

三是语文功能的分化。语文工具的社会功能，在语文学科诞生之前，是比较单纯的，学习文言诗文是为了求取功名，所以只要学习一些科场需要的八股文和诗词歌赋的作法便足够。“五四”以后，语文功能有了明显的分化：文艺文以抒写个人情怀和描述社会百态为特点，语言讲究形象、生动、传神；实用文以记录社会实况、说明事物性状、论述思想观点等为特点，语言讲究准确、简明、得体；由于平民教育、职业教育等教育思想的影响，语文作为社会交际工具的功能日益受到重视，所以应用文的读写训练被列入语文学科教育的教学内容。又因为文艺文有认识生活和陶冶性情的作用，在语文学科教育的教学内容中仍占有重要的地位。这三类不同的语文运用形式的并存，必然也要带来比例问题、编法问题、取舍标准问题等。

四是语文知能的分化。语文学科诞生之前，学语文只是读文和作文，并不重视语文知识学习。“五四”以后，读范文和学知识分化成两条线，在诵读中感悟和在学习语文知识中逐步掌握规律成为语文教学内容的两个重要方面。教科书已改变专选范文的旧格局，形成在范文中穿插编排语文知识专题短文的新格局。语文能力需要在实际运用中逐步培养，语文知识需要在实际运用中消化吸收，于是在教科书中增加作业练习成为必要。新式教科书形成范文系统、知识系统和作业系统是历史发展的结果。至于新中国成立以后，特别是改革开放以来重视学生语文自学能力的培养，在教科书中增添了指导学生自学的内容，构成了一个有自身特点的导学系统，那就进一步丰富了教学内容。

五是语文测试的分化。以一篇作文为语文测试项目的单一方式，是旧式八股科举科场的遗物，新式学堂成立之初还没有完全取消。辛亥革命以后，这种单一的测试方式开始有所改变，直至“五四”时期，阅读、写作、语文基础知识多项结合的综合测试法逐步推行，逐步完善。又由于国外教育界流行的较为科学的测试评价标准和方法的引进，给分方式也从主观评价的单一计分法逐步改变为主客观结合、平时成绩与测试成绩结合的多项计分法。

怎 么 教

这是关于语文学科教育的教学方法问题。

新式学堂兴办以前，我国的传统教育，在教学的方式上主要采用个别教授方式，在教学的方法上，主要是教师讲解、学生记诵的方法。新式学堂兴办以后，个别教授的学馆制被集体教授的班级制所替代，但在教学方法上，特别是语文学科，仍沿用过去重讲解、重记诵的传统方法。这种传统方法，由于重在教师的讲解，因此是单向的灌输；重在记诵，因此是带强制性的死记硬背。这无疑是对学生身心发展的束缚。辛亥革命以后，资产阶级民主主义思想抬头，过去那种严重束缚青少年个性发展的传统教学方法，同追求个性解放、个性发展的时代潮流越来越明显地发生了抵触。努力冲破这种束缚而谋求一种新的、有利于青少年身心健康发展的教学模式，就成了从事新教育的人们所迫切关心的问题。

1913年、1921年先后两次到中国来考察教育的美国教育家孟禄发表《对于中国教育意见的概要》一文，其中说到："中国今日的中学教学方法，是一种讲演式的教授法，学生居于被动的地位，无自动的精神……现在美国教育最新的趋势，不仅使学生自动参与学习历程，并进一步使学生自动解决具体的问题……中国今日的教学法，譬如踢球，只教学生研究踢球方法，不叫学生自己踢球。""我希望中国学生要努力启发自己的能力，在讲堂上务必要极力发展自己的本能，去问，去研究，去想；能够这样，他日在社会上就可运用这种学识能力做出种种事业来。"

我之所以要引述这位资产阶级教育家当年考察中国教育后留下的意见，是为了说明两点：（一）学生处于被动状态的课堂教学确实由来已久；（二）资产阶级教育家尚且能在考察之后提出种种殷切希望，我们自己岂能安之若素？

事实上，我国教育界有识之士并未安之若素，而是在美国、日本等国先进教育思想影响下进行了种种语文教学革新尝试。程序教学法、活动教学法、设计教学法、道尔顿制教学法、分团分组教学法等，都有人进行过实验研究，但终于因为试验者忽视了汉语汉文的特点以及中国的特殊国情而先后宣告失败。能在吸收国外先进的教育思想的同时，继承和发展传统教育中的精华，并结合自身的读写实践经验而创造性地予以设计的，当推叶圣陶先生倡导的“导儿学步”教学法，或者叫“引导教学法”。

“导儿学步”教学法是在自动主义的现代教育思想和“道而弗牵”的传统教育思想启发下创立的一种新教法。自动主义强调要让学生独立学习、独立思考、独立作业；“道而弗牵，强而弗抑，开而弗达”（引导学生学着走而不是牵着学生走，策励学生自己走而不是推着学生走，启发学生自己去探索而不是代替学生作出结论）的传统教育思想，要求教师善于启发、引导，既不放任自流，又不包办代替。

“导儿学步”教学法的完整构想，应该说最早形成于40年代，其代表者是叶圣陶。当时，叶圣陶、朱自清在设想阅读教学方法的时候，提到了这个比喻，说：“学生从精读而略读，譬如孩子学走路，起初由大人扶着牵着，渐渐的大人把手放了，只在旁边遮拦着，替他规定路向，防他偶或跌跤。大人在旁边遮拦着，正与扶着牵着一样的需要当心；其目的唯在孩子步履纯熟，能够自由走路。”（《略读指导举隅·前言》）

“导儿学步”教学法，在语文课堂教学结构上体现为纵向结构的改革和横向结构的改革。所谓纵向结构改革，就是把阅读教学的过程处理成学生独立阅读（预习）—师生共同阅读（报告与讨论）—学生在理解基础上再次独立地深入地阅读（练习）的过程，把写作教学的过程处理成构思—起草—修改的全程训练的过程。所谓横向结构改革，就是把阅读课分成精读课（举一）和略读课（反三），把写作课分成作文课和练笔课。由此推而广之，形成课内学知识、学规律，课外练眼力、练腕力的生动局面。

新中国建立以后，直至改革开放的历史新时期，语文学科的教法改革呈现出百花齐放的喜人形势，以独具特色的教学艺术而为国内同人推崇的特级教师令人瞩目，小学语文界的斯霞、霍懋征、袁瑢、李吉林，中学语文界的于漪、钱梦龙、徐振维、欧阳代娜、魏书生、章熊、宁鸿彬、陈钟梁、蔡澄清、洪宗礼、朱泳燚，犹如群星灿烂，熠熠生辉。以研究这些全国著名特级教师的教学思想、教学艺术、教学风格为内容的各种专著、丛书，应运而生，为推动全国语文学科的教法改革树立了榜样。

以上从“为什么教”“教什么”和“怎么教”三个方面对中国语文学科教育的百年步履作了粗略的概括。然而，就中国的特殊国情而言，20世纪是由半封建半殖民地向社会主义民主独立逐步过渡的时期，是由分裂到统一、由黑暗到光明、由战乱频仍到和平建设的转轨时期，因而在语文学科教育领域，新的、进步的东西与旧的、陈腐的东西相互冲击又相互交织；更由于语文学科特殊的复杂性和根深蒂固的历史积淀，以及很不平衡的地域差异，使它的改革进程就大面积而言显得相当缓慢。有些问题，长期以来人们已经意识到，但在实践上并未找到科学的、合理的解决办法；有些问题，历史上已经积累了一些有益的经验，却在“全盘西化”或“历史虚无主义”的影响下，婴儿与污水一起被倒掉。择其要，列举如下：（一）汉字教育被严重地忽视；（二）精读与博览不能兼顾；（三）作文的全程训练未能普遍做到；（四）课堂上教师的烦琐分析和简单问答仍然挤占了学生的独立阅读时间；（五）口语交际能力的培养仍摆不上应有的位置；（六）语文教科书编制的科学化问题没有找到较为理想的解决方案；（七）语文知识教学与语文实际运用脱节；（八）“学语文主要是应付考试”这种倾向越来越严重；（九）现代化教学手段还没有在教学中发挥它应有的作用；（十）学生语文实际水平的科学评价体系还没有真正形成。

面对新世纪的到来，语文学科教育的改革和发展还任重道远。

围绕语文课程标准展开的讨论*

一

在 20 世纪的最初年代，指导学校教育的法规，有所谓课程纲要和课程标准。这是从日本借用的名称。课程纲要，近乎是现在所说的教学计划；课程标准，相当于现在的教学大纲。在我国现代语文教育发展史上，严格意义上的语文课程标准是在 1923 年由当时的全国教育会联合会下属“新学制课程标准起草委员会”讨论制定，并颁布试行的。在此以前，无论是 1904 年的《奏定学堂章程》，还是 1913 年的中小学《课程标准》，都因为规定的内容简单笼统，语焉不详，不能算是具有规范作用的课程标准。

所谓课程标准，其完备的形式应该简要地反映该学科“为什么教”（目的）、“教什么”（内容）、“怎样教”（教法）和“最低限度”（程度）等项基本内容。这些内容，是一门独立的学科在教学实践中所必须解决的重大原则问题。对于这些问题，国家教育行政部门要通过法定文件加以阐述；专家、学者们也得进行研究、讨论和试验。前者，反映国家在一定时期对该学科的性质、任务、教学宗旨和教学目标的确认，它对实践具有一定的约束力；后者，只是反映个人对该学科有关上述问题的认识和见解，对谁都只有启发、借鉴作用而没有任何约束力。当然，国家制定的文件，也必然要吸收某些专家、学者的理论观点，并使之成为一种相对稳定的、人人均应遵循的认识成果和行动规范；而且，这种认识和规范也必定要随着实践的发展和人们对学

* 本文在《现代语文教育史札记》中原分上下两篇，现合并为一篇。略有改动。

科本身认识的日益深化而不断变化和更新。1923年制定的语文课程标准正是在新旧教育思潮激烈交锋、教育革新派对语文教学领域各种问题展开充分讨论的背景之下产生的。

蔡元培、刘半农、梁启超、胡适等人对语文教育问题的理论观点或实践尝试，已有专文评述，这里所要着重介绍的是20年代初期围绕语文课程标准所展开的讨论，以及这些讨论对课程标准制定的影响。

从课程论的角度，对语文科的教学作宏观的研究，首先要解决的是“为什么教”的问题，即教学目的问题。1912年，当时的教育部公布了《中学校令施行规则》，对语文科的教学目的作了如下规定：“国文要旨在通解普通语言文字，能自由发表思想，并使略解高深文字，涵养文学之兴趣，兼以启发智德。”这个教学“要旨”，沿用的是日本当时语文科规定的目标，不过，它针对我国传统教育的弊病而提出，还是为历史提供了一些新的东西，即：(1) 突破了过去读文只是为了作文的狭隘圈子，使“通解普通语言文字”和“略解高深文字”成为教学的重要目的之一，读和写兼顾了起来；(2) 突破了过去作文必须重复、疏解、发挥圣贤之说的严重桎梏，把“自由发表思想”列为教学的又一重要目的，使语文用来表达个人的思想感情成为可能；(3) 突破了过去读文作文只是拘囿于少数圣经贤传的古奥殿堂，让一般意义的“文学”列入了教学目的，使之成为“启发智德”的重要媒介。不过，《中学校令施行规则》中规定的这些“宗旨”，写在纸上冠冕堂皇，考察实施情况却不免南辕而北辙。这主要是因为当时语文科所学的“语言文学”，还纯粹是文言，所谓“普通”与“高深”只不过是近代文言文与古代文言文的区别而已。语言文字既脱离了现实中人们习用的口头语和白话文，那么“自由发展思想”云云也就只能是一种理想。至于“兼以启发智德”一说，含义也比较笼统。所以，为了根据当时新的教育思潮科学地制定出语文科的课程标准，首先必须对语文科的教学目的重新加以探讨。

1921年任商务印书馆编辑、《教育杂志》社编辑主任的周予同（1898—1981），为组织课程标准的讨论，在1922年《教育杂志》第14卷特发“号外”专辑。他本人在专辑上发表《新学制的国文课程》一文具体贡献了他的主张。在此之前，他在第14卷第1号上曾发表《对于普通中学国文课程与教材的建议》一文，对中学语文科的教学目的陈述了自己的观点。周氏首先肯定：“中学校是普通教育，是大学或专门教育的预备；不是狭义的职业学校，也不是大学的文科。中学生在学问上，是预备升学的；在社会上，是养成一个完全的人。”根据这样的认识，他提出了“一个中学国文的理想标准”，即：“A. 人人能用国语或浅近的文言，自由而敏捷地发表思想情感，或记述事实，绝对没有文法上的错误。B. 人人能懂得中国文学和学术变迁的大概。”周氏的这一表述有这样一些特点：(1) 强调“国语”和“浅近的文言”并重；(2) 强调发表的“敏捷”性；(3) 强调“文法”知识的正确掌握；(4) 强调中国文学史和学术思想史的初步了解。但它也有明显的不足：(1) 相对而言，重写轻读，重写轻说；(2) 国语或浅近文言，不分主次，并认为中学生也应该会写浅近的文言文；(3) 把文学史和学术思想史的掌握同语文工具的掌握摆在同等重要的位置；(4) 忽视了中学生的品德教育，这是从《中学校令施行规则》后退了一步。

这里牵涉到四个重要问题：一是培养中学生文言文的写作能力应不应该列入教学目的？二是培养和提高中学生的口头表达能力应不应该列入教学目的？三是陶冶和锻炼中学生的思想品德应不应该列入教学目的？四是文学教育在中学语文教学中的地位应当怎样看待？

对于前面三个问题，“五四”以前在教育界高举革新旗帜的浙江一师就曾提出过自己鲜明的主张，他们在自拟的《国文教授法大纲》中规定：“目的 1.——形式的。使学生能够了解用现代语或近于现代语——如各日报杂志和各学科教科书所用的文言——所发表的文章，而且能够敏捷、正确、贯通。目的 2.——形式的。使学生能够用现代语——或口讲，或写在纸上——表现自己的思想感情，而且要自由、明白、普遍、迅速。目的 3.——实质的。使学生了解人生的真义和环境的现状。学校各种科目，无非是一种做人的工具。所以国文科的内容，也应该注重人生和环境，使学生能够了解做人的道理。”浙江一师诸同人的这一表述，确实为历史提供了不少新的东西；(1) 强调用现代语或近于现代语的文言进行阅读，达到敏捷、正确、贯通，是阅读教学的目的；至于写作，则一律用现代语，因此，文言文写作不是教学目的。(2) 现代语的应用，不光是纸上能写，还得要求口里会讲，把口语表达能力提到应有的位置上来。(3) 强调学语文就是学做人，重视学生的思想品德教育。但这一表述也有缺陷：(1) 忽视文学教育；(2) 忽视文法、修辞等语言教育。

1920 年，陈启天在《少年中国》上发表《中学的国文问题》，详细地阐述了他对语文科教学目的的见解。他把语文科的教学目的分为“主目的”和“副目的”。他所拟定的主目的共三项：一是“要能说普通言语”。即要教会学生用国语流利地说话，有意而能直接用口道出，没有语法上的错误。二是“要能看现代应用文和略解粗浅美术文”。他认为中学生只要能看现代应用文就够了，不必学专门的骈文和古文。此外，中学生还要能看点美术文，如古典诗词，为的是“涵养性情，兼启发文学上的兴趣”，所以只须“略解粗浅的”，就可以了。三是“要能做现代的应用文”。他强调“中学生顶好完全学白话文”，但也指出“浅近文在现在还有一部分的势力——升学和别的需要——不得不兼学浅近文”，所以在写作方面，应以学写现代的白话应用文为主，兼学浅近文言的应用文。陈氏规定的副目的有两项：一是“要启发思想，锻炼心力”。他认为旧式国文教学，“学生死读和先生死讲”，“弄得学生思想闭塞，心力迟钝”，弊害严重，所以他强调“国文教授中应该注意促进学生的思考力、观察力、批评力、研究力等，使他们得到求学和做事的无上工具”。二是“要了解和应付人生和自然”。他认为学校中修身、历史、法制、经济等科，“是使学生了解和应付人生的”；物理、化学、生物等科，是“使学生了解和应付自然的”；地理则“是供给学生人生与自然相关的知识”；而“国文教授也是帮助这些科学，使学生对于人生和自然了解的程度加深，应付的能力加大”。陈氏的这一表述，其价值主要在于：(1) 将语文科特有的教学任务，列为主目的；将语文科与其他各科共同肩负而语文科又有其特殊功能的任务，列为副目的。这样，就把语文科的多种教育教学任务，分清了主次，鲜明显示出其间的区别和联系。(2) 第一次明确地提出了发展学生智力（心力）、训练学生思维能力的重要任务。(3) 把普通话的口语表达和现代应用文的读写能力，提到了十分显著的地位。(4) 注意到语文学科与其他学科之间的联系。但是，从陈氏的表述中，我们也分明地看出，他在强调应用文的同时，多少忽视了文学教育的因素。

在上海吴淞中国公学进行教学改革的孙俍工，是 20 年代初提倡白话文和文艺文教学的激进派人物，他在 1922 年提出了他们这一派人物所拟制的语文科教学目的，共三项：（1）人人有迅速阅看国语书报的能力，以启发思想；并且了解现代思潮的大概。（2）人人有精密鉴赏国语文艺的能力，以培养美的感情；并且了解它的变迁和性质。（3）人人能用国语自由地明确地敏捷地发表情思，记叙事物。孙氏的这一表述，显然吸纳了当时革新派的一些较有价值的观点，如语文能力培养和思想教育、美感教育的结合，重视文学的变迁和性质的了解，强调发表的敏捷性等。但这一表述的独特之处也十分明显，即：（1）强调言文一致，把国语的教学和普及列为新时代语文科的根本目的；（2）强调国语文艺的鉴赏，把现代新文艺的教学列为教学目的。正如孙氏所一再申述的："我们为赏鉴文艺而注重文艺，为稳固白话文的基础而注重文艺，为调济生活而注重文艺。"他把中学语文科中加强新文艺教育看作是巩固和发展"五四"新文学运动历史成果的重要战略步骤来看待。他的这种见解，尽管因为无视我国古代优秀文学精品而显出某种偏颇，但在面对"桐城谬种""选学妖孽"时时都有卷土重来危险的当时，还是富有锋芒的卓越识见。

新学制的语文课程标准，正是在这样的讨论基础上制定的。当时主持此项工作的是胡适，具体草拟课程标准草案的，初中段为叶绍钧，高中段国语科为冯顺伯，高中段国文科为穆济波。关于教学目的，1923 年《课程纲要》中作了如下表述：初级中学——1. 养成自由发表思想的能力。2. 养成看平易古书的能力。3. 能使学生作文法通顺的文字。4. 引起研究中国文学的兴趣。高级中学——1. 培养欣赏中国文学名著的能力。2. 增加使用古书的能力。3. 继续发展语体文的技术。4. 继续练习用文言作文。这一表述无疑是以胡适的主张为蓝本的，它同 1912 年《中学校令施行规则》相比，确实前进了一大步。首先，它分初中、高中两段来制定教学目的，显出了两个不同阶段在教学目的上的区别和联系，既反映了教学的阶段性，也反映了教学的连续性，使教学的循序渐进有了依据。其次，它肯定了语体文读写训练在中学语文教学中的突出地位，使"自由发表思想"有了保证。此外，从初中到高中，它都强调了文学教育因素，既重视现代新文学，也重视古代旧文学；

还给予文法一定的地位。而且，从现代教育观点来看，上述教学目的专注于语文能力的培养而不强调语文知识的灌输，也是一大进步。然而，它毕竟还有缺陷：(1) 初中要求学生会“看平易的古书”，高中要求学生“增加使用古书的能力”，初高中都要学作文言文，在文言文教学方面提出了过高的、不切实际的要求。(2) 完全漠视了语文科在培养学生思想品德和发展学生智力方面的作用。对上述缺陷，就连穆济波本人也曾于事后激烈加以抨击，认为这个课程标准所规定的教学目的，将“教”与“育”分离，将读古书列为要旨，是重大错误，“此种错误，若不加以修正，将来影响于中等国文教学前途，其为害正不可细计”。穆氏认为中学语文科的教学目的，概言之，就是一句话：“养成有思想、有作为、有修养，在中等教育范围以内，有充分使用本国语文技能的新中国少年。”他并据此自拟了初中、高中分年级的“具体升学标准”。(参见《中学校国文教学问题》,《中等教育》第 2 卷第 5 期)。穆氏是 20 年代东南大学附中国文教学改革实验的主力之一，他的主张在当时有一定的影响。

1929 年，南京国民党政府教育部公布了《中小学课程暂行标准》。这是以政府教育部名义颁行的、具有法规性质的第一个体例较为严整、内容较为周详的课程标准。其中语文科的初中部分，由孟宪承、刘大白等人草拟，高中部分由孟宪承和胡适草拟。这个课程标准的基本项目和内容要点，大致沿袭 1923 年《纲要》；但也反映了时代发展的某些痕迹。其中规定的中学语文科教学目的是：初级中学——(1) 养成运用语体文及语言充畅地叙说事理及表达情意的技能。(2) 养成了解平易的文言文书报的能力。(3) 养成阅读书报的习惯和欣赏文艺的兴趣。高级中学——(1) 继续养成学生运用语体文正确周密隽妙地叙说事理及表情达意的能力，并依据学生的资性及兴趣，酌量兼使有运用文言作文的能力。(2) 继续培养学生读解古书的能力。(3) 继续培养学生欣赏中国文学名著的能力。这一表述，有三点值得注意：首先，它确认中学语文科无论初中还是高中，都以提高用语体文来叙事说理、表情达意的能力为主要目的；至于用文言作文的能力，不作普遍要求，只依学生的资性及兴趣，酌情予以培养。这是对坚决反对中学生学写文言文的新派人物的某种让步，从时代发展的趋势看，无疑是认识上的进步。其次，它把“语言”能力（即口语表达能力）的训练、培养和提高，首次明确列入了中学语文科的教学目的。在过去，说话的训练只有在小学语文科中有人提出并实行过，如叶圣陶。在中学语文科中，胡适提出过，陈启天提出过，浙江一师的同人也提出过，但都属一家之言。现在政府教育部颁发的文件上这样明确规定，应当说是难能可贵的。再次，它在阅读方面提出了“了解平易的文言文书报”和“养成阅读书报的习惯”的要求，把范围从1923年《纲要》的拘囿于“古书”扩大到一般书报，重心移到了实用方面，而且把目标从过去局限于“能力”发展到“养成习惯”，注意了学生智能的培养，这些都是前进的迹象。只是阅读的对象仍着重在文言文，仿佛现代语体文并无阅读与欣赏的价值，这种偏见并未根除。这同孟宪承（1894—1967）当时所持的观点有关。孟氏在评论叶圣陶所编的初中国语课本时曾说：“我则以为在初中里，除文典上要讲通语法文法，示例应当并重；与补充读物，当然语文并行外，其文学读本教材，应当以纯粹的中国文言文学为主体，语体文不必选，翻译文就更不必选。”他认为文艺界尽管可以倡导白话文学，但“决没有因为文艺界盛唱一种思潮，便令全国12岁至14岁的学生，不能尽量享受固有的粹美的文学遗产之理”。（见《初中国文教材平议》，《教育与人生》1924年第28期）孟氏既然认为只有古代文言作品才是“粹美的文学”，那么谈阅读当然只局限于读“文言书报”，读文言的文学作品了。这种观点，在旧中国的语文教育界占有相当的势力，其在国统区的影响一直延续到新中国成立的前夕。

在“官方”文件中，1929年《中小学课程暂行标准》的基本格局几乎成了后来各个时期同类文件的一个模式，纵有修订，也无关宏旨。但在“民间”，各派观点的论争则始终存在。在教学目的问题上，坚持复古的和坚持革新的，重在鉴赏的和重在实用的，强调语言的和强调文学的，主张文白兼顾、不分轻重的和主张文白兼顾、须有侧重的，标榜内容第一的和标榜技术第一的，如此等等，众说纷纭。而在中国共产党领导的解放区里，在语文科教学的目的问题上，无论是理论和实践都解决得比较圆满。综上所述，从20年代开始，围绕语文课程标准的制定，在教学目的这个根本问题上，人们的认识经历了一个曲折迂回而又不断接近完善的历史过程。回顾这一过程，对我们在新的历史条件下继续探讨语文科的教学目的和任务，以期得出既符合国情又符合语文科教学规律的结论，无疑是有启迪作用的。

二

20 年代围绕语文课程标准展开讨论的又一个重要问题，是“教什么”，即教学内容问题。“教什么”同“为什么教”有密切联系，教学内容直接受制于教学目的，所以讨论教学内容问题实际上是讨论教学目的问题的深化和具体化。

从制定课程标准的要求来说，所谓教学内容主要指如下两项：一是课程设置（或叫学目设置、学程设置），二是教材大纲（或叫教材支配）。

1902 年《钦定中学堂章程》规定的教学内容共四项：（1）作记事文；（2）作说理文；（3）学章奏传记诸体文；（4）学词赋诗歌诸体文。当时实行四年制，顺次学来，每年一项。这样的教学内容与“词章”的学科名称是适应的；只是表述得非常简略。1904 年《奏定中学堂章程》，学科名称改“词章”为“中国文学”，学制由四年制改为五年制，其教学内容规定为读文、作文、习字以及有关“中国古今文章流别、文风盛衰之要略，及文章于政事身世关系处”等文学史知识。安排如下表：

学年	程度	每星期钟点
一	读文　作文　相间习楷书行书	4
二	读文　作文　相间习楷书行书	4
三	读文　作文　相间习楷书行书兼习小篆	5
四	读文　作文　相间习楷书行书兼习小篆	3
五	读文　作文　兼讲中国历代文章名家大略	3

学目设置已初具规模，兼讲中国历代文章名家大略，已涉及文学史的知识，是新增内容，并为“中国文学”一科所必需。

1912 年《中学校令施行规则》对四年制中学语文科的教学内容作了这样的规定：“国文宜首授以近世文，渐及于近古文，并文字源流、文法要略，及文学史之大概，使作实用简易之文，兼课习字。”1913 年又公布《中学校课程标准》，其中语文科的教学内容列表如下：

第一学年		第二学年		第三学年		第四学年	
周时	教学内容	周时	教学内容	周时	教学内容	周时	教学内容
7	讲读　作文 习字：楷书 行书	男 7 女 6	讲读　作文 文字源流 习字同前学年	5	讲读　作文 文法要略 习字同前学年	5	讲读　作文 文法要略 中国文学史 习字：行书 草书

与奏定《章程》相比，增加了文字源流、文法要略两个学目，习字训练中减去小篆，增添草书，开始重视语文基础知识的教学，而且内容渐倾向于实用。语文科的周学时，男女有别，第二学年男 7、女 6，是为新例。

“五四”前后，国语统一、言文一致的呼声日高，人们对语文科的性质和教学目的在认识上也有所发展，于是针对 1912 年《中学校令施行规则》规定的教学内容展开了讨论。除了胡适以外，发表意见较为系统的有周予同、沈仲九、穆济波等人（叶圣陶、吴研因等人的意见，主要针对小学语文科而发）。

首先是课程设置问题。周予同在 1920 年曾撰文指出：在《中学校令施行规则》和《中学校课程标准》中规定的学目共五项，其中有三项可以不必列入，即：习字、文字源流和文学史。关于习字，周氏说：“习字的意义有两层：一为应用的，一为美术的。就应用方面说，我以为习字的任务应该让国民学校和高等小学去负担，决不必延长到中学第三年级。……就美术方面说，我以为中学生无学习的必要。”关于文字源流，他的意见是：“文字学是很有价值的学问，但也是很烦琐很不易研究的学问。编二三万字的教科书，要把形音义的构造和变迁说得明了，这是妄想。……所以我主张这一科让大学预科去担负；不过在中学三四年级的时候，教授几篇关于文字学的文章，如章炳麟《说六书》、许慎《说文解字叙》等，使学生明了六书形义的大概就是了。”关于文学史，他完全赞同胡适的看法，认为不先懂得一点文学，就读文学史，光记得历史上有哪些作家的名字，却不知道他们的著作，是并无多大用处的。至于文法要略，他主张要“大大地扩充”，认为“文法学是中学国文中最重要的科目”，其内容应包括国语法、国文法、修辞要略；此外，论理学大意“是和思想及言语的组织很有密切的关系，所以也应该提早教授”。周氏还根据自己的设想，为四年制中学草拟了这样一份课程支配表：

年级	学目及每周学时				
一	国语文（3）	国语法（1）	作文（1）	阅书质疑（1）	
二	文言文（2）	国文法（1）	作文（1）	阅书质疑（1）	
三	文言文（2）	修辞要略（1）	作文（1）	阅书质疑（1）	
四	文言文（1）	日用文法式（1）	作文（1）	阅书质疑（1）	论理学大意（1）

周氏的设想，有两点对后来课程标准的制定有切实的贡献：一是扩充了文法要略的内容，使语言基础知识的内涵扩展为现代汉语、古代汉语、修辞、应用文法式和论理学大意，内部构成因素较为完备；二是同意胡适重视“看书”的观点，却又婉拒胡适忽视“讲书”的偏颇。认为“讲书”仍有存在的价值，但光“讲书”而不注重“看书”，弊害也大，所以特为提出“阅书质疑”的学目，这就为后来规定“精读”和“略读”并举奠定了思想基础。（参见《对于普通中学国文课程与教材的建议》，《教育杂志》第 14 卷第 1 号）

1922 年，中学学制改为“三三制”，并实行分科制和选修制，即所谓“新学制”。这一学制的确立，对中学语文课程的建设提出了新的要求，学习年限由四年延长为六年，高级中学分普通科、师范科、职业科，在各科中学里又要实行选修制，这就势必要求语文课程提高程度、新增学目，以应需要。周予同针对这一新的情况，又重新提出了自己关于课程设置的建议：

初中普通科必修科：模范文、作文、阅书质疑、语法、文法、修辞要略、日用文程式

高中普通科必修科：模范文、作文、阅书质疑、文字学、中国文学史、西洋文学史、文学概论、国故概要

高中师范科必修科：同高中普通科必修科

高中职业科选修科：文字学、中国文学史、西洋文学史、文学概论、国故概要

一般选修科：国音学、新闻学

就语文科课程设置而言，不管初中、高中、必修、选修，总共设置 14 个学目。这就开了语文课程繁化分目的先声。

1923 年制定的《课程纲要》，就中学语文科的必修学目作了明确规定。其中，初中国语由叶圣陶拟制，列表如下：

<table>
<tr><th>学目及学分总分配（共 32 学分）</th><th colspan="3">各学年每周教授时间分配</th></tr>
<tr><td rowspan="2">1. 读书 {精读 14，略读 6} 共 20 学分
2. 作文 {作文与笔记 4，文法讨论 3，演说与辩论 3} 共 10 学分
3. 写字——————2 学分</td><td>第一学年
每周 6 时</td><td>第二学年
每周 6 时</td><td>第三学年
每周 5 时</td></tr>
<tr><td>读书 3
作文 2
写字 1</td><td>读书 3
作文 2
写字 1</td><td>读书 3
作文 2</td></tr>
</table>

联系叶氏在纲要中所作的文字说明，他在初中语文科的教学内容上提出的重要观点主要有如下几点：

第一，文言、白话混合教学，在选文比例上体现“语体文渐减，文言文渐增”的原则。初中阅读教材，文白比例大致是第一学年 1∶3，第二学年 2∶2，第三学年 3∶1。这种混合教学体制，一直为后来各个时期的“课程标准”沿用，只是文白比例略有参差而已。

第二，把“读书”一项分列为“精读”和“略读”两部分，其中“略读”部分性质与周予同的“阅书质疑”近似，是古代学者讲究精读与博览相结合的读书经验的具体运用。精读，用的是教科书中的选文；略读，用的是指定的专书。无论是精读的选文，还是略读的专书，都按循序渐进原则作了规定。

第三，把“作文”一项分列为定期的作文、不定期的作文和笔记、定期的文法讨论、定期的演说辩论等四个组成部分，规定作文除了通常的命题作文以外，还应包括“译文，笔记，演说，辩论，系统的文法研究，兼及修辞学大意”。这样，就在教学内容上突破了以往单纯以写文章为要务的藩篱，把书面语的训练和口语训练、文法修辞讨论和写话说话实践、课内写作和课外笔记等都结合了起来，大大扩展了教学的领域。

高中语文，分普通必修（称国语）和文科必修（称国文）两类制定纲要。普通必修的课程，由冯顺伯拟制；文科必修的课程，由穆济波拟制。二者综合如下表：

<table>
<tr><td>学目及学分总分配（共24学分）</td><td colspan="3">各学年每周教授</td></tr>
<tr><td rowspan="2">1. 普通必修——共16学分
（1）读书（2）作文（3）文法
2. 文科必修——共8学分
（1）文字学
（2）文学概论</td><td>第一学年
每周4时</td><td>第二学年
每周4时</td><td>第三学年
文科每周4时</td></tr>
<tr><td>读书2
作文及
文法2</td><td>读书2
作文及
文法2</td><td>文字学2

文学概论2</td></tr>
</table>

冯氏为高中普通必修国语课程拟制的《纲要》，在教学内容上有两点值得注意：

首先，在“读书”一项，定名为“文学欣赏”，这与孙俍工等人主张语文教学应重在文艺文的分析鉴赏不谋而合。而在“文学欣赏”中规定的教学内容，又以“最近文字”（即现当代文学）为主，按现代文学分类法，分散文、小说、剧本、新诗四大类系统讲授，所选的教材包括中外具有进步意义的作品。至于“古代文字”（即中国古代文学），则只学古典诗歌，以《诗经》《离骚》《古诗源》起，直到盛唐以后的优秀诗作。可见，冯氏是只承认古典诗歌属“文学”范畴，可置于“欣赏”之列；古典散文及古典小说一律不采。

其次，“作文”一项，定名为“文字制作”，其中除了结合讲授文法修辞知识外，着重在文字技术的研究。一律要求写文言文，不写白话文。为了要训练学生掌握文言文的写作技术，《纲要》规定要选古代散文中的典范作品供学生研读、借鉴。第一学年学论辩文，包括议论文和辩论文两类，选诸子作品及秦汉以后各家论辩文的精品为范例；第二学年学记载文，包括叙述文和描写文两类，选史传作品及秦汉以后各家记事状物写景之文的精品为范例。在文言文写作训练中，冯氏要求先学论辩文，再学记载文，与梁启超的见解相悖，值得注意。此外，冯氏还强调：“文学欣赏”专以欣赏之教学为旨，不涉及制作之练习；而“文字制作”，则专以制作之教学与练习为旨，不涉及欣赏；把读与写截然分开。

穆氏为高中文科必修国文课程拟制的《纲要》，是专为攻读文科的学生制定的，安排在高中的第三学年，从教学内容看，带有提高的性质。他设置的必修课程共两门，一是文字学，一是文学概论。这与周予同的主张正相反。但穆氏是从专攻文科的学生的需要出发来安排课程的，也不无理由。文字学，重在讲授音韵训诂知识；文学概论，除了讲授文学本身的特质外，着重讲授中外文学之变迁，即中外文学发展史概要；同时要求作中外文学之比较研究。

1923 年制定的国语、国文课程纲要，其中列述的初中、高中课程标准，尽管反映了各位拟制者的某些主观见解，但也多少吸纳了当时语文教育界一部分有识之士的看法，所以从总体上看是代表着那个特定时代人们对这门学科的基本认识。从教学内容方面考察，至少有下列各点是体现了新的时代精神的：(1) 在“读书”一项，无论初中还是高中，都是文言、白话兼授；而且重视了中外新文学优秀作品的选读。(2) 在“作文”一项，规定初中要兼学白话文写作，突破了中学全学文言文写作的旧例。(3) 语言表达，既重视书面表达训练，又重视演说辩论等口头表达训练。(4) 重视文法修辞的知识讲授，并使之与作文训练密切配合。(5) 加强了文学教育，既重视文学欣赏，也重视中外文学史概要的讲授。然而，这个纲要毕竟是在“五四”新文化运动兴起之后不久制定的，新旧两种思潮相互冲突、激烈交锋的痕迹在纲要中不能不有所反映；加之，20 年代初期正是一个学术思想空前活跃的时期，各派观点都要自我表现，一争长短，所以纲要一经发表，就引起了人们的普遍关注和热烈讨论。讨论的焦点仍然集中在文言文和白话文的教学上，不过讨论的重心已经不是要不要教白话文的问题，这个问题已经基本解决；这时的重心转到这样两个具体问题上：一是文言和白话是分别讲授为好，还是混合讲授为好。穆济波等人主张初中教白话，高中教文言；朱自清等人则主张初中、高中均文白兼教。二是文言和白话的配置比例，一派主张初中侧重教白话，随着年级递升，文言文比重逐步加大，高中则侧重教文言文，这是当时叶圣陶等人的观点；另一派则主张白话文教学应在小学高年级进行，从初中开始就要侧重教文言文，到高中应当全部讲授文言文，这是当时孟宪承等人的观点。至于一些激进的革新派，如沈仲九、孙俍工等人，则对纲要中坚持要中学生学写文言文的观点严加抨击。

然而时代毕竟在发展，人们对语文学科的地位和作用的认识也在不断深化，对于一些重大问题的论争也由歧异而逐渐趋同。到1929年，中学停止实行分科制和选科制，一律改行普通科制。教育部重新制定并颁行了《中小学课程暂行标准》。该《暂行标准》确定的语文课程如下表：

初级中学	高级中学
1. 精读指导（包括文法与修辞） 3 2. 略读指导 1 3. 作文练习（包括书法练习） 2	1. 讨论读物及文法和修辞研究（包括专书精读、选文精读、文法与修辞、读解古书准备） 3 2. 作文练习及作文评论 1

这个《暂行标准》所规定的教学内容，除了受当时国民党政府思想文化的禁锢与控制因而在选材标准上提出要“包含党的主义与策略，或不违背党义”以外，有如下几点对后来的语文教学有积极影响。

第一，在肯定初中、高中文白兼教的前提下，初中阶段进一步增大了白话文的比重，规定初中各年级的文白比例递次为：3∶7、4∶6、5∶5。

第二，在教材的排列上，首次明确了较为合理的程序，即：初中第一年偏重记叙文、抒情文，第二年偏重说明文、抒情文，第三年偏重议论文、应用文；高中则要求“有系统地分年选及有关中国学术思想与文学的体制流变之文”，为后来1933年颁行的修正《课程标准》确定高中第一年以体制为纲、第二年以文学源流为纲、第三年以学术思想为纲的构想奠定了基础。

第三，在作文方面，不但初中阶段要求学写白话文，高中阶段仍继续要求精通白话文的写作技术，并提倡试写白话的文学作品。这样，高中排斥白话文写作训练的旧例终于废弃。

第四，在精读部分，高中阶段不但规定要有“选文精读”，而且安排“专书精读”，要求每一学期选定一部名著供学生认真研读。这一规定，尽管在事实上认真去实行者为数寥寥，但毕竟是一种创见，值得重视。

综上所述，在20年代围绕中学语文课程标准展开的讨论，以1923年新学制课程标准起草委员会所制定的《纲要》为一个重要里程碑，它在“为什么教”和“教什么”这两个重大问题上破旧立新，形成了一个能体现时代精神、体例严整、表述清晰的指导性文件。后来，尽管在国统区又连续颁布过若干性质相同的文件，但基本内容仍与1923年的《纲要》大体近似。诚如1944年叶圣陶在《谈语文教本》一文中所说："人总喜欢在走熟了的路上走，20年来，教本出了不知多少种，都继承着十一二年间的规模，并无改革。"这里所谓的"十一二年间的规模"，就是指民国11年至12年，即1922年至1923年制定的那个《纲要》所确定的教学目的、教学内容。叶氏的话，固然有慨叹语文教学革新之艰难的意思，但当年那个《纲要》在后来的二十余年间一直影响着我国中学语文教学的基本格局，确是历史的事实。

“五四”时期程序教学研究的勃兴

在新式学堂创建以前，我国的传统教育，在教学方式上主要实行公私学塾制和个别教授式。一间书屋里，十数个或数十个学童按不同程度读不同的书，各个人的读书进度也互有参差。塾师授课时，令学童站立书案前，读一句讲一句，用朱笔圈一句。讲读圈点若干句后，令学童退下，再唤另一个学童，仍然照此办理。学童听塾师讲过以后，退回原座，高声吟读背诵。因此，在教法上主要采用讲解法（从教师方面说）和记诵法（从学生方面说）。新式学堂兴办以后，个别教授的学塾制被集体教授的班级制所替代，但国文一科，教学方法则仍然沿用过去重讲解、重记诵的传统方法。要说有什么不同，仅仅是过去讲的是各不相同的“书”，现在讲的是同一种“书”；过去对着一个一个学童讲，现在对着一班数十个学生讲。这种传统的教法，由于重在教师的讲解，因此是单纯的知识灌输；重在学生的记诵，因此是强制性的死记硬背。过去实行的是个别教授的学塾制，还包含着“因材施教”的一点合理因素，现在改行集体教授的班级制，连原有的这点合理因素也不复存在了。这种新制与旧法所形成的尖锐矛盾，就严重束缚了学生身心的健康发展。

从时代潮流看，19 世纪末、20 世纪初，在我国正是资产阶级民主主义思想抬头并发展的重要时期。过去那种严重窒息青少年个性发展的传统教育，同追求个性解放、个性发展的时代潮流越来越明显地发生了抵触。努力冲破这种束缚而谋求一种新的、有利于儿童个性发展的教学模式，就成了从事新教育的人们所普遍关心的问题。当时，我国早期的一些留学生，远赴日本，学习教育，从日本翻译了大量有关教育学和教授法的理论著作，系统地引进了欧美、日本许多资产阶级国家一些教育家们的理论观点。如由罗振玉、王国维于1901年创办的《教育世界》，就曾译介了日本中岛端翻译的美国查勒士·德曷尔毛（即得·迦摩）所著的《费尔巴尔图派之教育》（即赫尔巴特派）。当时湖北教育部编辑的《师范讲义》，就已经详尽地把赫尔巴特派的“五阶段教授法”列为重要内容。

除此而外，随着教育新潮的引进，一些国外知名的资产阶级教育家也相继应邀到中国来讲学，或参加教育调查。最早到中国来考察学校教育的是美国教育家孟禄。他是1913年6月应邀来华，到江苏省参观各学校的，短期即离去。1921年，他应实际教育调查社之邀再次来华，在北方调查各地教育情况。翌年，发表《对于中国教育意见的概要》，其中说到：“中国人教授多用注入式，西洋人教授多用启发式。……西洋人考察教员教授的好坏，多拿教员和学生在讲堂上双方说的话多少做标准。若是教员在讲堂上只是讲，学生也只是听，差不多这个教员就不算合格的教育者了。……我希望中国学生要努力启发自己的能力，在讲堂上务必要极力发展自己的本能，去问，去研究，去想，能够这样，他日在社会上就可运用这种学识能力做出种种事业来。”这种以学生为本位、以个性主义为特征的资产阶级教育观，对我国传统的教育观无疑是有力的针砭。在此前后，杜威、柏克赫斯特、麦柯尔等一批美国教育家，也分别于1919年、1923年、1925年应邀来华，或考察，或讲学，或进行教育实验研究，国内一些热心推行新教育的专家、学者又通过《教育杂志》《中华教育界》《新教育》等教育期刊和各种报告会广泛宣传国外各种教育新思潮，于是形成了“五四”时期一股教育革新的浪潮。

现代语文教学在教授法上的革新尝试，正是在这样一个时代潮流中蓬勃兴起的。首先引起人们兴趣的，是自动主义的程序教学法的探讨。

新学堂实行班级授课制，严格规定每节课的授课时间，因此执教者首先碰到的一个问题是如何合理地支配和处理教材，使课堂教学能在规定的时间之内按部就班地进行，形成一种具有内在逻辑的程序。因袭传统教法，严格说来，教学是无“序”的，教师一味讲解，学生一味听讲，教师只知灌注，学生只知记诵，这就无所谓“序”了。在探索教法革新之前，新式学堂里的各科教学都是如此；国文一科，因为讲授的都是佶屈聱牙的文言文，教师上课的唯一任务就是“讲书”，逐字逐句地“讲书”，因此随意性更大，无序性也更严重。怎样变无序为有序，怎样使课堂教学的程序能体现以学生为本位的自动主义精神，就成了教法革新的首要课题。这时，赫尔巴特派“五阶段教授法”的引进，给了人们以有益的启示。

德国著名教育心理学家赫尔巴特，根据他的联想主义和统觉理论，提出了一种教学程序，即四阶段教授法。这四阶段是：

第一、明了——提示新教材，教师讲述，学生“注意”；

第二、联想——在旧观念的基础上建立新观念，教师提问，学生“期待”；

第三、系统——把新旧观念组成系统，作出概括和结论，教师综合，学生“探索”；

第四、方法——把系统知识应用于实践，教师指定作业，学生“行动”。

后来，这四个阶段，又经赫氏信徒莱因等人的发展，形成了所谓赫尔巴特派的五阶段教授法，即：（1）预备；（2）提示；（3）联念；（4）比较和总结；（5）应用。

这五段教程适合于中小学各科教学。由此获得启发，人们在语文教学中也企图以此为借鉴，设计出一种合理的教学程序。

1916年《教育杂志》上发表了天民撰写的《国文教材之处理法》一文，介绍了一种新的国文教授法——渐明法。所谓渐明法，是与传统“讲解法”相对的，其主体不再是教师，而是学生，是使学生通过教师的组织、引导自己逐步明白课文的真味、真趣，而完全排斥教师一味逐字逐句的讲解和灌注。渐明法的“渐”，正体现了一种合理的程序。其步骤为：

一、复习（指对旧课的温理）

二、预习 { 甲、形式（让学生从课文中发现自己难解的语句）
乙、内容（启发学生初步了解课文意义，并提出疑问）

三、教授
- 甲、读法（校正误读的生字；解释生词新语的含义）
- 乙、意义（讨论难解的语句；联系课文的内容和形式，在内容上作必要的补充、发挥）
- 丙、玩味（让学生讨论、欣赏课文中的精彩片段；让学生找出课文中的逻辑重音、心理重音，进行有感情的朗读——美读）
- 丁、话法（让学生注意模仿课文中的语言）

四、整理（总结新课教授要点）

五、应用（处理各种作业）

很显然，这种渐明法的五阶段教学程序是赫尔巴特派五阶段教程在国文教学中的具体运用。

1919年，北京大学文学硕士孙本文对中学的国文教学提出了他四点革新主张：（1）教授须以学习为本位。要求把课堂教学过程处理成为学生自动学习的过程，从根本上改变过去那种逐字逐句由教师讲解、疏通的旧法。（2）教授须持试验态度。要求解词、释句、发问、答疑等，都要学生自己先行尝试，教师只须在学生试验的基础上作必要的引申、补充、总结等。（3）教授须令普遍活动。要求教师关心班级每一位学生的学习活动，把所有学生的学习积极性都调动起来。（4）教授须使熟读课文。要求重视学生的"读"，对课文不但要"懂"而且要"读"，"读"而能"熟"。孙氏的国文教授四法，其实是提出了四条原则。这四条原则，在现在看来，仍然具有启发意义。

孙氏根据自己提出的上述原则，设计了中学阅读教学"十五段"的程序，即：

一、令预习（具体工作是：检生字、查难句、志句读）

二、板书文题、体例及作者小传（教师工作）

三、分段指名直读（不求抑扬顿挫，只在辨字音、明句读，所以叫"直读"。学生工作）

四、令质问疑字句（提出有疑问的字句，请教师或其他同学解答。学生

工作）

五、发问难字句（提出难度较大的字句，要学生解答。教师工作）

六、分段指名讲（分段串讲，疏通文句。学生工作）

七、推究语句文法（教师工作，学生参与）

八、指名通讲（全文串讲。学生工作）

九、令分段落（划分结构段落。学生工作）

十、演述各段意义（分析、发挥各段的思想内容。教师工作，学生参与）

十一、撮举全文大要（概括全文主旨及内容要点。教师工作，学生参与）

十二、指示佳句（教师工作）

十三、指名分段朗读（讲究抑扬顿挫，读出文情。学生工作）

十四、指名全文朗读（读清文脉，读出文势。学生工作）

十五、应用（与作文课联络。学生工作）

以上十五段，除了第一、二两段为授课前的准备以外，一共设计了五个环节。第一个环节包括第三、四、五段，是疏解字词；第二个环节包括第六、七、八段，是串讲文句；第三个环节包括第九、十、十一段，是探究结构；第四个环节包括第十二、十三、十四段，是吟咏玩味；第五个环节即第十五段，是以读导写。这个教学程序是针对文言文阅读教学的需要而设计的，其特点是：（1）体现了文言文阅读教学重字词训释、重章句分析、重诵读吟咏的特殊要求；（2）打破了由教师一人逐句串讲、学生只是一味听讲的传统模式，组织和引导学生在讲堂里进行查、问、答、讲、读、写等各种学习活动，形成了师生共同工作、学生普遍活动的新的教学模式，课堂气氛变沉闷为活跃。

当然，对于文言文阅读教学来说，孙氏设计的教学程序是对传统模式的一种突破，但是就当时的实际情况考察，这种突破还不过是“纸上谈兵”的东西，教师中真正照这样的程序去组织教学的并不多。当时的中学国文教师，旧式文人居多，他们自己接受的是旧教育，熟悉的是旧教法，用传统的讲解法和记诵法，是轻车熟路，习惯势力碍难改变。这些教师在“五四”新文化浪潮席卷而来的时候，所苦恼的倒不是文言文教学，而是白话文教学。因为在他们看来，教文言文并不困难，只要事先把难字难句、史实典故考查明白，便可在讲堂上旁征博引，逐字逐句讲解给学生听，学生本来不懂的，听教师讲解以后便懂了，教学任务就算完成了。要而言之，教文言文不愁没话讲。现在要教白话文，文字明白如话，学生自己看了多半已经懂了，教师无需再逐字逐句讲解，这就不能不感到茫然无措。因此，“白话文该怎么教”就成了令人困惑而又不能不谋求解决的问题。

“五四”时期，热心提倡白话文教学并对白话文的教材教法积极进行探索的，首推杭州浙江第一师范的一批国文教员，如刘大白、夏丏尊、沈仲九等人。这些人是浙江一师国文教员中的革新派，早在五四运动以前，他们就弃置不用坊间流行的旧式国文读本而自编白话文讲义。他们的白话文讲义是以问题为纲来编制的，即以当时社会普遍关心而中学生所应当了解的问题为大纲节目，然后根据问题的内容和性质来选编课文。例如，劳工神圣问题为一组，妇女解放问题为一组，民主与专制问题为一组，等等。正因为这样，他们的白话文教学就完全排除了讲解法和记诵法，而采用“问题探讨”式的全新教法。沈仲九和他的一批志同道合者曾起草了一个“国文教授法大纲”，其中规定的教学程序就是从问题探讨的需要着眼来设计的。

沈仲九，浙江绍兴人，曾留学德国，“五四”前后在浙江省教育会主编过《浙江潮》，并在浙江一师担任国文科教学，后来又在上海吴淞中国公学任教。曹聚仁在《我和我的世界》一书中称他是“五四运动中转移东南风气的人”，可见他在“五四”新文化运动中的影响和作用。他所设计的白话文教学程序共十项：

一、说明。每一星期或两星期，由教员提出一个研究的问题，将关于本问题的材料分给学生，并指示阅览的次序。如学生不能全阅，可指定专阅一、二篇。

二、答问。学生对于教材的文字和内容，如有不明了的地方，应询问教员。教员亦得随时讲解文章的结构，或令学生轮讲、断句。

三、分析。学生每看一篇文章，应该先用分析的功夫。分析的次序如下：1. 就全篇意义上观察，把全篇分作几大段，每段定一小标题；2. 把一大段的大意，再分析起来，用简括的文字写出来。这是做一篇大纲的次序。

四、综合。学生看完各篇文章，作好各篇大纲以后，应该对于一问题，用综合的功夫。综合的次序如下：1. 把各篇的小标题，比较同异，同的合并起来，异的另立标题；2. 就各小标题的异同，把全问题分作几大段，各大段又定一个标题；3. 把各篇文章对于一问题中小标题的意思，用简括的文字写出来。这就是做一问题的大纲。

五、书面的批评。学生作好一问题大纲以后，应该把自己对于这个问题的意见，用文章表示出来，作成“批评”。

六、口头的批评。学生作好“大纲”“批评”以后，教员随便取几个学生的“批评”“大纲”发表出来，请各学生口头批评。教员又批评学生“口头的批评”。

七、学生讲演。教员应请学生轮流在讲台上讲演一问题的“大纲”和“批评”。讲演时间，得由教员限定。讲演后，由教员学生共同加以批评。

八、辩难。教员学生得提出对于一问题的甲乙两说，请各学生认定赞成哪一说，两方互相辩难。教员随时加以判断，并得参加意见。

九、教员讲演。教员讲演分两种：1. 把各生“书面批评”的内容，分别统计，下一总批评；2. 教员自己对于一问题的意见。

十、批改“书面批评”。学生“书面批评”的字句，如有不妥的地方，教员应加改削。

浙江一师所拟的这个白话文教学程序，在语文教学法史上提供了不少令人瞩目的新鲜东西：（1）把白话文的教学过程处理成师生双方共同研讨的过程；（2）学生为了参与研讨，独立进行了相当充分的案头（书面）准备工作，既锻炼了阅读、理解能力，又锻炼了写作、概括能力；（3）课堂研讨，取口头批评和演讲、辩难的方式，有效地锻炼了学生的口头表达能力（这正是传统教育所长期忽略的问题）；（4）教员在教学过程中始终处于组织、引导、指点的地位，课堂上体现了教学民主的精神。这些新鲜东西，从教育思想上看，无疑是先进的，是对传统教学模式的有力冲击。只是，浙江一师当年设计的教学程序，以“问题研讨”为中心，而所谓“问题”又单纯从内容着眼，局限于一般政治问题、社会问题和人生问题，所以处理不当，就容易把语文课堂教学变成政治问题研讨会、社会问题分析会，或人生问题辩论会，对语文形式本身完全忽略了。但是，不管怎么说，浙江一师所设计的教学程序在白话文的教法研究上是一个创新之举。

1920 年，陈启天在《少年中国》1 卷 12 期和 2 卷 1 期上发表题为《中学的国文问题》长篇论文，针对当时在教学程序问题上的各种不同见解和做法，提出了自己的“因文而异”的教学程序观。他认为：“从来的国文教法，应该大加改革，由教员死讲的固不对，令学生死读也不对；要留心形式，又要留心内容；要启发思想，又要充实思想。”他把国文教材分为三类：一类是“模范文”，另一类是“问题文”，还有一类是“自修文”。三类课文，应有不同的教学程序。

模范文，是学生需要精读深究的文质兼美的文章。对于模范文，陈氏认为应当“特别留心考究形式，贵熟贵精不贵多”，从精研深究的过程中充分领略古今优秀之作的精髓。教法上主要采用“自学辅导法”，程序是：

一、学生自行圈点，并质问疑难。

二、学生分段试读，注意发音及句读。指问学生二个以上不能答时，这才告诉他们，并指出字句上未留心的疑问，使他们共同解决。

三、学生分段试讲，同时各自提出疑问，共同解决，还不明了，再令优等生或教员通讲一次。

四、通看一次，然后共同分别段落，指出意义，并推究全篇的大意，令分写于黑板上或抄下。

五、令自行读熟，渗透题情，有疑还可质问。

这五步实际上是自学、自读、自讲、自析、自品的自我研读过程，中间始终贯穿着教师的指导和师生共同的置疑释疑。

问题文，是反映社会、政治、人生等重大问题的文章，多半是议论性作品。对于问题文，陈氏主张要“批评他的是非，每回用一问题，大的分为数个小问题几回讨论”，认为“这是启发思想，充实思想的好方法”。教法上采用“集体研究法”。他参照浙江一师设计的程序并予以简化，规定为：

一、分阅。一面圈点，一面质疑，撮记全文大要和自己的看法。

二、讨论。提出问题，共同讨论。

三、批评。教员就讨论的结果作批评。

四、记录。学生记录讨论结果，备忘备考。

自修文，是学生在课外自修的教材。对于自修文，陈氏认为要“注重单独研究，充实思想，养成自己读书的能力，应学生个性及程序的差别为个别指导”。其程序为：

一、指示应读材料，单独研究。

二、置一读书录，质疑，撮要，批评，并可随时向教员问难。

三、检阅读书录，并改正思想和文字的谬误，指示学生今后应留心的问题。

此后，自动主义的教学程序研究，大致都沿着上述的方向展开。到40年代，叶圣陶、朱自清合编《精读指导举隅》和《略读指导举隅》，分别就精读文和略读文的教学程序作了系统的阐述；50年代初，黎锦熙在重订他的《国文讲读教学改革案》时，又把他早年设计的教学程序作了修正和补充。至此，“五四”时期关于语文教学程序的研究算是渐趋充分和完备。但是，从总体上说，语文教学的程序问题，理论研究的成果似乎大于实践的成果。这里存在着两个方面的原因：一是传统的讲解法、记诵法，影响久远，短时间内无法消除，因此基于自动主义的教学程序，许多人不愿也不习惯照着去做；而丢掉了自动主义，丢掉了启发和引导学生独立学习、独立钻研，教学程序就势必要流于形式，不可能产生好的效果。二是按教学程序组织教学，不致杂乱无章，随心所欲，这是好的；但如果程序设计得过细过繁，又不注意因文制宜、因人制宜，就容易成为一种束缚，一种僵化的模式。所以，教学程序应当有，但宜粗不宜细，程序本身又必须灵活掌握，相机处理，这才可能取得好效果。从这个意义上说，陈启天的“因文而异”的程序设计，在指导思想上是比较高明的。

且看前辈留下的脚印*

——介绍几部早期的中学语文教学法教材

自从1902年“国文”（当时名为“词章”）一科被正式规定为中等学堂一门独立的课程以来，不少有识之士就对它的教学宗旨和教材教法进行了多方面的探讨。一些师范学堂和一般学校附设的师范科，也都仿效国外师范教育的体制开设了各科“教学法”课程。到“五四”之后不久，就出现了专为师范生编写的各科“教学法”教材，其中有关中学语文教学法的教材，就不乏有扎实的内容、新鲜的见解、足资后人借鉴的成果。所以，在这条现在看来似乎还比较荒芜的道路上，前辈们已经跋涉了近百年，他们留下的脚印应该是我们今天举步的起点，他们所总结的成果应该是我们批判继承的财富。

本文就试图从我国现代教育史上一些早期的中学语文教学法教材中选择较有代表性的三种（20年代、30年代、40年代各一种），稍作介绍和评析。希望这种评介旧教材的工作，能有助于我们更好地完成80年代建设新教材的任务。

一

20年代。

《中学国文教学概要》。

编者，王森然。1927年完稿，1929年由商务印书馆出版。大36开本，

---

* 原载《语文教学法论文集》（全国语文教学法研究会1983年编）。

485 页。是被后人誉为“兼收并蓄，搜集宏富”的一部鸿篇巨制。

书前有梁启超作的序和编者的自序各一篇。正文分绪论、目的与课程、教学与材料、教学与方法、作文与试验、结论等六篇，共 23 章。

编者王森然是著名作家、教育家，1922 年曾在保定甲种工业学校和第二女子师范学校担任国文科教员，任教期间还组织过益智学社，编辑过《妇女之光》《文化福音》等周刊。1923 年应友人之约，赴冀州创办直隶第六师范。第二年春又到陕西，任教于榆林中学。教余编刊物、采民谣，创办青年学社、平民学校，组织陕北教育改进社。1925 年在济南第一师范国文专修科正式教授中学国文教学法。后因军阀战乱频仍，避居绥远，除了应几所学校邀约担任国文科教学外，还忍受着贫病的煎熬，成立西北青年互助社、西北妇女联合会和青年工人学校等，积极从事各种有益于开发民智的社会工作。不久，因言行不被当局所认可，辞退回北京，埋头著述。《概要》一书，是编者六年来从事国文教学研究的经验总结，曾在济南一师国文专修科作为中学国文教学法课程的试用教本。从绥远回北京整理成书时，无疑又作了修改和补充。交付商务印书馆之前，编者曾将书稿送梁启超请求核阅，梁氏阅后为之作序。

这部《概要》成书于 20 年代末，但书中所反映的一些理论观点和教研材料却基本属于 20 年代前期。从这个意义上说，这是一部在现代语文教育史上较早出现的中学语文教学法教材，其历史价值是不容低估的。

用历史的眼光看，《概要》一书有如下几个特点值得我们注意：

第一，它比较正确地总结了“五四”以来进步的思想文化界对于中学国文教学重要意义的认识，肯定了中学各科教学中“国文”一科的特殊地位。

五四运动在国文教学领域里所产生的影响是多方面的，其中特别重要的是它第一次把学校中的国文教学同整个国家的民智开发和民族振兴联系了起来，把国文教学的改革看作是整个思想革命、文化革命的重要组成部分。《概要》敏锐地觉察到了这一点，在绪论中说：“我国自从树立文学革命旗帜以来，中学国文教学问题，就成为必须研究讨论而急待解决的一个大问题。”其所以如此，是因为“一国的言语文字，是国民思想感情所由传达的媒介；一国的文学，是国家精神生活的结晶”。作为以教授本国语言文字及其优秀作品为基本内容的“国文”学科，其在教学上的价值，从个人方面说，“是满足现实生活的需要，是发展精神生活的需要”；从社会方面说，“是社会生活巩固的需要，是社会生命永久的需要”；从国家方面说，“是国家组织的需要，是国家存在的需要”；从世界方面说，是“促进世界联合的需要，完成世界创造的需要”。这样，编者一开始就以一种崭新的见解廓清了千百年来人们对于读书作文一事的传统的、偏狭的、庸俗的观点。

基于上述的认识，编者尖锐地提出了“国文教师的责任”问题。他确信，“国文教师的责任，不必只限于教人学文，而国文在教学上的价值，实在燃烧青年的生命之火”，使他们有热情、有勇气、有毅力去破坏那“守旧的、奴性的、专制的、简单的、停滞的、束缚重重”的旧生活，创造那自由的、一扫“因袭的积习”的新生活。为此，他要求所有现任的和将任的国文教师不断提高自己的学识（“教师与学识”）、认真锻炼自己的品格（“教师与人格”）、慎重选择有益于青年身心发展的教材（“教师与教材”）、恰当运用有助于开启青年心灵之门的教法（“教师与教法”）。在教学上，要实行“自动的”教学，反对“装罐头式的”教学；实行“经济的”教学，反对“玩赏解闷式的”教学；实行“问题的”教学，反对脱离现实的教学；实行“非战的”教学，反对无视平民疾苦的、贵族式的教学。总之，编者把国文教师的责任提到了铸造新一代、创造新生活的空前高度。

《概要》这种体现着时代进步要求的观点，在全书中是贯彻始终的。这在当时确实难能可贵。

第二，它力图运用当时从国外引进的一些先进理论来解释或解决国文科的教材教法问题，使人有耳目一新之感。

国文教学领域，历来传统的、因袭的势力盘根错节。有许多痼疾，长期以来未能根除，例如教学上的随意性，教材选编上的主观性和教法上惯用注入式等。而在这些方面，当时一些先进国家，却已有了较为科学的解决办法。在20年代，随着国际间思想文化交流的日益扩大，国外一些先进的教育理论被引进到国内。许多教育学、心理学的著作被翻译成中文，在知识界中广为流传，使一些有志于革新国文教学的人精神为之振奋，眼目为之清亮。

《概要》在阐述某些理论观点的时候，参阅了国外一些专家、学者的调查报告和学术著作。其中除了杜威、孟禄等人来华调查后所作的若干重要报告以外，还有柯尔文的《中学教学法》、海沃德的《欣赏之教学》、桑代克的《教学之原理》等教学理论著作，以及当时在美国颇为流行的一些英文读本如台尔和勃拉地合编的《文学选读》、裴柯和桑代克合编的《日用古文选》等。以国外一些先进理论和成功经验来冲破我国传统教育中那些不合理的桎梏，这就有可能在国文教学法的研究领域开辟出新路——建立在近代科学研究成果基础之上的新路。

例如，关于教材的编选。中国历来的国文读本，选材并无客观标准，全凭教者主观的好恶来决定取舍。《概要》反对这种不合理的做法，提出了选材的若干标准；并且根据近代心理学的理论和杜威的实验主义，主张采用填表法测验青年学生的心理、性格、爱好，调查青年学生的家庭出身、生活境遇和阅读范围等，然后据此选择符合学生需要的教材。编者曾连续五年，在各不相同的学校和班级，采用这种方法进行测验和调查，获得了大量可作选编教材的参考资料的数据。这在国文教材的编制方法上，无疑是一种具有革新意义的创举。

又如，关于教学的方法。孟禄等人通过在华调查，正确地指出了中国传统的教学是注入式而非启发式的严重弊病。这在我国教育界曾引起过强烈的震动。《概要》根据当时国外最新的教育理论，即启发学生自动精神的理论，中肯地指出：所谓教学法，“就是教学生去如何学，并不是我预备去如何教，实在说来，只有如何学的方法，没有如何教的方法”。为此，编者主张，在确定使用某种教学方法的时候，至少要提出这样三个问题来加以考虑：一、这样教能否养成学者自学的习惯？二、这样教能否引起学者求知的动机？三、这样教能否给予学者自习的工具？如果回答是肯定的，那就是好的教法；反之，就是不好的教法。这在指导思想上，显然是对传统教法的否定。

教学方法的凝固化或程式化，也是传统国文教学的一大弊病。而根据近代心理学的理论，任何教学方法若不因时、因人、因地、因文而灵活地运用，就很难收到预期效果。《概要》接受了教育思想的影响，对中学各年级和语体、文言两种文体的教学方法规定了不同的要求。这在今天看来，也仍有研究价值。例如在“中学语体文教学法纲要”里规定，初中阶段三个年级的教学方法和精读、略读的程序，都不完全一样，其间体现出逐步培养学生的自学能力的精神。教者的指导由细到粗、由具体到概略；而学生的工作则由粗到细，由概略而具体；最终学生完全能凭借工具书自己解决问题。

中外教育史雄辩地证明，一种先进的教育理论的产生和发展，总是同一定时期的经济发展和哲学、心理学等人文科学的最新研究成果相联系的。从这个意义上说，在20年代曾经给予中国教育界以深刻影响的那些国外的教育理论，是起着促进的作用的。《概要》一书的理论观点之所以值得重视，就是因为它从这些外来的教育理论中获得了观察和分析问题的武器，并试图以此来解决中学国文教学的实际问题。

第三，它还为从事国文教学的人们提供了从实践中积累起来的大量具体材料，因此，不但具有一定的理论价值，而且具有一定的资料价值。

《概要》为人们提供了很多教学资料，其中最重要有这样三种：

一、初、高中国文课程纲要

20年代，新制中学的各科教学还处于草创时期。尤其是国文科，基本上仍然因袭旧制，是各自为政、各行其是的局面。尽管新学制课程标准委员会曾拟订过一个有关中学国文教学的《课程纲要草案》，但各地学校认真照办的不多。一些有声望的学校，大多自订标准，自拟大纲。因此，许多有志于革新国文教学的人，都希望能看到各地学校自拟的纲要，以便集思广益，使教学有个大体可以依循的准则。《概要》在《中学国文教学的课程》一章中，完整地印录了编者自拟的一份《中学国文课程纲要》，初中、高中分列细目，内容具体翔实。在现在看来，这份资料仍然很有参考价值。

二、初、高中国文教材选目

有了课程纲要，还得有一套与这纲要精神相适应的教材。当时，一些大的书局，如商务、中华，都曾约请名家，编印了一些所谓新式的国文教科书；然而仁者见仁，智者见智，真正采用这些教本并由头至尾顺次教授的学校不多。因此，在教材编选问题上，能提出一些真知灼见，能开出一系列文质兼美的篇目，使历来存在的混乱状态得以逐步改变，这在当时是多么需要。

《概要》对教材编排有自己的见解，即：语体文的排列，以问题为主纲，以各种不同的文章为内容。如“文学革命问题”，选蔡元培的《国文之将来》、胡适的《建设的文学革命论》等；“劳动问题”，选陈独秀的《劳动者的觉悟》、蔡元培的《劳工神圣》等。文言文则以时代为主纲，依时代逆溯，以历代艺术文和学术文为内容，如第一编从近代名人选至明末顾炎武，主要学“考证文”；第二编从清末之吴汝纶选至中唐之韩愈，主要学“格调文”，等等。按照这样的观点来编排教材，当然是颇有见地的一种尝试，但真正做起来，却很不容易。《概要》编者在将近六年的教学实践中，已经根据上述观点和调查所得的数据，自己编出了一套完整的初、高中教材目录，这对读者来说，无疑是一份弥足珍贵的材料。这个选目，论其数量，初、高中共选一千三百多篇，可供读者按需选择；论其质量，收录的不少是古今中外名篇佳作，有些选文几十年来已成为中学语文教材的传统篇目。可见编者是既有魄力，又有眼力的。

三、青年学生阅读书目

《概要》从培养学生成为“有思想、有作为、有修养，在中等教育范围以内，有充分使用本国语文技能的新中国少年”这一根本目标出发，十分强调课外广泛阅读的重要意义。所以在全书第六编“结论”部分，编者特意提供了四份性质不同的书目：“关于研究政治经济社会妇女诸问题选目”，旨在给有志于社会革新的青年以理论的指导和知识的开拓，共开书目 81 种；“最近文艺出版物选目”，旨在给爱好新文艺的青年提供阅读的门径和批评的资料，共开书目 562 种；“中学校图书馆应备国学书籍选目”，旨在把“最好的最容易购得的关于国学的书籍，介绍给中等学校的图书馆，以供平素对于中国文学没有系统的研究的青年诸君，作略读的参考”，共开书目 514 种；“国文教学参考论文选目”，是给本书读者（现任和将任中学国文教师）专门附录的，旨在提供“五四”以来有关国文教学讨论文章的详备目录，以便读者深入研讨；作为一本教学法教材，这份书目是非常重要、非常有价值的。

从上面粗略的介绍可知，王森然编的《中学国文教学概要》在新制中学尚处于幼年时期的 20 年代出现，无论从书中所体现的理论观点来看，还是从书中所提供的教研资料来看，都带有开创意义，具有毋庸置疑的历史价值。

二

30 年代。

《中学国文教学法》。

编者，阮真。1936 年由正中书局作为“时代教育丛书”之一出版。1947 年，在上海再版。36 开本。全书约 5.3 万字。

书前有编者自序一篇，书后附录编者与友人论国文教学书三件。正文分五编：总论、论读文教学、论作文教学、论国文科辅助学程的教学、论国文科特设学程的教学；各编最后一章均为“本编结论”。全书共 25 章。

编者自 20 年代后期起，曾先后在厦门集美学校高等师范文科、国学专门班，广州中山大学以及无锡国专、无锡师范等学校担任国文和国文教学法课程。在中山大学任教期间，曾对中学国文教学的各个方面进行了深入的研究，先后出版了《中学作文教学研究》《中学作文题目研究》《中学国文校外阅读研究》《中学国文各学程教学研究》（以上均由民智书局出版）和《中学读文教学研究》（由中华书局出版）等五部专著。此外，在《中华教育界》等杂志还发表过一些单篇论文。《中学国文教学法》一书，正是在上述一系列研究工作的基础上，为适应师范国文教学法课程的需要，提纲挈领、精心结撰而成的。编者在自序中颇为自信地说：关于中学国文教学问题，“民八以后，论者辈起。其散见于报志及为专书者，据作者所见，不下百篇，论者 60 余人。各人所论……作者笔录提要，已盈 16 万言。然大都各述经验，各抒所见，无为系统的研究与论述者。其为全部研究之企图者，唯王森然氏与作者二人而已。”认为自“五四”以来系统地研究中学国文教学问题的，十余年间仅王森然和本书编者二人，这当然是过甚其词，并不符合事实；但作为长期从事中学国文教学实践而又专门讲授中学国文教学法课程的学者，通过自身的观察、体验、调查和研究，完整地、系统地来论述中学国文教学问题的，在当时确实并不多见。

阮真的这部《教学法》，既成书于王森然的《概要》之后，当然要扬其长、避其短，尽可能显示出自己独具的特色来。

首先，阮氏《教学法》在论述问题时注意采用比较分析的方法，使读者能从比较中信服编者得出的结论。

中学的国文教学，从本世纪初算起到阮氏编写这本教材时为止，已经历了三十余年发展和演变的历史；即使从“五四”算起，新制中学也已经建立了近 20 年。所以，无论从教学目的的讨论或教材教法的研究等方面来看，这几十年间，官方颁布的文件和民间发表的言论都已积累起了可观的材料、足以供给一切研究工作者去作比较分析。这是阮氏所处的历史条件有异于王森然氏的地方。此外，阮氏本人虽然也是一个专习文科的学者，但他攻读的是师范院校中的文科，从少年时开始直到高等学校毕业受的是两级师范教育，最后又专门研习教育科一年，所以对于教育科学有足够的造诣。用他自己的话来说，论他的头脑“则半文学而半科学”，同中国一般旧式文人不一样。离校以后，从事教学工作十余年，自小学起，初中、高中、师范、专科、大学各级程度都教过，所以论他的经历“则百战老卒，行伍出身”，对国文教学的规律不独有理性的认识，而且有亲身的感受。这又是阮氏所具的主观条件稍优于王森然氏的地方。

阮氏利用了这样的主客观条件，曾分别对中学国文教学领域里一些带根本性的问题作过系统的研究，写过好几本专门的著作。因此，他的《教学法》，尽管是重在提供并阐述研究的结果，但对研究过程中所作的比较分析也有简要的阐述，使读者从中领悟研究结果之所由来。

例如关于国文教学的目的问题，阮氏曾搜集国内学者、教师所发表的意见和全国教育会、教育部课程标准委员会所拟的“目的”共 20 种，分别作了比较；又参考了 1917 年美国全国英文联合委员会的报告，然后拟订出自己认为切合国文教学实际的教学目的。又如关于中学国文科的课目设置（即学程设置）问题，阮氏曾对 1923 年至 1928 年，中学试行分科制与选修制时，各校国文科所设置的复杂繁多的课目作了详明的调查统计，总共有 42 种、69 项名目；然后对其中的某些课目是否必要单独开设、某些课目是否可能归并等，一一作了精要的分析；最后提出了自己关于精简课目的主张。再如关于教学进程标准问题，阮氏先引用 1933 年部颁课程标准有关规定：初中两条——“甲、语体文与文言文并选，语体文递减，文言文递增。各学年分量，约为七与三，六与四，五与五之比例。乙、各种文体之排列，第一年偏重记叙文、抒情文，第二年偏重说明文、抒情文，第三年偏重议论文及应用文件。”高中——“第一年以体制为纲，第二年以文学源流为纲，第三年以学术思想为纲。”然后对此进行分析，指出：“教材排列的程序，是要和教学的进程一致的。如照教部规定，在初中，还可说得过去。然而，教材自第一年起，已加入文言文，且按年递增，而学生的作文，到三年毕业，仅学语体文而未得其通顺，此其教与学已不一致。在高中，第一年教材既以体制为纲，则学生作文亦须学习各体各派代表作品；第二年教材既以文学源流为纲，则学生作文亦须学习各时代各派各家代表作品；第三年以学术思想为纲，则重在学而不在文了。”读与写脱节，弊病显然。在这样的分析和批评基础上，阮氏再提出自己研究的结果。

阮氏《教学法》的这个特点，体现了教材编写必须使读者知其然又知其所以然的原则，它能使现任和将任的国文教师了解国文教学的历史演变，以及历来规定的那些标准或措施的利弊得失，因而把自己的教学工作置于更加自觉的基础之上。

其次，阮氏《教学法》十分强调国文教学各个环节上的“标准”，试图用明确各项标准的办法来加强教学的科学性。

国文教学向无标准，这是梁启超早已发过的感慨。阮氏自诩有“半文学半科学”的头脑，所以在探讨教学问题时特别重视“标准”的确定。

例如读文和作文，阮氏《教学法》都规定了“教学进程标准”。作文一项，规定得尤其具体。阮氏认为，中学作文教学的总目的，在于“要养成学生正确而有法度的表述能力”。而所谓“正确而有法度”，其具体标准有十条：1. 思想清晰；2. 文意切题；3. 论理正确；4. 词语确当；5. 见解切合（以上五条，是要达到“正确”的目的的标准）6. 文法（或语法）通顺；7. 结构严谨；8. 修辞雅洁；9. 段落分明；10. 标点清楚（以上五条，是要达到“有法度”的目的的标准）这十条是总的标准。此外还规定了初高中各年级的分段分级标准，如初中一年级的教学标准四条：1. 能运用常用字 2 500 字（用字量占识字量三分之二，则识字量当为 3 750 字，以下同此比例）；2. 能运用常用的词及成语古典，约与前条相当；3. 能在一小时内，写成 300 字左右的白话文字；4. 中心思想清晰，文句组织完全无病，段落大致分明，标点大致清楚。以后各年级都有这样四条关于用字量、用词量、成文速度和成文质量的标准。

阮氏《教学法》在规定某些标准的时候，还经常采用百分比的办法来反映各个项目的主次轻重。例如教材的编配，既规定了各类文章的不同比例。又明确了各学年的编配比例。对于作文评分，特辟专章详加论述，确认作文教学必须规定质量标准，而要达到这些标准又必须严格按照评分标准评定成绩，决不能凭印象胡乱给分。为此，阮氏还专门拟订了一个“作文批分标准表”。

阮氏《教学法》这种强调标准化的特点，体现了国文教学的研究工作在三十年代已经开始向科学化的目标去探索的正确方向。

再者，阮氏《教学法》在教育思想上信从“教学做合一”的学说，因此在教学法理论方面比较注重实际的应用。

“教学做合一”是著名教育家陶行知先生在 20 年代后期提出的教学理论。他强调：“一件事，对己说是学，对人说是教，对事说是做。”因此，“事怎样做，就怎样学，怎样学就怎样教；教的法子根据学的法子，学的法子根据做的法子。”这就是所谓“教学做合一”的原则。陶氏的这一学说，在中国现代教育史上曾经产生过深远的影响。细读阮氏《教学法》，可以得到一个鲜明的印象，它在评判国文教学中某些理论、主张或措施时，总是以“教学做合一”的原则作为衡量的尺度。凡合于这一原则的，它肯定；违反这一原则的，它否定。例如对 1933 年教育部颁布的国文科教学进程标准的批判，就认为这一官方文件在教育思想上是“违反‘教学做合一’的原则”的，如果照此奉行，学用必然脱节。而阮氏自己在制定初高中教学进程标准时，则明确地指出：“初中以不读古文为原则，高中以不读经书子书为原则，尤其不用读辞赋骈俪，目的在使‘教学做’发生切实的功效，以提高程度。”又如作文的拟题，阮氏主张要利用学生个人的实际需要事项来拟题；此外要采用设计法，即“从各个方面假设一些环境或问题，使学生在这些环境或问题中感到作文的需要”，由此产生作文的题目。这也都是“教学做合一”的具体运用。

作为一门学科，“教学法”本身也包含着教学做分离还是合一的问题。

阮氏《教学法》在规定中学国文教学的任务时，坚持从中学教师实际的工作量和中学生实际的学习时间出发，尽量减少主观臆断的成分，使教材内容较为切合中学实际。在阐明“教学法”一科的教学目的时，开宗明义指出：“是科教学目的，在使学生深切了解中学国文科中各科学程之教学问题研究与教学之实施，必期其能熟习而应用于实际，教学乃有功效。”反对教学做的脱节。

时代在前进，国文教学法的理论研究也随着时代的前进脚步而有所发展。从王氏的《概要》到阮氏的《教学法》，时间相隔近 10 年，其间继承和发展的痕迹是历历可辨的。

三

40 年代。

《中学国文教学法》。

编者，蒋伯潜。1941 年由中华书局在昆明出版。大 36 开精装本。全书约 6 万余言。

书前有编者自序一篇。正文分绪论（“国文教学的目的与教师的素养”）、本论一（“课内讲读”）、本论二（“习作批改”）、本论三（“课外指导”）、余论（“国文教师的进修”）等五编，共 15 章。

蒋伯潜，1920 年毕业于北京大学，毕业后即任浙江嘉兴第二中学国文教师，此后又在浙江省立第一师范、省立女子中学、杭州师范、上海大夏大学、无锡国专等校任教。特别是在大夏大学担任中学国文教学法一科的教学时，曾把自己近 20 年来的国文教学经验，作了系统的整理。《教学法》一书正是他以授课讲义为基础编写而成的。蒋伯潜祖籍浙江富阳，与郁达夫交谊甚厚，在学术上也颇有著述，所以杨之华编的《文坛史料》（1943 年上海中华日报社出版）也编入了有关他的资料。

蒋氏《教学法》尽管成书较晚，但也自有其不可忽视的价值。

首先，它在论述国文教学的目的问题时第一次运用了“正目的”和“副目的”的提法，把多年来存在的纷争从理论上作了比较妥善的归结。关于中学国文教学的目的问题，自“五四”以来就一直存在着各种不同意见的争论。主要的分歧在于思想修养和语文能力培养二者的位置究竟该怎么摆。以前者为主，是一派；以后者为主，是一派；不分主次，平头并提，又是一派。其中以夏丏尊、叶圣陶诸人为代表的一派，是主张国文教学的基本目的，在培养和提高学生的语文能力，而一个人的语文能力是离不开思想水平、道德修养的，所以也必须重视思想的教育和品德的熏陶；只是后者应为中学各科共同担负的任务。这派的观点，随着教学实践经验的日益积累，已被越来越多的人所接受。不过在教学法课程的教材中把它肯定下来，并且加以必要的理论概括，蒋氏《教学法》算是较早的。它的提法是这样："国文教学的目的有二：（一）正目的——国文一科特具的教学目的，是：使学生对于生活所需的工具——国文——能运用，能了解，且能欣赏。（二）副目的——国文科与其他学科同具的教学目的，又可分为两项：（甲）使学生了解我国固有文化之一部分——学术和文学的流变。（乙）使学生明了我国固有道德的观念及修养的方法，并培养或训练其思辨的能力。""总之，国文教学的正目的，还在文字方面；副目的却在内容方面——知识的获得，道德的修养，思辨力的培养训练。"在40年代，对国文教学的目的作这样的概括，应该说是比较精要，也比较确切的。

其次，蒋氏《教学法》在阐发理论观点时，往往引用大量的例证详加申述。这些例证多半是编者自己在教学实践中积累起来的，其中颇有独到的、精辟的见解，能在提高语言文学的修养方面给读者以教益。例如谈教师的备课，编者在提出钻研教材的六项"注意"（注意作者异名，注意古书性质及真伪，注意文体，注意题目字面的解释，注意虚字，注意作法）的时候，都一一举出典型的例子加以说明，这些例子有些未必能被一般教师所"注意"，一经提到，确能给人以启发。又如谈比较法的应用，举出了大量可资比较的教材："朱自清的《背影》、归有光的《先妣事略》，虽然一写活着的父亲，一写已故的母亲，其以'亲子之爱'为中心则同。韩愈的《祭十二郎文》，袁枚的《祭妹文》，虽然一祭亡侄，一祭亡妹，其以散文做祭文，抒发其真挚情感则同。……写唐玄宗杨贵妃的故事的，有陈鸿的《长恨歌传》、白居易的《长恨歌》、白朴的《梧桐雨》、洪昇的《长生殿》，题材虽同，文体各异。""体裁相同，题材相似的文章，往往作法不同，如蒋士铨的《鸣机夜课图记》和朱琦的《北堂侍膳图记》，宋起凤的《核工记》、魏学洢的《核舟记》和高士奇的《记核桃念珠》。也有题目完全相同，而取材和作法不同的，如夏之蓉、毛奇龄各有《沈云英传》，姚鼐、沈彤、薛福成各有《登泰山记》，蒲松龄、林嗣环、东轩主人各有记口技的文章。”这里记下了不少可供参考的教学资料。再如谈教师的修养，指出要不被旧注陈说所左右，举《论语》首章的解释为例说：“论语首章‘人不知而不愠’一语，朱子以为是‘人不知我而不愠’……，我的意思，却以为第一节‘学而时习之不亦说乎’，是说学不厌；第二节‘有朋自远方来不亦乐乎’，是说门弟子来自远方，即《孟子》‘得天下英才而教育之’之乐（同门曰朋，师生有朋友之谊，故朋可解作门弟子）；第三节‘人不知而不愠不亦君子乎’，是说教不倦。人不知者，是人不知学，不是人不知我。”这都是发人所未发的新鲜见解。诸如此类的观点和材料，书中比比皆是，这是本书与上举二书有大别的地方。

此外，蒋氏《教学法》还特辟一编四章对“课外指导”详加评述，显示了他为国文教学开辟课外阵地所作的努力。对于国文教学的课外指导，王氏《概论》和阮氏《教学法》都没有设立专章加以讨论，而蒋氏则把它同“课内讲读”“习作批改”并列为三大“分论”之一，专门为此写了“课外阅读”“课外作业”“课外习字”“课外活动”等四章。这是由于蒋氏确信：“到处留心，是学国文的好法子，也是教国文的好法子。”因此强调：学国文“功夫在课外”。为了实践自己的主张，他曾替世界书局编写过一部《中学国文自学辅导丛书》：初中部分六册都以故事体编写，每两册为一组，第一组《字与词》，第二组《章与句》，第三组《体裁与风格》；高中部分也分六册，《骈文与散文》《小说与戏剧》《诗》《词曲》《子》《经》。蒋氏的计划，“是想初高中各成一系统，按程度递进，编成一套课外读物”，后来由于种种原因，计划未全部实现，只出版了初中部分的前四册，由于叙述方式类似叶、夏二氏的《文心》，颇受青年学生欢迎。蒋氏还颇为详尽地介绍了有关“课外作业”的各种类型和“课外活动”的各种方式，并且认为“此类课外的教学，不仅限于文字，而且兼及言语、举动、态度、品性；不但教导个人，而且兼及团体活动；其影响之大，实远过于教室里的正课”。这样有意识地把教学寓于社会活动、文娱生活甚至日常谈笑之中，就有可能让学生突破课堂的狭小范围，在更广阔的天地里去体味语言运用的无穷奥秘，从而有效地提高教学质量。

四

把上述三种教材浏览一过，我们会深切地感到，在中学语文教学法这门课程的教材建设方面，前辈们确实已经筚路蓝缕做了许多开辟工作。我们今天进行新的教材建设，需要有各方面的基础，这应该是重要的基础之一。

综观旧时代的这些教材，在思想观点和材料引用方面的时代局限，是十分明显的，这无须赘言。重要的是，它们在开辟工作中为我们后人提供了足资借鉴的可贵经验。这些经验概括起来，大致是：

第一，一部中学语文教学法教材，应该对国内语文教学以往的历史经验、当前的新鲜经验和今后的发展动向，作清楚的、准确的、扼要的反映。教学法教材的源头活水，在于历史的、现实的丰富教学经验及其理论概括，忽视了这一点，教材就失去其应有的生命力。

第二，一部中学语文教学法教材，应该在理论观点上反映出当代哲学、教育学、心理学、语言学、文艺学等相关学科的新的研究成果，因此对于有关这方面的新理论、新学说，不管是国内的还是国外的都应当有选择地加以引进，并结合中学语文教学的具体情况作必要的介绍、阐述和分析。

第三，一部中学语义教学法教材，应该在阐述某些理论观点时提供必要的典型调查材料或数据统计材料，以及其他有关的教研资料，以加强教材的科学性，并提高实用价值。

第四，中学语文教学法教材不妨多编一些，但每一部都应该具备自身的风格和特色，否则，它就没有存在的价值。从这个意义上说，鼓励个人或个别学校编著教材很有必要，因为这种教材往往比一般的“协作教材”更能显示出自身的特点。

蔡元培对语文教育革新的历史贡献

蔡元培（1868—1940）作为我国近、现代文化教育史上著名的思想家和教育家，曾经对我国现代文化教育事业的发展作出过多方面的重大贡献。他原是清末的一位进士，任翰林院庶吉士，后补编修，因目击戊戌变法中维新派人士“不先培养革新人才，而欲以少数人弋取政权，排斥顽旧，不能不情见势绌”，所以立志兴办学校以培养革新人才，于1898年辞官南下，任家乡绍兴中西学堂监督。1901年辱国丧权的辛丑条约签订，更激起他高涨的爱国热情。1902年创立“中国教育会”，提倡反清的民族主义思想；任南洋公学特班教授，鼓吹民权；继任爱国女学校长，倡言革命，提高女权，在社会上扩大了民族民主革命的思想影响。在1902年和1907年，蔡氏先后赴日本和德国游历、学习，广泛接触并研究西方的哲学、美学和心理学，初步形成了一套资产阶级的教育思想。辛亥后，从德国归来，由中山先生任命为临时政府教育总长，决心对中国传统的封建教育进行根本的改革。他把清代学部所制定的“忠君、尊孔、尚公、尚武、尚实”的五项教育宗旨，改为“军国民教育、实利主义、公民道德、世界观、美育”等新的五项教育宗旨；并亲自主持制定、颁布了中国第一个资产阶级性质的、具有反封建意义的教育新制度，即所谓“壬子癸丑学制”，废“通儒院”立“大学院”；废“尊孔”立“自由思想”；废“经科”立“文科”，为建立新的“国民教育”体制开辟了道路。

蔡氏从事初等、中等学校国文教学工作的时间不长，只在南洋公学、爱国女学和当时的译学馆担任过国文科的教员，还亲自编撰过初等小学的国文教科书。以后就一直在教育部和北京大学等高等教育部门担任教育行政领导工作，因此对语文教学的改革并没有发表过多少系统的言论和专门的论著。但是，他既是民国元年以后在文化教育事业方面一位举足轻重的领导者，就不可能在推进语文教学改革过程中不发挥他应有的历史作用（事实上，这种作用不但巨大而且意义深远）。因为，他在教育界锐意革新的年代，正是我国的文化教育事业从旧式的封建主义桎梏中摆脱出来，向着新式的资产阶级性质的革新道路迅猛推进的年代。在这除旧布新的过程中，时代要求蔡氏回答历史所提出的许多迫切需要回答的问题，其中包括对全民族文化素质提高影响至巨的语文教学问题。

首先，蔡氏对我国传统的封建教育作了深刻的批判，为建立新的语文教学体系开辟了道路。

蔡氏早年的经历，使他对中国旧教育的积弊有深切的了解和感受。他 6 岁进家塾，最初读《百家姓》《千字文》《神童诗》，继而读“四书”“五经”。在读《左传》《礼记》的时候，便开始学作八股文。在 19 岁和 28 岁时，曾先后担任过塾师。学和教的实践，使他充分了解了旧式私塾学馆里那一套教授的内容和方法。而他自己学业上的长进，主要还是得力于 16 岁中秀才以后，在他叔父茗珊先生指点下的“自由读书”。后来又因在绍兴著名藏书家徐树兰的“古越藏书楼”校书，得以博览群书。“凡关于考据或词章的书，随意检读。”就在自己的这种特殊的经历中，他从正反两个方面痛感到传统学塾中“读书为应考”、受种种不合理约束的流弊；痛感到旧式学塾死读、硬背养成学生读书不动脑的教法的坏处；至于让少年儿童硬读那些连成年人都“解释不明白”的经书，更必然要“窒碍他们的脑力”。因此，他在弃官南下，任教于新式学堂的时候，就力排旧顽的非议，提倡“自由读书”。这种“自由读书”的新教法，竟然培养出了邵力子、谢无量、李叔同、黄炎培等一批学界的精英。

1918 年，北京高等师范附属中学国文教员夏宇众在《教育丛刊》第一集发表《中学国文科教授之商榷》一文，系统地阐述了他对于中学国文教材教法和学程安排等方面的见解。蔡氏为之作序。在这篇著名的序文中，蔡氏根据他在国外考察所得，结合自己的实践经验，切中要害地指出我国旧式国文教学的种种弊端：

第一，所读的是“不通行于今人喉舌”的“死语”。

第二，没有适当的读本，也没有符合语言运用实际的文法，只凭若干篇“模范文”，一味地读，不管学生是不是真能领悟。

第三，在所谓的“模范文”中，又大都偏于文学的，且多诗词歌赋之类，很少选用合于论理的实用文章。

第四，不讲究教授法，学生只知其然而不知其所以然，教师只讲其然而不讲其所以然；学生只知泛泛然模仿，教师只知泛泛然评改。

总之，用死的方法去学习死的语言，而学习的目的无非是为了应试科场，以求一官半职，因而读的是圣经圣贤传，写的是代圣人立言，学习者自己的头脑则完全被禁锢，最终不免成为一块顽石或一段朽木。蔡氏的这种批判，发表于“五四”新文化运动的前夜，无疑是为新时代语文教学的革新方向指明了道路。

其次，针对旧式国文教学的种种弊端，蔡氏明确地提出了自己关于革新语文教学的一系列重要主张。

第一，他主张根据新的教育方针来革新语文教学，使语文教学成为贯彻新教育方针的一个重要方面。

蔡氏在就任新政府教育总长的时候，就着手草拟新的学校法令。作为这种法令的根本指导思想当然是新的教育方针，即他所倡导的军国民主义、实利主义、公民道德、世界观和美育。主张这五项宗旨“皆今日之教育所不可偏废者”。蔡氏认为，方针既已确定，就得贯彻到各科教学的具体实践中去；只是在贯彻的时候，必须根据各科教学的不同性质和特点，各有侧重，不能强求一律。他主张，在国文国语教学方面，就形式的研究来说，要注意语法文法的教学，这属于智育，是实利主义所要求的；而关于修辞技巧的分析领受，又属于美育，关涉到美感教育。就内容而言，要让各项教育方针在全部课文中按照一定比例分别体现出来。蔡氏的设想是：军国民主义的内容应占10%，实利主义方面的内容即有关各科知识的内容应占40%；其余，德育占20%，美育占25%，而世界观即哲学思想方面的内容占5%。(参见《对于教育方针之意见》)

这样，蔡氏就在现代语文教育发展史上，第一次把本学科的教学内容同整个国家和民族的教育方针紧密联系了起来，使语文学科成为贯彻教育方针、实现教育宗旨的一门重要的、独立的基础课程。

第二，针对科举时代“读书为应试”“学文为中举”的流弊，提出了读书为应用，学文是为了使人人都能掌握表情达意的工具的主张。

蔡氏认为，语文教学的目的全在于应用，是为了“要全国的人都能写能读”以适应生活、工作、学习的需要，所以应该读“应用文”，掌握适合于应用的语言工具。蔡氏把文章分成两大类，一是应用文，一是美术文。应用文，是指记载或说明的文章。所谓记载，“是要把所见的自然现象或社会经历给别人看”；所谓说明，“是要把所见的真伪善恶美丑的道理与别人讨论”。蔡氏在这里提出的应用文的概念，实际上包含着后来所分的记叙文、说明文、议论文这三类主要文体。梁启超后来就在蔡氏这种分类的基础上把应用文又分成记述文和论辩文两类，然后再往细处划分，形成了现代文章分类学上第一次的理论上的飞跃。美术文，是指诗歌、小说、剧本这三种文学体裁。蔡氏认为，在中学语文科中，读的应该主要是应用文和少量的美术文，至于练习作文则应该全是记载和说明的文字。（参见《国文之将来》）

第三，针对旧式国文教学学的都是与普通现代语很不相同的古代语言的流弊，提出中小学语文教学应该主要学习白话文、学习国语。

蔡氏早在 1912 年就已经提出了国文、国语这两个概念，倡导语、文并重。在“五四”时期更明确提出学校语文科要以教授白话文为要务。其理由，一是认为用白话表情达意明白而直接，用文言表情达意艰涩而间接，于人们的日常交际有便捷和费时之别。二是认为文言不利于教育的普及。过去读书的只是少数人，大都是所谓书香门第的子弟；现在是要人人受教育。读文言要通达，费时多，费力巨，一般平民子弟哪有这么多时间；一般中小学校课程繁多，又哪里有这么多时间来专攻文言？所以一定要改学白话，使内容和传达内容的形式都明白、直接，易于为学习者所掌握。从这些议论中可以看出蔡氏力主白话，从教育思想上说，是同他的平民教育观直接联系着的。

第四，针对旧式国文教学一味让学生死读硬背的流弊，提出要“深知儿童心身发达之程序，而择种种适当之方法”，实行新的教授法。

蔡氏认为，教师教书，并不是像注水入瓶一样，注满了就算完事。如果是这样，那对于养成学生健全的人格是十分有害的，因为它窒息了学生的脑力的发展。为此，蔡氏根据当时欧美各国流行的“自动主义”理论，提出“处处要使学生自动”的观点。具体说来，一是要引起学生读书的兴味。学生学习的内容一定要切合学生的生活、年龄、生理、心理等方面的特点和需要，要有吸引力；采用的教法也要符合学生认识事物的规律。二是要引导学生自己去研究，加强自学。主张“教者不宜硬以自己的意思，压到学生身上”，应该“等到学生实在不能用自己的力量了解功课时，才去帮助他”。三是要启发学生能够掌握“公例”，举一反三。“书本不过是给我一个例子，我要从具体的东西内抽出公例来，好应用到别处去。”四是要活用各种教法，以适应学生各种不同的个性特点和智力水平，即所谓“教授、求学，两不可呆板”，“与其守成法，毋宁尚自然；与其求划一，毋宁展个性”。（参见《普通教育和职业教育》、《新教育与旧教育之歧点》）

蔡氏在语文教学法方面的这些见解，对后世的语文教学革新影响颇为深远，我们从梁启超、黎锦熙、叶圣陶等人的理论观点中分明可以看到他们对蔡氏那些合理主张的吸取和发展。而他的这些主张，固然来自他对旧式教育的深刻认识和亲身体验，同时，也来自当时日本、欧美一些先进教育学说。蔡氏对裴斯泰洛齐、福禄贝尔、卢梭、托尔斯泰以及杜威、蒙台梭利等著名教育家的理论和实践都有颇深的研究，因此受之启示，发为宏论，能新人耳目，在教授法理论上能创立一时之新说。

第五，针对旧式教育“呆读经文”、窒碍脑力的流弊，提出了把美育注入国文教学中去的主张。

蔡氏认为，“美育者，应用美学之理论于教育，以陶养感情为目的者也。”可见，美育与德育是相通的，只是所用的手段、所借的路径是自然界美的景物、社会上美的人事，以此引起人们的美感，进而性情得到感染和陶冶。因此，美育应该也有可能在学校各科教学中得到体现，尤其是国文科，它本身就属于美育范畴，同音乐、美术并列，是美育的最基本的课程。蔡氏指出，在国文科中接触到的一些嘉言懿行固然是美育的好材料，即使是那些“旧式五、七言律诗与骈文，音调铿锵，合乎调适的原则；对仗工整，合乎均齐的原则”，在美学上看也有欣赏的价值，因为“这种句读、音调，是与人类审美的性情相投的。”（参见《在国语讲习所演说词》）从中可以窥见，蔡氏要求在国文教学中把教材内容里足以引起美感、激发高尚情操的部分，教材形式上足以引起美感、激发愉悦情趣的部分，统统视为美育的因素，必须充分加以利用，使国文教学在实现其新的教育宗旨方面发挥出更大的作用。

蔡氏教育思想中有唯心主义的糟粕，如他把美育和世界观视为超越政治的教育就是一例。但其顺应时代发展潮流，在语文和语文教学革新运动中所持的基本观点却处处闪耀着唯物主义思想光辉。同时，他在辛亥革命以至五四运动其间，以其先任教育总长、继任北大校长的特殊地位和身份，或议案制令以贯彻其主张，或演讲著文以宣传其观点，在当时以及后世语文教学革新运动中所产生的影响，又是一般学者所难以企及的。

刘半农的语文教学革新尝试

刘半农（1891—1934）既是一位新体诗歌的开拓者，又是一位现代语文学早期的著名学者，蔡元培在痛悼刘氏英年早逝的时候，曾这样给予评价："科学家习惯于机械的实验，数字的统计，虽有时亦为大胆的假设，而精神终是收敛的。文学家习惯于高尚的理想，假诡的寓言，虽有时亦为严格的写实，而精神终是放任的。两种长技，不易并存。培根以科学者，而能为莎士比亚编剧本；歌德以文学者，而于植物学有所发现；张弛自由，至为难得。我们的刘半农先生，就是这一类的典型人物。"（《哀刘半农先生》）从刘氏一生的功业看，蔡氏的评价决非过誉。

谁都知道，刘半农是"五四"新文化运动激进派的主将之一。早在1916年，年方25岁的刘氏就开始为《新青年》撰稿，1917年5月发表《我之文学改良观》，积极参予了"文学革命"的理论建设；又曾与钱玄同合演了一出"双簧"戏，对僵死的文言、国粹进行了无情的抨击，宏文奇论，所指披靡。然而，他又决不是一个光会发空论的宣言家，而是一个勇于将自创的理论去作实地试验的实践家。就在发表《我之文学改良观》的同年秋天，刘氏担任北京大学预科国文教员，以教坛为试验场，有意识地对语文教材教法的改革进行了卓有成效的试验。当时，理论的探讨和改革的试验，成了他倾注心力的两个重要方面。他在主持《新青年》编务的时候，就明白地宣告："《新青年》同人所主张的"，"目下还在试验时代，试验的方法，一方面是各就所知，大家把自己的主张见地，与社外社内的同志，平心静气地讨论，务要找出个'真'字来；一方面是根据此项主张见地，在教授学生时实事求是地试验，务要使自己良心上觉得有些是处。这两种试验的结果和经过情形，都随时在《新青年》上披露”。(《通信》，见《新青年》第4卷第3期）而在1918年1月出版的《新青年》第4卷第1期上发表的《应用文之教授》一文，正是刘氏把他在北大预科进行语文教改试验的“结果和经过情形”公诸于众的一篇实况记录。自那以后，随着“文学革命”运动的日益发展和深入，叶圣陶在《新潮》第1卷第1号上发表了《对于小学作文教授之意见》(1919年1月)，《平民教育》第6号开展了“中学校国文教授的讨论”(1919年11月)，陈文华在《平民教育》第18号上报告了《我之改革中学国文教授的试验》(1920年2月)，涌起了我国现代语文教学史上第一股革新浪潮。这股浪潮虽不能说已形成摧枯拉朽之势，却也确实有力地冲击了千百年来封建文化专制主义控制下陈腐的语文教学内容和僵化的语文教学方法，与新文学战线相配合，从一个侧面显示了新文化运动的实绩。

刘氏所写的《应用文之教授》，内容主要分三个部分：先讲教学宗旨，次讲阅读教学，后讲作文教学。在阅读教学方面，先讲教材，后讲教法；在作文教学方面，先讲注意事项，再讲命题方式，后讲批改要求。举凡语文教学中的一些主要问题，刘氏文中大都涉及，并且提出了不少新鲜的、独到的见解，列出了许多具体的、切实可行的措施。这些见解和措施，在当时不仅有理论上振聋发聩的作用（蔡元培曾将此文编入《新文学大系·理论建设集》)，而且有实践上开辟新路的意义。

刘氏这篇文章没有用“国文之教授”的标题，却冠以《应用文之教授》这样一个使人耳目一新的标题，分明显示出了这位激进人物的锋芒和锐气。因为，在过去的封建科举时代，读经习文是晋身官场的必由之路，教授八股文，学写试帖诗，无非是为了对付“三场闱墨”。本世纪之初，科举废、新学兴，然而国文一科，学的依然是被人捧为国粹的历代名文；所谓新编国文教科书，如刘师培编的《中国文学教科书》(1906年国学保存会印行)、林纾编的《中学国文读本》(1908年，商务版)、吴曾祺编的《中学国文教科书》(1908年，商务版）等，也大都沿袭过去旧式选本的老例，不脱选文、评点的窠臼。“民国”以后，随着欧美、日本等国一些先进的社会思潮和科学技术的传入，人们的视野以及人们所需要掌握的知识，也越来越广泛，这时读书习文再也不是为了追求仕途功名，而是为了掌握一种具有传播和吸收功能的语文工具，以满足工作、学习和生活的需要。可是，民国元年之初，新式学校中的国文教学却偏偏仍在“科举的旧轨道中进行”，“换汤不换药”（引自《应用文之教授》，以下引文凡未注明出处者，均引自该文）。有人调查当时小学校里的作文题后，指出：“《华盛顿论》《王安石论》《爱菊说》《爱竹说》《郭子仪单骑赴会论》《岳武穆奉诏班师论》，以迨各种策论及古奥之说明文等，竟数见不鲜。”（《通信》，见《新青年》第4卷第5期）其结果，刘氏说，学生“读书数年，能做‘今夫’‘且夫’，或‘天下者天下人之天下也’的滥调文章，而不能写通畅之家信，看普通之报纸杂志文章”；及至踏入社会，“学实业的，往往不能译书；学法政的，往往不能草公事，批案件；学商的，往往不能订合同，写书信”。总之，这样的国文教学是言文相悖，学用相违，完全脱离了实际。

刘氏针对旧式国文教学严重脱离实际的流弊，在北大预科任教期间就确定以“实事求是”为自己教学的宗旨，以教授“应用文”为自己教学的目标，把自己的全部工作同传统的国文教学严格区别开来。他在《应用文之教授》一文的“开宗明义第一”里写道：“我在教授之前，即抱定宗旨，不好高骛远，不讲派别门户；只求在短时期内，使学生人人能看普通人应看的书，及其职业上所必看的书；人人能作普通人应作的文章，及其职业上所必作的文章。更作一简括之语曰：‘实事求是’。”刘氏在这里高高树起了“实事求是”的大纛，这正是“五四”时代科学精神的具体反映；他所提出的教学目标，也正是“五四”时代要求人人都能成为健全公民的民主精神的具体体现。刘氏鲜明地指出：新时代的国文教学决不是要教学生读写充满八股文陈腐气息、严重脱离实际的所谓“文学文”，而是要教学生读写为实际工作和生活所需要的“应用文”。而所谓“应用文”，蔡元培已有明确的解释：“应用文，不过记载与说明两种作用。前者是要把所见的自然现象或社会经历给别人看，后者是要把所见的真伪善恶美丑的道理与别人讨论。都只要明白与确实，不必加别的色彩。”（《国文之将来》）刘氏把蔡元培的观点切切实实地来加以实行，加以试验，这正显示了他激进派中的实干家的本色。

本着上述的宗旨和目标，刘氏在应用文的教材教法上提出了一系列的“标准”。

首先是阅读中的选材标准。一共规定了12条，其中有：“凡骈俪文及堆砌典故者，不选”；“凡违逆一时代文笔之趋势，而极意摹仿古人者——如韩愈《平淮西碑》之类——不选”；“凡思想过于顽固，不合现代生活，或迷信鬼神，不脱神权时代之习气者，均不选”；此外，那些“卑鄙龌龊之应酬文、干禄文”以及“谀墓文”等也“一概不选”。他所要选的是“文笔自然，与语言之辞气相近者”，“思想学说，适于现代生活，或能与西哲学说互相参证者”以及“文章内容，与学生专习之科目有关系者”。刘氏认定，选讲的文章犹如“蚕吃的桑叶，吃不着它，固然要饿死；吃了坏的，也要害瘟病。”那些思想陈腐、形式僵死的文章，不但无应用的价值，而且读了要“害瘟病”；只有内容和形式适合于时代进步潮流的文章，才能适于应用，读了才真正有益。此外，在作文教学方面，他也规定了12条，其中特别强调：“要以记事明畅，说理透彻为习文第一趣旨”，并规定作文要“勿落前人窠臼，勿主一家言，勿作道学语及禅语”；“勿用古字僻字”；“不避俗字俗语，即全用白话亦可”；“勿打滥调，勿作无谓之套语……凡古文家、四六家、八股家之恶习，宜一概避去”。用蔡元培的话说，写应用文但求“明白与确实”而已。总之，刘氏在读文、作文两方面所确立的“标准”，贯彻的是同样的精神，这种精神同他在《新青年》上鼓吹西哲的进步学说，反对腐败文风，宣传无神论，倡导白话文等的精神是完全一致的。

刘氏的应用文教授，侧重点在“作”。他说：“研究应用文，着手第一步，便抱定了‘要能作应用文’的目的，……选讲两方面，其实都是个‘作’字的预备而已。”这种观点，在“五四”时期语文教育界一些新派人物中具有普遍性。梁启超把自己关于中学语文教学的见解作了系统的整理，其中有论“读”的，也有论“作”的，可是文稿却题为《中学以上作文教学法》，就是一个例证。正因为刘氏视写作为教学的重点，所以在作文教学方面他倾注的心力也更多。过去旧式的国文教学，沿袭传统老例，学生开笔就是命题作文，而且所命之题大都出自四书、五经或古代人事（前引小学校种种作文命题，可见一斑）。面对这样的命题，学生是有本固然照套，无病也得呻吟，而于实际应用却全无裨益。刘氏则一反过去的陈腐老套，从日常工作和生活的多种需要着眼，设计和安排了许多不同的应用文写作训练内容，现引述于下（每项后面方括号内的提示，为笔者所加）：

1. 出一记事文或论文题目，由学生自由作文（这是老法）。〔传统命题作文，但行文强调“自由”，不在写法上加以限制〕

2. 说一段文字，令学生笔述，不许增损原义。〔听写，兼有听力训练〕

3. 译白话文为文言，或译文言为白话。〔翻译，语体比较的语言训练〕

4. 化韵文为散文（如古诗及白香山纪事诗，均可改作散文，兼采辞曲）。〔改写、文体比较的语言训练〕

5. 以“讲的方面”第六条研究之结果，令学生撰为论文或笔记。〔听讲或阅读心得，读写结合〕

6. 以一段长冗之文字，令学生删烦就简，作一短文，其字数至多不得逾原文三分之一。〔缩写，文字繁简比较的语言训练〕

7. 就其专习之科目，出种种应用题目，令学生实地研习（如记载实验、解析学理、辩论、批牍、商业通信、订立合同等，各视所专习之科目定之）。〔实用文习作，延伸到其他各科学习的实用性语言训练〕

8. 以一段文字，抽去紧要虚字，令学生填补之。〔填写，写中包含阅读训练因素〕

9. 以一篇不通之文字——或文理不通而意义尚佳之小说杂记等，令学生细心改订，不许掺入己意。〔修改文章字句，写中包含阅读训练因素〕

10. 以一篇文字，颠倒其段落字句，令学生校订之。〔整理文章脉络，写中包含阅读训练因素〕

11. 以一段简短之文字，令学生演绎成篇。〔扩写，写中包含联想想象能力训练因素〕

12. 预先指定一书，或一书之一部分——其篇幅以一万字至三万字为限，且文义不宜高深，要以学生能自行阅看，全无窒碍为度，令学生阅看，即提纲挈领，作一笔记，或加以论断，字数不得逾千。〔读书笔记、书评，与专书阅读结合〕

这 12 种训练内容，几乎包容了学生出校以后在实际工作和生活中可能碰到的运用语文工具的主要方式，同时也相当全面地囊括了人们驾驭语言文字以表情达意的多方面的技能技巧。如果能够循序渐进作合理的安排，无疑是有利于促进作文教学的科学化的。“五四”以后，在中国教育会联合会新学制课程标准起草委员会制订国文国语课程标准时，作文教学部分相当数量的项目就是参照刘氏的试验来编列的，可见其影响之深远。

刘氏的应用文教授，还充分体现了教学民主的精神。例如在“授课之第一日”，他就把字法、句法、章法等三个方面，“昔之所重而今当痛改者”和“昔之所轻而今当注重者”，分别列出一个表来，并“一一举例证明之”，使学生在开始学习之前，对于新旧文体、文风的鉴别，就有一个鲜明而确定的标尺，便于今后在学习中自行评断。在开笔作文之前，他还拟订了 12 条注意事项，要求学生每次作文都拿出来阅读一遍，使自己从构思到落笔不致离谱脱轨，完卷以后还要一一加以对照。在教学过程中，刘氏十分重视引导学生去独立分析、独立研究问题，并鼓励学生责疑问难。例如在他提出的 10 条讲课要求中，首先强调的是学生的“预习”，“每讲一文，先命学生自行预备”，许多问题让学生通过预习自行解决。在讲课时，又注意引导学生作比较的研究，第 6 条：“所讲之文，如与学生专习之科目有关，则命学生自为比较的研究；如与西哲学说——普通的而非专门的——可以互相参证或攻辩，则兼述西哲学说之大要，命学生为比较的研究。”第 7 条：“前后所讲各文，有内容上、性质上、文体上之类似或反对，一一比较研究之。”这种种连类而及的比较研究，既是极有价值的思维训练，又有利于学生举一反三，触类旁通，提高独立分析能力。在作文教学方面，他设计了“批改二次，讨论一次”的新的批改方式，具体过程是：“一、初次批改，只用种种记号，将文中‘毛病’，逐一指出〔刘氏创造的记号凡 24 种，此处从略。符号批改法，以刘氏的创造为滥觞，大致近似〕；二、初次批改后，以原卷发还学生，令其互相研究，自行改正；有不能改，或虽有符号指出其毛病，而仍不能知其所以然者，许其详细质问；三、学生自行改订后，另卷誊真，乃为第二次之批改。此次不用记号，竟为涂抹添削，至评判分数，则折中于初二作之间；四、第二次批改后，学生有不明了处，仍准质问。”这种批改方法，在今天真能坚持做的，为数恐也不多；至于在 60 年前，在封建教育的漆黑铁屋子里才透进一丝民主曙光的时代，无疑是一种充分体现了民主精神的大胆的革新尝试。

刘氏在语文教学改革方面的试验，持续时间不长，不久他就赴欧洲留学，1925 年回国后，任北大教授，潜心于语音、文法和音韵的研究，几乎消尽了当年战斗者的锐利锋芒。然而，他在《应用文之教授》一文中所提供的试验记录，却在现代语文教学发展史上永远闪耀不灭的光辉。

梁启超国文读写教学构想*

一

蔡元培批评戊戌变法中的维新派不重视培养革新人才，所以招致失败；这其实是不完全公正的。维新派的失败，自有种种主观上和客观上的原因；至于培养人才，他们中间的一些主要人物倒是自始至终十分重视的。康、梁、严、谭，无不如此。

梁启超（1873—1929）一生活动，大致可以分为三个阶段：1898 年百日维新之前，是他积极从事变法维新的舆论宣传和实际运动的阶段。在这个阶段中，他从其师康有为那里学得了较为通达先进的治学方法，接触了当时译出的许多西书，形成了“强国必先强人，强人必先强学；变法必先变人，变人必先变科举制为学校制”的坚定信念。他在主编《时务报》（1896）时宣传这样的思想，在主持长沙时务学堂（1897）时亲自实践这样的思想，最后在戊戌变法运动中企图借助朝廷之力把这种思想向更广的范围内扩展。1898 年维新运动失败，他逃亡日本，一直到五四运动前夕，是他进一步从西方资产阶级政治思想中汲取养料，坚定了自己改良主义的思想立场，并积极宣扬资产阶级新的政治体制和新的教育学说的阶段。这个时期，他承袭昔日坚信“教育为立国之本”的观念，向国人介绍欧美以及日本正在施行的一些新的教育制度、教育设施；甚至还详尽地介绍和引进了日本学者当时译著的许多人文科学方面的教材。五四运动前后，是他开始从无望的政治活动旋

* 本文在《现代语文教育史札记》中原分上下两篇，现合并为一篇。略有删改。

涡中解脱出来，专心从事于著述和讲学的阶段。梁氏一生，在学术方面著述千余万言，而在这一阶段留下的成果却有几百万言，其中重点内容之一仍在教育教学方面。有关国文读写教学的论著（讲演），也都发表在这个时期。

梁氏在学校亲自任教的时间是很短的，在中学堂任教的时间则更短（据他自述，约有半年），那么他对中学国文科读写教学的一些见解，何以能使当时及后世许多学者所推崇、所折服呢？

原来梁氏本人是个天赋极高的人物，他 8 岁能作诗文，12 岁考中秀才，应试学院，补博士弟子员，15 岁专攻训诂词章，17 岁（1889）得中举人，18 岁开始就广泛涉猎上海制造局译出的各种西书。这样一个人，通过自己的广泛阅读，到晚年确已达到了常人无法企及的博古通今、学贯中西的境地。此外，他的文才也极高，一枝笔先是以雄健古雅的古文为人称道，继而又以流畅而笔端饱蘸感情的报章体文言称著于世。“五四”以后，他写的语体文也达到了当时一般新派作家所能达到的水平。他的著述宏富，语体各不相同，文体多姿多彩，一概都写得极有说服力和感染力。加之，他又善于从西方资产阶级著名政治家、思想家和科学文化巨匠那里汲取有益的东西来分析研究自己所要解决的问题，所以在治学上掌握的是比较先进的方法论。凭着这么一些条件，他对本国语文的读写规律自有其深切而独到的体验，发为宏论，自易切中肯綮。

梁氏全面探讨中学国文读写教学问题的专著题名《中学以上作文教学法》(1925 年中华版)。该书原为梁氏 1922 年在南京高等师范（1923 年后改名为东南大学）所作专题讲演的记录，最初发表于《改造》第 4 卷第 9 号，后收入《饮冰室合集》，收入时，内容上稍有增补。中华书局出单行本时，内容又有重要修改。因此，同题的三种资料，内容大同而有小异，而以中华单行本为善，以《改造》刊发稿为早。此书内容，除小引外，主要分两大部分，前论作文法，后论教授法，研究的重点在文言文的读写教学。因为梁氏主张国文一科，小学应读写语体文，解决语体文的应用问题；中学以上（包括大学预科）学校应读写文言文，重点解决文言文的应用问题；同时，他还认为“读”的目的主要是提高“写”的水平，“读”的注意中心就该在“写”的规律和法则上，因此他把自己的讲演稿题名为

《中学以上作文教学法》。

二

梁氏关于作文教学的构想，值得后人继承和发展的重要内容大致有如下各点：

作文教学要重在“应用”。这一点，差不多是当时一般革新派人物的共识，蔡元培这样主张，刘半农也这样主张。梁氏把文章分成三大类，一记载之文，二论辩之文，三情感之文。他说：“作文教学法，本来三种都应教，都应学。但第三种情感之文，美术性含得格外多，算是专门文学家所当有的事。而中学学生以会作应用之文为最要，这一种（指情感之文——笔者注）不必人人皆学。”（引自《中学以上作文教学法》，以下引文凡未注明出处者，均引自该书）很显然，梁氏主张在中等以上学校里，作文教学应重在指导学生写作记载文和论辩文这两类实用价值最大的文章。梁氏在批评民国元年以后学校教育的弊病时曾经指出，“学问不求实用”是当时的一大积弊。他说：“学问可分为二类：一为纸的学问，一为事的学问。所谓纸的学问者，即书面上的学问，所谓纸上谈兵是也。事的学问，乃可以应用，可以作事之学问也。”“学而不能应用于世，无论如何勤学，终是纸的学问，其结果纸仍纸，我仍我，社会仍社会，无一毫益处也。”（见《中国教育之前途与教育家之自觉》，1917年）这种视作文为应世之需，因而教学内容要重在“应用”的观点，正是对封建传统教育的一种强有力的否定。

作文教学要先明“规矩”。梁氏认为，作文教学要取得好的效果，师生双方都得首先明白作文的规矩，即作文法。他的《中学以上作文教学法》，大部分篇幅讲的是文章作法，原因就在于此。梁氏把作文法分为两个层次。第一个层次，即写任何种类的文章都必须恪守的基本准则，“就是怎样的结构成一篇妥当文章的规矩”。这规矩的最低限度的要求是：“该说的话——或要说的话不多不少的照原样说出，令读者完全了解我的意思。”所谓“该说的话”，就是构成文章的必要的原料。话有该说的和不该说的，原料有必要的和并非必要的，确定的标准是：①“时候如何”，②“作者地位如何”，③“读者地位如何”。同样一个题目，时间场合不同，作者意图不同，读者对象不同，该说的话也不同。梁氏的这一观点完全符合现代应用语言学强调语言运用必须重视社会交际环境的适应性的理论。所谓“照原样说出”，就是把观察到的（客观的）或感受到的（主观的），毫不走样地说出。这里的关键是：①“把思想理出个系统来”，“然后将材料分种类分层次”地配搭得宜；②“提清主从关系”，“常常顾着主眼所在”。所谓“令读者完全了解”，就是要求表达平易浅明，思路顺畅通达，反对“谬为高古”，力戒违背逻辑原理。作文法的第二个层次，即各类不同体裁文章的不同的作法，也就是写不同体裁文章的特殊规矩。梁氏讲演稿的主要内容就是详尽地阐述这方面的“规矩”的。梁氏认为，指导学生作文必须让学生真切地明白这些规矩。他说：“文章做得好不好，属于巧拙问题；巧拙关乎天才，不是可以教得来的。如何才能做成一篇文章，这是规矩范围内事，规矩是可以教可以学的”，而“懂了规矩之后，便有巧的可能性”，所以教作文实际上是教作文的种种规矩而已。

作文教学要求学生作的篇数要少，用的功夫要细。梁氏在作文教学的训练上是主张重质的，他反对只讲“多写”而不讲“实效”，认为在篇数上，与其做得多而草率应付，倒不如少做几篇，抓细抓实，让学生做一篇有一篇的收获。他说：“我主张每学期少则两篇，多则三篇，每一篇要让他充分地预备，使他在堂下做。看题目难易，限他一星期或两星期交卷。”可见，梁氏所强调的是，每作一篇，都要扎扎实实地抓好作前的“预备”工作和作后的修改工作，决不轻率从事，篇篇都讲求实效。此外，他还主张“使学生在课外随意做笔记”，即现今所说的“自由练笔”，以此作为课内作文的必要补充。因此，严格地说，梁氏对作文训练量的要求是：重点作文少，反复琢磨认真写；随感笔记多，养成习惯经常写；使二者互相配合，相辅相成。

作文教学要重视取材方法的指导或直接提供材料，反对凭空瞎想。梁氏认为，出个题目让学生凭空去瞎想，是作文教学的大忌，因为瞎想的结果必然是胡编乱造，而胡编乱造成了习惯，于学生害处极大。他主张学生作文一要“求真”，二要“求达”。求真，是第一位的。他甚至认为：“凡作一篇记载之文，便要预备传到后来作可靠的史料，一面对于事实负严正责任，一面对于读者负严正责任，学生初学作文时，给他这种观念，不唯把‘文德’的基础立得巩固，即以文体论，也免了许多枝叶葛藤。”巧妇难为无米之炊，写文章先在存“米”、找“米”上下功夫，这才是正道。“米”从哪里来？梁氏认为，凡是学生直接能接触到的人事景物，通过“普遍而精密”的观察得来，在这种情况下，教师的责任在指点取材的方法，主要是观察方法和取舍方法；凡是学生不能直接接触到的人事景物，通过“提供材料”让学生切实掌握，“提供”的方法，一是供给，即直接印发资料；二是口授，即口述资料；三是指定文件，即指定阅读材料。总之，学生在提笔作文之前，不在“苦思冥索”上花时间，而要在“搜集材料”上下功夫。例如，要学生学习用分类法写记事文，可以结合学生在其他课程中所学到的知识作详密的分类，学生就不愁没有材料，而且使作文与别科互相联系，可以“两面受益”。又如，要学生写《赤壁之战始末记》，这是历史事件，可以先指定学生看《三国志》中的《周瑜传》《鲁肃传》《孙权传》《诸葛亮传》，将关于赤壁之战的事摘出，然后考虑该如何去取材料，该如何安排材料。这样，不但材料丰富，拓宽了学生的阅读面，而且也同历史科联络了起来。梁氏所构想的这种“择取实际材料来作文”的做法，决不单纯是一个教法问题，实际上已涉及文风、文德的培养，涉及到国文科与其他各科的联络和与实际生活的联络，意义是十分深刻的。

作文教学要与思维训练紧密结合。综观梁氏有关作文教学的构想，其核心在指导学生学会恰当地、条贯地“整理思想”。这“整理思想”的过程，实际上也就是思维训练的过程。首先，梁氏强调在给学生提供材料的时候，固然应以必要的材料为主，但不必要的也不妨列出，以便“试验学生的选择力如何”；“材料都摆在那里，令他们细细的裁量、驾驭、排列”，这就是极好的思维训练。其次，梁氏还主张“一题可做数次”，同一个题目可以从不同角度、用不同观点写成几篇文章，使学生对于一个题目的方方面面都能了解、都能想到。再次，他主张教学生写论辩文，“断不许违背思辨学的法则”，要做到“辞与辞相待，句与句相复，段与段相衔，中间不漏出破绽”，这就是要求思维的严密和合乎逻辑；尤其驳诘的文章，题目最好能彼此都似乎“有理”，彼此都能“反对”，构成“问题”，这才有利于锻炼学生的思维能力，否则，正确的结论在题目上明摆着，就不宜做论题。此外，梁氏还认为“教人作文当以结构为主”，所以评改学生作文特别要注意的是“思想清不清，组织对不对”；至于“字句不妥当”学生固然要注意，但毕竟属于“末节”。忽视字句的妥帖与否，不免是偏颇之词；但梁氏对文章的思路脉络、组织结构特别注重，自有其合理因素，因为文脉、章法直接关涉到文章作者的思维品质，关涉到文章的全局。

上述五项，是梁氏关于作文教学构想的主要内容。梁氏自称这是“创作”，因为“以前的人没有这样的研究过”，他的目的是想“打开”一条“新路”，并希望人们在这条“新路”上继续有所开拓。

三

梁氏曾经这样感叹：“在今日学校各项课程之中，最为重要者固属国文，而同时教授最感困难，教师最感缺乏，学生除有生性特别嗜好外，最感觉干燥而无生趣者，亦唯国文。”国文教学“难”在何处？要而言之，一是论文选文缺乏深浅、是非的标准；二是旧论新说，孰优孰劣，莫衷一是；三是人人可以凭一己之偏见而抹煞其他；四是“国文”本身，界说不清；五是名为一科，实际上内部头绪纷繁、内容庞杂；六是文海浩瀚，去芜存精，非有“伟大学力”者不足以胜任。这就是梁氏的国文教学“六难”说（《中学国文教学概要·序》）。梁氏说的“六难”，关键却只在二难，即宗旨难明，标准难定。国文教学之所以呈现出严重的混乱，根源就在于此。怎样解决这些“难”处？梁氏开了一张处方：“欲减轻此六种困难与弊端，其法固非止一项，然最大之点，当为经验。有经验，则可随时处变，加以调剂。”一句话，凭教者的读写经验来斟长酌短，凭教者的教学经验来就利去弊。梁氏对国文科讲读教学的革新构想，正是凭着他的丰富经验而来的。

梁氏早在1897年就书院课程改革问题发表过这样的意见：“学非一业，期于致用；言非一端，贵于可行。”强调学习任何课程，都必须重在“用”，贵在“行”（《上南皮张尚书论改书院课程书》）。国文一科当然也不例外。梁氏一生博览群书，可谓蓄积宏丰，可是这种蓄积如果只存之于内，那至多也只是个庞大的“活书橱”而已；必得应时世之需，发之于外，或著书立说，或践履躬行，或演讲呼号，这才能使内在的蓄积成为于国于民有利的精神财富。

因此，凭“经验”，梁氏肯定国文教学的宗旨在“应用”。为了蓄积而进行的“读”目的就是为了表达的需要，为了丰富表达的内容、提高表达的水平。这是梁氏讲读教学全部构想的基点。

从吸收是为了表达、读是为了写这样一个基点出发，梁氏为讲读教学构想了一种教学体系。据他在《中学以上作文教学法》中分析，当时的中学里，教国文有这样两种“体系”：一种是按时代顺序，由近而远，逆溯而上，先教近代文，再教明元、宋唐，一直到上古；另一种是按教员的需要与可能，东选一篇西选一篇，任意编排。这些做法，梁氏认为都不可取，都不能构成科学的体系。他提出了一个分类、分期、分组进行教学的体系，认为这个体系足以裨补当时讲读教学的某些缺陷。

什么是他构想的分类、分期、分组的所谓三“分”教学体系呢？要点是：

“我主张一学年有两学期。一学期教记述文，一学期教论辩文，由简单而复杂。记述文先静后动，论辩文先说谕倡导，而后对辩，论小事的在先，论大事的在后。”

“不能篇篇文章讲，须一组一组的讲。……选文并不要依时代的次序，要分组选。十篇之中一篇是《左传》，一篇是《史记》，一篇是新文字……都不妨事。”

梁氏的这一构想，文字提炼得简要，内涵却很丰富，很值得咀嚼。

在这一构想中，梁氏第一次从教学的需要出发，对古今文章重新进行了分类。

在我国，文章分类学的研究，源远流长。自《诗经》分诗体为风、雅、颂三类，《尚书》分官家公文为典、谟、训、诰、誓、命六类，及至三国魏曹丕著《典论·论文》、西晋陆机著《文赋》、南朝梁任昉著《文章缘起》、南朝梁刘勰著《文心雕龙》，文章分类学的研究成了古代文论中的一个极其重要的方面，并且成果丰硕。一些学者，为了给弟子提供习读材料，根据文章分类研究的已有成果，选辑范本，早有南朝梁萧统辑《昭明文选》，后有清储欣辑《唐宋十大家类选》、清姚鼐辑《古文辞类纂》、清曾国藩辑《经史百家杂钞》等，惠及后学，影响至巨。不过，古代这种文章分类学的研究成果和依据这些成果而选辑的读本，毕竟是封建等级制和封建科举制的产物，时代发展到20世纪，新的思想文化潮流和新的教育教学制度已经对文章的内容和形式提出了新的要求和新的标准，应新式国文教学之需，更必须按这种新要求和新标准对古今文章进行重新分类。梁氏的讲读教学构想，首先在文章分类上为时代提供了新的成果，这成果甚至可以名为“文章教学分类学”，即从教学之需着眼来对文章进行分类。

梁氏的分类标准有二，一是文章的功能，二是文章内容的繁简难易。他把一般文章分成三类：记述文（即记载文）、论辩文和情感文。他认为，从教学的观点看，学校国文科应以讲授记述文和论辩文为主。理由已如前述。但是这样简单地来划分，还不能满足教学的需要，所以他又按照由简到繁、由浅入深的原则，分析了各类文章在内容上和写法上的繁简难易，做了分类列序的工作。他把记述文分成四类：一、记物件之内容或状态。这一类主要是作提要、题画记、说实质、记特征等，属静态记述。二、记地方之形势或风景。这一类所记范围有所扩大，但还属比较固定，可以按空间划出界限，逐步记述，仍属静态。三、记个人之言论行事及性格。这一类便较难了，因为人的言行有时间空间上的变化发展，人的性格也有内在外在的不同表现，属动态，要记述得恰好，便不容易。四、记事件之原委因果。这一类就更难些，因为事件牵涉到的人总不止一个，它的发生发展和结局也总有个过程，要在动态记述中顾及各个方面，就非大大地费一番观察、分析和组织功夫不可。这是记述文的分类列序。论辩文，梁氏分为五类：一、说谕。即对特定的对象发表一种意见，劝其信从，如命令布告，公私短函之类，最为简易。二、倡导。标举一种主张或见解，扼要申述理由，以供研究讨论，如一般倡议之类，稍难。三、剖释。对某种事理或倡导之说，进行较为详密的分析论证，又稍难些。四、质驳。据理反驳他人的说谕倡导或剖释，要讲究驳诘问难的充分根据，当然更难。五、批评。有破有立，在批评中彰显自己的是非观，是上述各类的综合运用。这是论辩文的分类列序。梁氏的这种文章分类法，更多的也是凭借他的丰富的读写经验而来，虽然粗略，但也持之有故，言之有理，在当时中学以上的国文教学研究中具有开创意义，它毕竟为设计出合理的、符合教学原则的教学体系，提供了一种现实的可能性。

在梁氏构想的讲读教学体系中，他坚持记述、论辩两类文章要分期集中讲授，使二者交叉配合，形成循环加深的格局。

梁氏认为，东一榔头西一棒，零打碎敲，什么都接触一点的讲法，是什么也不能真正学懂、学通的。他说，“须将各类文分期讲授”，“最好每年前学期授记载文，后学期授论辩文，年年相间”。其所以要这样做，一是因为各类文章有各类文章的特点和读写要求，总要让学生在一个相对集中的时间里专攻一类文章（或一类文章中的某些具有共性特点的样式），在这基础上，“打通一关再进一关”，而不要浮光掠影，浅尝辄止，这才容易收事半功倍之效；二是师生在一段时间里，共同把精力集中在突破某类文章的某些特点上，探讨必然更为深刻、切实。梁氏的这一见解对后来中学语文教学的体系建设，影响很大。所谓“初一以记叙文为主，初二以说明文为主，初三以议论文为主”的思路，很大程度上是承袭梁氏的构想而逐步形成的。根据集中力量攻其一点，务使真正有所得益的原则来衡量，梁氏的构想，对提高国文教学的效果无疑是有益的。

梁氏为求得讲读教学的目标尽可能的集中、明确，他竭力反对就一篇篇范文进行逐字逐句的讲解，而主张采用分组选文、比较分析的新的教法。

梁氏说，讲读教学“不能篇篇文章讲，须一组一组地讲。讲文时不以钟点为单位，而以星期为单位。两星期教一组，或三星期教一组，要通盘打算”。这种构想当然是借鉴当时欧美和日本通行的“单元教学法”而来的，教学的着眼点不在单篇文章而在一组文章，无论是教学内容还是教学方法，都要从一组文章出发来“通盘打算”。而梁氏的组元原则明确单一，即各类文章的不同组织、不同作法。每组选这么十来篇文章，只要在组织上、作法上可资比较的，无论古今中外的名篇佳作，都可以同列一组。讲授时，以一篇或几篇为主，带起其他各篇。这样，学了一组文章，就对某类文章的特点，从纵的方面和横的方面都加深了印象。

以上就是梁氏构想的分类、分期、分组的三“分”教学体系的基本轮廓。

这样一种新的教学体系，必然要求在课堂教学的组织上也要相应地有所变革。

首先是讲读教学的原则问题。在讲读教学中，教者应该给学生什么？是给学生现成的知识和最终的结论吗？不。梁氏提出的原则是："教员不是拿所得的结果教人，最要紧的是拿怎样得着结果的方法教人。"也就是说，"善于教人者是教人以研究的方法"。讲读教学的根本目的是教给学生阅读各类文章的方法，指点学生从一些范文中探求事理、探求立意谋篇规律的门径。因此，研究的重点不在文章的字句而在文章的组织，不在文章的枝节而在文章的整体。

其次是讲读教学的程序问题。梁氏根据自己构想的教学体系，为课堂教学设计了这样的程序：

第一步是课前讲授。为了给学生提供阅读某类文章的一把钥匙，梁氏主张"每一个学期开始之时，先要有一两堂讲演式的教授，把本学期讲那类文作法的重要原则简单说明，令学生得着个概念来做自习的预备"。这种课前（实际是学期之初）讲述理论要点的设想是一种很新鲜的设想，它完全符合梁氏对于国文教学整个体系的构想。因为按照他的体系，要求每一学期集中研读一类文章（实际上是某类文体中的某些样式），这就有可能在新学期一开始就为学生勾勒出这类文章的基本特点，提示研读这类文章的基本要领，以便学生"得着个概念"（即明白了一些理论要点）去独立研究一组组具体作品。如果再缩小范围，在讲一组选文之前，似乎也可仿照办理，先把这组选文的主要特点和可资比较之处作个概述，然后让学生自己去研读。目的都是为了事先指点门径，以利于学生在教师指点下自为研索，登堂入室。梁氏的这一设计思想，与当代著名教育家赞可夫提出的"理论知识起主导作用的原则"，在基本精神上不谋而合，因此不但有实践意义，而且有理论研究的价值。

第二步是课外预习。不预习就不讲授，这是梁氏的不二信条。他要学生在课外预先把要研讨的一组范文，按教师指点的门径去自行阅读，"看每篇作法的要点在哪里，各篇比较异同何在"，通过自学，"令学生知同是一类的文，有如此种种的不同；或同一类的题目，必须如此作法"等。他认为这种课外预习要在自修室里进行，在时间分配上，"自修室的用功时间最少要与讲堂时间平分"。可见他对于这一步工作的重视程度。这对中学生特别是高中学生不算苛求，否则，很难设想会有效地提高学生独立阅读的能力。

第三步是课内讨论。梁氏认为，对于一般中学生来说，字面上把选文读懂并不困难，所以“把他们已懂的还刺刺不休来讲，徒令他们生厌，而且时间也不太经济”。他主张在课堂上采用讨论式的教授，即在预习的基础上，“令学生各人把自己所见到的说出”；在讨论中，“学生看错的或看不到的，教师随时指导”；最后，“教师把全组各篇综合讲一次，说明自己的观察，便算讲完”。年级低一点的，教师指点和诱导多一点；年级高一点的，应给学生以更多的独立发表见解的机会；这样做，不但学生的心力得到充分的锻炼，而且还可以收“教学相长”之效。

梁氏这种设计的要旨，就在于把教者的精力主要用在组织和指导学生自学上面，而一扫以往旧式学塾中教者一味喋喋不休的陋习。40年代，叶圣陶概括阅读课的教学过程为预习——报告和讨论——练习这样三个阶段，其与梁氏设计的承继脉络是显而易见的。

胡适与语文教育革新运动

“五四”时期，我国中小学的国文科，从教学目的、教学内容到教材教法，都经历着重大的历史性变革。在这场革新运动中，胡适的影响至巨，研究现代语文教育发展史的人，不能不正视这一历史事实。

当时国文科的革新，从教学内容说主要体现在两个方面，一方面是语文形式，即语体和文体的革新；另一方面是思想内容，即教材所反映的思想观念的革新。“五四”新文化运动，在语文形式上反对言文脱节，主张言文一致和国语统一，即提倡白话文，推行普通话（国语），这对传统国文教学只教文言文致使言文脱节是一个巨大的冲击；在思想观念上反对陈腐的封建伦理道德和专制主义，主张科学和民主，提倡个性解放，这对传统国文教学一味崇尚圣经贤传、颂扬封建伦常也是一个巨大的冲击。从这个意义上说，作为“五四”新文化运动的重要推动者之一的胡适，他的一些言论和行动当然对国文教学的革新会产生重大影响。

胡适是提倡白话文的早期代表人物之一。清朝末年，各地出了不少白话报纸，如《中国白话报》《杭州白话报》《安徽俗话报》《宁波白话报》以及《国民白话日报》《安徽白话报》等。1906 年一些“清国留学生”在上海创办中国公学，自编《竞业旬报》，也全部刊载白话文章。胡适在中国公学读书期间，就为《竞业旬报》第 1 期撰写了纯粹白话的《地理学》，同时还为《安徽白话报》等提供用白话写的稿件。当时，他还不过是个 15 岁的少年。1910 年，他赴美留学，在弃农从文以后，更竭力倡导白话创作，自己首先尝试着用白话写诗，后来把这些诗稿结集成我国第一部白话诗集《尝试集》。过去，林琴南翻译外国小说，全用文言，影响极大；胡适第一个尝试着用白话来翻译法国都德的著名小说《最后一课》和《柏林之围》，那是1912年前后的事。这两篇著名译作，后来都被选入国文科的教材。1919年，胡适又把自己用英文写的独幕剧《终身大事》翻译成中文，这便是我国新文学史上第一个白话散文剧本。1918年，他冲破了历来用文言文写学术著作的传统老例，尝试着用白话文写哲学研究论著，出版了我国第一部白话学术著作《中国哲学史大纲》。可见，胡适不但在著名的《新青年》杂志上，同陈独秀、钱玄同等人大力提倡白话文，而且用自己的写作实践有力地向人们证明，白话文不仅可以写文，而且可以写诗、写剧，不仅可以进行文学创作，而且可以从事翻译和发表学术论著。他的理论呼吁和实践尝试，在当时确实为白话文冲破文言文一统天下的局面、牢固地占领宣传舆论阵地作出了贡献。

采用新式的标点符号，是"五四"新文化运动在语文形式改革方面又一重要内容，对国文教学也曾有重要影响。早在1915年6月，胡适为《科学》杂志写过一篇题为《论句读及文字符号》的专论，指出历来中国文字不加文字符号（即标点符号）的弊害有三：一为意义不能确定，容易误解；二为无以表示文法上的关系；三为教育不能普及。为消除此三大弊害，他设计并提出了10种标点符号。在1915年7月2日的日记中他说："吾之有意于句读及符号之学也久矣。此文乃数年来关于此问题之思想结晶而成者，初非一时兴到之作也。后此文中，当用此制。"从此，他每有所作，都坚持用自拟的各式标点，使时人耳目为之一新。

推行国语，也是"五四"新文化运动的重大业绩之一，胡适对此也积极鼓吹，不遗余力。早年胡适就读的中国公学，是在上海第一个用普通话进行教学的学校。在这所学校里，胡适接受了国语的初步训练，并在《竞业旬报》上大力宣传国语统一的必要。1920年，教育部在北京开办了一个国语讲习所，胡适出席讲演十多次，对教育部命令全国各国民学校一、二年级都改用国语教授，表示赞赏，并认为"这个命令是几十年来第一件大事"，"这一道命令把中国教育的革新至少提早了二十年"。（引自《国语讲习所同学录·序》）

至于思想观念的变革，更是"五四"新文化运动的不可磨灭的历史功绩。在“五四”当时，以陈独秀、李大钊等为首的《新青年》同人，在抨击腐朽的封建传统观念、传播民主主义新思潮方面，高举义旗，振臂呐喊，立下了不朽的功勋。其中，胡适也是赢得广泛的社会声誉的一员。他翻译《最后一课》和《柏林之围》，宣传爱国思想；翻译易卜生的《娜拉》、为不幸女子李超作传，鼓吹妇女的解放和独立人格；撰文盛赞孙中山的《建国方略》，在道义上积极支持孙中山的建国宏图；倡导整理国故，为运用新观念、新方法批判继承祖国历史文化遗产指明方向。所有这些，都直接或间接地影响到国文教学在观念上的更新。胡适的思想，特别是政治思想，尽管从20年代后半期起发生严重的逆转和退化，成为历史发展的一种阻力，然而在“五四”的前后，他在一般新派人物的心目中却还是新思潮的突出代表之一。

当然，“五四”新文化运动在语文形式和思想观念等方面的变革对国文教学产生积极影响，决非胡适一人之功；而且，在改革的彻底性方面，他还远不能与陈独秀、李大钊、鲁迅等人相比拟。然而，在改革的广泛性方面，在直接关涉到国文教学的学科建设和教法改革等领域里面，胡适的贡献却又有其独特之处。

说来也奇怪，胡适对于文言文与白话文的历史性思考，竟是从“如何教授文言文”这个教学法问题开始的。也就是说，胡适对于语文形式的思考，从一开始就着眼于教学。早在美国留学期间，他曾与赵元任在中国学生会成立的“文学科学研究部”的分股讨论会上，分别写过两篇供讨论的论文。赵元任写的是《吾国文字能否用字母制，及其进行方法》；胡适写的是《如何可使吾国文言易于教授》。胡适在这篇早期论述文言文教授的文章中，指出了历来文言文教授在教法上的四大弊端：一是“以为徒事朗诵，可得字义”，忽视了译释字义的重要；二是教者不懂文字学，不知推究字源；三是忽视文法探讨；四是不讲究句读、标点，致使文法不易解，字义不易定。胡适认为，文言文乃是“半死之文字”，教法上应当与教外国文字略相似，“须用翻译之法”；文言文“是视官的文字，非听官的文字”，所以应当重视字源学的教学，以比较今字与古字的差异；文言文有自己的文法，教文言文应当重视文法分析；文言文向来不用标点符号，所以文句难断、文意难明，教文言文应当重视句读和标点。胡适这篇文章对文言文的特点作了正确的分析，并针对历来文言文教授的弊端，提出了改革教法的四点设想。后来，黎锦熙和吕叔湘等人，在讨论到文言文教学的时候，都提到教文言文应该采用近似外国语的教法，应该重视古今字义、古今句法的比较分析，可见胡适早年的见解决非妄言，他确实道出了文言文教学的特点和规律，而他提出这些见解却远远早于黎、吕二氏。

如果说上述诸端还只是国文教学革新的某些局部问题，那么胡适在1920年和1922年所作的两次讲演，却是对中学国文教学整体改革的全局性的构想，在中学国文科的课程建设史上具有开创性的意义。

“五四”以后不久，在新文化、新思潮的热浪冲击下，教育部已开始下令将国民学校的国文科改为国语科，而在初级中学里面，要求将国文科改为国语科的呼声也日益高涨，国语、国文并存已成为历史发展的必然。在这种形势之下，重新构建语文学科的课程纲要已受到人们的普遍关注。1920年3月24日，胡适应北京高师附属中学国文研究部之邀发表了演讲，题为《中学国文的教授》，记录稿最初刊载于《教育丛刊》第2集，后来经修改编入《胡适文存》卷一。这是“五四”以后，就中学国文科课程建设系统地发表个人见解的第一篇重要文字。演讲内容共七个部分：一、中学国文的目的是什么？二、假定的中学国文课程；三、国语文的教材与教授法；四、演说与辩论；五、古文的教材与教授法；六、文法与作文；七、结论。1922年10月，中华教育改进社在山东济南召开第一届年会，18个省区的366位代表参加会议，会上由梁启超、黄炎培、麦克乐、邓萃英、推士、蒋梦麟、张默君、胡适等8人分别作专题演讲。胡适讲题为《中学的国文教学》，内容与第一次演讲基本相同，只对某些问题作了进一步的修正与补充，所以记录稿在编入《胡适文存二集》时改题为《再论中学的国文教学》（以下，前文简称《一论》，后文简称《再论》），内容共四个部分：一、假定的“中学国文标准”；二、假定的“中学国文课程”；三、国语文的教材和教授法；四、古文的教材和教授法。

胡适在这两篇重要文字中对中学国文科的教学目的、课程设置、教材内容和教学方法作了全面的论述。其所论各点，就胡适本人而言，是他以往所持的一系列见解的综合反映；就语文学科的发展而言，是后来新学制课程标准起草委员会拟制中学国文科课程标准的重要基础。

胡适立论是针对民国元年（1912）以来颁布的《中学校令施行规则》而发的，为的是能从比较对照中推陈出新，重新建构中学国文科的课程纲要。首先是关于教学目的。民国元年颁布的《中学校令施行规则》第三条规定："国文要旨在通解普通语言文字，能自由发表思想，并使略解高深文字，涵养文学之兴趣，兼以启发智德。"胡适认为，这条"要旨"本身是属于"理想的"，内容并无大错；但考察8年来教学的实况，却不能不说是"完全失败"。其原因"并不在理想太高，实在是因为方法大错"，因为目标是要"通解普通语言文字"，教的却并不是普通的语言文字，而是少数文人用的文字，至于"语言"更用不着说；目标是"能自由发表思想"，教的时候却不许学生自由发表思想，"硬要他们用千百年前的人的文字，学古人的声调文体，说古人的话"。"事实上的方法和理想上的标准相差这样远，怪不得要失败了。"找到了问题的症结所在，胡适在《一论》中就自拟了一个"中学国文的理想标准"，共四条：

（1）人人能用国语（白话）自由发表思想——作文，演说，谈话——都能明白通畅，没有文法上的错误。

（2）人人能看平易的古文书籍，如《二十四史》《资治通鉴》之类。

（3）人人能作文法通顺的古文。

（4）人人有懂得一点古文文学的机会。

在《再论》中，胡适对上述4条又作了几点补充说明。第一，他认为国语是一个中学生"自由发表思想的工具"，必须首先掌握好，所以"能作国语文"应是"第一个标准"。第二，要待"国语文通顺之后，方可添授古文，使学生渐渐能看古书，能用古书"，而且也只有"先学习国语文到了明白通顺的程度，然后再去学习古文，所谓事半功倍，自然是容易得多"。第三，"作古体文但看作实习文法的工具，不看作中学国文的目的。因为在短时期内，难望学生能作长篇的古文；即使能作，也没有什么用处"，所以他同意黎锦熙的意见，"中学作文仍应以国语文为主"。这是对《一论》中第三条标准的重要修正。胡适所定的这四条"理想的标准"，固然还有偏重于"古文"的倾向，但他强调了国语的突出地位，把民国元年颁布的《中学校令施行规则》从“理想的”变为“可行的”，而且用浅明的国语分项列出，便于检测，无疑是一大进步。

其次是关于课程设置。原来的《中学校令施行规则》规定中学四年学习的课目是讲读、作文、习字、文字源流、文法要略、文学史，一共六门。胡适的构想是把讲读分为“国语文”和“古文”，将“国语文”独立出来与“古文”并行；此外，为了强化国语训练，在高年级开设“演说”和“辩论”。至于习字、文字源流、文法要略、文学史等四门，一律删去，原因是：习字，要靠平时历练，每周单设一小时练字，是练不好的；现有的《文法要略》《文字源流》，胡适认为“都是不通文法和不懂文字学的人编的，读了无益”，而且他说“以后中学堂的国文教员应该有文法学的知识，不懂文法的，决不配做国文教员。所以我把文法与作文并归一个人教授”；读文学史，首先必须读过一定数量的文学作品，否则，光“记得许多李益、李颀、老杜、小杜的名字，却不知道他们的著作，有什么用处”？所以，胡适拟定的课程如下表：

年一：国语文 1，古文 3，语法与作文 1　共 5

年二：国语文 1，古文 3，文法与作文 1　共 5

年三：演说 1，古文 3，文法与作文 1　共 5

年四：辩论 1，古文 3，文法与作文 1　共 5

在《再论》中，胡适对上述课程设置又作了重要修正，即把一种统一的课程设置划分为两种不同的课程设置：

一、在小学未受过充分的国语教育的，应该注意下列三项：

（一）宜先求国语文的知识与能力。

（二）继续授国语文至二、三学年，第三、四学年内，始得兼授古文，但钟点不得过多。

（三）四学年内，作文均应以国语文为主。

二、国语文已通畅的，也分为下列三项：

（一）宜注重国语文学与国语文法学。

（二）古文钟点可稍加多，但不得过全数三分之二。

（三）作文则仍应以国语文为主。

胡适这种根据小学毕业生的实际程度，在中学施行“两类教学计划”的设想，无疑是相当高明的，它为以后实施分科制、选科制提供了一种重要的思路。

再次是关于国语文的教材和教法。过去的国文科教的全是文言文，教材不成问题；现在新设国语文，该选什么材料供学生习读，这是一个新的课题。胡适提出五种材料作为国语文的教材：（1）小说；（2）戏剧与诗歌；（3）长篇议论文与学术文；（4）古白话文学选本；（5）国语文的文法。在《再论》里，胡适首次提出了这样的观点：“白话文非少数人提倡来的，乃是千余年演化的结果。我们追溯上去，自现在以至于古代，各个时代都有各个时代很好的白话文，都可供我们的选择。有许多作品，如宋人的白话小词，元人的白话小令，明清人的白话小说，都是绝好的文学读物。”并根据这一观点，开列出《水浒传》《红楼梦》《西游记》《儒林外史》《镜花缘》等十余部白话小说，认为这些都应该是国语文的绝好教材。这一见解，为国文科的教材建设开辟出了一个全新的天地。至于白话戏剧和白话诗歌，胡适认为“此时还不多，将来一定会多的”，也应该列为教材。白话的散文作品，短小浅显的，应作为小学国语科的教材，在中学里“只教长篇的议论文与学术文”，旨在探究这类文章的“思想条理”，借以培养中学生的逻辑思维能力。胡适还认为，国语文的文法也应该列为国语文的教材，只是当时坊间还没有够格的国语文法书可采用，应尽快着手编撰。为此，他亲自动手编写了《国语文法概论》（1921年亚东图书馆版），以供教学之需。在国语文的教法上，胡适主张实行“教员指定分量——学生自己阅看——课堂组织讨论”的三步教学法。在课堂讨论中，教员除了要引导学生研究教材的思想内容，还要“点出布局，描写的技术，文章的体裁”等；戏剧，“可选精彩的部分令学生分任戏里的人物，高声演读”；长篇议论文和学术文，要注重结构层次的分析、材料安排的探究和行文思路的把握。至于国语文法，当与国语文的写作紧密配合，注重实际的应用。在国语文刚刚开始列入中学国文科、教员对国语文的教法还茫然不知所措的时候，胡适提示的教法给人们提供了一条崭新的路子。后来浙江一师的同人实验的白话文的教学，就是依循着胡适提示的路子来的。

与国语文的教学直接有关的是演说与辩论。胡适认为演说与辩论“是国语与国语文的实用教法”。因为“国语文既是一种活的文字，就应当用活的语言作活的教授法。演说、辩论……都是活的教授法，都能帮助国语教学的”。在胡适看来，“凡能演说、能辩论的人，没有不会做国语文的。做文章的第一个条件只是思想有条理，有层次。演说辩论最能帮助学生养成有条理系统的思想能力”，因此，进行演说和辩论的训练，应是中学高年级国语文教学的延伸和发展。在国文科中列入国语文的教学内容，固然是历史的一大进步；在国语文中又特别突出了演说和辩论的训练，并认为这是国语文的活的教授法，更是见前人所未见，发前人所未发。胡适的这一构想，曾被后来历次制定的课程标准所采纳；可惜大都只是堂而皇之地写在纸上，真正认真去贯彻的，为数寥寥；以致到数十年后的今天，演说与辩论的训练仍不被多数学校所重视，这在中学语文教育发展史上不能不说是一大憾事。

此外是关于古文的教材与教法。胡适对古文教材的处理，有两点特别值得重视：一是主张“第一年专读近人的文章”，包括梁启超、康有为、严复、章太炎、蔡元培、李大钊等人的散文以及林琴南译的小说等，借以熟悉文言文的特点；“后三年应该多读古人的古文”，借以明白文言文的发展、演变。二是主张在后三年将精读选本与自修古书二者结合起来。选本依时代的先后编排，“每一个时代文体上的重要变迁，都应该有代表”，这样，读完选本也就等于读完一部“最切实的中国文学史”，“此外中学堂用不着什么中国文学史了”。古书的自修，在胡适看来是“最重要的”一环，应该开列书目供学生选读，并加以指导；否则，单靠选本上有限的篇章，是学不好古文的。胡适的这一构想，就为以后把讲读分为“精读”和“略读”二目奠定了基础。在古文的教法上，胡适提倡“用‘看书’来代替‘讲读’”，即废弃传统的逐字逐句串讲法，而多让学生自己预习、自己翻查工具书、自己加句读、自己试行分章分节。上课时，只做三件事：“（1）学生质问疑难，请教员帮助解释；教员可先问本班学生有能解释的没有，如没有人能解释，教员方可替他们解释。（2）大家讨论所读的书的内容。教师提出论点，引起大家讨论；教员不当把一点钟的时间自己占据去，教员的职务在于指点出谈论的错误或不相干的讨论。（3）教员可以随时加入一些参考资料。”为了实行这样的新的教法，胡适主张对古书要进行整理，因为“古书不经过新式的整理，是不适宜于自修的”。所谓“新式的整理”，胡适认为至少有下列 7 项工作要做：（1）加标点符号；（2）分段；（3）删去繁重的、迂谬的、不必有的旧注；（4）酌量加入必不可少的新注；（5）校勘；（6）考订其假；（7）作介绍及批评的序跋。在《再论》中，胡适列举了《诗经》《左传》等数十部古书为例，并说：“有了这几十部或几百部整理过的古书，中学古文的教授便没有困难了。教材有了，自修是可能的了，教员与学生的参考材料也都有了。教员可以自由指定材料，而学生自修也就有乐无苦了。到了这个时候，我可以断定中学生的古文程度比现在大学生还要高些！大家如不相信，请努力多活几年，让我们实验给你们看！”胡适的自信如此，其实验的决心也如此。在 20 年代，他一方面编著《国语文法概论》和《白话文学史》，为国语文教学提供教材；另一方面提倡“整理国故”，希望中国能有一套“中学国故丛书”；所有这些，在一定意义上都可以说是他对中学国文教学革新进行大胆假设以后的实地试验。

《一论》和《再论》是胡适对中学国文教学革新所持的观点的全面阐述，发表以后所产生的直接结果是关于中学国文课程建设的一场大讨论，以及随之而来的新学制中学国文课程标准的拟定和颁布。1923 年，全国教育会联合会新学制课程标准起草委员会在拟定中学国文课程标准时，就委派胡适主持其事；1929 年重新修订课程标准时，胡适仍为主持者之一。由此可见，胡适的一套构想，在当时影响极为深远。至于因胡适、陶行知、蔡元培的邀请与组织，国外一些资产阶级教育家如杜威、孟禄、麦柯尔等人，在 20 年代纷纷来华调查、讲学，使那些带有民主主义色彩的教育学说得以在中国传播，使中国传统的封建教育思想遭到猛烈冲击，许多新的教育制度和教学方法被人们热心推行，以致给国文教学带来蓬勃生机，那已经是属于胡适等人为中学国文教学革新所提供的外部条件了。

黎锦熙的中学语文教学改革方案

黎锦熙（1890—1978）是我国第一代研究现代汉语语法的著名语言学家。他在汉语语法学上的突出贡献，已为人们所熟知，比如首创“图解法”、建立“句本位”学说（“凡词，依句辨品，离句无品”）、提出“特别介词”的概念（“把”“将”“对于”“连”“并”之类的“提宾介词”）等。他的早期汉语语音、语法专著有《国语学讲义》(1919)、《新著国语学概说》（1922）、《新著国语文法》（1924）、《比较文法》（1933）等，在汉语研究史上具有重要影响。黎氏作为一个毕生致力于语文革新运动的卓越的语言学家，对我国中小学语文教学的改革，也作出过重要的贡献。

黎氏在语文教学领域里的探索、耕耘，主要体现在教材和教法两个方面。早在五四运动以前，他就以封建文化的叛逆者的姿态在语文教科书的编纂上进行了大胆的改革。他在湖南省立编译局从事小学教科书编辑工作时，就把著名古典小说《西游记》的某些章回选作教材，在当时的教育界引起过巨大的震动。1914 年任教于湖南长沙第一师范，与杨怀中、徐特立诸友人创办宏文图书编译社，除了积极译介欧美新著，还尝试着用白话文编写教科书，并在书中特意编进了自然科学方面的知识短文作为语文教材。这在清末民初新旧思潮激烈冲突的时代条件下，无疑是具有创新开拓意义的行动。当时，黎氏还只是一个二十多岁的青年。民国成立后不久，新任教育总长的蔡元培，对这位湖南青年的才学和胆识大为赞赏，特聘黎氏任教育部教科书特约编纂员。在任期间，黎氏参加了以蔡元培为会长的国语研究会，积极提倡“言文一致”和“国语统一”，并与国语研究会成员一起，呼吁教育当局下令把学校的国文科改名为国语科，为此还同林纾、胡玉缙等顽固守旧派展开了针锋相对的论辩。可见，在语文教育革新运动的最初年代，对于教科书的编写，无论在思想内容方面，还是在语文形式方面，黎氏都曾以自己的慧眼和才具提出过新人耳目的创见，进行过意义深远的探索。到了 30 年代末，为了给中学语文教材改革提供一种翔实可靠的历史性资料，黎氏又与王恩华合作，编制了《中等学校国文选本书目提要》，收集自 1908 年至 1937 年这 30 年间全国 60 余种课本，一一作了提纲挈领的介绍。这本资料，对于当时中学语文教科书的改革，具有重要的参考和借鉴意义，对于后世语文教材史的研究，也具有重要的史料价值。

在民国元年之初，当教材中还充斥着陈腐的封建的内容，课文还全是佶屈聱牙的文言文的时候，语文教育革新运动的主要矛头所向当然应该是教材问题。有了教材的新生才可能有教法的新生，教材教法的新生才能促使整个语文教学的改造。所以，到了五四运动以后，特别是 1923 年新学制中小学各科课程标准颁布以后，黎氏的注意力就开始从教材的改革转向教法的改革。在他看来，当时新式的语文教科书，在坊间已经纷纷出版，尽管良莠不齐，优劣殊异，但毕竟品类众多，教者不妨凭经验择善而用，而在选定课本之后，教学效果的好坏相当程度上就取决于教学的方法了。1920 年以后，黎氏先后发表了《中等学校的国文科要根本改造》(《国语月刊》1 卷 2 期)、《国语的作文教学法》(《教育杂志》16 卷 1 期) 和专著《新著国语教学法》(1924 年，商务版) 等论著，就语文教学的方法提出了自己的革新主张。1947 年，《国文月刊》组织关于中学语文教学问题的讨论，黎氏连续发表了他设计的两个教学改革方案，一是《中等学校国文讲读教学改革案述要》(见该刊第 51 期)，一是《各级学校作文教学改革案》(见该刊第 52 期)，用“方案”的形式全面地表述了他历来对语文教学方法改革的一系列见解。这两份材料，应该是研究黎氏语文教育思想的重要资料。从中，我们不但可以看到黎氏一贯坚持的那种力主改革的革新精神，更可以窥见一个卓越的语言学家对于语文教学的某些独特的构想。

黎氏讲读教学改革案的一个重要思想是教学必须有合理的程序。

黎氏在 1924 年出版的《新著国语教学法》中，曾把讲读教学程序设计为三段六步，即：

- 自动主义的教段
  - 理解（第一段）
    - 预习（一步）
      - 指示目的，唤起学习的动机
      - 预备的指导
      - 预习（并欣赏）
    - 整理（二步）
      - 问疑（学生）
      - 试问（教师）
      - 发表（学生）
  - 练习（第二段）
    - 比较（并概括）（三步）
    - 应用（表演等）（四步）
  - 发展（第三段）
    - 创作（作文）（五步）
    - 活用（指导阅读方法，培养阅读习惯）（六步）

在 1947 年发表的《述要》中，黎氏把上述的三段六步进一步合并为四段，即把“整理”单独列为一段，形成一预习、二整理、三练习、四发展的讲读教学程序。以自动主义为出发点，设计阅读教学的科学程序，在我国现代语文教育史上黎氏当为先驱者之一。

黎氏讲读教学改革案的又一个重要思想是要求严格地区分白话文和文言文的不同教法。他在《述要》的导语中尖锐地指出，历来语言教学的成绩不佳，其症结“就在教学讲读时，不知道把白话文的教材与文言文的教材分别处理，而只知道笼统地用一种大概相同的教学法”。因此，他的改革方案就在全力探索这两种不同语体的文章的不同教法。

早年，浙江一师的沈仲九等人曾经对白话文的教法进行过革新尝试。不过，黎氏的见解又有其独到之处。黎氏认为，语文是所谓口耳之学，学语文不能不讲究诵读。所以，他的改革案中，特别重视各类文章的诵读。黎氏对于“读”曾提出过三种要求，或者说是三种境界：第一种叫作“疏解的读法”，即指预习阶段的读，旨在初步读懂文章，领会文章中某些句段的含义和情味，要求达到流利；第二种叫作“论理的读法”，指整理阶段的读，旨在词语、句读间的逻辑停顿和逻辑重音，恰当地表达出声音和意义的结合；第三种叫作“审美的读法”，旨在读出文学的意味和情趣，要求达到铿锵悦耳，声情并茂。这三种读法，无论是教白话文，还是教文言文，都需要逐步培养并切实掌握。但鉴于白话和文言同人们日常口语的距离有近有远，所以在具体处理的方法上应有严格的区别。

黎氏改革案首先用“两纲四目”来概括他全部主张的要点：

一纲：白话文须与语言训练相联系——

一目：先须“耳治”（初讲时，学生不可看本文）

二目：注重“朗读”（须用美的说话式，并随时矫正字音、词调和语气）

二纲：文言文视与外国语文同比例——

三目：必须“背诵”（预习时，即宜熟读；已读者，分期背默）

四目：彻底“翻译”（逐字逐句，译成白话，确依文法，勿稍含糊）

在黎氏看来，白话文接近口语，读出来的句子同平常人们说出来的话几乎一致，学生看得懂也念得顺；只是课文中所用的口语是加过工的，是美化、净化了的，所以学生需要学习，而这种学习必得与语言训练相联系，在听和说上下功夫，使课文中那些美化、净化了的口语逐步影响学生习用的原始状态的口语，这才算是真正发挥了白话文教材的作用。文言文就不同，许多实词古今意义差别很大，不少虚词的语法功能也往往同现代语不一样，由此而构成的一些文言句式也就具有不同于现代语的特点，让使用现代语的学生去研读那些日常生活中不说也不用的古代语，就势必要采用中国人学习外国语的某些方法，要更多地在记诵和翻译上下功夫。

在处理白话文教材的读法时，黎氏提出了“三绝对”的要求。在预习以后，进入“整理”阶段。这一阶段的第一项工作是学生作“预习报告”。就白话文来说，主要是“报告全篇大意及分段要点”。一个学生在报告（即复述），其余的学生一概用耳细听，这时“绝对不可对看本文”。这是一个“绝对”。第二项是教员“范读课文”，范读时必兼“表演”风味，这时学生仍然只用耳听，目视教员，“绝对不可对看本文”。这是第二个“绝对”。第三项是学生“齐读课文”，所谓“齐读”就是跟着教员循声诵读一遍，教员怎么读学生就跟着怎么读，这时仍“绝对不可对看本文”。以上三步，是学生对白话文教材的初步接触，基本上处于感知阶段，黎氏认为这时最忌离开语音、语调所反映的意义和情味而专以“目治”；相反，必须强调“耳治”，重在听，所以“绝对不可对看本文”。黎氏恳切地说：“是名‘三绝对’，即纯以‘耳’治，乃本改革案精要处，请特予注意！若不如此，此三项教学手续即完全失去效力。”其重视程度于此可见。这个“三绝对”，其奥秘在哪里？试行之后实效怎样？黎氏自己固然未作充分阐发，也未列出证实的数据；当时和后来的语文教育界似乎也未能给予必要的理论说明和进行必要的实践试验。不过，从语言训练的角度看（要知道，黎氏是语言学家），教白话文强调听和说相互促进、相互制约的作用，这无疑是正确的。教文言文就不同，黎氏特别强调要熟读成诵，而无论是听读或自读，都必须“对看本文”，认真揣摩如何断句，如何处理音节的轻重疾徐，如何表达出文章所蕴含的思想和感情，进而达到字字句句“如出己之口”的境界。总之，黎氏的基本观点是：“白话文以‘耳’治始，以‘目’治终，其成绩之表现则全在‘口’，口自与‘手’相应，而白话文之写作进步矣。文言则始终以‘口’治为主，口治之极，自能影响‘目’与‘心’，若一霎时之‘眼到’与偶然间之‘心到’，而‘口’则长期不‘到’，如今学生之听讲文言文者，则其效果必等于零无疑也。”

黎氏讲读教学改革案的另一个重要思想是重视讲读中的图解法。后世的板书设计当以黎氏的倡导为嚆矢。谁都知道，图解法是黎氏借以解析语言现象的一种创造。在语文教学中，他也主张用图解法来解剖课文的句法和章法，以清眉目。不过，在白话文和文言文的教学中，图解法的使用范围和使用目的也有明显的区别。

黎氏改革案是把“图解”列为“练习阶段”的一项主要工作的。所谓“图解”，在形式方面，主要是指“篇章词句之文法总图解”；在内容方面，主要是列出“全篇主旨及每段大意之标题”（相当于现在习用的内容提纲）。

对于白话文，黎氏主张应以内容的分段标题为主，至于形式方面则重在篇章结构的图示，个别繁复的难句可以作文法的图解，其余一概从略。这样做，目的主要是理清文脉，以便确切地掌握文章的内容。对于文言文，则正好相反，主张应以形式方面的词句分析及篇章组织之总图解为主；至于全文主旨及分段标题只须列出，不必作过细的深究。这样做，主要目的是求得对文言文章法特别是句法的精确把握，以加深对古今语异同的理解，便于进行“彻底的翻译”。黎氏所谓“彻底的翻译”，就是指严格按照词位和句式的图解来进行翻译。他说：“若无总图解，而但以对译为作文题，则非‘彻底’研究，而不属于讲读范围内之‘练习’工作矣。”文言文教学“视与外国语文同比例”，这就是一个重要方面。

综观黎氏的讲读教学改革案，其核心就在设想如何有效地指导学生掌握汉语汉文的运用规律。因为白话、文言各有自身的特点，在日常应用中又各有不同的地位，所以强调要采用不同的方法进行教学，这才可望收事半功倍之效。而在黎氏看来，所谓语言运用主要又是指写作实践，所以就特别重视语言的规范化，用图解法剖析各种语言现象正是他设想的达到语言规范化的一种有效途径。

黎氏的作文教学改革案是以他提出的语文教学“三原则”为根本指导思想的。这“三原则”是：一、写作重于讲读，二、改错先于求美，三、日札优于作文。

黎氏认为中学生语言能力的提高主要应该凭借各种形式的写作练习。光靠讲读，学生对于语言运用的优劣得失的感受不可能十分深切，所谓“眼高手低”，就是这样产生的。学生只有通过自己的写作，通过写作过程中的思索、推敲、揣摩、修改等，才能真正领略到语言运用的规律以及其中的甘苦。这就是“写作重于讲读”的根据。

黎氏把作文训练分成两个阶段：先是求“通”，再是求“美”。求通就要设法纠正各种不通的说法，这就是“改错”。改正错误而求得大体通达，这是写文章的基础功夫；由此再跨步，就是求美，求得文章的富有美感，富有吸引力。所以，作为基础，黎氏十分重视“改错”工作。在实践中，他主张采用符号批改法，教员在有错的地方加上各种符号，由学生根据符号所示的错失自行改正。此外，教员还要布置学生制作“错误订正表”四种：一、字体错误表；二、文法错误表；三、事实错误表；四、思想错误表。学生在自行改错的同时，把各种错误及其订正办法，分类记载于表内。教员收齐后，再进行归类统计，择其有代表性的病例向全班学生公布。用这样的办法，力求各种常见错误能改正一次减少一批；许多病例，也可望从理论上加以解释而因此找到病根，以利于彻底纠正。

除一般的作文以外，黎氏竭力主张要养成学生写“修养日记”和“读书札记”的能力和习惯，并认为在培养写作能力方面后者的效能要大于前者，即所谓“日札优于作文”。“修养日记”记自己生活中的点滴感受和兴会；“读书札记”记自己听讲或阅读中的体会和心得。关于“读书札记”，黎氏强调要随手笔录，一事一条，长短不论，贵在坚持；每条的眉端应标上分类序号，以便日后使用（黎氏规定的分类序号为：“0”总部，“一”哲学，“二”宗教，“三”社会科学，“四”语文学，“五”自然科学，“六”应用科学，“七”艺术，“八”文学，“九”史地）。黎氏说：“札记届满一学期或一学年，即可按标类之数码，检集同类各条，组成单篇，分标题目：积久即为各种专题研究论文之资料。”这就把阅读、写作和积累资料三者有机地结合在一起，使这种札记能够成为学生今后治用的一种有用工具，其作用就大大超乎一般作文之上了。

有人说，文学家、文章家、语言学家和心理学家，在设想语文教学改革方向的时候，往往会融进自己因专业特点或专业偏爱而产生的某些特殊见解。这话的确不无道理。黎锦熙先生作为一位杰出的语言学家，更多地具备着那些严谨治学的科学家的品格，所以在他所设计的改革方案中，我们可以分明地看出，他除了特别关注青年学生对于汉民族语言的运用规律的掌握以外，似乎还在有意识地注重培养青年一代独立进行科学研究的能力和习惯。可惜的是，无论是在20年代，还是在40年代，黎氏改革语文教学的设想都未能引起语文教育界足够的重视，依此去身体力行者，更是为数寥寥。今天重温黎氏的两个改革方案，从中汲取有益的养料，应该是我们当今改革者的愿望。

夏丏尊与语文教育

夏丏尊（1886—1946）是我国现代文化史上著名的文章家、出版家和语文教育家，他从“五四”时期起，直到抗战胜利、含愤谢世为止，在语文教育领域苦斗了将近20年，在旧时代曾被誉为“始终献身于教育、献身于教育的理想”的、“诲人不倦”的教育家。

夏氏在现代语文教育史上的卓越贡献，主要体现在两个方面：一是观念上的，二是实践上的；而实践上的贡献正导源于观念上的一系列创见。

早在“五四”时期，他从日本留学回国，任教于浙江两级师范、湖南长沙第一师范、浙江春晖中学的时候，就力排被动主义的学校教育而积极倡导以学生为主体的自动主义。他在1924年《春晖》第28期上发表《近事杂感》，总结自己从教的感受，说：“学问要学生自求，人要学生自做。我们以前种种替学生谋便利的方案，都可以说是强牛饮水的愚举。最要紧的就是促醒学生自觉。学生一日不自觉，什么都是空的。”这种感受，与其说是来自他从教的经验，倒不如说是来自他自身求学的实际体验。

夏氏接受学校教育的时间很短，他没有在任何学校毕过业，所以也没有领过一张毕业文凭。他的道德文章，素为世人称道，却都是从自励自学中得来。他出生于浙江上虞一个衰败了的商人家庭，只因他自小聪颖，家里勉力让他读书，先从塾师读经书、习八股，16岁便考中了秀才。不久，八股被废，改为“以策论取士”，便在家中自学，把家藏的《史记》《汉书》《后汉书》《韩昌黎集》《唐诗三百首》《通鉴纲目》《文选》《聊斋》《红楼》《西厢》《经策通纂》《皇清经解》等书，终日拿来诵读。这样地过了不到一年，便从乡间出来，到上海进了“读外国书”的中西学院，但终因家贫，读了半年便中途辍学。在家居中，因偶然的机会，读到了严复翻译的《原富》《天演论》以及《新民丛报》等进步书刊。18 岁进绍兴府学堂习读，亲聆革命志士徐锡麟的授课，更多地接触了民主主义的新思潮。半年后又因故停学，回家代父亲坐馆教书。后向亲友借贷，赴日留学，攻染织工业。在日不到一年，又因学费无着而被迫离校回国。从 16 岁中秀才，到 21 岁留日回国，四五年间，他不断寻求学习之路，无论是在校，还是家居，发愤读书，如饥若渴，为他日后的事业奠定了雄厚的旧学和新学的基础。“学问要学生自求，人要学生自做”，这正是夏氏半生奋斗的信条。

夏氏从日本回国，先在浙江两级师范（后改名为浙江一师）为日籍教员当翻译，兼任舍监，不久就担任国文教员。此后，就一直从事中等学校的语文教学工作。他基于自动主义的教育思想，结合国文科的教学状况，总感到这门学科的教学收效甚微，非彻底加以改革不可。1923 年，他以春晖中学为基地，进行了国文科的教学改革。改革的指导思想有两条：一是“劝学生不要只从国文去学国文”；二是“劝学生不要只将国文当国文学”（见《教学小品文的一个尝试》，《学生杂志》第 10 卷第 11 期）这两句话，虽然表述得十分朴素，却深刻地揭示了教语文和学语文的客观规律，是对语文教学的传统观念的革新，在当时的革新派中间引起了普遍的共鸣。

“只从国文去学国文”，这是传统的国文教学的弊病之一。其表现有两端：一是只封闭在国文科的课堂里面学国文，二是只局限在国文科的课本里面学国文。师生双方都有一种错觉，以为只有在国文课堂里面才是学国文，只有在国文课本里面才能学到国文。正因为这样，所以结果是，“学生读了几篇选文，依样模仿，以为记了几句文句或几段大意，作文时可以用的，于是作出文来，就满纸陈言，千篇一例”。其实，语文是人们在实际生活中广泛运用着的一种交际、交流的工具，只有联系实际生活来学语文，才是根本，才能把语文学好、学活。夏氏根据这个更新了的观念，在认真改进课堂教学的同时，注意引导学生去观察自己周围的生活，用“小品文”的形式（即随笔、杂感一类的短小文字）随时记录自己在“实生活”中的所见、所闻、所感，一方面增加课外练笔的机会，借以熟练自己的手腕；一方面增加课外观察生活的机会，借以锻炼自己的眼力。这样，把国文科教学的触角广泛地延伸到生活中去，变死学为活学，学生的学习兴味大增，学习效果自然也就大大提高。

“只将国文当国文学”，这是传统的国文教学的又一弊病。传统的国文教学，只要求学生学文章的八股程式，学文章的起承转合，学文章的铿锵声调；至于文章的内容，文章的理路，可以不必深究，因为旧时的文章无非代圣人立言，一派陈辞滥调而已。这样教学的结果，学生尽管可以写“且夫天下之人……”的滥调文章，自己的头脑则始终是一片空虚。如今新时代的国文教学，正如夏氏所说，选读的范文“并不是像以前的只是空洞的文章，或是含着什么问题，或是记着什么事理，内容很复杂的”，对于这样的选文，“如果学生只当作国文去读，必至徒记诵着外面的文字，而于重要的内容不去玩索，结果于思想推理方面毫无补益，头脑仍然空虚”。所以，学国文必须要同时学思想推理，学文章的作者通过语言文字所传达出来的丰富的思想和感情，从而使自己的头脑逐渐充实起来。只有把内容和形式结合起来，在学习语文形式的同时不断充实自己的生活，不断充实自己的头脑，这才能切实提高语文学习的效率。

由学校的国文科推广开来，夏氏提出了一个著名的论断，即学生在校学习，主要任务不在“受教材”而在“受教育”。他在1930年所写的《受教育与受教材》一文中恳切地向广大中学生指出：“诸君在中学校里，目的应是受教育，不应是受教材。重视书册，求教师多发讲义，囫囵吞枣似的但知受教材，究是‘买椟还珠’的愚笨办法。”那么，何谓“受教育”呢？就是养成一种生活必备的“实力”。夏氏说：“我的谈话的对手是中学生，所谓实力，当然不是什么财力，权力，武力，也并不是学士或博士的专门学力，乃是普通一般的身心上的能力。例如健康力，想象力，判断力，记忆力，思考力，忍耐力，鉴赏力，道德力，读书力，发表力，社交力等就是。”可见，在夏氏看来，基础教育阶段的各门课程，其根本任务主要在于发展青年学生的智力、体魄和道德修养，使之成为身心健全的合格公民。因此，所谓发挥学生学习的主动性、自觉性，根本之点乃是要引导学生主动地、自觉地去接受教育，培养自己适应现代生活的种种“实力”。

用这样的观点来考察当时的学校教育，其中包括国文科的教学，夏氏当然感到极不满意，因此想从学校以外更广阔的天地里为青少年提供更多的“受教育”的条件，以弥补学校教育的欠缺。1928 年，他进开明书店，任编译所所长，邀约一批志趣相投的伙伴，创办《中学生》杂志，编纂各科教科书，出版各种适应中学生需要的丛书、丛刊，为广大青少年开辟校外广阔的“受教育”的渠道，形成了被后人称为“开明派”的一支文教战线上生气勃勃的新军。以《中学生》杂志为例，夏氏在亲自撰写的《发刊辞》里明确宣告刊物的使命是：“替中学生诸君补校课的不足；供给多方的趣味与知识；指导前途；解答疑问；且作便利的发表机会。”他把这份杂志办成了近乎小型百科全书，除语文读写的辅导文章以外，政治、时事、国际见闻、社会风习、天文地理、数理生化、绘画摄影、英语讲座、文艺园地，可谓五光十色，应有尽有。为了开拓学生的视野，丰富和充实学生的精神生活，他除了努力做好各科教科书的编辑工作，还广泛组织各种适合中学生课外阅读的书稿，出版“开明青年丛书”，其中有丰子恺谈建筑、音乐和绘画的，有朱光潜谈美学和变态心理学的，有刘薰宇谈趣味数学的，有贾祖璋谈猪龟蝉蝶、周建人谈花鸟虫鱼的，都成了当时青年学生手边案头的不出声的良师益友。对于开明书店的“开明”二字，朱光潜先生曾作过解释，说“开明”就是启蒙的意思，对象是成长中的中学生。那么，在夏氏的心目中，开明书店的任务就在于给中学生以启蒙，为中学生提供开明益智的阵地。联系夏氏对国文科教学所持的观点以及他对教育事业的深刻理解，他在开明期间所进行的编著实践，其良苦用心，世人不难洞察。

学校所设各门课程，其共同的任务是在养成青少年身心健康发展的各种“实力”，这已如上述；但各门课程的本身却还有自己特有的任务，它们在养成“实力”的过程中有自己独特的途径和功能。忽视共性，固然不当；漠视个性，也属大谬。在 30 年代，夏氏议论的重心逐渐转向国文科的个性特征。他在 1936 年所作的著名讲演《学习国文的着眼点》中指出：“国文科是语言文字的学科，和别的科目性质不同”，“国文科的学习工作，不在从内容上去深究探讨，倒在从文字的形式上去获得理解和发表的能力。凡是文字，都是作者的表现。不管所表现的是一桩事情、一种道理、一件东西或一片情感，总之逃不了是表现。我们学习国文，所当注重的并不是事情、道理、东西或情感本身，应该是各种表现方式和法则”。夏氏的这番议论，粗看起来，仿佛跟过去他所持的观点（如“不要只将国文当国文学”之类）有悖；其实，基本精神是一贯的，只是立论的角度不同而已。在这里，他所阐发的是关于国文这个具体科目的特有功能和作用。因为学校里设置国文一科其宗旨不在让学生了解教科书中大量选文的驳杂而无序的内容，而在让学生学习选文的作者在表现各种内容时所采用的种种方式和法则。这是国文科里读文章和在日常生活中读文章不同的地方。在日常生活中读文章，因文章内容的不同，或兴奋，或流泪，或厌倦，都是情理中的事；可是，在国文科里读文章，固然也会兴奋，流泪或厌倦，但“在兴奋、流泪或厌倦之后”，还得“用冷静的头脑去再读再看，从文字的种种方面去追求，去发掘”，因为“你的目的不在兴奋，不在流泪，不在厌倦，在学习文字”。而在这一点上，无论是旧派人物，还是新派人物，观念上都还有偏向，他们或是从宣扬封建的旧思想、旧道德着眼，或是从鼓吹民主的新思想、新道德着眼，都把国文科的选文内容看得过重，而把文字的表现方式和法则看得无足轻重，其结果，国文科几乎成了修身科和公民科，学生国文程度的低落也就不足为怪的了。

根据上述见解，为充分发挥国文科的特有功能，夏氏十分专注于文章学的研究。早在1919年，他在长沙一师任教的时候，就参考当时国外的资料编写了各体文作法的讲义，专门讲授文章法则；1922年在春晖中学执教，又进一步充实了讲义的内容。后来，这部讲义经刘薰宇修改补充，二人联名发表，书名《文章作法》。在我国，这是现代文章学的一部早期专著，对国文科的教学影响至巨。在30年代，夏氏对《文章作法》的一些重要方面又作了进一步的研究，从总体上揭示了文章这个特殊事物的许多内在规律，写成了《句读和段落》《句子的安排》《文章的省略》《文章中的会话》《文章的静境》《文章的动态》等9篇论文，连同叶圣陶的《开头和结尾》，合编成《文章讲话》一书。与此同时，夏氏还就国文科的阅读问题，作过几次重要的讲演，如《阅读什么》《怎样阅读》《学习国文的着眼点》等。这些讲演稿，讲的是读文章的规律，深入浅出，言简意赅，随处可见来自于他长期读写实践的深切体会，可以看作是现代阅读学研究的较早的劳绩，具有一定的历史价值。后来，这些讲稿，同叶圣陶几篇同类性质的讲稿和论文合在一起，编成一书，题名《阅读与写作》，作为开明青年丛书之一出版。以上这些文章学的研究成果，在当时，都曾作为国文科的教材被一些中学所采用，在国文科的教学改革中发挥过积极作用。

语文教科书，在任何情况下，都应该是在校学生学习语文知识、锻炼语文能力的最重要的凭借物。基于对国文科的特性的深刻理解，夏氏对历来的国文教科书多有不满。因此，从30年代中期开始，他就在国文教科书的编制上进行了具有开创意义的探索。夏氏认为，世间文章千姿百态，浩如烟海，数也数不清，读更读不尽。编制教科书的重要工作就是从无限的书海中选出有限的文篇来。文篇怎么选？是选历朝历代的名人佳作吗？国文科并非文学史科，似无必要。是按内容的价值来选吗？以为青年应该孝父母、爱国家，应该交友有信，应该办事有恒，于是选几篇孝子的传记，选几篇忠臣烈士的故事，编凑成书吗？国文科并非修身科，也属不当。夏氏认为，天下文章尽管汗牛充栋，但构成文章的基本格式以及运用语言的基本法则却是有限的。编制国文教科书，一要明白国文科的特性和功能，即教学的需要；二要顾及教学时间的限制，即教学的可能。国文科既非文学史科，也非修身科，它要学习的是关于语言文字的表现形式和运用规律；而语言文字的表现形式和运用规律是有限的，可以在较短的时间内去学习并掌握的。因此，编制国文教科书，选择文篇的依据应该是文章的基本格式和语言运用的基本法则；所谓循序渐进，也只有依据文章的基本格式和语言运用的基本法则才有可能。作为这种见解的第一次实践尝试，夏氏在1934年同叶圣陶、宋云彬、陈望道等人合编了一套《开明国文讲义》。这套教科书共三册，第一、二两册注重在文章的类别和写作的技术方面，第三册注重文学史的了解方面，学生读了这三册书，“可以得到关于国文科的全部知识”。这些“知识”，分别以“文话““文学史话”“文法”“修辞”等项目写成一篇篇短文，有机地穿插编排在相关的选文之后，形成了语文基础知识为贯穿线索、精选文篇为印证材料，二者相互配合的格局。这套教科书的编制方法，体现了夏氏对国文科基本特性的独到见解，并为不久以后著名教科书《国文百八课》编制出版奠定了基础。

在国文教学观念更新方面，夏氏的又一贡献是“语感”问题的提出。夏氏曾经坚信，作为学校教育中设置的一门重要课程，国文科一定要激发起学生主动地、自觉地学习的积极性，并以此来充实学生的头脑，培养学生的品性和智力；同时也坚信，作为学校教育中设置的一门特殊课程，国文科应肩负起自己特有的任务，即致力于引导并帮助学生对各体文章作形式上的探究，以便切实提高运用祖国语文的能力。根据这样的信念，他在实践上也作了多方探索和辛勤劳作。然而，结果呢？正如他自己所说："无论如何设法，学生的国文成绩总不见有显著的进步。"重视了语法和作文法的讲授，"学生文字在结构上形式上，虽已大概勉强通得过去，但内容总仍是简单空虚"；奖励课外读书，或是在读法上多选内容充实的材料，"结果往往使学生徒加了若干一知半解的知识，思想愈无头绪，文字反益玄虚"。就在这山重水复疑无路的情形下，夏氏从自己重温旧籍的过程中忽然悟到了一种契机，那就是培养语感的重要。他说："无论是语是句，凡是文字都不过是一种寄托某若干意义的符号。这符号因读者的经验能力的程度，感受不同：有的所感受的只是其百分之一二，有的或者能感受得更多一点，要能感受全体那是难有的事。普通学生在读解正课以及课外读书中，对于一句或一语的误解不必说了，即使正解，也决非全解，其所感受到的程度必是很浅。收得既浅，所发表的也自然不能不简单空虚。这在学生实在是可同情的事。"这种对文字符号所表达的内容的灵敏的感觉，夏氏名之为"语感"。夏氏认为，比较起来，教师由于经验能力程度一般总在学生之上，所以对于文字的感觉必然要比学生正确得多、丰富得多，也灵敏得多，因此教师的任务就在"自己努力修养，对于文字，在知的方面，情的方面，各具有强烈锐敏的语感，使学生传染了，也感得相当的印象"，以此作为"理解一切文字的基础"。"教师所能援助学生的，只此一事。"（以上引文均见《我在国文科教授上最近的一个信念——传染语感于学生》，《文章作法·附录三》）夏氏的这一感悟，在国文教学观念更新上影响深远，后来叶圣陶专门著文阐发了这一观点，并充分论证了在阅读中"训练语感"的重要性及其训练方法，为国文教学的改革在方法论上开拓出一片新的天地。

夏丏尊在旧时代为教育青少年呕心沥血度过了严肃的、清贫的一生。他仿佛一头牛，自己东觅西寻可食的草料，自己反刍咀嚼，自己把它消化而成乳汁，再无保留地把全部乳汁贡献给祖国的未来——年青的一代。可是，黑暗的社会给予他的却是贫困、战乱、拘禁以及无穷无尽的忧患。他在抗日战争最初的日子里，曾殷殷期待抗日的胜利、中华的复兴，所以在1938年编辑出版《文章讲话》一书的时候，他向读者倾诉心声说："我虽垂老，饱经忧患，也还勉强活着；愿以余年继续文章学研究的工作。只待局面好转了，《中学生》复刊了，本书一定还会有续编的，敢在这儿向读者先作下一个预约。"谁知到1946年，"胜利"固然是盼来了，"胜利"后国统区的状况却使他陷入了失望的深渊。在当年大革命失败、蒋介石血腥屠杀革命青年的时候，夏氏因目睹自己亲身教育过的青年竟带领刽子手去搜捕自己的同窗学友，曾悲愤地写过一副著名的联语："宁可早死，莫作先生。"这8个字饱含着一个教育工作者的无比痛苦。在抗战胜利、蒋介石攫取胜利成果变本加厉地戕害人民的时候，他贫病交加，忧愤交迸，弥留中喊出了："胜利，到底啥人胜利——无从说起!"夏氏是被旧世界摧残而死的；但由于他毕生所从事的教育工作是向着青少年、向着祖国的未来的，所以他留给后人的业绩，包括语文教育领域的贡献，却是永存的。

朱自清的语文教育观

朱自清（1898—1948）是现代著名的诗人和散文家，又是在古典文学领域广泛涉猎、治学严谨的学者，同时还是把毕生心血无私地奉献给万千莘莘学子的语文教育家。

朱氏自1920年在北京大学哲学系毕业以后，直到1925年暑假，曾先后在杭州第一师范（1920）、扬州第八中学（1921）、吴淞中国公学（1921）、台州浙江第六师范（1922）、温州浙江第十中学（1923）、宁波浙江第四中学（1924）、浙江白马湖春晖中学（1924、1925）等校从事中学国文教学工作长达5年之久。在这从教的5年间，朱氏不但与同事舒新城、俞平伯、夏丏尊、叶圣陶等人朝夕切磋语文教育问题，而且广泛研读国内学者的论著，并结合自身的实践加以思考和抉择。他在1925年发表的第一篇语文教育研究论文《中等学校国文教学的几个问题》，就是在分析研究当时胡适、穆济波、孙俍工、欧济甫、夏丏尊等人的各种理论观点的基础上，对中学国文教学问题所作的系统的总结。

作为一位蜚声文坛的著名作家和大学教授，朱氏的难能可贵之处就在于他始终把语文普及工作和提高青年语文素养的工作放在十分重要的位置上。1925年暑假以后，朱氏赴北京任清华大学教授。他初进清华园，除了开设“古今诗选”“中国新文学研究”“歌谣”等专门课程外，还主讲“普通国文”；后来担任了国文系主任，他仍然亲自担任“大一国文”课程，并对这门课程的教学目的、教材编选以及讲授方法等方面进行了系统的研究。可以这样说，我国高等学校自开设“大一国文”课程以来，朱氏是主讲这门课程时间最长、在学科建设上贡献最大的著名教授之一。由于长期主讲“大一国文”，朱氏对中小学生的国文程度和中小学的国文教学自然是备加关切。在抗日战争的艰苦岁月里，他在后方西南联大师范部国文系主持教务，倡议创办《国文月刊》，为研究中等学校的语文教育开辟了一个阵地，吸引诸多学者悉心探讨，同时亲自撰写论文，为推动语文教育研究竭尽心力。他曾与叶圣陶合著《国文教学》《精读指导举隅》《略读指导举隅》，又为开明书店编纂国文教科书，为改进中学国文的教材教法作出了贡献。直到 1948 年，贫与病已经耗尽了他的全部精力，可他还在为中学的师生演讲，为开明的国文教本作选注。朱氏关心语文教育，可谓矢志不渝。

关于现代教育的宗旨，早在 19 世纪末，王国维就根据当时西方先进教育学说提出过施行德育、智育、体育“三育并重”的主张。辛亥以后，蔡元培又把这“三育”理论发展为“军国民主义、实利主义、德育主义、世界观、美育主义”的所谓“五主义”教育方针。要而言之，这些近现代著名教育家都把教育的宗旨确认为“造就完美的人格”。这对我国封建传统教育意在培养官僚和奴仆的宗旨是一个猛烈的冲击和彻底的否定。朱自清在从事语文教育的理论研究和实践探索的过程中，始终把语文教育看作是整个教育事业的一个重要组成部分，其根本目的在使受教育者的人格得到完美的训练。

语文科是整个学校教育中的一门具体学科。人们在研究这门学科的教学规律的时候，多半着眼在学科本身的教材和教法上面。朱氏却在 20 年代就深刻意识到，语文教学要求得理想的效果，就决不能把眼光仅仅注视在课堂里面，仅仅注视在教材教法上面，而应当牢牢抓住“训育”这个环节，注意整个学校对于学生的“人格影响”。否则，“教而不育”，一切都将落空。他在《中等学校国文教学的几个问题》中精辟地论述了“教学与训育”的关系，指出“训育”是学校各科教学的“联络中心”，失去了这个“联络中心”，各科教学势难收到圆满的效果。他在文章中向国文教师严峻地提出了一系列问题：“你上课时，个个学生是注意听讲么？有人谈话么？有人在桌子底下偷看别的书么？最要紧的，你能断定没有一个人想着别的事么？——今日讲的，他们会如你所嘱地预习过了么？昨日讲的，他们上自修班时曾复习过了么？”朱氏认为，这些问题的答案如何，“固然要看你的教法如何，但更要看你的人格影响如何，更要看你的校长和同事们的人格影响如何；换言之，你们平日怎样实施你们的教育宗旨，怎样实施训育，上课时便是怎样的气象”（《教育杂志》第17卷第7期）。这里朱氏接触到了教育工作中的一个十分重要的问题，即教育者对于受教育者如何施加人格影响，从而使受教育者的品行得以端正、人格得以发展。这是各科教学——包括语文教学——能否收到实效的关键。这种人格影响，当然不仅体现在上课的几小时内，更重要的是体现在平时与学生的交往接触之中，体现在整个学校所形成的环境和校风之中。

朱氏从发展学生完美人格出发，强调语文教育要重视文艺教育。他在《中学生与文艺》一文中指出：“文艺增进对于人生的理解，指示人生的道路，教读者渐渐悟得做人的道理。这就是教育上的价值。文艺又是精选的语言，读者可以学习怎样运用语言来表现和批评人生。国文科是语文教学，目的在培养和增进了解、欣赏与表现的能力，文艺是主要的教材。”（《中学生》第187期）朱氏重视文艺教育，是因为在他看来语言文字只是一种了解和表现人生的工具和媒介，学生接受语文教育同时也是在接受生活的教育、接受做人的教育。语文教育与做人教育之间，文艺起着最好的沟通作用。他十分重视诗歌教学，认为诗歌不仅有优美的意境，而且“诗里含着高尚的感情”，它往往能够“暗示人生”，具有深刻的“言外之意”，吟诵优秀的古今诗篇，人的精神世界可以得到美化和净化。（见《怎样学习国文》，载《国文杂志》1944年第3卷第3期）他也十分重视小说教学，认为“小说增加人的经验，提示种种生活的样式，又有趣味，最是文学入门的捷径”。（见《论中国文学选本与专籍》，载《中学生》1930年第10号）他在30年代还专门为朱文叔所编初中国文读本（中华版）撰写了散文《春》，文中名句：“春天像落地的娃娃，从头到脚都是新的，他生长着。春天像小姑娘，花枝招展的，笑着，走着。春天像健壮的青年，有铁一般的胳膊和腰脚，领着我们上前去。”曾经给广大青少年以无穷的希望和力量。

朱氏从发展学生完美人格出发，还强调语文教育要重视经典训练。在“五四”以后的一个相当长的时间里，对于文言文的学习，尤其是对于古代经典的学习，曾是教育界反复争论的热门话题，许多激进人士反对封建主义，同时也反对那通行于封建时代的文言文，更反对现代人去接触反映封建时代社会风貌、伦理观念等的古代典籍。朱氏对此却别有见解。他说："由于文言文在日常应用上渐渐地失去效用，我们对于过去用文言文写的典籍，便漠不关心，这是错误的思想。因为我们过去的典籍，我们阅读它，研究它，可以得到古代的学术思想，了解古代的生活状况，这便是中国人对于中国历史认识的任务。"(《怎样学习国文》) 所以他主张："中学生应该诵读相当分量的文言文，特别是所谓古文，乃至古书。这是古典的训练，文化的教育。一个受教育的中国人，至少必得经过这种古典的训练，才成其为一个受教育的中国人。"(见《再论中学生的国文程度》，载《国文教学》) 由此可见，朱氏强调的经典训练与那些封建复古派的鼓吹"读经"是有本质区别的。这种区别主要表现在"读经派"旨在通过读经向青年灌输封建伦理思想和封建道德观念，朱氏的经典训练则旨在进行文化教育，使受教育的中国人真正能认识中国的历史；"读经派"旨在宣扬古代经典中一切有利于维护封建伦常的东西，朱氏的经典训练则旨在"培养欣赏力"，同时也"培养批判力"，即"知己知彼"，"批判的接受"。(见《古文学的欣赏》，载《文学杂志》1947 年复刊号) 为了实践自己的主张，朱氏在 40 年代编撰了一部《经典常谈》，共 13 篇，以《说文解字》起首，对《周易》《尚书》《诗经》"三礼"、春秋三传、四书、《战国策》、《史记》《汉书》、诸子、辞赋、诗、文等若干种古书和古文体作了精要的分析讲解。

从发展学生完美的人格出发，朱氏还强调语文教育要重视表情达意的"至诚"。朱氏在《说话》一文中说："至诚的君子，人格的力量照彻一切的阴暗，用不着多说话，说话也无须乎修饰。只知讲究修饰，嘴边天花乱坠，腹中矛戟森然，那是所谓小人；他太会修饰了，倒教人不信了。"(见《说话》，载《语文影及其他》，中国文联出版公司 1985 年版) 语文教育当然要教会学生说话和作文，但说话和作文应当说的是至诚的话，作的是至诚的文，这就关涉到做人的态度问题，关涉到人格了。1933 年清华大学举行入学考试，作文试卷出题为《苦热》《晓行》《夜》《灯》《路》等五题，考生中选《苦热》《晓行》《夜》等题者为多。出题人的用意原在测查考生们观察和描写的能力，谁知阅卷时发现大多数考生"自己似乎并没有说话"，只是发一通"恨富怜穷"的议论，说大篇流行的、时髦的套话。朱氏对此深感忧虑。他认为这种一味“追时代潮流”的门面话，其实本非考生们的真实思想，他们不过是从报章杂志上捡来这些套话，搬到自己笔下而已。朱氏因此感慨说，对于实际的生活，“看起来大部分的考生似乎是既不自己张开眼看，也不自己按下心想的。而他们都是高中毕业生。因此我们不能不疑惑高中的教师真个尽了他们的责任”。那么怎样才算是尽了责任呢？朱氏认为：“理想的教师不但想到学生的耳朵，还想到他们的脑子”，“教学生能自己观察，自己思想”，“养成他们自己的判断力”；只有这样，学生才不致于言不由衷，满足于“追时代潮流”，写“洋八股”的文章。（见《高中毕业生国文程度的一斑》，载《独立评论》1933 年第 65 号）

总之，在朱氏看来，语文教育的成败得失固然与教材教法有关，但更为重要的是与执教者能否重视学生的人格培养有关。从事语文教育的人，不独要为“经师”，更要为“人师”，且所谓“人师”，“用不着满口仁义道德，道貌岸然，也用不着一手摊经，一手握剑，只要认真而亲切的服务，就是人师”。（见《论青年》，载《语文影及其他》）

在旧中国制定的国文课程标准里，总记载着这样的条文：“养成阅读书籍之习惯与欣赏文艺之兴趣”（初中），“培养学生读解古书，欣赏中国文学名著之能力”（高中）。在阅读方面，无论初中还是高中，课程标准中都离不开“欣赏”二字。至于这“欣赏”，实际指的是什么；这种“欣赏”能力的养成得靠怎样的功夫、得有怎样的基础，许多人往往不去深入理会。朱自清却凭着自己对语文教育性质的深刻理解和对阅读欣赏规律的实际体验，在“欣赏”问题上提出了许多切中肯綮的观点，形成了他对阅读教学的一系列精辟见解。

朱氏首先确认培养和增进学生的欣赏能力是语文教学的重要目的之一。而所谓“欣赏”，对作者而言，关键在于能够“设身处地”，明白作者为什么这样写，体会作者为什么只能这样写；对作品而言，关键在于能够“感情移入”，能够深入作品创设的情景，深入作品内在的思路，从而产生感情上的共鸣。（见《古文学的欣赏》）这种欣赏能力，靠摆弄一些抽象的、多义的形容性词语，是无法真正显示出来的。朱氏说：“欣赏并不是给课文加上‘好’‘美’‘雅’‘神妙’‘精致’‘豪放’‘婉约’‘温柔敦厚’‘典丽矞皇’一类抽象的、多义的评语就算数的；得从词汇和比喻的选择，章句和全篇的组织，以及作者着意和用力的地方，找出那创新的或变古的，独特的东西，去体会，去领略，才是切实的受用。”（见《再论中学生的国文程度》）这就涉及欣赏与了解之间的关系了。许多人常把欣赏和了解误认为是两件事：说“了解”，仿佛是低层次的；说“欣赏”，则是高层次的。其实，欣赏和了解是紧密联系着的，欣赏是透彻的了解，了解是切实的欣赏。

这“透彻的了解”，就需凭借对语言文字的分析功夫。语文课上读讲课文，其主要工作就在于对语言文字的分析咀嚼。朱氏反对“好读书，不求甚解”，反对一般学生读书抱“大而化之”的态度，他主张教师和学生都要在语言文字的分析咀嚼上多下苦功。他在议论诗歌欣赏的时候曾说：“诗是精粹的语言。因为是‘精粹的’，便比散文需要更多的思索，更多的吟味；许多人觉得诗难懂，便是为此。但诗究竟是‘语言’，并没有真的神秘；语言，包括说的和写的，是可以分析的；诗也是可以分析的。只有分析，才可以得到透彻的了解；散文如此，诗也如此。”（见《古诗十九首释前言》，载《国文杂志》1941 年第 1 卷第 6 期）从语文教育的立场上看，对于一切文艺作品的阅读欣赏都必须取分析的态度，否则混同于一般人完全为消遣、为自娱而阅读，就失去了语文教育的意义和价值；又必须把分析咀嚼的功夫花在语言文字上，否则混同于一般评论家只是按照文艺批评原理粗线条地勾勒作品大意，也就失去了语文教育的意义和价值。

既然语文教学要注重语言文字的分析功夫，那就不能笼统地反对教师的“讲解”。在这个问题上，朱氏的观点是辩证的。他认为教师的“讲解”如果用力在语言文字的分析咀嚼上，那就不该反对，因为正是这种示范性的分析会给学生以了解与欣赏的门径，会改变学生“不求甚解”的态度。但是仅凭教师的“讲解”又是不够的，语文教学还必须让学生接受充分的训练，因此他说：“多讲闲话少讲课文的教师，固然不称职；就是孜孜兀兀地预备课文，详详细细地演释课文的，也还不算好教师。中学生需要充分的练习。”（见《再论中学生的国文程度》）这样就形成了朱氏所一贯坚持并身体力行的阅读教学模式。在 20 年代，他就设计了这样的“五步教学法”：（1）课前学生预习；（2）课上学生报告预习结果；（3）令学生分述各段大意及全篇大意；

(4) 师生共同研究篇中的情思与文笔；(5) 一篇教完，行口问或笔试。教师的必要的讲解，贯串在课堂上的几个环节之中，或详或略，相机处理。（见《中等学校国文教学的几个问题》）到40年代，他把这一模式简化为三步，即预习、讨论、复习。在“讨论”这个环节中，朱氏认为教师的工作大致有三个方面：一是帮助学生解决已经发现却不能自行解决的问题；二是提供学生所没有注意到的重要问题，引起讨论；三是提出可资比较的材料，引起讨论的兴趣，推动讨论的深入。而在所有这些环节中，既给予学生以充分的训练，又始终穿插着教师示范性的启发讲解，形成了师生共同研究、玩味语言文字的氛围，从而达到对课文语言文字的透彻的了解和切实的欣赏。（见《再论中学生的国文程度》）

对于语言文字的分析咀嚼是重要的，但这种分析咀嚼往往侧重在意蕴上、理念上；而语言文字本身还具有声调、节奏乃至韵律，因此要达到“透彻的了解”，还必须注重诵读。朱氏把一般的诵读法，细分为三类。第一类是“吟”。对于古代的诗文，朱氏主张要“吟”。“五四”以来，新派人物都嘲笑那些“迷恋骸骨”者摇头摆尾地吟诵古诗文的丑态，致使一般青年国文教师都不敢或不愿再讲究吟诵。朱氏认为“这也是教学上一个大损失”，因为“古文和旧诗、词等都不是自然的语言，非看不能知道它们的意义，非吟不能体会它们的口气——不像白话诗文有时只听人家读或说就能了解欣赏，用不着看。吟好像电影里的‘慢镜头’，将那些不自然的语言的口气慢慢显示出来，让人们好捉摸着”。（见《论朗读》，载《国文教学》）尤其是古典诗词，只有按平仄、韵律反复地吟，才能领略其声调的好处，才能熟悉其用词、句法、章法，才能揣摩其表现的技巧。至于古文，朱氏认为桐城派的“因声求气说”有一定的道理，因此，尽管当今的中学生不必写作文言，但为了要真正透彻地了解古文，真正切实地欣赏古文，还是非学会“吟”不可。第二类是“读”，对于某些应用的文言和一般白话诗文，朱氏主张用“读”法。朱氏认为，某些应用的文言固然与常人说话不一致，就是一般的白话诗文，尽管本于口语，但毕竟与口语不能完全一致，何况其中还往往夹入欧化的成分，所以适宜用“读”，用“从前宣读诏书，现在法庭里宣读判词”的这种腔调“读”。朱氏说：“读注重意义，注重清楚，要如朱子所谓‘舒缓不迫，字字分明’。不管文言、白话，都用差不多的腔调。这里面也有抑扬顿挫，也有口气，但不显著，每字都该给予相当分量，不宜滑过去。整个的效果是郑重，是平静。”第三类是“说”，对于用纯粹口语来写的作品，朱氏主张用“说”的方法正确地传达出语言中的情味来。例如，老舍的一些作品，朱氏认为“富于幽默的成分。‘说’起来极有趣味”。朱氏自己曾经作过几回试验，一次是在清华大学的某个集会上，他用“说”的口气说完浑家先生的《奉劝大爷》；一次是在清华诵读会上“说”自己的作品《给亡妇》。前者幽默，后者凝重，都取得了比较好的效果。在这三类读法中，朱氏说：“读的用处最广大，语文教学上应该特别注重它。”至于从小学、中学、大学分别列论，朱氏主张：“小学的国语教学应该废诵重读，兼学吟和说；大中学也该重读，恢复吟，兼学说。”（见《论朗读》）

朱氏竭力主张诵读，除了因为诵读有助于人们对文章的了解和欣赏以外，还有一个重要原因，就是诵读有助于学生理顺自己的“语脉”，并进而推动“文学的国语”的形成。黎锦熙曾经指出：“现在中学生作文与说话失去了联系，文字和语言脱了节。文字本来是统一的，语言一向是纷歧的。拿纷歧的语言来写统一的文字，自然发生这种畸形的病象。因此训练白话文的基本技术，应有统一的语言，使纷歧的个别的语言先加以统一的技术训练。”因此他强调要重视“诵读教学”。朱氏认为黎氏的这个观点很值得人们注意，因为学生作文往往一味地依照自己的“纷歧的个别的语言”，而不顾到“统一的文字”，因此“语脉”总是不清不顺。朱氏说：“这些学生该让他们多多用心诵读各家各派的文字，获得那‘统一的文字’的调子或语脉——叫文脉也成。”（见《诵读教学》，载北平 1946 年 12 月 2 日《新生报·语言与文学》）此外，欧化成分的渗入，使许多人感到不顺口，不上口。其实，朱氏认为：“从语言的成长而论，尤其从我们的‘文学的国语’的成长而论，这个‘上口’或‘顺口’的标准却应该活用；有些新的词汇新的语式得给予时间让它们或教它们上口。这些新的词汇和语式，给予了充足的时间，自然就会上口；可是如果加以诵读教学的帮助，需要的时间会少些，也许会少得多。”（见《诵读教学与“文学的国语”》，载北平 1946 年 12 月 16 日《新生报·语言与文学》）青年学生阅读那些夹入欧化成分的白话文，看得多了，笔底自然也就受到影响；如果再加上诵读，他们的“文学的国语”将自然地活跃到口头；这样，“文学的国语”就首先在学生的笔底和口头生了根，从而也就必然影响并扩大到社会。这意义就十分深远的了。

朱自清对于写作教学的见解，更多的是着眼于应用。他说：“中学生作文课，该以广义的应用文为主，因为作文课主要是技能的训练，艺术自当居次位”，因为“中学生如果只爱文艺，阅读的是它，练习的是它，却又没有明锐的辨别力，就很容易滥用文艺的笔调。他们不能清楚地辨别文艺和普通文字（就是广义的应用文）的不同，他们只会那一套。因此写起普通文字来，浮文多，要紧话少，而那几句要紧话又说不透。这就不能应用”。（见《中学生与文艺》）

写作训练着眼于应用，这就势必要推导出另一个问题，即训练方法如何切近“应用”。在过去封建科举时代，学文是为了写文，写文是为了应付科举考试，以便进学或中举。当时读书人练习写文章，眼前悬着个明确的目标，心目中也有个“假想的读者”，这“读者”就是各级考官。“五四”以后，在一个相当长的时间里，学生练习作文，又多半以“创作”为目标，这些学生心目中也或隐或显地有个“假想的读者”，那就是社会上的一般知识阶层。在校学生对教师布置的作文题，如果不带点创作意味，就不感兴趣；于是在课外自找题目去写诗，写散文，写小说。其中终于也涌现出了相当一批文才颇为可观的人物。由此可见，在写作训练中给学生悬出一个明确的目标，并让学生在提笔作文时心目中有个“假想的读者”，这是使训练切近“应用”，并进而激发兴趣的重要方法。朱氏说：“写作练习大部分是拿假想的读者作对象，并非拿实际的读者作对象……假想的读者除了父兄，教师，亲近的同学或朋友外，还有全体同学，全体中学生，一般青年人，本地人士，各社团，政府，政府领袖，一般社会，以及其他没数到的。”（见《论教本与写作》）着眼于“应用”的写作练习就该以社会各个方面的人作为“假想的读者”。只有经过这样的多角度的训练，学生将来无论升入高一级学校或步入社会参加实际工作，就能运用文字工具来应付各种生活需要和社会需要。因为在实际生活中，写作总是“有所为”的，因而也总是有实际的读者对象的。在校期间，就应该培养学生按照实际需要，针对一定的读者对象来进行写作的能力和习惯。

以这样广泛的“假想的读者”作对象来进行写作训练，应该给学生悬一个怎样的目标呢？朱氏的设想是拿“报刊文字”作为目标。他认为拿创作做写作目标，假想的读者是一般社会，但是只知道一种假想的读者而不知道此外的种种，还是不能有辨别力，一旦需要实际应用，写出文章来往往还是不合式。所以他说：“我觉得现在中学生的写作训练该拿报纸上和一般杂志上的文字作切近的目标，特别是报纸上的文字。报纸上的文字不但指报纸本身的新闻和评论，并包括报纸上登载的一切文件——连广告在内——而言。”这样做，朱氏认为有三种好处：“第一，切用，而且有发展；第二，应用的文字差不多各体都有；第三，容易意识到各种文字的各种读者。……因为报纸上登载着各方面的文件，对象或宽或窄，各有不同，口气和体裁也不一样，学生常常比较着看，便容易见出读者和文字的关系是很大的，他们写作时也便渐渐会留心他们的假想的读者。”（见《论教本与写作》）

为了贯彻上述主张，朱氏提倡办班级壁报。他说：“说起壁报，那倒是鼓励学生写作的一个好法子。因为只指出假想的读者的存在，而实际的读者老是那几个人，好像支票不能兑现，也还是不大成。总得多来些实际的读者才好。从前我教中学国文，有时选些学生的文课张贴在教室墙壁上，似乎很能引起全班的注意，他们都去读一下，壁报的办法自然更有效力，门类多，回数多。写作者有了较广大的实际的读者群，阅读者也可以时常观摩。一面又可以使一般学生对于拿报纸上和一般杂志上文字做写作的目标有更亲切的印象。这是一个值得采取的写作设计。”（见《论教本与写作》）学生在学校中练习写作，无论从需要和场合看，还是从读者的对象看，多半都带有“假定性”，从“假定性”到“现实性”，中间需要架设一条桥梁，办壁报之类，就是具有这种性质的“桥梁”。

朱自清先生在从教的最初年代，就竭力主张任何教育教学理论都应当切合实际，经得起实践的检验。他在 20 年代遍读了当时许多语文教育研究论文以后，曾感慨地说：“照他们的论文所说，真是条理井然，圆满而且周到，真是理想的好系统！而事实却总是参差错综，决没有那样整齐，……那些论文里的详明的计划，到了教室里，至少要打个五折！……这可见理论与实际相差之远了!”（见《中等学校国文教学的几个问题》）在40年代，他更明确地指出：“我们现在所需要的，是切实的，有恒的施行；理论无论如何好，不施行总还是个白费!”（见《再论中学生的国文程度》）所以，朱氏既十分着重理论，更十分强调“切实的，有恒的施行”。他在中学教过5年国文，试行各种教法，虽调迁数校，所到各校，都受到学生的欢迎和敬重。担任大学国文教授后，坚持主讲大一国文；与叶圣陶合著《精读指导举隅》和《略读指导举隅》，独自编写《古诗十九首释》等，给国文教师和一般中学生具体指示读诗读文的方法；又为《国文月刊》写专栏文章《文病类例》，详明地评析学生作文中普遍存在的种种“文病”；完成专著《经典常谈》，给中学生切实进行经典训练指示门径；亲自参加编纂大一国文教材和中学国文教材，努力把自己在国文教材建设方面的种种设想付诸实施，做出实绩。朱氏这种不尚空言、事事躬行的严谨踏实的治学态度，足以为一切语文教育研究工作者的楷模。

叶圣陶语文教育活动七十年*

88岁高龄的叶圣陶先生，从事语文教育工作已经整整70年。

叶圣陶，作为我国现代文学史上著名的作家、“文学研究会”的重要成员，他的创作思想、创作道路以及在艺术上所取得的成就，早就为新文学史家们所注意，有关这方面的研究，尽管还有待于进一步深入和开拓，但毕竟起步早，著述多，成绩也显著。而作为我国现代文化史上杰出的教育家、出版家，毕生从事语文教育的实际工作和理论研究的学界巨擘，他所进行的苦心探索，却至今还很少有人去作比较系统的研究。其实，这后一项工作，对于全面认识圣陶先生一生的事业和成就是十分重要的。尤其是在语文教育方面，圣陶先生的实践经验和理论观点，对我们后学者来说，更是一份极其珍贵的财富。收集、整理和科学地总结70年来积累起来的这份财富，应是我们的责任。

一

叶圣陶一生在语文教育方面的贡献，可以分三个历史阶段来考察，即：早期的教学实践阶段、中期的编辑著述阶段和后期的组织指导阶段。这三个阶段延续至今整整70年；而其中早期的教学实践活动，乃是后两个阶段全部活动的基础。

1911年夏天，圣陶先生毕业于苏州公立中学校（原名草桥中学），后因家庭经济困难而未能升学。第二年，即1912年，偶然得一机会，到苏州干

---

* 原载《扬州师院学报（社会科学版）》1982年第3、4期。略有删减。

将坊言子庙初等小学校任二年级国文教员，从此开始了他的“粉笔生涯”，直到1931年进上海开明书店专任编辑为止，前后将近20年。这就是他的早期教学实践阶段。

在这将近20年的岁月中，前10年在苏州和上海一些初等和高等小学工作。其中工作时间最长、对他影响也最深的，是1917年春任教的甪直高小（即吴县县立第五高等小学校）。后10年，从1921年起，在中学和大学里担任国文课的教学。尽管其间因文名而曾被邀去商务印书馆编辑《小说月报》和《妇女杂志》等达8年之久，但教书的“兼务”始终未丢。先在上海吴淞中国公学，后应朱自清之约，同去杭州，在浙江一师工作。不久，又应谢六逸、郭绍虞、蔡元培、杨贤江等友人的邀约，先后在北京大学、上海复旦大学、神州女学、福州协和大学、上海大学、立达学园等大、中学校任教。后来他在回顾这段生活时曾说：从1921年开始到进开明书店，他先后“在五所中学、三所大学当教员，教的都是国文”。这就是他早期教学实践阶段后10年的实际情形。

圣陶先生在这个阶段中的教学实践活动之所以重要，是因为：

第一，在这将近20年的教学实践中，从幼稚班、初小、高小、普中、师范以至大学预科、大学本科，自低到高各个学段的国文课程，他都教过，因而熟悉了一般人从孩提时代起学习和掌握语文工具的某些规律，领会了各个学段语文教学在内容和方法上的区别和联系，对语文教学的全过程获得了比较全面也比较深刻的体验和认识。

其次，在这一阶段中，他因实践的需要，广泛地接触和吸取了当时从国外传入的一些先进的教育思想和教育方法。正如他自己所说：“职业的兴趣是越到后来越好，因为后来几年中听到一些外来的教育理论和方法，自家也零零星星悟到一点儿，就拿来施行。”（《过去随谈》）当时，传播新的教育理论的杂志，先有“商务”朱元善主编的《教育杂志》。这个杂志，“办得相当有生气，因为它及时介绍欧美新的教育学说，教育改革情况”，而“读者以中学或师范学校的老师为多”。（茅盾《商务印书馆编译所生活之二——回忆录〔二〕》，《新文学史料》第2辑）此外，还有革新后的《新青年》和由北大学生编辑出版的《新潮》等，以资产阶级民主主义的教育思想为武器，批判和抨击了统治中国几千年的封建旧教育。而在“五四”以后不久，西方一些资产阶级的哲学家、教育家，如罗素、杜威、孟禄等人，相继来华，宣传他们的哲学观点和教育理论。杜威夫妇还到苏州作过多次讲演，圣陶先生特地从吴县赶到城里听讲。所有这些，对于年轻而敏感的圣陶先生来说，犹如在憋闷的屋子里吹进了一股沁人心脾的风，不但使他增添了职业上的兴味，而且在“施行”这些新的教育理论和方法的过程中，获得了探幽览胜般的快慰和满足，从而逐步形成他自己的教育思想体系。

再者，在这个阶段中，他还结识了一批才华出众、志趣相投的青年学者，其中许多人成了他后来从事编撰工作的热心赞助者和合作者。如甪直五高时期的王伯祥，上海中国公学时期的朱自清、周予同、刘延陵，浙江一师时期的夏丏尊、陈望道、丰子恺，以及顾颉刚、郭绍虞等。他们之间，不仅在当时彼此过从甚密，而且由于性情和志趣的投合，后来一直在语文教育的研究和编著工作中相互切磋，共同合作，为“五四”以后直到新中国建立这整整 30 年中的文化教育事业作出了重要贡献。

此外，也许应该说是最重要的，就是通过这一阶段的“粉笔生涯”，圣陶先生对于旧中国少年儿童身心不得健康发展而广大教员特别是中小学教员社会地位卑微、物质生活低下的严酷现实及其社会根源，有了越来越深切的感受和理解。他在借文学手段以反映这黑暗现实的冷酷、自私和不平的同时，更加增进了对儿童、对青少年一代的深情厚爱，更加关切着教师们的遭遇和命运。因此，孩子们的需要和教师们的渴求，就成了他决定自己生活目标、考虑自己工作内容的两个最基本的出发点；而这，恰恰构成了他作为一个杰出教育家的最重要的本质特色。

二

1931 年初，圣陶先生应好友章锡琛之请，离“商务”进“开明”，在那里同夏丏尊、王伯祥等人主持编务，其间几经战乱，流离颠沛，备受艰辛，但始终没有离开自己的岗位，直到 1949 年新中国成立，历时也近 20 年。在这一阶段中，他尽管也曾在后方一些大中学校兼过课，但其主要精力几乎都集中在编撰工作上面，所以概言之，这是他中期的编辑著述阶段。

为中小学提供一套既能体现时代精神又能符合青少年的心理特征和学习规律的理想的语文课本，这一直是“五四”以后有志于革新语文教学的有识之士的迫切愿望。圣陶先生当然也不例外。但课本的优劣决定于选文，而要真正从浩如烟海的文章之林中选出符合要求的范文来，又难乎其难；最理想的办法是编辑者们自己确定标准、自己动笔来撰写。然而这是一项十分浩繁的工作，功力不足者无法写，文坛高手又往往不屑写，所以理想始终不过是理想。圣陶先生进了开明书店，同许多志同道合的挚友携手共事之后，决心撒开手来为理想种子的萌发而辛勤耕耘。他的第一个目标就是亲自动手撰写一部小学国语课本。从 1931 年起到第二年夏，他每天的生活内容，除看稿、校排样以外，就是撰写这套课本中的文章。后来他回忆说：“在 1932 年，我花了整整一年时间，编写了一部《开明小学国语课本》，初小八册，高小四册，一共十二册，四百来篇课文。这四百来篇课文，形式和内容都很庞杂，大约有一半可以说是创作，另外一半是有所依据的再创作，总之没有一篇是现成的，是抄来的。”（转引自商金林《叶圣陶年谱〔初稿〕上辑》）对于这 400 来篇创作和再创作，他不但十分珍视，而且高度负责。在课本出版的当年，他就满怀深情地说：“我最近一年间写了一部《初级小学国语课本》，销行起来，数量一定比小说集子多；这倒是担责任的事，如果有什么荒谬的东西包含在里边，贻害儿童实非浅鲜。”（《随便谈谈我的写小说》）这套课本出版以后，深受师生欢迎，10 余年内竟印了 40 多版次。作为当时一个名噪文坛的作家，亲自握管为少年儿童撰写成套的语文课本，在中国现代文化教育史上，除了圣陶先生，恐怕是并世无二人的了。

在中学语文课本的编制工作上，历来存在着文言、语体的主次分合之争。圣陶先生根据他的教学经验和凭借他在教改道路上的探索精神，曾经同他的合作者们作过多方面的试验。

1935 年“开明”出版的《国文百八课》，是叶圣陶和夏丏尊依据他们“往日教学的经验和个人的信念”（该书“编辑大意”）编成的一套富有特色的初中语文课本。全套共 6 册，每册 18 课，合计“百八课”。主要特色是：一、文言、语体混合编制，而以语体文为主。在语体文中，除了选编“五四”以来新文学创作中的佳品，还收录了一些国外名著的优秀译作。二、打破了历来课本选文各不相关、毫无系统可寻的传统编辑模式，而创制了一种尽可能体现语文教学科学顺序的编辑体例。编者把初中阶段的教学内容归纳成 108 “课”（即单元），每“课”有明确的教学目的；根据这个教学目的写一段“文话”，选编两篇课文作示例；选文后面安排“文法或修辞”，从选文中取例，同时保持着知识本身的系统性；最后有“习问”，就本“课”涉及的知识提出值得思考或应该复习的问题。“文话”“选文”“文法或修辞”“习问”这四项，都服从于本“课”的教学目的。如此循序渐进，跨过 108 步台阶（即“百八课”）而到达一个预定目标，形成一个编者认为具有一定科学性的、完整的初中语文教学体系。

40 年代中、后期，圣陶先生在中学语文课本的编制上更加明确地倾向于文言、语体各成体系。1946 年出版的初中用书《开明新编国文读本》（甲种——语体，乙种——文言），以及 1948 年出版的高中用书《开明新编高级国文读本》和《开明文言读本》，就是他们试行文、白分别编制的、具有代表性的两种。

《开明新编国文读本》甲种本共 6 册，每册选语体文 20 篇，合计 120 篇。从这套课本可以看出，圣陶先生对语文教学目的、任务的理解，这时又有了新的发展。首先，更加重视了课文内容的进步性和知识的广泛性，使课本能真正发挥锻炼思想、陶冶性情和扩大视野的积极作用。其次，坚持了课文在形式和技术上的示范性和多样性，使学生能从多方面去学习和掌握语文工具，以适应实际生活的需要。此外，对选文中某些文字上有缺陷、内容上有疏漏的作品，选收时或“加上了修润的功夫”，或在选文后面的思考题中直接指出其疵病所在，以引起学生的注意和深思，务使选文能更好地发挥示范作用。这在教科书的编辑史上是个创举。

《开明文言读本》拟编 6 册，实际上只编出 3 册。由于成书较晚，因此，较为完整地体现出了编者们在中学文言文教学方面历来的观点和主张。一、在第一册卷首编写了一篇“导言”，把文言的性质和古汉语的基础知识（包括近 200 个常用文言虚词的例释）作了比较扼要的概述，供学生自学、翻检。二、选文按古字古义的多少，即文字的深浅程度编排。只要文字深浅程度相近，先秦的韩非和现代的鲁迅可以编排在一起。三、选文不局限纯文学作品，以议论、记叙、说明、描写、抒情等各种表达方式为基础，尽可能选收各类实用性文章。四、在各册的编制上，坚持先具体解说后概括提示的原则，使学生得以逐步丢掉“拐棍”而提高独立阅读的能力。五、努力编好“讨论与练习”，把文章的立意、布局、技法和语言运用等方面的特色同作者一贯的文风、时代的特征、地方的习俗、典章制度的演变等融合在一起，进行扼要的评述和启发式提示。这里，既体现了编者精深的学力，又凝聚着编者可贵的心血。

圣陶先生参与编撰的这些课本，在“正统派”的眼里无疑是左道旁门；然而正是这些课本，无论在内容上、在编制体例上代表着我国语文教学改革的方向，因此，一旦出版，就不胫而走，受到进步教育界的广泛重视。当时有人曾这样称赞说：凡是读过“开明”出版的这些国文读本的人，“回想起自己学语文的经历，像走了许多弯弯曲曲的冤枉路猛回头来发现一条直路一样，会感到豁然开朗”。（王石泉《介绍开明国文教本》，《国文月刊》第78期）

在这个阶段，圣陶先生还撰写过大量有关语文教育的专著。其中除《国文教学》一书收集的全是他和朱自清先生关于语文教材教法的研究论文外，其余大多是结合读写实践向青年学生（包括一部分教师）讲授语文基础知识和读写技能的文章。这些著作，特别是其中的《作文论》《文心》和两部阅读指导《举隅》，分别在20年代、30年代和40年代的青年读者中产生过相当深广的影响。

《作文论》出版于1924年，是“五四”以后较早的一部专门论述作文规律的学术著作，在现代文论史上具有重要的地位。全书共10章，对作文的本质、作文与生活、作文的基本章法以及诸种表达方式等，作了言简意明的阐述，打破了过去封建士大夫一贯宣扬的作文神秘论，给初学者指明了一条学习写作的正确道路。圣陶先生当时已是文坛名手，所以《作文论》中渗透着他从丰富的创作实践和教学实践中获得的体验和感受，持论坚实，举例精当，读来使人感到既亲切平易又恰中肯綮；后来的同类著作少有不受到它的影响的。

《文心》是一部用小说的体裁来讲述语文知识的课外辅导读物，写成于1933年，系与夏丏尊先生合著的杰作。叶、夏二老在语文教育方面，志趣和观点相近，又同在“开明”合编《中学生》杂志，深感有必要把读写基础知识用一种引人入胜的方式向青年学子作综合性的讲授；又因为要适应《中学生》杂志按期连载的需要，不能不采用一章一个中心的结构方法；于是便形成了《文心》的独特的写法和格局，即：“用故事的体裁来写关于国文的全体知识。每种知识大约占了一个题目。每个题目都找出一个最便于衬托的场面来，将个人和社会的大小时事穿插进去，关联地写出来。通体都把关于国文的抽象的知识和青年日常可以遇到的具体的事情熔成了一片。写得又生动，又周到，又都深入浅出”（陈望道《文心·序》），成为语文辅导读物中“一部空前的书”（朱自清《文心·序》）。它自 1933 年初版至 1949 年，前后 16 年，竟出了 22 版，这在我国现代出版史上也属罕见。以后，曹聚仁写《粉笔屑》、蒋伯潜写《字与词》和《章与句》，均仿《文心》笔法，但都由于琐碎而缺少新意，不再为学界所注意。

《精读指导举隅》和《略读指导举隅》是两部“专供各中学国文教师参考用”（该书“例言”）的教学指导书。在“精读”之外，把“略读”也列入正式课程，由教师给学生以切实的指导，以扩大学生的知识领域，提高学生独立阅读成本、成套的书的能力，这是圣陶先生一贯的主张。为了让“精读”和“略读”的教学能真正提高效率，在战乱频仍的 40 年代初期，他同朱自清先生合作编写了上述两部著作，把自己多年积累起来的读书经验和写作体会，毫无保留地贡献给了教育界同人。当时就有人称赞说，叶、朱二氏的这两部著作，决不是普通的教学指导书，而是具有较高学术价值的专著、专书的研究论文集。这话决非过誉，因为在这两部著作中确实倾注了这二位治学严谨的著名学者对青年学子的满腔热忱和他们研究有素的独到见解。

在这个阶段中，圣陶先生还主持或参与编辑了 10 余种杂志。其中关于教育方面的，主要有两类：一类是面向青少年，旨在增进其品德修养、扩大其知识领域的，如《中学生》《开明少年》等；一类是探讨语文教育问题，并给在学青年指点语文学习门径的，如《国文月刊》《国文杂志》等。这些由圣陶先生心血浇灌的杂志，分别在社会教育和学校教育两方面发挥过积极的推进作用。

《中学生》创刊于 1930 年 1 月。1931 年 2 月起，由圣陶先生主持编务。

自那时起直至抗日战争期间，这个杂志几乎成了国内广大中学生“不可一日不见君”的良师益友。当时的青少年之所以欢迎这个刊物，是因为它确实具有鲜明的特点：一是综合性。对于中学生来说，它仿佛是一部分期出版的小型百科全书。各科知识，凡属应有，几乎尽有。二是知识性。杂志配合中等学校各科教学以及时代需要，设置各种专栏，向青少年介绍多方面的知识。三是趣味性。杂志力求图文并茂，注意排版、装帧的活泼精美，更讲究文字的生动有趣，引人入胜。四是栽培性。这一点特别值得重视。圣陶先生主编这一本杂志，归根到底是为了培养和教育青年一代健康成长，因此在指导思想上力求把它办成青少年自己的园地，使编者、作者和广大青少年读者之间建立起一种牢固的精神联系。每期开首的“卷头言”，就是一项创造，编者通过它直接同年轻读者亲切谈心，每期 3 至 6 题，由于评述的问题中肯而及时，针对性强，态度又恳切坦率，在读者中起着极好的教育、鼓舞和指导的作用。

在抗日战争的艰苦年代，大后方出现过两种以探讨语文教育问题为主要任务的杂志。一种是《国文月刊》，1940 年出版，抗战胜利后移至上海发行，直到 1949 年 8 月才停刊，延续近 10 年，影响较大。圣陶先生是该刊主编。这个刊物的宗旨在于“促进国文教学以及补充青年学子自修国文的材料”，“抱有提高青年学子国文程度的宏愿”(该刊创刊号“卷首语”)，而从实际发稿的内容来看，则偏重于大学、中学国文教学问题的研讨和一些学者的学术研究成果的交流。另一种就是圣陶先生自己在桂林创办的《国文杂志》，出版于抗战后期。抗战结束，该刊停办，前后断断续续共出了 16 期，可见这是在十分艰苦的道路上挣扎着的一本刊物。该刊的宗旨是“提倡国文教学的改革，同时给青年们一些学习方法的实例”(《发刊辞》)。发稿的实际情况是符合编者的初衷的。一些专题论文，不独传授知识，而且指点方法，如朱自清的《怎样学习国文》、朱光潜的《研究诗歌的方法》就属此类；从学习者的需要出发来探讨语文教学的内容和方法，少有脱离实际、陈义过高的文章，如朱自清的《论朗读》、叶圣陶的《谈语文教本》、叶苍岑的《对中学生谈学习国文》等，就是密切结合教学实际、针对中学生需要立论的好文章。此外，圣陶先生还通过“编者按”的方式，与读者直接交换意见，使读者在十分亲切的氛围里得到多方面的启示和教益。

西方谚语说，“辛勤耕耘者，终将获得累累硕果”。圣陶先生在旧中国阶级矛盾、民族危机空前严重的年代，尽管饱经颠沛流离的战乱之苦和民不聊生的劫后之难，可始终不肯放下手中的这支笔，为培育年青一代勤奋工作。他所编著的大量刊物、课本和其他语文辅导读物，就是这位劳苦的耕耘者给国家和民族献出的累累硕果；这些果实超越了学校教育的时空条件的限制，在全社会发挥了作用，以至目前知识界50岁上下的人中，很少有人没受过圣陶先生直接、间接的教益，很少有人没读过圣陶先生编著的那些读物。被誉为一代宗师，圣陶先生确实当之无愧。

三

从1949年新中国成立前夕起，直到粉碎“四人帮”以后的今天，是圣陶先生在一个全新的社会政治环境中对祖国的语文教育工作进行组织、推动和理论指导的阶段。

1949年春天，圣陶先生怀着对党的无限敬仰和对发展祖国文化教育事业的无限热忱，响应周恩来总理的召唤，从上海转道香港到达北京，担任华北人民政府教育部教科书编审委员会主任委员。新中国成立以后，由于党和人民的信赖，他又出任中央教育部副部长和中央出版总署副署长，为发展新中国的教育、出版事业肩负起更加重大的责任。

在新中国成立之后的三十多年间，圣陶先生虽然没有直接在大、中学校任过课，也没有亲自主编过教科书和语文杂志，但是由于党托付的重任和社会主义制度提供的优越条件，他在语文教育领域里的贡献，无论在广度上或是在深度上，都远远超过解放以前的几十年。

先从广度上说。把广大干部、群众的语文程度迅速而普遍地提高一步，是建设社会主义物质文明和精神文明的必不可少的条件，党在新中国成立的最初年月，就对此予以高度的重视。在旧时代，圣陶先生也曾深望自己的国家能人人有文化，个个讲文明；但在那时，这只能是个虚无飘缈的梦。现在，优越的社会主义制度为实现这个梦想提供了可能性，其内心的欣喜为何如，不难想见。1950年，党中央向全党全民提出了“正确地使用祖国的语言，为语言的纯洁和健康而斗争”的号召，身负领导责任的圣陶先生为实现这一战略任务而奔走呼号，不遗余力。作为推动这项活动的积极措施之一，是他动员和支持吕叔湘、朱德熙合编一套《语法修辞讲话》，从1951年6月起在《人民日报》上连载，这对普及语言基础知识产生了深远的影响。接着，他又为汉字改革和汉语规范化，做了大量的组织、宣传和推动工作；并在此基础上，进行了普遍的社会调查，提出了“努力改进文风”的要求，呼吁社会各界，特别是语言学专家们“共同讨论怎样改进文风”的问题，务使人们说话、写文章都能有正确的立场观点和良好的语言习惯。圣陶先生在党的直接关怀和支持下所进行的这一系列工作，对于提高我们全民族的语文程度具有重要意义。

再从深度上说。“系统地进行革命思想教育，使国文教学完全合于人民的要求”，这也曾经是圣陶先生梦寐以求的愿望；新中国的诞生为圣陶先生实现这一愿望提供了充分的条件，使他有可能把自己几十年来从事语文教育研究工作所积累起来的丰富经验贡献给人民，促进语文教学改革的深入展开。

早在新中国成立前夕，为了编制全国范围内使用的教材，当时华北人民政府教育部责成教科书编审委员会，对中小学各科教学问题进行讨论。圣陶先生是该会的主任委员。他首先建议把“国文”或“国语”的学科名称一律改为“语文”，“语”是口头语，“文”是书面语，明确肯定“语文”科就是要对学生进行口头和书面的语言训练。之后，又亲自起草了《中学语文科课程标准》，具体规定了中学语文科的教学目标和初中、高中两个学段的教学要求。由于圣陶先生的积极努力，使当时参加教科书编审工作的同志都对语文教学改革的方向有了比较一致的看法，为日后在全国范围内展开语文教学的研究工作奠定了必要的思想基础。

为了探求语文教学的客观规律，使教学工作逐步建立在科学的基础之上，圣陶先生在中宣部的直接领导下曾经对语文教材的编写做过多次的试验。1956年6月，教育部召开全国语文教学会议，圣陶先生在会上作了题为《改进语文教学，提高语文教学的质量》的报告，针对语文学科长期存在的“目的不明”“缺少计划”和“不讲究教法”等缺点，提出了要按知识和能力的系统分别编制文学、汉语和作文等三套课本的建议。不久，由于“左”的错误倾向的干扰，上述这些试验和建议都被一一否定；然而，圣陶先生和当时语文学界许多同志所坚持的方向和所阐释的观点，却已在广大语文教育工作者心中留下深痕，不易磨灭。1959 年，北京、天津、上海等地热烈展开关于语文教学目的任务的专题讨论，就是广大语文教育工作者对于当时盛行的那种“左”的错误倾向的否定。1960 年，根据中宣部的指示，成立了中小学教科书编审领导小组，圣陶先生负责小组的领导工作，经过几年的努力，又重新制定出了一个中学语文教学大纲，即 1963 年的大纲草案。这个大纲草案，以及据此编制的 12 年制语文课本，由于比较符合语文教学的特点和规律，受到广大教师的欢迎。可惜，这套课本只使用了 4 册，“文化大革命”风暴一来，就把它打进了“封、资、修的垃圾堆”。然而，圣陶先生始终坚信宇宙万物都该有自身的规律，一切违背客观规律的都不可能是真理。他沉默着，但是他的信念却始终没有动摇。粉碎“四人帮”以后，年逾八旬的圣陶先生青春焕发、斗志弥坚，在庆幸祖国新生的同时，又精神振奋地带领语文学界的老、中、青三代人向着恢复和发展祖国语文教育事业的目标迈步前进。1979 年全国语文教学研究会成立，他专门为此写了一篇贺词，其中又提出了一个新的研究课题：为建立语文学科的科学的教学体系，广大语文教育工作者要深入开展调查研究，而当前“特别需要调查和研究的是语文训练的项目和步骤”。他要求各地热心教学改革的同志在设计语文训练的项目和步骤上下些功夫，以便在此基础上编制出可以作为训练“凭借”的有系统的语文课本来。同时，他还一再强调，所谓语文训练应当包括听说读写四个方面，若有偏废，便是缺陷。可以预见，圣陶先生的这些观点，必将在实现语文教学科学化的新的道路上发挥重要的烛照作用。

圣陶先生在语文教育领域呕心沥血 70 年，他的心始终是同广大语文教师相通的。即使是身负教育部的重要领导职务，他也一刻没有与第一线的教师同志疏远。他晚年定居北京，常有教师登门请教，他也经常深入学校，与教师促膝谈心，了解语文教育的现状和老师们的愿望。在此期间他还给语文教育工作者们写了大量的书信，对语文教学的有关问题发表了许多精辟的见解。近年来，他尽管年事已高，但仍然十分关切语文学界的工作，除了经常出席有关专业会议，还在指导一些语文工作者编写《实用语言学》，希望在汉语研究方面开拓出新路来。

圣陶先生曾给好治盆景的苏州工艺美术学校叶寄深教授题赠过一首“浣溪沙”，词云：

> 为访虬株与老根，深山不惮踏烟云，荷锄戴笠累晨昏。　　珍重携归如得宝，栽培裁翦尽辛勤，好之五十有余春。

圣陶先生一生在语文教育领域为采株寻根而不惮烟云，不计晨昏，70年来未尝稍息，其栽培裁翦的辛劳勤奋，将永为后学的楷模。

试论叶圣陶语文教育的理论和实践*

过去，对叶圣陶先生的历史地位的研究，主要还是侧重在他的文学活动方面；至于他在语文教育活动方面的实践成果和理论建树，则注意得很不够。其实，叶老自己曾多次说过："作家不是我的职业"，"如果有人问起我的职业，我就告诉他：第一是编辑，第二是教员。"纵观叶老一生，从事语文教育活动持久而全面。持久，是指他在语文教育领域辛勤耕耘至今70年，其间未尝中辍；全面，是说凡关涉我国语文教育事业的各个方面，诸如教学、著述、编辑、出版、组织、领导等，都有他的辉煌业绩。因此，学习叶老的语文教育思想，是全面认识叶圣陶这位在我国现代文化史上享有崇高声誉的学界老前辈的需要。

当然，对于我们广大语文教育工作者来说，深入学习叶圣陶先生和他的语文教育思想，更是进一步推动我国语文教育事业，开创语文教育新局面的需要。因为人们在教育和教学的实践中，越来越深切地感到：我们当前所面临的许多研究课题，几乎（当然不是全部）都可以从叶老70年来从事的教育实践和理论研究中找到他和他的合作者们当年探索的成果和做出的答案。这些成果和答案，由于体现出一种立足于我们民族优秀传统的创造精神，所以尤其可贵，尤其值得我们认真整理、总结和学习。

叶老在持久而全面的语文教育活动中，给我们留下了极其丰富的实践成果。

---

* 本文系作者在1982年全国叶圣陶语文教育思想讨论会上的发言稿，后载《现代语文论坛》1983年1月号。有删改。

首先，制定课程标准（教学大纲）。一门学科要健全地建立起来，必须要对它的性质、任务、教学内容、教学方法以及修业结束所应达到的程度等，有个明确的、为人们所普遍承认的规定。这就是所谓“课程标准”，后来叫教学大纲。我国新学制中学国文科的第一个完备的课程标准，制定于1923年。其中初中部分，就是由叶老参加起草的。以后，这个文件几经修改变动，叶老曾多次撰文对它的修订提出自己的看法。新中国成立的时候，他根据自己长期研究的成果，又亲自草拟了一份《中学语文科课程标准草稿》，为建立中学语文教学的新的体系作出了贡献。建国以后历次教学大纲的制定，也都倾注了叶老的心血。此外，还有一些论文，如《略谈国文学习》《中学国文学习法》等，以及他为各种语文课本所写的“编辑例言”，虽不是以具有约束力的法定文件形式出现，但也体现了叶老对于语文学科的比较完整的观点。所有这些，都是我们今天研究语文学科的性质和任务的极为宝贵的财富。

其次，编纂语文课本。据不完全统计，叶老个人或与人合作编辑的语文课本共有10余种之多。其中最主要、最有研究价值的是：一部亲手撰写的小学国语教科书，即《开明国语课本》，这是一部划时代的小学教科书，又是一部别开生面的儿童文学杰作。第二部是开明《国文百八课》，在实现语文教学科学化方面作了第一次大胆的、具有远见卓识的探索。第三部是开明出版的文、白分别编制的初高中国文课本，即初中用《开明新编国文读本》（甲种本语体、乙种本文言）和高中用《开明新编高级国文读本》《开明文言读本》。这部新编课本，在选文方面，在语体文和文言文的不同编排序列方面，都给后来的教科书编写工作提供了丰富的经验和实际材料。总之，叶老和他的合作者们给我们留下的10余种内容不同、体例各别的语文课本，是又一份无比珍贵的财富，其中反映了语文教材编辑工作中许多带有规律性的东西，值得我们好好研究。

再次，编写语文课外读物。根据中国青少年的心理、生理特点，从语文教育的角度来提供给他们适宜的精神食粮，这是叶老辛勤耕耘的一个十分重要的方面。其中，专门为青少年编辑出版的期刊有《一般》《中学生》《中学生文艺》《新少年》《少年先锋》《中学生战时月刊》和《开明少年》等多种；

一般的语文辅助读物有《文章例话》《文章讲话》和别具一格的《文心》；还写了大量以青少年为读者的童话、散文和被称为教育文艺的小说等。这些倾注着叶老对青少年一代无限深情的各式各类语文课外读物，曾哺育过我国知识界几代新苗。今天，当我们在为新时期的年轻一代提供各种精神食粮的时候，叶老的劳绩仍然具有宝贵的启示作用和借鉴意义。

除此而外，还编著语文教学的指导材料。为了探讨语文教育和教学的客观规律，叶老在艰苦备尝的抗战期间主编过《国文月刊》和《国文杂志》，传播语文专家们的研究成果，交流语文教育工作者的实践经验，给广大读者以切实的指导。与此同时，他还和朱自清先生合写了《精读指导举隅》和《略读指导举隅》，把自己的教学体会和研究心得无保留地贡献给中学语文界的同志。至于叶老专门为表述自己对语文教育和教学的理论观点而写的大量论文和书简，一部分已由中央教育科学研究所编成《叶圣陶语文教育论集》出版，由于涉论的广泛，观点的精辟，表达的朴实，言词的亲切，因而被人们公认为语文研究工作者最好的学习材料。

从上面的极其粗略的概述中，已经可以看出，叶老在语文教育方面的实践成果，对我们来说，无疑是一座蓄积宏富的宝库。但是，任何实践成果都不过是实践者某种理论观点或科学设想的产物；实践成果之所以有价值，归根到底是由于实践者所持的观点或所作的设想有价值，有客观的真理性。因此，我们提出要学习叶老和他的语文教育思想，更主要的是因为在他持久而全面的语文教育实践中，体现出了一整套具有民族特色的、比较科学的理论观点。

这个问题涉及的面很广，要说准确说清楚，非我个人的学力所能及。这里只想就其理论的整体性和民族特色，谈一点个人的浅见。

的确，叶老对于语文教育问题的精辟见解，并不是如同国外有些著名教育家那样，通过一部或者几部专门论著，系统地加以表述的；而是散见在他60多年来发表的大量论文、讲话、序跋、书简以及各种语文读物的“编辑例言”或“评语”“改笔”之中的。就在这几百篇或长或短的各式议论文字当中，叶老根据立论的需要，从不同的角度对语文教育的各个方面发表了一系列真知灼见，形成了他那具有鲜明的时代特征和民族特色的语文教育思想。

叶老的语文教育思想，是以关于语文教育的性质任务的基本观点为经，以目的论、教材论、教法论、教师论这四个基本范畴为纬，经纬交织，从而显示出它的整体性的。叶老关于语文教育性质任务的基本观点，大致可以概括为三点：一、语文是人们生活和工作所必需的工具；二、语文的形式是语文运用者思想、观点、情感的反映，练语文就是练思想，学语文就是学做人；三、语文的能力需要通过学习者自身的历练逐步形成，语文教育的任务在于使学习者养成使用语言文字的必要能力和良好习惯。叶老语文教育思想的整体性就体现在：他的这些基本观点，一以贯之，十分鲜明地反映在他全部的理论著作之中，他用这些观点来解释语文教育的目的，来尝试编纂各种语文课本和语文课外读物，来改革语文课的教学方法，来要求教师加强自身的修养等。他的语文教育思想，是单纯性与丰富性高度统一着的。

至于叶老语文教育思想的民族特色，就更是值得我们认真研究的重要课题。

叶老是善于从国外一些教育家、哲学家和心理学家那里汲取先进的理论观点来指导自己的研究工作的，但他从来不脱离汉民族语文的特点和我们民族的优秀传统、中国青少年的心理生理特征而生搬硬套外来的东西，这是极其可贵的。

我以为，叶老语文教育思想的民族特色，大致体现在这些主要方面。

第一是“立诚为本”。东汉王充所谓“实诚在胸臆，文墨著竹帛”，可以说是我国古代先哲对于读书作文的原则的高度概括。叶老在《语文教学二十韵》里提出的“立诚最为贵”的观点，是他数十年来一贯坚持、反复申说的观点。早在1919年他写第一篇语文教育论著的时候，就主张学生作文“必求合乎论理，而不贵乎虚衍”。到30年代，他明确提出了衡量文章优劣的两根标尺，即“诚实”与“精密”。而所谓“诚实”就是“怎样想就怎样写”，“文字必须与写作者的思想、性质、环境等一致”，写文章“无非是拿一点儿我听到的，看到的，真懂得、真体会到的东西来告诉读者和听众，并不是舞文弄墨，随便说两句花言巧语来欺骗读者和听众”。可见，读书作文关系到怎样做人和做怎样的人的大问题，“是一件极严肃的事情”。读书为的是求真学问，真知识；作文为的是表达真思想，真感情。有了这个“诚”字，学语文就有了“根”。叶老的这一观点，正是我国古代学者总是把道德文章统一起来要求自己的弟子的一个极好的传统。

第二是“贵在自得”。孟子说：“君子深造之以道，欲其自得之也。”孟子的所谓“自得”，就是要求人们在学、习、问、思、行这五个方面都积极主动地去下功夫。做到既“敏而好学”，又“学而时习”；既“勤学好问”，又“精思明辨”；既刻苦求知，又身体力行。总之，一切知识、技能都要通过学习者自己的努力去获取。

叶老继承了我国古代学者强调“自得”的精神，并用近代教育学、心理学的研究成果进一步予以充实和发展，提出了“教是为了达到不需要教”的著名教学原则。他说：“凡为教者必期于达到不须教。教师所务唯在启发导引，俾学生逐步增益其知能，展卷而自能通解，执笔而自能合度。”为了做到这一点，他要求废止以往那种逐字逐句讲解的传统教法，而采用启发诱导、精讲多练的教法。他主张，教师讲课要力求“精要”，只把读书作文的某些要领或规律，结合一些典型例子（教材）给学生讲一讲——这就是“举一”；然后指导学生循着教师指点的路子，自己花费心力去摸索门径——这就是“反三”。只有这样做，才符合教育的本旨，才能真正使学习者获得真知识，掌握真本领，养成好习惯。

第三是“讲究综合”。我以为这是我国传统语文教育的又一个重要特点。传统语文教育，从阅读“三、百、千”开始识字教育，以后就要读成篇的文，成本的书。读的时候，有关训诂、考据、义理等方面的问题，通过讲疏评点一揽子解决。古人认为文章浑然天成，不能分割开来支离破碎地讲。读书讲究“吟诵”，从文章的用词、结句、谋篇甚至行文气势、语调抑扬等等方面细细地去品味、体察，从而融会贯通，获得教益。作文也是如此，从幼童练属对、少年练尺牍开始，都是一种综合训练。现在我们借鉴国外的语文教学经验，要求重视语文的单项训练，要求致力于“分”，即搞所谓“分解动作”的训练等。这种借鉴，这种尝试，都是必要的，有益的。但是，我以为，要真正掌握汉语汉文的特点及其运用规律，恐怕还是要讲究“综合”，把教学的序列化和整体化很好统一起来。

叶老曾经为了革除传统语文教育中那种内容庞杂、要求笼统、教法陈腐等弊端，在30年代就提出了实现语文教学科学化的设想，并在开明《国文百八课》中进行了革新的尝试。当时尝试的重点是在“分”上，即把读书作文的知识分列成108项，然后分单元配置选文，形成30年代国文教材编制上一种使人耳目一新的体例。这种“分”的工作，是十分重要的；今后仍然需要进一步探索。但是，从读写训练的总的要求来看，叶老的一系列主张都是讲究综合的。例如在读的方面，他要求学生读书必须“潜心会本文”，要做到“遵路”“入境”“悟神”。他认为，“能够引导学生把一篇文章的思路摸清楚，就是最好的语文老师”。所谓思路，就是文章作者意念展开的路径，这关系到整个文章的脉络和行文的主旨。因此重视思路教学，正是讲究综合的体现。此外，在阅读训练方面，他重视“吟诵”，重视参读相关文章，重视温故习旧，重视比较、归纳、揣摩、体会，这些都是综合训练，它们涉及学习者的认读、思维、记忆等各种能力。再如作文，叶老一贯强调要从学生的实际出发来设计命题，要养成学生根据需要、根据一定的目的和特定的对象来决定内容和写法习惯，决不要为练习而练习，为作文而作文，要让作文训练尽可能与实际生活靠拢。可见，在作文教学上叶老仍然还是重视综合的。因为文章本身应该是作者思想、品格、认识能力、爱憎感情、生活阅历、性格作风以及驾驭文字能力等的综合反映，为追求“科学化”而把教学内容肢解成一堆堆零件，恐怕未必是合宜的。

鲁迅先生在论述文学创作的时候曾经说过，文学创作愈有地方性，也就愈有世界性。换句话说，世界文学宝库的丰富性就在于它包容了千姿百态的具有世界各民族独特风采的民族文学的缘故。语文教育也同样如此。在我们探索语文教育科学化道路的时候，一方面固然要学习国外一些先进的语文教育理论，从他们的成功经验中汲取养料，另一方面，也是更重要的方面，是要认真研究我国民族语文的特点及其传统的教学方法，从而建立起具有我国民族特色的语文教育和教学的体系来。

叶老在著名的《语文教学二十韵》中开首就说：“教亦多术矣，运用在乎人。”提出了教育和教学的成败得失关键在于教师的观点。如果用这个观点来认识我们今天开展学习叶老语文教育思想活动的意义，那么我还想说，作为中国现代教育史上一位卓越的语文教育家，叶老还具有许多可贵的品格，足为我们后辈的楷模。他对我国的语文教育事业，对培育我国青少年一代，具有无比深厚的感情，终身以之，矢志不渝；他既是教员又是编辑，既是语言学家又是文学巨匠，既是教育专家又是语言大师，他能从多角度、多侧面来观察和分析语文教育中的现象和问题，从而得出全面而周妥的结论；他广闻博采，善于吸收外来的一些先进教育理论，但又始终立足于民族的优秀传统，具有立足于民族优秀传统的创造精神；他为人谦和、正直、坚信真理、尊重事物本身的固有规律。所有这些，都是我们每一个愿为祖国语文教育事业献身的人所应具备的品格，因此都值得我们认真学习。

试论叶圣陶的语文教育观*

小　引

叶圣陶从事语文教育活动至今已逾 70 年。这大半个世纪，正是我国从半封建半殖民地的沉重桎梏下解放出来，向着独立、自由、民主和社会主义道路奔腾突进的伟大历史时期。叶氏正是在这个历史巨变时期进行他的语文教育活动的：起初从事实际的中小学语文教学工作，后来先在商务印书馆后在开明书店担任编务，编撰了多种小学语文课本和大量的语文教育论著，新中国建立以后更肩负起组织和指导全国语文教育理论研究和改革试验的繁重任务。一个继往开来的伟大历史进程造就了叶圣陶这样一位在语文教育领域继往开来的一代宗师。这是纵的考察。

从横的方面看，叶氏的语文教育观涉及语文教育特别是学校语文教学的各个方面，诸如目的论、性质论、教材论、教法论、教师修养论等，都有他精辟、独到的见解。但他的这些见解并不是如国外许多著名教育家那样，是通过一部或几部论著系统地加以表述的，而是散见于他 70 年来发表的大量讲话、论文、序跋、书简以及各种语文读物的“编辑例言”之中。仅据商金林编《叶圣陶年谱》所录，叶氏从 1919 年发表第一篇教育论文《对于小学作文教授之意见》起，到新中国成立前夕为止，在整整 30 年中就发表过有关语文教育的论文 250 多篇，编辑过中小学语文课本十余种。至于新中国成立以后所发表的论文、报告和书简，至今还没有人做过精确的统计。在这数

---

* 原载《殷都学刊》1985 年第 4 期。

以百计的或长或短的论著中，叶氏根据需要，从不同的角度对语文教育的各个方面发表了自己的真知灼见，形成了他那一整套具有鲜明特色的理论观点。

本文试图从语文教育所涉及的一些基本问题着手来剖析一下叶氏的语文教育观。

一、读书·作文·做人

把读书、作文、做人这三者联系起来，肯定语文教育的根本目的在于教会人们正确运用祖国语文来吸收知识，表达情意，从而为社会培养和造就健全的公民。这是叶圣陶语文教育观的核心。

在封建的科举制度下，人们进学馆读经书、习八股、目的在于应试赴考，以求身登仕途，将来得个一官半职。正如叶氏所正确揭露的：“旧式教育又是守着利禄主义的，读书作文的目标在取得功名。”(《认识国文教学》) 如果说在那时，语言文字也是一种工具的话，那么，它只是被少数人利用来作为博取功名利禄的工具，作为敲开仕宦之门的一块敲门砖罢了。

叶氏从一开始登上教坛起，就是以封建教育的叛逆者的姿态出现的，他的信念是：新式教育的目标在于“造就善于处理生活的公民”。当时所谓的“健全”和“善于处理生活”，主要是指能独立地、自由地表达个人的思想、感情和意志，具有为现代生活所必需的各种基础知识和技能，从而能应付日常的工作和生活，推动社会的前进。而在这总的教育目标下，语文教育显示出了它特有的功能。叶氏认为，语文“在生活上是必要工具的一种”(《认识国文教学》)，这工具决不是用来追求仕途功名的，而是用来增进知识，用来表情达意的，总之是用来更好地应付日常的生活从而更好地做一个健全的公民的。而这，又直接有利于整个社会。因此，他说：“尽量运用语言文字并不是生活上一种奢侈的要求，实在是现代公民所必须具有的一种生活的能力。如果没有这种能力，就是现代公民生活上的缺陷；吃亏的不只是个人，同时也影响到社会。”(《略谈学习国文》)

当然，语文这个工具是进行思维和记录思维成果的工具，它同应用这个工具的人的思想感情有着直接的联系。因此，叶氏认为，要真正掌握好语文工具，首先要求受教者有充实的生活，即“应是阅历得广，明白得多，有发现的能力，有推断的方法，情性丰厚，兴趣饶富，内外合一，即知即行，等等”；为了达到这个目标，语文的教育必须致力于“训练思想”和“培养感情”(《作文论》)。语文教育能不能取得成效，关键就要看在“训练思想”和“培养感情”这两个方面有没有着力。叶氏说，他所写的《作文论》，归根到底也可以题为《做人论》，因为“训练思想”“培养感情”，原来应该是《做人论》中的章节。这样看来，语文教育又不单是为了使人们获得一种生活上的必要工具，而且是为了使人们的“思想益正确而完善，情感益恳挚而缜密”，从而成为一个身心都健康发展的公民。叶氏后来在谈到毛泽东同志《在延安文艺座谈会上的讲话》一文的意义时说：“我看，这篇讲话不仅是讲文艺创作，实在是讲了怎样做人这个根本性的问题。就是从怎样做人、做什么样的人这个根本性的问题来讲文艺创作的。”叶氏在《语文教学二十韵》中把“立诚最为贵”作为语文教育在品性陶冶上的极致，正是体现了他一贯坚持的“学语文就是学做人”的基本观点。

叶氏所理解的语文的工具性，还包括着它的社会性。也就是说，语文这个工具在现代社会里已经不再是少数“读书人”独占的工具，而是全社会每个公民所共有的工具。用叶氏的话说，语言是“公器”。因此，学好语文，掌握语文这个生活上必需的工具，并在思想上得到训练、感情上得到陶冶，这决不是社会上某一部分人的事，更不是班级里面某一部分禀赋特好的学生的事，而是全社会每个公民的事。叶氏早在40年代初就提出：“从现代教育的观点说，人人要作基本练习，而且必须练习得到家。说明白点，就是对于普通文字的阅读与写作，人人要得到应得的成绩，绝不容有一个人读不通写不好。”(《对于国文教育的两个基本观念》)到70年代末，他更明白地指出：“咱们如今的语文教学再不能继承或者变相继承从前塾师教读的老传统了。从前读书人读不通，塾师可以不负责任，如今普通教育阶段的语文教学却非收到应有的成绩不可。语文是工具，自然科学方面的天文、地理、生物、数、理、化，社会科学方面的文、史、哲、经，学习、表达和交流都要使用这个工具。要做到个个学生善于使用这个工具（说多数学生善于使用这个工具还不够），语文教学才算对极大地提高整个中华民族的科学文化水平尽了分内的责任，才算对实现四个现代化尽了分内的责任。”（《大力研究语文教学，尽快改进语文教学》）叶氏一生除了致力于学校语文教学的理论研究和实践探索以外，还十分热心于函授教育和其他各种性质的业余教育的指导工作，就是出于他这种提高全民族语文素养从而提高全民族精神文明的坚定信念。

语文工具的社会性还决定了语文教育必须突破学校语文学科在时间和空间上的限制，而成为学校各科都来关心、甚至整个社会都来关心的事业。这就是所谓“大语文”的思想。叶氏认为，对于造成一代社会主义新型公民来说，“语言教育固然不是唯一的大事，然而不可否认，也是许多大事里头的一件”；“担当这件大事的不仅是学校里的语文教师，作报告的，发表演说的，广播员，戏剧演员，电影演员，写稿子登在报上的，写稿子登在杂志上的，写各种各样的书稿出版的，翻译各种各样的书稿出版的，全都担当着语言教育的责任，就影响的范围看，语文教师的影响限于学校里，其他的人影响普遍到整个社会”（《语言和语言教育》）。这样，叶氏就把语文教育从一贯拘囿于学校范围的这种狭隘的传统观念中摆脱了出来，使之成为整个社会为培养健全的公民而共同关心、共同协作的一件大事。

叶氏在批判旧式教育的过程中，对过去那种专重作文的传统偏见也曾经多次抨击，不遗余力。在叶氏看来，既然学语文为了学做人，是为了更好地掌握吸收和表达的工具，以适应现代生活的需要，成为一个新时代健全的公民；那么，就必然要把“读书”同样也当作是一项具有独立意义的教育内容来看待。他说：“有人以为学习语文课之目的唯在作文，而读书为作文之预备，故讲读之际，喋喋言作法，言技巧。我则语之以读书亦为目的。老师能引导学生俾善于读书，则其功至伟。”（《书简·二》）叶氏肯定“阅读和写作是对等的两回事”，它们尽管互有联系，但“各有各的目的”。阅读的目的“主要在真正地理解所读的东西，从而得到启发，受到教育，获得间接经验，从而提高觉悟，丰富见识，使咱们得以在革命和生产中很好地贡献力量”（《评〈读和写〉，兼论读和写的关系》）。尤其是在物质文明和精神文明要求高度发展的今天，“要做一个社会主义时代的公民，吸收精神上的营养料比任何时代都重要”（《认真学习语文》）；而这种“吸收”，主要凭借各类书刊的阅读。因此，抛弃旧教育的传统偏见，把“读书”当作一项重要训练项目来对待，使受教者不致成为仅仅学得一套作文程式而精神养料严重缺乏的畸形儿，这是叶氏在语文教育目标问题上又一个鲜明的突出的观点，具有不可忽视的意义。

二、语言·文字·思想

把语言、文字、思想三者联系起来，肯定语文教育的特殊规律就在于将语言、文字和思想一贯训练，而不把它们人为地加以割裂和肢解。这是叶圣陶语文教育观的重要组成部分。

传统的旧教育，教的学的都是脱离口语的文言，师生专注的只是书面的文字，读书作文搞的全是死记硬背、“鹦鹉学舌”的一套，这样脱离语言实践、封闭思想器官的结果，许多读书人读了一辈子书还只能落个“半通不通”。

叶氏根据我国古代学者阐明的“言为心声”的观点和近代心理学研究的成果，确信：思想、语言、文字，看起来是“三样”，其实是“一样”。“写文章就是说话，也就是想心思。”（《谈文章的修改》）写的、说的、想的是贯通着的，不可分割的。语文教育的特殊规律就在于把这“三样”当作是“一样”来加以综合训练，任何割裂或偏废的做法，都将因有悖于语文教育的特点而归于失败。

基于上述认识，叶氏早在五四运动前夕就主张在中小学教学语体文，以沟通语言和文字之间的联系。因为语体文是记录普通口语的文字，与日用语言直接联系着。人们只要能清楚地、有条理地说话，也就能清楚地、有条理地作文；只要能诵读语体的文章，也就能在优秀语体文的影响下逐步养成良好的口语习惯。他在甪直吴县第五高小任教时，就已经开始实施语体文的读写训练。以后，他就一直为倡导语体文教学而努力，并在1942年为“供参加中等教育会议的诸君作参考”而写的《论中学国文课程的改订》一文中，以“语言、文字、思想一贯训练”的基本观点为中心，透辟地阐明了切实教学语体文的理由和方法。他说：“我们平日都用现代语言说话，都凭现代语言思想；因此依据现代语言的语体，无论在写作的人方面，在阅读的人方面，最具有亲切之感。这是普通教育必须教学语体的根本理由。”又因为“语体的依据既是语言，语言和思想又是二而一的东西，所以语体该和语言思想一贯训练”，这样，在“学习语体达到相当程度的时候，语言思想至少不至有粗疏或错误的毛病，同时就得到了人己交通（吸收和发表）的一种切要技能”，语文教育的目的这才真正算有了着落。

由于坚持这种语言、文字、思想三者一贯训练的观点，所以叶氏特别重视说话能力的培养。早在角直高小任教时期，他就在校内组织了各种有助于锻炼学生说话能力的活动，如举行讲演会、辩论会，开展演剧活动等。1924年，他还专门写过一篇长达万字的论文，提倡在小学语文科中加强说话训练，以此促进语文教学质量的全面提高。这篇专论把说话训练看作是“产生与发表的总枢纽”，认为切实地抓好说话训练这个环节，就能在“磨练思想”和“培养感情”，促迫儿童“内面有所产生”和“向外尽量发表”这样两个方面产生神奇而又切实的影响。到1949年，在为当时华北人民政府教育部教科书编审委员会草拟的《中学语文科课程标准》里面，他就把听、说、读、写四项一并提出，并在第②条中具体规定了说话训练的目标：“对个人或公众能够说出自己的意思，能够作辩论，不虚浮，不夸张，老老实实，诚中形外。说话又能够不违背论理和我国的语言习惯，明确，干净，不含糊，不啰唆。”而在第⑤条写作训练的目标中只规定：“能够写出自己的意思，像第②条所说的。”鲜明地体现了他的想、说、写一贯训练的基本思想。直到80年代的今天，他还一再呼吁人们要重视说话训练，听、说、读、写不可偏废，指出：“接受和发表，表现在口头是听（听人说）和说（自己说），表现在书面是读和写。在接受方面，听和读同样重要；在发表方面，说和写同样重要。所以听、说、读、写四项缺一不可，学生都得学好。这是生活的需要，工作的需要，也是参加祖国四个现代化建设的需要。”（《听、说、读、写都重要》）

叶氏这种语言、文字、思想一贯训练的观点，体现在阅读教学方面，就是要求兼顾文章的内容和形式两个方面。在叶氏看来，任何读物都包含着内容和表现这内容的语言形式两个方面。其他课程，在阅读本课程教材的时候，只须顾到教材的内容，明白其中“讲些什么”就行；唯独语文学科，它必须内容形式兼顾起来，并且把这二者作为不可分割的整体来加以讨究。也就是说，不但要明白“讲些什么”，还要明白“怎样讲”和“为什么这样讲”。这是“站定语文学和文学的立场”来理解阅读教学的唯一正确的结论。

叶氏在批判那种把语言和内容割裂开来的错误观点时，曾经这样明确地表示："我就是最不信服把语言跟内容分开来说的一个人。咱们不能抛开了意思谈语言，也就是不能不管内容专谈语言。"(《关于广播语言的一些简单的意见》)因为从语文教育的角度来看，"世间没有不牵涉理论、政策法令和各种科学知识的空洞的语言"(《谈语法修辞》)，凡是语言，总要表达出某种实质性内容。叶氏在阅读教学中始终反对只管字词句而忽视思想内容，或只重思想内容而无视字词句这样两种偏向，主张语文教材应选学文质兼美的文章，对这些文章"皆须善读，由语言文字而深明其内容，且有裨于思想之提高，品德之修养"；同时，"又不可脱离文篇，作不相干之发挥，致违循文求义，练成读书本领之旨"(《书简·十八》)。

在作文教学方面，叶氏始终强调要把积累经验和锻炼思想视为根本，而不能舍本逐末，一味在作文的法则和技术上绕圈子。他在 1919 年发表的第一篇语文教育论著《对于小学作文教授之意见》中就提出了"心有所思，情有所感，而后有所撰作"的观点，并针对当时作文教学"专务形式方术"的偏颇，正确地指出："文之所载者实质，而文之所以成者方术也。质之不存，术将焉用？昧乎此而但以作文练习作文，不及其他，其卒无成效，固应得之果矣。"而这种"专务形式方术"而忽视内容实质的做法，正是"道地的八股精神"，对此叶氏在议论到作文教学的弊端时，曾经一再予以申述，并要求彻底抛弃。在 1962 年写的一封书简中，他这样回答人们的询问："通过写作关，大概须在思想认识方面多下功夫。思想认识是文章的质料。有质料是首要的，没有质料如何能写？"在叶氏看来，"写一篇文章或一部书，像说一番话或者作几次连续的演说一样，是一连串的思想过程"：酝酿、构思、打腹稿的阶段，是思想萌发、成熟、定型的过程；把已经定型的思想用文字表现的阶段，是思想进一步得到整理、因而更加具体化条理化的过程；至于最后的文字修改阶段，那无非是在某些想得不周妥、不准确的地方再作必要的调整、充实、修正而已。所以，叶氏说："学习写作的人应该记住，学习写作不单是在空白的稿纸上涂上一些字句，重要的还在乎学习思想。"(《谈文章的修改》)可见，这种以积累经验、锻炼思想为根本，把思想、语言、文字贯通起来加以训练，从而提高作文教学效率的观点也是叶氏几十年来一贯坚持的重要观点，具有极其宝贵的理论价值和实践指导意义。

三、知识·能力·习惯

把知识、能力、习惯三者联系起来，肯定语文教育的是否有成效归根到底要看受教者是否真正养成了运用语文的能力和习惯。这是叶圣陶语文教育观的又一个重要组成部分。

叶氏认为："教育的本旨原来如此，养成能力，养成习惯，使学生终身以之。"(《论中学国文课程的改订》）那么，语文教育的本旨无疑地也应该是这样。

当然，能力和习惯的养成需要基础，这基础就是有关的知识。要真正理解了那些必备的基础知识，才能正确地运用知识，并进而养成某种能力和习惯。叶氏说得好："语言文字的学习，就理解方面说，是得到一种知识；就运用方面说，是养成一种习惯。这两方面必须联成一贯，就是说，理解是必要的，但是理解之后必须能够运用；知识是必要的，但是这种知识必须成为习惯。语言文字的学习，出发点在'知'，而终极点在'行'；到能够'行'的地步，才算具有这种生活的能力。"(《略谈学习国文》)

叶氏的上述观点，不但显示了"知"和"行"之间的关系，而且表明了"能力"和"习惯"之间的不可分割的联系。这后者，尤其值得我们深入领会。在一般人看来，学习语文强调要真正掌握运用语文的能力，似乎已经足够；叶氏不然，他在强调养成语文能力的必要性时，又着重指出这种能力必须成为在不知不觉之间受用着的一种"习惯"，才算真正达到目的。他说，"要知道所谓能力不是一会儿就能够从无到有的"，任何能力的养成，"一要得其道，二要经常的历练，历练到成了习惯，才算有了这种能力"(《大学国文（现代文之部）·序》)。也就是说，凡是传授一种技能技巧，仅仅止于"会"，还不能算达到目的；"要待技能技巧在受教的人身上生根，习惯成自然，再也不会离谱走样，那才是终结"(《改变字风》)。这是相当严格的要求，然而却是完全合理的要求。因为语文这个工具，是人们一辈子要使用的，如果学到的种种方法不能成为终身以之的习惯，学的时候仿佛会了，过后又不能按照学到的方法去做，并且成为一种不期然而然的行为，那么，"能力养成”云云只能是一句空话。

但运用语文的习惯，“有好习惯，也有坏习惯。好习惯养成了，一辈子受用；坏习惯养成了，一辈子吃它的亏，想改也不容易”，所以，“学习语文目的在运用，就要养成运用语文的好习惯”（《认真学习语文》）。叶氏曾经对语文实践中听、说、读、写四项的常规要求，作过一些具体的说明。这些常规要求，也可以说就是一般所谓的好习惯。

在听说习惯方面，他要求“在平时养成学生讨论问题、发表意见的习惯”。在讨论问题时，一方面能“听取人家的话，评判人家的话”，一方面又能“用不多不少的话表白自己的意见”，在自己发表意见之后还能“用平心静气的态度比勘自己与人家的意见”（《精读指导举隅·前言》）。此外，还要养成随时随地从语言运用的角度留意自己和他人的说话习惯。他说，一个有志于提高自己语言素养的人，“不学习论理学、文法、修辞学，也未尝不可；但是要随时留意自己的和他人的语言，不仅说了听了就完事，还要比较，要归纳，这样说不错，那样说更好，这样说为了什么作用，那样说含有什么情趣”。“这样随时留意，实在就是学习论理学，文法，修辞学，不过不从教师，不用书本，而以自己为教师，以自己的比较和归纳为书本罢了”（《语言与文字》）。这“随时留意”，就是一种好的学习方法，好的听说习惯。

在阅读习惯方面，叶氏的论述较多。一般人阅读书籍都用默读。默读是一种重在理解、思索的读法，尤其适用于精读的书籍。叶氏对此曾经提出过这样的要求：“需要翻查的，能够翻查；需要参考的，能够参考；应当条分缕析的，能够条分缕析；应当综观大意的，能够综观大意；意在言外的，能够辨得出它的言外之意；义有疏漏的，能够指得出它的疏漏之处：到此地步，阅读书籍的习惯也就差不多了。”（《论国文精读指导不只是逐句讲解》）这里所列当然不可能包举无遗，但一些最基本的阅读习惯如翻查、参考、分析、综合、辨异、识误等都已涉及，因此叶氏说：“一个人有了这样的习惯，一辈子读书，一辈子受用。”（同上）此外，对于一些名篇佳作，则要求“诵读”；通过反复吟诵，使自己的语言习惯渐臻完美。叶氏说：“熟读名文。就是在不知不觉之中追求语言的完美。诵读的功夫，无论对语体对文言都很重要。仅仅讨究，只是知识方面的事情，诵读却可以养成习惯，使语言不期然而然近于完美。”（《语言与文字》）正因为诵读有这样一种潜移默化的功能，所以叶氏要求在诵读时养成按文章所表达的意义与感情恰当地处理语调的习惯，既不是机械地一字一顿或两字一顿，也不无谓地拖腔拉调，一切均“合于语言的自然”（《精读指导举隅·前言》）。

对于写作习惯，叶氏曾经用两句话作了高度的概括，他说：“国文科写作教学的目的，在养成学生两种习惯：（一）有所积蓄，须尽量用文字发表；（二）每逢用文字发表，须尽力在技术上用功夫。”（《论写作教学》）前者是“喜爱写”，后者是“认真写”。既喜欢动笔，一旦动笔又总是字斟句酌，不肯马虎，这样的习惯养成了当然一辈子受用。至于细说起来，项目就多了。写作前有许多准备功夫，如“在实际生活里养成精密观察仔细认识的习惯，是一种准备功夫”；“在实际生活里养成推理下判断都有条有理的习惯，又是一种准备功夫”；还有，“就是养成正确的语言习惯”（《拿起笔来之前》）。拿起笔来写的时候，一定要养成“想清楚然后写”的习惯；为了力求“想清楚”，最好要养成“先写提纲”的习惯；在通常情况下，要写的意思巨细无遗事先都想得清清楚楚是很难做到的，因此又必须养成“写完了一篇东西，看几遍，修改修改，然后算数”的好习惯。总之，在写作上，“要养成这么一种习惯，非了解得比较确切不写，非感受得比较深刻不写”，一切“为读者着想”（《和教师谈写作》）。

叶氏所论有关语言运用方面的良好习惯，当然远非上述所举各项。他所提出的这样那样的习惯，都是一些常规要求，这些常规要求，决不是出于主观臆断，而是总结古往今来在听、说、读、写实践上无数成功经验后得出的结论，其中也包含着自己丰富的经验和深切的感受，因此，看似寻常却奇崛，是经得起实践检验的。

在谈到习惯的养成的时候，叶氏往往要同时谈到“历练”。他认为，要使某种能力成为不期然而然的习惯，必须“督促受教的人多多练习，硬是要按照规格练习”（《改变字风》），在练习中要求他们“运用自己的心力”，处处严格，事事过细，而决不被动应付，草率从事。他说：“一定要把知识跟实践结合起来，实践越多就知道得越真切，知道得越真切就越能起指导实践的作用。不断学，不断练，才能养成好习惯，才能真正学到本领。”因此，“要学好语文就得下功夫”（《认真学习语文》）。这功夫，就体现在努力使知识转化为能力，并通过历练使能力在身上生根，成为终身以之的习惯。这就是叶氏的结论。

结　语

以上所论各点，可以概括地称为“三一贯”思想，即读书、作文、做人一贯，语言、文字、思想一贯，知识、能力、习惯一贯。这“三一贯”思想，我认为是叶氏语文教育观的精髓。

从这“三一贯”的思想中，我们可以发现叶氏语文教育观的鲜明特色。

第一，对传统的、外来的教育思想采取的不是一概排斥或全盘接受的态度，而是有分析，有鉴别，有批判，有吸收，着眼点是在努力探索符合我国民族心理、民族语文的特点和规律的语文教育革新道路。

第二，不是从概念出发、从理论出发来寻求语文教育的客观规律，而是以古今学者从事语文教育和运用语文工具进行各种创造性活动的无数成功经验为基础来窥探语文实践的奥秘。尤为重要的是其中包含着叶氏自己在从事语文教育、进行文艺创作方面的丰富经验和深切感受。叶氏研究语文教育，在科学方法上更多的是采用归纳法，而不是演绎法。

第三，教材、教法和教师是教育研究的三个基本范畴。叶氏在探索语文教育规律的时候，总是把自己的理论观点具体落实到教材编纂、教法设想和师资培养等方面。并且，他从来不把这三个基本范畴中关涉的问题彼此割裂开来，而是把它们彼此联结起来，贯通起来，使之成为在统一的教育观点支配下相互关联、互相制约的整体。因此，说叶氏的语文教育思想只是一些不成串的珍珠，还没有形成完整的体系，这是缺乏根据的。

第四，叶氏语文教育观的基本精神是一贯的，但其中某些理论观点却是随着时代的不断前进而不断充实、不断完善起来的。特别是在接触了马克思主义哲学和马克思主义语言学等当代最先进的科学理论之后，他都把自己原有的一些观点作了必要的补充和发展，使立论更为周妥、提法更为准确。因此，叶氏的语文教育观尽管在二三十年代已经初步形成，但直到今天 80 年代仍然具有现实指导意义。其不枯不萎的生命力，正来源于此。

叶圣陶的教育理论及其形成和发展*

一

叶圣陶教育理论的精髓，大致可概括成如下几个方面：

第一，旨在“做人”——这是教育的宗旨、目标。

叶氏认为，教育的宗旨不是别的，就是让受教育者学会“做人”。如果把受教育仅仅看作是读书，仅仅看作是读懂几本教科书，那是不正确的。读书，读教科书，只是一种手段，最终目的在学会做人。受教育，学做人，手段不止于读书，更不止于在学校里读教科书；出了校门，走上社会，接触各种各样的问题，处理各种各样的矛盾，吸收各种各样的信息，都是受教育。在“做人”的问题上，应该是活到老，学到老，学无止境的。

说到“做人”，人有各式的人，做有各种做法。叶氏说：“受教育的意义和目的是做人，做社会的够格的成员，做国家的够格的公民。”什么是叶氏心目中的“够格”呢？首先，要懂得人活着是为了推动社会和国家向前发展，是为公而不是为私。早在1932年，他就向中学生们提出了“何所为而学习”的问题，他认为：“学习不能没有中心；换句话说，学习这个，学习那个，要明白何所为。将趋向‘封建时代的权威主义和资本主义的个人主义’呢，还是趋向‘使人类的劳动力无限发展的集体主义’？对这个问题不作决定，学习就像盲人骑瞎马。”这是做人的方向，做人的根本。在现代社会，只有怀有集体主义广阔胸襟的人，才能是一个真正有益于人类、有益于

* 原载《扬州师院学报（社会科学版）》1987年第2期。略有删改。

社会、有益于国家的人。其次，要懂得世间某些事物的道理和做法，即遇到问题和矛盾能“知”也能“行”。叶氏说：“做一个人必须与物跟事打交道，打交道必须凭借知和能。你不懂得道理和做法，交道就打不成，你的生活必将一塌糊涂，这如何要得?”有知识，也有本领，这是做人的起码条件。在现代社会，新的问题、新的矛盾、新的事物不断涌现，各种社会关系益趋复杂，一个“够格”的社会成员和国家公民，他需要的“知”和“能”，无论在量上还是在质上，要求都将比以往高得多。受教育即学做人这个带根本性的理论问题，又将在实践上充实新的历史内容。

做人，怎么做法? 叶氏认为，在校学生说起来是在学做人，实际上，“学”的过程也必须是“做”的过程。不能说，学生时代只是未来做人的“准备”阶段；否则，就意味着做学生与做人是一前一后的两回事，绝无这个道理。叶氏说：“学生在学校里念书做功课，理由是预备将来做人，将来做事，这是成千成万的教师父母们如是想的，也是成千成万的学生们信守着的。换句话说，学生过的并不是生活，只是预备生活。所以一切行为，一切思虑，都遥遥地望着前面的将来，却抹杀了当前的现在。因此，从初级小学以至高等大学校里的所有一个个生物只能算‘学生’，还不能算‘人’，他们只学了些‘科目’，还没有作‘事’。”这种观念是非常有害的，因为将来固然重要，现在却是通向将来的立足点和出发点，也同样重要。现在学会做一个够格的学生，将来才能真正成为一个够格的公民。学，就是要做，就是要一步一个脚印地去实行。所以，叶氏十分强调受教育者在求知求能的过程中，必须倾注全部心力去求真知和真能，绝不能仅止于头脑里能懂、口头上能说，必须行动上真正能做才行。

既然教育的宗旨在使受教育者学会做人，那么做人是人人必须学会的，否则要影响整个人类文明的进步，影响整个社会和国家的发展，所以教育的受益者必须是受教育者的全体，而不是少数个别“超群”人物。叶氏在40年代就曾大声疾呼：“教育要为全社会而设计，要为训练成对社会做点事的人而设计；教育决不能为挑选少数选手而设计，结果使这些选手光荣显耀，站在众人的头顶上，伸出手来，收受众人的供养。”到了粉碎“四人帮”之后的1978年，他在呼吁“大力研究语文教学，尽快改进语文教学”的时候，又强调："语文是工具，自然科学方面的天文、地理、生物、数、理、化，社会科学方面的文、史、哲、经，学习、表达和交流都要使用这个工具。要做到个个学生善于使用这个工具（说多数学生善于使用这个工具还不够），语文教学才算对极大地提高整个中华民族的科学文化水平尽了分内的责任，才算对实现四个现代化尽了分内的责任。""多数"还不够，必须是全体。这对那种以为普通教育仅仅是为了培养少数"尖子"的教育思想是严肃的否定。

第二，重在"习惯"——这是实现教育宗旨的关键。

叶氏教育理论的闪光点，不仅是在强调教育的根本目标在养成够格的社会成员和国家公民，而且是在强调"养成"的关键就是要努力培养各种各样良好的习惯。学会做人，质言之，就是要逐步养成各种各样做人的好习惯。

叶氏要求受教育者个个成为真知真能的人。这"真能"的标志是什么？叶氏的观点是：要习惯成自然。叶氏说："无论哪一种能力，要达到了习惯成自然的地步，才算我们有了那种能力。不达到习惯成自然的地步，勉勉强强地做一做，那就算不得我们有了那种能力。""习惯养成得越多，那个人的能力越强。我们做人做事，需要种种的能力，所以最要紧的是养成种种的习惯。"从这个意义上来理解，叶氏确信：教育的本旨就在于养成良好的习惯，并且终身以之。

习惯，是一种持久而稳定的行动方式。习惯有好的，也有坏的。好的习惯养成了，终身得益；坏的习惯养成了，终身受累，甚至还会殃及旁人、贻害社会。叶氏认为，在说不尽的众多习惯中，有两种习惯万万不可养成：一是不养成什么习惯的习惯，二是妨害他人的习惯。所谓"不养成什么习惯的习惯"，就是对待任何事情都随随便便，想怎样就怎样，不上任何规矩，也根本不想上什么规矩，一切随心所欲。这样的想法和做法成了习惯，于是一切真正好的习惯都无法养成。"够格"的要求就在于要严于律已，求其"入格"，一切都无所谓的人，是永远达不到这个要求的。所以，从实质上看，这就是一种不愿接受任何教育的习惯。另外一种是"妨害他人的习惯"，小而言之如随地吐痰、大声喧哗；大而言之如侵吞公物、侵略别国。这些都是以个人至上主义为核心的有害行为。一切为非作歹的人，其起始的一步就在"妨害他人"。

叶氏认为，养成好习惯，要从“早”抓起，从“小”抓起。从“早”抓起，就是强调要抓“开端”，抓起始的第一步。叶氏说：“大凡一辈子需用的事最需养成好习惯。在习惯没有养成之前，取个正当适宜的开端，集中心力，勉强而行之。渐渐地不大觉着勉强了，渐渐地习惯成自然，可以行所无事了。这就是好习惯已经养成，足够一辈子受用。如果开端不怎么正当适宜，到后来就成了坏习惯。”所谓从“小”抓起，就是强调要从细微的一言一行、一举一动上注意养成好习惯，这样，才能在对待大事、处理大局上也处处正当适宜。叶氏在抗战期间论述“革自己的命”的必要性时，曾对“立身为公”作过精辟的分析，他说：“说到养成行为习惯，必须在最微细最平常的场合入手，积渐功深，遇到不微细不平常的场合也自然而然能够为公。公家的信封信笺硬是不写私信，买什么票上什么车硬是遵守秩序，这些事似乎无关大体，但是成了习惯之后，就可以保证自己不至于贪污，不至于侵犯他人的自由。”学生在校读书，言行举止多数不是什么关涉社会和国家的大事，然而好习惯就应该从这些细小的事上逐渐培养起来。

叶氏说：“养成习惯，换个说法，就是教育。”这样看来，在叶氏心目中，养成习惯和接受教育，是二而一的事。

第三，贵在“自得”——这是实施教育的原则。

叶氏确认，实施教育的关键既在养成种种好的习惯，那么习惯的养成必须靠受教育者自己尝试着去做，尝试着按照规定的要求去做。习惯的养成靠自励，一切知识和能力的获取靠自得；外力灌注是无济于事的，至少是劳多而功少的。

对于教育，叶氏提出过一条著名的原则，即：教，是为了达到不需要教。他说：“我近来常以一语语人，凡为教，目的在达到不需要教。”所谓“不需要教”，是怎样的一种境界呢？就是：自能读书，不待老师讲；自能作文，不待老师改。换句话说，就是具备了自我教育的本领。在叶氏看来，一个受过教育的人必须是一个具备足够的自学能力的人，能够随时随地进行自我教育的人；否则，算不得是个受过教育的人。因此，叶氏进一步强调说：“所有各级各类学校以及补习、进修机构的主要职能，全都在引导来学的人向自学方面不断进展。”

叶氏曾经从知识的广度和深度两个方面来论证自学能力的重要。从知识的广度上看，在现代社会要做个“够格”的现代人，应该掌握的知识太多太多，说也说不尽。各种教育机构只能取其重要的、基本的，作为例子教给学生；其他的更多的东西，必须由学生学会举一反三，自己去学习，去研究，去掌握，去扩充。从知识的深度上看，人类的知识财富，其积累主要不是机械相加，而是发展演进。因此，受教育者对于现成的知识，决不可“光知守而不知变”；一定要在接受前人经验的基础上，通过自己的独立思考，有所发现，有所改革，有所创新才是。这种发现、改革、创新，是别人不能代庖的；必须在自学过程中逐步到达这样的境地。

要培养自学能力，教者就必须在“导”字上下功夫。也就是说，善教者必须首先是个善导者。叶氏说：“教师当然须教，而尤宜致力于‘导’。导者，多方设法，使学生能逐渐自求得之，卒底于不待教师教授之谓也。”这里的关键是要随时注意“减轻学生之依赖性”。学生对于教师，养成了种种依赖的习惯，这是教育的失败。要理解一个问题，依赖教师的讲述；要记录知识的要点，依赖教师的板书；要知道章句的错失，依赖教师的批改；再进一步，检查自己学得怎样，依赖教师的测试；约束自己的言行举止，勿使放纵，依赖教师的管教。这样下去，离校以后他还能成为一个具有自治、自理能力的人吗？所以叶氏竭力主张，教育工作“如扶孩子走路，虽小心扶持，而时时不忘放手也”。这“时时不忘放手”，正是叶氏形象表述的一条教育原则。

坚信教育的原则在“自求得之”，还须充分认识任何受教育者都有“自求得之”的内在潜力。叶氏说：“善于启发的老师都把学生看成有机的种子，本身具有萌发生长的机能，只要给以适宜的培育和护理，就能自然而然地长成佳谷、美蔬、好树、好花。”学生，即使是刚刚接受启蒙教育的孩子，也不是一无所知一无所能的木头，他总有接受新知识、掌握新本领的某种基础，善教者无非是善于利用这种基础，通过启发诱导，让学生凭借自己原有的潜力去获取新知识，锻炼新本领。而拙于教者，总是过低地估计学生的学习潜力，在学生完全可以凭借自己的努力去理解、去掌握的地方，还在喋喋不休，以致学生听而生厌、昏昏欲睡。

教育的方式方法，可以多种多样，但实施教育的原则应该是确定的。叶氏说：“方法问题，我以为总不宜定于一。”（“定于一”相当于近年来流行的“一刀切”）而多种多样的方式方法，其目标都应该是“达到不需要教”的境地，“把学生培育成在各个方面都超过他们的前辈的新的一代”。

第四，效在“直观”——这是实施教育的一种有效方法。

“纸上得来总觉浅，绝知此事要躬行”。教育即读书这种陈腐观念，造成了学校教育单纯地、片面地重视书本知识的偏颇。而叶氏则主张教育要求得最佳效果，就必须重视直观。叶氏提出的“直观”，决不仅仅是指课堂教学中运用图片或其他直观教具。它的内涵要丰富、深刻得多。

叶氏认为，学校生活也是社会生活的一个组成部分，甚至可以说是社会生活的一个缩影，学生在学校里接受教育，实际上就是学习怎样生活，怎样做人，因此，学校应该为学生设置种种环境，让他们能在这种种环境里直接去学习生活、学习做人。早在任教于吴县甪直高小的时候，叶氏就同吴宾若、王伯祥等好友在学校里开辟“生生农场”、开办“利群书店”，还设置百览室、音乐室、篆刻室，组织戏剧队、演讲队等，开展丰富多彩的课外实践活动，让学生早早地去接触生活，锻炼生活能力。在 30 年代，他针对当时学校教育脱离实际的严重弊病，尖锐地指出：国语科光读书固然不妥，“而自然科、社会科的功课也只是捧着一本书来读，这算什么呢？一只猫，一个苍蝇，一处古迹，一所公安局，都是实际的东西，可以直接接触的。为什么不让小孩直接接触，却把这些东西写在书上，使他们只接触一些文字呢？这样地利用文字，文字就成为闭塞智慧的阻障”。直到现在，他对这一点仍然坚信不疑：教育必须重视直观，而直观“就是跟事物直接接触”。从学校范围内说，有条件的要开辟动植矿标本室、理化实验室、图书阅览室、实习工场、种植园地之类；从学校范围之外说，要组织学生到动物园、植物园、博物馆、天文馆、地质馆、科技馆、图书馆去参观学习；再扩大言之，工厂参观，农村访问，社会调查，假期旅行等，也是使学生从直观中受到教育的好途径。所以，叶氏的“直观”论，是教育面向生活、面向实际、面向社会的简要而朴素的表述。

叶氏的“直观”教育，不仅指直接接触各种事、各种物，而且还指直接接触各种人。古人有“近朱者赤，近墨者黑”的说法，所以，叶氏强调一个人在青少年时期应该多接触品行端正的人，接触足以为人楷模的人，使他们从中受到好的影响。叶氏说：“要使学生‘真能’实践好行为，有没有直观的门径呢？我说有。其一，教师以身作则，事事处处为人师表，这就是学生最亲切的直观。其二，让学生多接近各方各面的先进人物，也是极为有益的直观。”从高尚、正直的成年人身上，青少年会看到自己的未来，这是十分重要的直观。

叶氏强调“直观”的效能，是同他坚信教育的实践性、感染性和综合性直接联系着的。教育不仅要使人“知”，更要使人“行”，要能够实地去做，这就非直接去接触事物不可；教育不仅要诉诸人的理智，更要诉诸人的情感，要能够在情感上受到感染和熏陶，产生潜移默化的效果，而这种情感只有在直接接触有关的人、有关的事物的过程中才能萌发，才能激起波澜；教育不仅要传授某项知识和技能，而且要使受教育者各方面都得到发展，从而真能适应实际生活的需要，所以必须讲究综合性和整体性，而这种综合性、整体性的教育往往在直接接触事物的过程中才能有效地实现。

叶氏的教育理论博大精深，体现了鲜明性和丰富性的统一。以上概括的四个方面当然远不能穷尽他的理论建树的全部，但我相信这至少是他理论宝库中的某些精髓。这些理论观点，对于观察、研究、推进我们当前的教育工作仍然具有指导和借鉴的意义。

二

叶圣陶教育理论的形成，有着丰富、深厚的基础。

我国千百年来传统教育中的精华，是叶氏教育理论形成的重要基础。叶氏是“五四”时期高举科学、民主的旗帜，勇猛地抨击当时的封建旧教育的战士。他的革新教育，正是以批判和否定旧式教育的“古典主义”和“利禄主义”为起点的。而他的抨击、批判和否定，都是集中在旧式教育为封建专制主义服务的反科学、反民主的腐朽本质上。对于旧时代一些先哲和学者提出的符合教育规律的理论观点和实践经验，他决不妄加否定，相反，对于这些有价值的民族教育的精华，他总是精辟地加以阐述，以期在新的历史时期能重放光彩。他在很早以前就曾说过："中国人虽然需要现代化，但是中国人的现代化，得先知道自己才行。"这里所谓的"知道自己"，就是要明白自己的过去，尊重自己的历史，对传统文化的一切利弊得失了然于胸。叶氏是真正做到了这一点的，在他的教育理论中我们既可以看到对于传统教育中那些糟粕的尖锐批判，同时也可以看到对于传统教育中那些精华的吸取和改造。

孔子说："不愤不启，不悱不发，举一隅，不以三隅反，则不复也。"这是一条重要的教育原则。叶氏一贯主张教育要注重启发，要引导学生举一而反三。在最近为陈侠《论教育规律及其他》一书作序时，他还强调："愤悱启发是一条规律。"孟子说："君子深造之以道，欲其自得之也。自得之则居之安，居之安则资之深，资之深则取之左右逢其原。"提倡"自得"，叶氏在这一点上可以说是倾注全力反复加以申说的，并且把"自得"的必要性提到"终身教育"的高度来予以解释，赋予时代的新的内容。孔子说："古之学者为己，今之学者为人。"从受教育者方面肯定了学习必须求得自身真得实益的道理。叶氏为此专门写过一篇题为《"为己"》的文章，精辟地解释了孔子的"为己"说："为己，就是说所学都归自己受用，生活从而美满。为人，就是说所学跟生活不发生关系，学如未学，徒然说些空话，摆个空架子，使人家误认他已经学了。"叶氏认为，如果认定"为己"的目标，那么就必须抛弃死读书的做法，而要把印在书本上的各种道理跟做法"化为咱们的知跟能"，要"随时随地使各种功课跟咱们的思想行为打成一片"，从而使自己真正成为有益于社会的人。以上所说的这些古代先哲的名言，无疑是叶氏教育理论体现民族特色的重要基础。

在教育和教学的方法上，叶氏也是弃所当弃，取所当取，决不抱历史虚无主义态度。孔子提倡"温故"，认为"温故而知新，可以为师矣。"后世的书塾学馆，也大都强调要温理旧课。叶氏对此有自己的感受，他说："从前书塾里读书，既要知新，又要温故，在学习的过程中，匀出一段时间来温理以前读过的，这是个很好的办法。现在教学国文，应该采取它。"他认为，通过温故，"回味那已有的了解与体会，更寻求那新生的了解与体会，效益决不会比上一篇新的来得少"。再如古代学文讲究"吟诵"，叶氏深以为然，认为“语文学科，不该只用心与眼来学习；须在心与眼之外，加用口与耳才好。吟诵就是心、眼、口、耳并用的一种学习方法”，对吟诵的科学依据作了透彻的说明。但他也注意到了传统吟诵法在运用上的缺陷：其一是“多数不注重内容与理法的讨究，单在吟诵上用工夫，这自然不是好办法”；其二是实行“强记”，这种“强记的办法是要不得的，不久连字句都忘记了，还哪里说得上体会”？所以叶氏认为，光注重内容与理法的讨究，而忽视吟诵，是一种偏向；光注重吟诵，而忽视内容与理法的讨究，也是一种偏向。“唯有不忽略讨究，也不忽略吟诵，那才全而不偏。”

可见，对于传统教育理论的精华以及教育实践的经验，叶氏都十分珍视，并且能用比较科学的观点和方法去进行分析，从而有选择地加以吸取。这种立足于民族优秀传统的创造精神，是叶氏教育理论的一个鲜明特色。

自清末民初，特别是自五四运动以来，西学东渐，日本以及西方一些先进国家在自然科学和人文科学方面所取得的新成就，不断输入我国；随之而来的，是科学和民主的革新思潮的形成和发展。叶氏在中学读书的时候，不但从学校开设的一些课程中，接触到了西方文化，而且课余博览《民立》《天铎》《社会》《大汉》以及《东方杂志》《教育杂志》等各种进步报刊，从中广泛涉猎政治、经济、文化、教育等方面的新的观点和新的观察问题的方法。从事实际教育工作之后，更是经常结合工作阅读当时的权威刊物《教育杂志》，吸取精髓，用以思索自己面临的各种问题。当时，在教育界，一方面通过报刊广泛引进日本或西方一些先进的教育理论研究成果，一方面又邀请国外教育专家来华考察，希望他们运用新的观点和方法对我国教育的状况作分析。这些活动，对矢志寻求革新之路的叶氏无疑有极大的影响。与此同时，在我国国内也先后涌现出了一大批先进的思想家和教育家，他们中间有些是叶氏的前辈，有些与叶氏同龄，彼此有密切的交往和深挚的情谊，这些思想界的探索者和开拓者也都对叶氏有这样那样的影响。因此，概括地说，中外许多著名思想家、教育家的理论研究成果，也是叶氏教育理论形成和发展的重要基础。

例如关于“习惯”说。早在19世纪末、20世纪初，欧美一些心理学家已经对习惯问题作了深入的研究，并确认养成习惯是人类教育的一个重要课题。1914 年 7 月号的《教育杂志》曾发表天民所著《柯尔文氏之本能及习惯说》，详细地介绍了美国心理学教授柯尔文关于“心理学即行动之学”的崭新观点，其中大量引述了 19 世纪以来詹姆斯、雷丁格、路戛等人的研究成果。詹姆斯曾从生理学角度解释习惯的含义，说：“凡刺激与对刺激而起之反应，常反复于一定之方向，则神经系中自然构成一抗阻最少之发散路。此即所谓习惯也。”詹姆斯还揭示了习惯养成之法则：一是“集中”，即以强固的决心，集中全力毅然从事；二是“慎始”，即抓住最初机会，取个适宜的开端；三是“训练”，即反复实践，使之习惯成自然。1933 年，步毓森写过一篇专论，题为《习惯与教育》，根据国外有关习惯问题的论述，论证了教育与习惯之间的密切联系。这些研究和讨论，对于叶氏“习惯”说的形成显然有相当大的影响。

在叶氏的“自得”说和“直观”说中，都分明体现了培养学生独立精神和创造精神的要求，这是对传统教育单纯注重知识灌输、单纯强调教师讲解的一种否定。关于中国传统教育的这一弊端，可以从美国教育家孟禄在 20 年代所作《中国教育讨论》的讲演中找到一种对比性的剖析。孟禄说：“中国人教授多用注入式，西洋人教授多用启发式，……西洋人考察教员教授的好坏，多拿教员和学生在讲堂上双方说的话多少做标准。若是教员在讲堂上只是讲，学生也只是听，差不多这个教员就不能算合格的教育者了。”又说：“中国今日的中学教学方法，是一种讲演式的教授法，学生居于被动的地位，无自动的精神。……现在美国教育最新的趋势，不仅使学生自动参与学习历程，并进一步使学生自动解决具体的问题。”30 年代初，当时的国际联盟应中国政府的请求，决定由国际文化合作社委派一个专家考察团，到中国实地考察教育。其中主要成员有柏林大学教授、前普鲁士教育部长裴克，波兰教育部初等教育司司长法尔斯基，法兰西大学教授郎吉凡，伦敦大学政治经济学院教授陶内等。该考察团在中国上海、南京、天津、北京、定县等地先后考察了约三个月，后将考察报告题为《中国教育之改进》，由国立编译馆出版。其中对中国学校教育的状况作了这样的评述：“学校中用得最普遍的教学法，就是演讲法。教师一味把知识灌输全级儿童，学生只有被动地接受。在中国的学校内，先生不大问学生，学生也没有什么独立的工作可做。用这种方法，只养成学生对于四围环境起一种沉思的态度，不会供给创造和活动的动机。”所有这些，都为叶氏早期探索教育革新之路的过程中提供了强有力的佐证。

当然，叶氏教育理论的形成，丝毫也不能离开他自身长期从事的教育实践活动。叶氏提倡“自得”，并解释说：“自得就是什么知识都经过自己的辨别跟融化，什么技能都经过自己的试练跟熟习，从而占有这些东西，跟这些东西发生血肉的关系。”他自己在吸取中外古今一些思想家、教育家的理论观点或实践成果的时候，总是牢牢地把自己的脚站定在自身实践的基础之上。叶氏曾说自己“50岁以前断断续续当教师”，在这几十年的教学生涯中，从幼稚班、初小、高小、普中、师范以至大学预科、大学本科、职业学校、广播函授学校等，各级各类的学校几乎都接触过。他接触到什么新鲜的教育学说，就结合自身的实践进行思考，觉得有道理就拿来试行，所以他的许多理论观点可以说都是经过自身实践的检验的。正如他在《过去随谈》中所说，自从进学校当了教员之后，“职业的兴趣是越到后来越好，因为后来几年中听到一些外来的教育理论和方法，自家也零零星星悟到一点儿，就拿来施行”。这听、悟、行三个字，也许就是叶氏探索教育革新之路的基本过程，即广泛吸收，深切领悟，择善而行，从而加以理论上的总结、提高。

教材是教育工作中的一个极其重要的问题。早在20年代，叶氏就决定要为中小学编纂一套既能体现时代精神又符合青少年学习规律的语文课本。但他清楚地意识到，理想的范文很难从现成的文章中找到，最好是编辑者自己确定标准、自己动手来撰写。他这样想，也便这样去做。1931年他进开明书店国文部当编辑，便立志亲自动手撰写一部小学国语课本。1935年，叶氏又与夏丏尊为探求语文教学的科学序列，合作编辑了初中用书《国文百八课》；1946年以后，又陆续与朱自清、郭绍虞、吕叔湘等人合作编辑《开明新编国文读本》甲种本和乙种本等多种体例的语文课本，多方面去进行革新的尝试。关于教材编辑工作的理论，就是在这长时间、多方面的实践基础上逐步形成的。

至于叶氏教育理论中的一个重要组成部分，即语文教育理论的形成，还与叶氏本人在学识和素养上的特殊品格有密切关系。叶氏既是出色的教员，又是高明的编辑；既是卓越的文学家，又是公认的语言大师；既是文章高手，又是教育专家；既博古，又通今。总之，涉足的领域十分广泛，而在每一个领域，他的造诣都超越常人。这样一位在语言学、文章学、文学、教育学、心理学等各个方面都有高度修养的人，他就能够多侧面、多角度地来考察语文教育中存在的各种现象或问题，并且获得比较准确、比较全面的认识；发为议论，也必然比较周妥。

传统教育中的精华、中外思想家教育家们的理论建树、自身丰富的教育实践经验，这就是叶氏教育理论形成的三大基础。如果把他的教育理论比喻成花果，那么叶氏自身的教育实践活动应该是滋生理论之树的肥壤沃土，而传统教育中的精华则是经过严格挑选之后施加的肥料，中外思想家、教育家们的理论建树则是日照和雨露。

三

叶氏的教育理论有一个形成、发展和逐步趋于丰富成熟的过程。他的理论本身也还远远没有“到顶”，它为我们提供的创造的天地更是十分宽广。

叶氏在教育问题上的基本指导思想，是几十年来一以贯之、始终不变的。早在20年代，叶氏投身于文化教育事业的时候，就认定了“以诚立身”的信条。他说：“我常觉得‘诚’这个字是无论什么事业的必具条件。我们心情倾注于某事某物，便将我们的全生命浸渍在里面，视为我们的信仰和宗教，这就能‘诚’了。”因此，他一生崇尚真诚，痛恨伪饰，不欺世，不媚俗，坚信真理，坚信事物本身固有的规律，而决不肯因为政治风云的变幻而轻易改变自己的看法和信念。但是，他又是一个力主改革、反对因循守旧的革新者。他认为一个真正的教育家应该懂得“知变，求变，善变，有所改革，有所创新”，因为“执一不二，光知守而不知变，不求变，不善变，是极不适宜于做人之道的，尤其是在多变激变的二十世纪八十年代”。他的一生也可以说是不断地探索、不断地求变、不断地改革的一生。因此，在教育领域里的某些具体问题上，他的看法总是随着实践的日益丰富、学习的不断深入而不断有所发展，甚至更新。

例如关于教育的宗旨在“做人”，这是一个带有根本性质的重要问题。

在这个问题上，叶氏几十年来一贯这样认识，毫不动摇。但是，做的是怎样的“人”？这“人”的历史的、阶级的内涵，则是随着时代的发展而逐步明确、逐步充实的。在五四运动前后，我国封建宗法统治彻底瓦解，封建主义的旧式教育被资产阶级的新式教育猛烈冲击，培养具有独立意志、人格和能力的“人”，这个教育任务被人们提到了空前的高度来加以讨究。叶氏在长篇教育小说《倪焕之》中，曾提出过这样一个问题：“教育事业是要养成‘人’的，——‘人’应该把他养成怎样，‘人’应该怎样把他养成？——这非有理想不可。”当年叶氏笔下的倪焕之，他的“理想”是什么呢？“他相信中国总有好起来的一天；就是全世界，也总有一天彼此不用枪炮相见，而以谅解与同情来代替。这自然在各个人懂得了怎样做个正当的人以后。养成正当的人，除了教育还有谁能担当？一切的希望在于教育。”作为一个小说中的艺术形象，多少可以反映出作者对教育宗旨的某种意向，即教育的宗旨在于培养“正当的人”，人与人之间都能谅解和同情。经历了五卅运动，现实斗争深刻教育了人们，到 30 年代，叶氏就明确提出了为私还是为公而学习的问题，要求每一个受教育者都要成为“健全的公民”，都要趋向“使人类的劳动力无限发展的集体主义”，而抛弃“封建时代的权威主义和资本主义时代的个人主义”。“人”的概念，在叶氏心目中显然已经有了新的、更充实的内容。到了 1949 年新中国成立的时候，叶氏已经十分敏锐地意识到，在建设社会主义新中国的伟大事业中，人民已经是“全新的人民”，他们“在人生观、世界观、思想方法、处事条理、工作态度、工作技能种种方面，都跟以往有本质上的不同”。我们的教育，要为这样的“全新的人民”服务，要培养这样的全新的人。从这一点上，我们可以清楚地看到叶氏思想发展的鲜明轨迹。

对于教育的革新问题，在早年，叶氏曾把希望寄托在具有革新精神的少数教育家身上，总认为教育的革新似乎仅在乎革除教育本身的弊端。他说：“念书，念得通透了，就去教学生。学生照样地念着，念得与老师一样通透了，也去教学生。顺次教下去，直至无穷。试问，‘你们自己的发现呢？’‘没有。’‘你们自己享用到多少呢？’‘没有想到。’这就是一部教育史了。”这部教育史是教人承袭老例、抛弃自己、永远“照印老版子”的历史，必须要有洞察这一弊端而立志改革的有识之士出来治校或执教，这部历史才能朝着全新的方向发展。这是叶氏 20 年代前期的主要意向，他当时投身教育改革的第一线正是出于这样的强烈愿望。到了 30 年代，他的认识显然有了进一步的发展，在上海各界欢迎意大利无线电发明家马可尼来华的热潮中，他写了一篇杂感，其中鲜明地提出了一个观点："历代的政治经济规定了传统的教育方式，……教育不会独自改头换面的，要到政治经济都改变了以后，才会以另一种方式出现。"把一定的经济基础和政治制度同教育联系了起来，并且确认教育的改革取决于政治经济的改革，这无疑是认识上的一个飞跃。时代推进到了 40 年代末期，20 多年的政治风云和严酷现实，长期以来对于马克思主义基本原理的广泛接触，使叶氏越来越认识到政治影响教育、教育服务于政治，这二者密切不可分，而且发展到一定的时候，"进步的政治必然跟教育渐渐并家"，"一切政治化为最广意义的教育，"那将是"无限伟大"的成功。在这理想的一天到来之前，凡是立志于改革教育的，必须同时要立志于改革政治。叶氏在 1946 年写的一篇纪念陶行知的文章中说："教育原不是孤立的事项，有这么样的中国，就有如现在模样的教育。有人说，要把教育办好了，才可以把中国弄好。这自然见出对于教育的热诚和切望，可是实做起来未必做得通。还是调转来说，要把中国弄好了，才可以脱出前一派教育（即陈腐的教育——引者注）的窠臼，彻头彻尾地推行后一派的教育（即进步的教育——引者注）。"所以他们对于陶行知先生"一方面竭力提倡'生活教育'，一方面身任民主运动的先锋"，由衷地赞赏和拥护。

至于在国文教学方面，叶氏的许多观点也是不断地在发展着、完善着的。例如对于国文教科书的编纂，在三四十年代，叶氏曾竭力主张要改变以读单篇短章为主的习惯做法，提倡要把"整本的书"作为国文教材让学生研读，并在好几篇文章中，申述了光读单篇短章的缺点和研读"整本的书"的价值；但到 40 年代末期以后，他这种看法却有了修正，认为初中应该读典范的单篇短章，高中阶段则可以"兼采现代语的整本的书"。从 20 年代中期开始，叶氏就在编辑国文教科书上倾注了很多心血，尤其是在挑选古今范文方面作出了卓越的贡献，不少现代作家的作品首次发表就被叶氏选中，编进教科书，从此成为"传统名篇"，如鲁迅的《故乡》、朱自清的《背影》、老舍的《济南的冬天》、夏衍的《野草》等；但越到后来他越加清楚地意识到，选编优秀作品固然重要，确定语文训练的序列更为重要。1979 年他在祝贺中学语文教学研究会成立的时候，要求研究会对“语文训练的项目和步骤”认真加以调查和研究，他说：“咱们一向在选和编的方面讨论得多，在训练的项目和步骤方面研究得少，这种情形需要改变。”

吕叔湘先生在为《叶圣陶语文教育论集》所作的序中，第一次提出了“圣陶先生的语文教育思想”这样一个学习和研究的命题，并认为叶氏的许多教育论文尽管“大部分是解放以前写的”，但在现在仍然没有过时，仍然有现实的指导意义。原因何在呢？吕先生说：“这是因为现在有很多问题表面上是新问题，骨子里还是老问题，所以这些文章绝大部分仍然富有现实意义。”换句话说，在语文教育（其实何止是语文教育）中，有很多问题叶氏在几十年前就早已揭示过，并提出了他和当时一些同志的卓越见解，而这些问题直到现在还是没有在实践上真正得到解决，所以叶氏教育理论中的这些问题的确还没有过时。此外，叶氏教育理论中所体现出来的那种不断探索、不断发展、不断从新理论新经验中吸取营养以期进一步接近真理的求实精神，更没有过时，也永远不会过时。当今我们所处的时代，是新的科技革命正在向各个领域挑战的现代信息社会，新事物层出不穷地涌现，教育面临着适应社会主义现代化建设的新的历史使命。叶氏一生所坚持的不断探索、勇于革新的精神，更是我们当前实现“三个面向”伟大任务所不可缺少的财富。

叶圣陶的语文教材观*

叶圣陶开拓我国语文教育革新之路，在实践上可以说就是从革新教材入手的。

我国自本世纪初兴办新式学堂、实行分科教学开始，在最初的年代里，其他科目都借鉴欧美、日本一些国家的经验来编制本科目的新式教材，唯独语文一科还是沿袭传统老例，先是袭用旧式选本，后来部分地采用新制选本，不管旧的还是新的，都不过是选些古今文章给学生诵读而已。至于为什么要选读这些文章，编者昏昏，教者当然也茫茫。叶圣陶探求语文教育的革新之路，就正是从剖析语文教材的性质和作用，进而尝试编制各种教材开始的。据现有资料，在 1949 年以前的 20 多年时间里，叶氏署名编制的中小学语文教科书主要有：

初级小学用《开明国语课本》（叶圣陶撰，八册，1932 年出版）

高级小学用《开明国语课本》（叶圣陶撰，四册，1934 年出版）

新学制《初中国语教科书》（叶圣陶、顾颉刚合编，六册，1924 年商务出版）

《开明国文讲义》（夏丏尊、叶圣陶、宋云彬、陈望道合编，3 册，1934 年开明函授学校出版）

初中用《国文百八课》（夏丏尊、叶圣陶合编，6 册，1935 年开明出版）

《初中国文教本》（夏丏尊、叶圣陶合编，6 册，1937 年开明出版）

---

* 本文是作者《试论语文教育家叶圣陶》一文中的第 4 节，全文载江苏教育出版社 1990 年出版的《叶圣陶语文教育思想研究》。

《中学精读文选》(叶圣陶、胡翰先合编，1942年桂林文化供应社出版)

《新编国文读本·甲种》(叶圣陶、郭绍虞、周予同、覃必陶合编，6册，1946年开明出版)

《新编国文读本·乙种》(叶圣陶、徐调孚、郭绍虞、覃必陶合编，3册，1947年开明出版)

《新编高级国文读本》(朱自清、吕叔湘、李广田、叶圣陶合编，6册，1948年开明出版)

《文言读本》(朱自清、吕叔湘、叶圣陶合编，3册，1948年开明出版)

叶圣陶对于语文教科书的一些理论观点就是在长期的教学实践和教材编制实践中逐步形成的；这些观点的发展演变的轨迹，也鲜明地体现在他的这一系列实践成果之中。

一是“凭借”说。叶氏认为，语文教科书是学生获取语文知识、训练语文能力、养成运用语文的良好习惯的一种“凭借”。他说：“知识不能凭空得到，习惯不能凭空养成，必须有所凭借。那凭借就是国文教本。”(《略谈学习国文》)这个论断至少说明两点：第一，语文教本是学生获取语文知识的凭借。语文知识包括字、词、句、段、章、音、语、修、逻、文各项。在语文科中，向学生传授这些知识，主要不是靠系统的讲义(不排斥在教材中编进少量知识性短文)，而是靠对于精选出来的古今文章的研读。叶氏说：“国文教本中排列着一篇篇的文章，使学生试去理解它们，理解不了的，由教师给予帮助(教师不教学生先自设法理解，而只是一篇篇讲给学生听，这并非最妥当的帮助)；从这里，学生得到了阅读的知识。更使学生试去揣摩它们，意念要怎样地结构和表达，才正确而精密，揣摩不出的，由教师给予帮助；从这里，学生得到了写作的知识。”(《略谈学习国文》)把语文教本当作“凭借”来获取读写知识，其效果与单纯地读阅读学、写作学讲义不同，它能使学生不仅在理论上懂得，而且会从阅读大量名篇佳作的过程中获得具体真切的感受。这样得来的知识有血有肉，也比较容易扎根。第二，语文教本还是培养学生语文能力和习惯的凭借。例如读书读文章的能力和习惯的养成，离不开读书读文章的具体实践。一本教科书放在面前，教师指点学生朗读该怎样读法，默读该怎样读法，速读又该怎样读法；学生按照教师的指点去朗读、默读或速读。一篇选文这样训练，十篇百篇都这样有指导地训练，学生读书读文章的能力和习惯由此逐步养成。写作也同样如此。叶氏说："譬如讲文章须有中心思想。学生听了，知道文章须有中心思想，但是他说：'我作文就是抓不住中心思想。'如果教好阅读课，引导学生逐课逐课地体会，作者怎样用心思，怎样有条有理地表达出中心思想，他们就仿佛跟作者一块儿想过考虑过，到他们自己作文的时候，所谓熟门熟路，也比较容易抓住中心思想了。"(《阅读是写作的基础》) 从这个意义上说，语文教本也就成了写作的历练的"凭借"。至于听和说，当然也要靠平时的锻炼，靠课外随时留意；但每学期一本语文教本，师生要共同研读，共同讨论，这种在课堂上的口头表达和交流，无疑也是听和说的最好的历练。

总之，叶氏认为，无论是读和写，还是听和说，真正要养成能力，"一要得其道"，就是懂规律，明诀窍；"二要经常的历练"，不能浅尝辄止，练一回两回了事。而"争取得其道不能够空口说白话"，必须有个凭借，"有了凭借，历练才有着落"，语文教本正是这样的"凭借"。(《大学国文〔现代文之部〕·序》)

二是"例子"说。语文教科书是什么？叶氏的又一个答案是：语文教本无非是"例子"。他在《谈语文教材》一文中说："语文教本只是些例子，从青年现在或将来需要读的同类的书中举出来的例子；其意是说你如果能够了解语文教本里的这些篇章，也就大概能阅读同类的书，不至于摸不着头脑。"在 1949 年草拟《中学语文科课程标准》的时候，他又说："教材的性质同于样品，熟悉了样品，也就可以理解同类的货色。"

说语文教本是"凭借"，是从它的传递功能和训练功能说的，知识凭教材而传递，能力凭教材而养成；说语文教本是"例子"，是从它的示范功能说的，意思就是语文教本中的选文是各式文章的样品，是"举一隅"的"一隅"，由这些例子可以推及其他同类的文章。因此，"凭借"说和"例子"说是相互补充、相辅相成的。叶氏的"例子"说表明：第一，例子就是样品，它必须有代表性。所谓代表性，至少涉及这样一些方面：从应付生活的需要看，教本中的选文既要有"文学"的，还要有"非文学"的，凡属日常生活、工作、学习中应用频率比较高的普通文章，在教本中都应该举其佼佼者作为样品，供学生研读；从文章的格调看，教本中的选文应该兼顾各体各派，目的在使学生接触各体各派的文章，广闻博识，而不致眼光偏狭；从写作技术看，教本中的选文也应该篇篇都有这种或那种技术足以供学生观摩借鉴。第二，例子既是样品，还必须讲究示范性，即内容和形式都堪为学生学习的楷模。这就是说，从学生实际受益着眼，要求“例子”不但都能成为“范例”；而且都能成为“适例”，不深不浅，恰到好处。

三是“目标”说。在30年代，叶氏就曾指出：“我们以为杂乱地把文章选给学生读，不论目的何在，是从来国文科教学的大毛病。文章是读不完的，与其漫然地瞎读，究不如定了目标来读。”（《关于〈国文百八课〉》）语文教学的无目标，归根结底是由于语文教材的无目标。当时叶氏与夏丏尊合编《国文百八课》，其编辑指导思想就在于“定目标”，按“目标”选文，按“目标”编文。

叶氏的“目标”说，包含着两个方面的重要内容：第一，从语文科的性质和任务出发，语文教本的目标应重在语文形式的探究。叶氏说：“依我们的信念，国文科和别的学科性质不同，除了文法、修辞等部分以外，是拿不出独立固定的材料来的，凡是在白纸上写着黑字的东西，当作文章来阅读、来玩索的时候，什么都是国文科的工作，否则不是。一篇《项羽本纪》是历史科的材料，要当作文章去求理解，去学习章句间的法则的时候，才算是国文科的工作。……因此，我们主张把学习国文的目标侧重在形式的讨究。”（《关于〈国文百八课〉》）第二，从语文科必须强调能力训练的特点出发，语文教本的目标应讲究科学的序列。就理解而言，先理解了这个然后才能理解那个，其间有联系，有规律；就运用而言，会运用这个然后才会运用那个，其间也有联系，有规律。按照叶氏的观点，应当通过调查研究，通过教学试验，弄清楚训练的项目和步骤；然后根据这些或那些项目、这样或那样的步骤来编选语文教材，这样才能编出“目标”明确、“序列”合理的教材来。

叶氏的“目标”说，使“凭借”说和“例子”说更有了坚实的科学基础。

四是“扩展”说。语文教本为了在规定的课时内供学生研读，其容量不可能太大；为了在有限的篇幅内让学生欣赏到各体各派的文章，选文又不可能太长。而有限的容量和驳杂的单篇短章，却对真正养成运用语文工具的熟练技能不利。针对这一矛盾，叶氏提出了“略读”“带读”“参读”等扩展语文教本范围的观点。叶氏说：“要养成一种习惯，必须经过反复的历练。单凭一部国文教本，是够不上说反复的历练的。所以必须在国文教本以外再看其他的书，越多越好。”（《略谈学习国文》）又说：“精读文章，只能把它认作例子与出发点；既已熟习了例子，占定了出发点，就得推广开来，阅读略读书籍，参读相关文章。”（《精读指导举隅·前言》）

因为从广义上说，一切在白纸上写着黑字的东西，当用来探究它的语文形式的时候，都可以被看作语文教材；在课内使用的本子，只是语文教材中被当作样品看待的书面材料，可以叫作语文教本或语文教科书。因此，叶氏说：“阅读要养成习惯才有实用，所以课外阅读的鼓励和指导必须配合着教材随时进行。换句话说，课外书也该认作一项教材。”（《中学语文科课程标准草案》三）只有把课外的书籍和文章，也看作是语文教材，才能有意识地由课内延伸到课外，使课内的精读和课外的略读、带读、参读等联成一气，为学生养成运用语文工具的能力和习惯提供广阔的天地。

“扩展”说，不单指由课内教本扩展到课外读物，而且指由单篇短章扩展到整本的书。在40年代初，叶氏就在《论中学国文课程的改订》中指出：“国文教材似乎该用整本的书，而不该用单篇短章。……退一步说，也该把整本的书作主体，把单篇短章作辅佐。”到1949年，他又把上述观点修正和发展成为这样一句话写进了《中学语文科课程标准草案》：“中学语文教材除单篇的文字而外，兼采书本的一章一节，高中阶段兼采现代语的整本的书。”在叶氏看来，用整本书作为教材，有利于养成学生良好的读书习惯。因为单篇短章固然便于精细研读，但在实际生活中需要这样精细研读的情况并不多，更多的则是根据专业特点去阅读大量的相关书籍，讲究的是用尽可能少的时间去获取尽可能多的信息。又因为单篇短章规模较小，学生只读这些单篇短章，眼光往往受到局限，遇到篇幅较长、规模较大的书籍，就不容易驾驭，不容易做到提玄钩要，取其精华。何况在通常情况下，整本的书同单篇短章相比，知识的容量总要大些，思路的拓展总要复杂些，这对扩大学生的知识领域，锻炼他们的思维能力是非常有利的。因此，由课内的单篇短章扩展到整本书的阅读，这完全符合语文教学切实培养学生运用语文工具的能力和习惯这个总的目标，是叶氏语文教材观的一个极有研究价值的组成部分。

提倡读点“整本的书”*

——叶圣陶语文教学思想研究之一

早在40年代初期，叶圣陶就在《论中学国文课程的改订》一文中指出：“国文教材似乎该用整本的书，而不该用单篇短章，……退一步说，也该把整本的书作主体，把单篇短章作辅佐。”到1949年新中国成立初期，他在总结多年实践经验的基础上，为当时教科书编审委员会草拟了《中学语文科课程标准草稿》，又把上述观点修正和发展成为这样一条内容：“中学语文教材除单篇的文字而外，兼采书本的一章一节，高中阶段兼采现代语的整本的书。”

叶圣陶的这个主张，是同他对于语文学科的性质、任务、教学原则等的精辟见解密切联系着的。在他看来，指导学生读“整本的书”，意义主要表现在两个方面：

首先，有利于养成学生良好的读书习惯。所谓良好的读书习惯，具体指什么呢？就是“能够按照读物的性质作适当的处理”，“需要翻查的，能够翻查；需要参考的，能够参考；应当条分缕析的，能够条分缕析；应当综观大意的，能够综观大意；意在言外的，能够辨得出他的言外之意；义有疏漏的，能够指得出他的疏漏之处；到此地步，阅读书籍的习惯也就差不多了。”（《论国文精读指导不只是逐句讲解》）这样一种读书习惯，光靠一些“单篇短章”的习读，是不能有效地养成的，还得靠学生在教师指导下独立地、一丝不苟

---

* 原载《语文学习》1981年第8期。

地去阅读“整本的书”，方能收事半功倍之效。特别是高中阶段已是人们接受普通教育的最后一个阶段，以后或升入高一级学校深造，或踏入社会参加实际工作，不可避免地要独立地去阅读大量的“整本的书”，以增长自己的理论修养或业务专长。如果在校学习期间，他们读的不只是“一种读本”，不只是一些“单篇短章”，而且还有若干与他们各自的志趣、爱好相投合的“整本的书”；在读这些书的时候，他们经过教师指导，不但学会了通过工具书的翻查来解决自己在阅读中碰到的生词僻典，而且也懂得为弄清书中的某个问题该怎样去查阅有关参考资料，甚至还掌握了根据需要对全书进行分析、综合、撮要、辨误的本领，这样，他们在离开学校之后，就自然地具备了一种能使自己的聪明才智和学识技艺进一步发展的优越条件，并且可以受用一辈子。

其次，指导学生读“整本的书”，还有利于扩大他们的知识领域，锻炼他们的思维能力。在一般情况下，“整本的书”同“单篇短章”相比，知识的容量总要大些，思路的拓展总要复杂些，这对发展学生的智能都是十分有利的。例如，关于各类文体的知识：一部《红楼梦》，诗词歌赋曲，奏议函铭诔，凡属应有，几乎尽有；杨沫的《青春之歌》中，林道静低吟的是感人肺腑的“囚歌”，林红讲述的是动人心魄的“故事”，陈教授慷慨陈词的是激愤的“议论”，王晓燕意外收到的是道静写来的“书信”，而吴禹平口诵的则是黄诚创作的七言“律诗”；阿尔森·古留加的《黑格尔小传》，既有关于黑格尔生平事迹的充满情趣的“记叙”，也有关于这位著名思想家一些基本哲学观点的“评述”，还有许多“抒情性文字”，能使读者由此真切地触摸到这位智慧过人而又略带忧郁的“老人”的心灵深处的奥秘。又如，关于一般的知识：朱乔森等的《李大钊传》，有对辛亥革命前后特别是五四运动前后，旧中国风云变幻的政治、军事斗争复杂形势的叙述，有对我党建党初期一系列珍贵史料的介绍，当然更有关于这位我国最早的马克思主义传播者思想发展的剖析和代表著作的评价；冯定的《平凡的真理》，在论证树立革命人生观的必要性时，引述了中外古今许多与人生观问题相联系的名人逸事。总之，一部优秀的著作，它就如同一座七宝楼台，闪耀着五彩缤纷的知识之光，善读者将从中汲取到极其丰富的养料。而当他们在这七宝楼台中寻径觅路去审察、探究那能工巧匠的构思和布局的时候，自己的思维能力也就必然得到了实际的锻炼。

叶圣陶所说的读“整本的书”，当然不是指一般的课外阅读，而是指列入教学计划的一项教学内容，所以他非常强调教师在阅读前后的“指导”和“考查”。在抗日战争的艰苦岁月里，潜心于祖国教育事业的叶圣陶曾经同朱自清合作编写过一本《略读指导举隅》。这是一部专供教师参考用的、指导学生读“整本的书”的教学用书。其中所列书目，包括《孟子》《史记菁华录》《唐诗三百首》《蔡孑民先生言行录》《胡适文选》《呐喊》和《爱的教育》等七部，每部书按具体情况的不同分别作了五个方面指导：一、版本指导。简要介绍该书的写作年代和版本变化情况，以突现其历史地位；二、序目指导。通过序文和目录的介绍，交代该书的写作意图和内容梗概；三、参考书籍指导。推荐若干有助于读懂该书的参考用书；四、阅读方法指导。这是指导的重点，结合该书内容和形式的特点提示阅读的门径；五、问题指导。这是指导的又一个重点，对书中的疑点、难点和要点提出指导者的看法。这几个方面的指导，要做得正确、精要，当然是很不容易的，需要指导者对这些中外古今的专著、专集有相当全面、相当深入的研究。但如果指导得好，指导者的治学态度和阅读习惯，将给学生以深刻影响。为了更好地组织“对于阅读结果的报告与讨论”，进而养成学生“不动笔墨不读书”的良好习惯，他还特别强调要认真切实地做好读书笔记，把那些“参考得来的零星材料，临时触发的片段意思”，“极关重要的解释与批评，特别欣赏的几句或一节”以及“研究有得，成了完整的理解与认识”的结果，随手记下；“这样成了习惯，终身写作读书笔记，便将受用无穷”。看来，这些指导和督促，在选读“单篇短章”时都不易切实地做到，得通过“整本的书”的阅读，才能逐步地、有效地求其实现。

读“整本的书”，究竟该读哪些书，这，得根据具体情况来确定。按照叶圣陶的有关论述，总的原则似乎应该是：一、观点正确、材料可靠，感情健康；二是在文艺界、科技界（包括社会科学、自然科学）已有定评；三、用现代语。这里要研究的是，有关社会科学和自然科学的著作，能不能用来作为语文课的阅读材料？我认为只要选择得当，确实文质兼美，就完全可以。这里不妨引叶圣陶的至友和亲翁夏丏尊关于读书问题的一段精辟论述来作说明，他认为："照普通的情形看来，一部书可以含有两种性质，书本身有着内容，内容上自有系统可寻，性质属于一般科学，书是用语言文字写着的，从形式上去推究，就属于语言文字了。一部《史记》，从其内容说是历史，但是也可以选出一篇来当作国文科教材。诸君所用的算学教科书，当然是属于科学一类的，但就语言文字看，也未始不可为写作上的参考模范。算学书里的文章，朴实正确，秩序非常完整，实是学术文的好模样。"因此他说，"我不承认有许多独立存在的所谓国语科的书籍，书籍之中除了极少数的文法、修辞等类以外，都可以是不属于国语科的"，"可是如果从形式上着眼，当作语言文字来研究，那就没有一种不是国语科的材料"了。（《怎样阅读》）据此可知，读书的范围是决不能拘囿于文学著作的，它应该扩展到文、史、哲、政、经、地、数、理、化等各个方面。当然，在开始指导学生读"整本的书"的时候，不妨侧重于选读文艺性、趣味性较强的书；待学生摸到了阅读的门径，积累了阅读的经验，并且逐步产生了某种个人的、业务上的志趣，就应该针对他们不同的志趣指定不同的阅读材料，以便因材施教。

语文教材中"兼采现代语的整本的书"，这在理论上固然还可以作进一步的探讨，在实践上也还有不少具体困难须要解决；但是，据我了解，目前确实已经有一些学校的试点班在做这方面的实验，相信持之以恒，硕果可期。在学习和研究叶圣陶语文教学思想的时候，把这个问题特别提出，希望能引起同行们的关注，想来并非无益。

说话训练是个总枢纽*

——叶圣陶语文教学思想研究之二

1924年，叶圣陶在《教育杂志》16卷第6号写了一篇题为《说话训练》的专论，以他十余年从事中小学语文教学的实践经验，透辟地论述了在语文教学中有意识地加强说话训练的必要性和具体要求。这篇专论，洋洋洒洒近万言，应是研究叶氏早期语文教学思想的重要资料，可惜最近编辑出版的《叶圣陶语文教育论集》竟没有收入，不免遗憾。

这篇鲜明地标题为《说话训练》的长文，还有一个更为鲜明突出的副标题——《产生与发表的总枢纽》。那就是说，叶圣陶一开始就把说话训练当作是开启学生思想之门、逗引学生发表之欲的一个“总”的“枢纽”，他要求人们抓住这个总的枢纽有效地提起语文教学的其他各个环节来。这个观点的提出，在当时无疑是新人耳目、发人深思的。

叶圣陶重视说话训练，是同他对语文教学的性质和任务有自己不同于传统观念的新的见解有关。他认为，过去私塾学馆教学生读书作文，目的是让他们能熟读孔孟经典、练就八股文章，日后应举赴考，求得一官半职，从此可以荣宗耀祖。而在新式的学校里，学生学习语文的目的主要是掌握好语言文字这个工具，学会恰当地说话，恰当地作文，以适应生活和工作的需要。

有人认为，说话能力无须特意训练，只要是中国的儿童，又生活在中国

---

* 原载《中学语文教学》1982年第4期。

这样的环境里，总会说通中国话，除非是哑巴。对此，叶圣陶作了中肯的分析，他说，“儿童不经过特意的训练，但因实际的需要，话是仍旧要说的”，“可是没有人在旁边给与暗示，加意指导，所以零碎地说了，朴陋地说了，不完整地说了，也就算数。这譬如让他们在暗中摸索，可以摸到什么地方是说不定的。而所谓‘习惯成自然’却是常遇证明的通则，像这样自然地练下去，往往成为永久只会零碎地说，朴陋地说，不完整地说，而且思想情感也跟着零碎、朴陋、不完整起来”，因此，“对于说话这件事，不能只让儿童随便去摸索”，而应该“由学校里特意训练”。（引文均见《说话训练》，以下引文凡未注明出处者，均同）这里显然包含着一重要观点，即：一个人的说话能力是需要经过特意的训练的，因为说话有文野之分，能力有高下之别。“随便摸索”多数只能达到“能够说话”，“特意训练”才有可能达到“善于说话”。叶圣陶给“善于说话”的“善”作了解释：“所谓善于说话，决不是世俗所称口齿伶俐，虚文缴绕的意思。要修养到一言片语都合于论理，都出于至诚，才得称为善于说话。”“合于论理，出于至诚”这八字标准，看似平易，实际上却牵涉一个人各方面的素养。要而言之，得精于思想，富于情感，工于表达。而“要精于思想，应当有种种的经验推断；要富于情感，应当有种种培养陶冶；要工于表达，应当有种种学习准备”，这种种经验推断、培养陶冶和学习准备，正是特意训练的全部工作。现代教育之所以必要，完全是由于它把人的能力的培养从自然的、盲目的状态中摆脱出来，而成为人们的一种科学的自觉的行为。

叶圣陶重视说话训练，还同他对思想、语言、文字三者相互关系有自己精辟的见解有关。他认为，一个不会说话的人主要不是因为心里有意思而嘴上说不出，而是因为他心里的那点意思还处于朦胧状态，或者还很不完整。所以，他说：“不会说话，也就是不大会思想，不大会得到完整的意思。”一个拙口笨舌的人，往往就是一个思想长期处于含混凌乱状态的人。叶圣陶这样自谦地解剖自己说：“思想的进行到了‘差不多’‘大致如是’的地步，就此停止了，不再向前去求一个清楚明画。不把意思弄清楚明画，所以说出来总感不痛快。说出来不痛快，爽性不大高兴多说。不高兴多说，所以不一定要把意思弄得清楚明画。循环无端，互为因果，使我终于成为不会说话又不大会得到完整意思的人。”这段话说得很通俗，但却真切地说出了说话同思想之间互相影响、彼此制约的辩证关系，同时也生动地描画出了一般讷于言词的人的共同特征。从这里，叶圣陶确认，在语文教学中加强说话训练，其功决不仅仅限于说话本身，重要的是能让学生的思想得到锻炼，感情得到陶冶，使他们在训练说话的过程中养成有条有理地想问题的良好习惯。思想得到锻炼、感情得到陶冶，说话也就能合于论理，出于至诚；话能说好了，诉诸文字也便能写出像样的文章来了。对于成长中的青少年来说，这种训练亟需加强，难道还用得着怀疑吗？

基于上述的观点，叶圣陶对说话训练提出了一系列的具体要求：

首先，他要求在说话训练时能为学生设计一种“境界”，“促迫使儿童的内面有所产生，合理且丰富地产生”。他说，这是一种“开源”的办法，比一般单纯指定学生说这说那要合理，而且有效。这种“开源”的训练方法，要求在“内面产生”与“向外发表”两个方面着力，正符合“说话训练是产生与发表的总枢纽”这样一个基本观点。

叶圣陶提出这样一种训练方法，无疑是受了当时从国外引进的那种“设计教学法”的影响的，但他的“设计”，不求形式的新奇和安排的巧妙，只求境界的适宜和氛围的真切，使学生能在这种境界和氛围中自己有所发现，而且能随时把自己的发现跟人交流，因而思想得到磨炼，感情得到熏陶。这种“设计”重在实质，重在努力与生活接近，这就可望取得教学的最佳效果。

近年来，不少同志在慨叹高中学生的不肯开口，有所谓“小学生抢着开口，初中生勉强开口，高中生死不开口”的说法。这可能是事实。但假如我们把惯用的答问式训练改为适合高中学生思想、生活和心理特征的情境设计训练，使他们真正内面有所产生而又急切地要向外发表，那么，“高低不开口，神仙难下手”的高中学生也一定会“抢着开口”，甚至“一发而不可收拾”的。

其次，是要求在说话训练中尽可能发挥教师潜在的浸染作用。叶圣陶认为，一个负有指导责任的教师，他本身就应该是善于说话的。如果不是这样，教师“他自己先不明白在内面怎样地产生，向外面怎样地发表”，那就根本谈不到“给与儿童以暗示与指导”。他说：“本来先觉与后觉间的关系是这样的：若是出于故意或偶然，就是像煞有介事的示范，效力也很微细的，若是出于自然且恒常，则不论消极方面或积极方面，都有重大的影响。浸染诚是不可抗的势力啊。”在叶氏看来，教师一言一行的示范作用，教师自己的说话技能所给予学生的潜在的影响，是比任何教育手段都强有力的。这个观点很值得我们深长思索。

再次，叶圣陶还要求把说话训练这件事看作是学校各科共有的项目，而不是语文科独有的项目。他认为，凡有学生说话的机会和场合，教师们都有责任去指导。要使整个学校成为锻炼学生敏于思索、善于说话的熔炉，而教师人人都是冶炼工。叶氏认为，把说话训练机械地划定在语文一科之内，在语文科内又机械地划定在一周的某课时之内，这是“颇含有滑稽意味”的蠢举。而以往说话训练之所以常常不能取得显著的成效，这恐怕是重要原因之一。

另外，叶圣陶还要求在说话训练中尽量避免那种一言半语的零星答问，而充分发挥“演述”工作的训练功能。他说，“所谓演述，与普通的回讲与答问两样，要有组织、有条理，发于真知真情，而不是盲从了教科书或教师的话机械地讲述一遍”，因为“机械地讲述不关于内面，就是时时练习也没有什么效果”。从这段话里可以领悟到，叶圣陶所说的“演述”，实际上就是学生用成段成串的语言有条有理地来表达自己某种认识成果的工作，这里强调的是发自内面而不是照搬教科书或教师的现成话，是组织得有条有理的而不是信口拈来、颠三倒四的，是一段相对完整的话而不是没头没脑的一言半语。叶圣陶对一般的课堂回讲和答问并不很感兴趣，认为这对诱发学生的产生和发表都没有什么大效用，要训练说话就得让学生按要求作“五分钟的演述”。因为独立演述而有五分钟的容量，就足以考查学生在内面产生和向外发表两个方面的实际能力。后来他在《怎样写作》一文中又进一步申述了这一观点，他说：要测验一个人的说话能力，“从极简短的像‘我正在看书’‘他吃过饭了’这些单句上是看不出来的。我们不妨试说五分钟连续的话，看这一番话里能够不能够每句都符合自己提出的要求。如果能够了，锻炼就已经收了成效”。测验非如此不能反映出实际的能力；训练也非如此不能收到切实的效果。要求“说五分钟连续的话”，实是叶圣陶在说话训练方面丰富实践经验的结晶，不可忽视。

预习——练习阅读最主要的阶段*

——叶圣陶语文教学思想研究之三

上语文课，要不要让学生预习，这在今天似乎已经不算是什么问题。谁说不需要预习呢？恐怕很少。事实上，也真是大多数教师都在布置学生预习；学生也都知道上新课之前都要先预习一下。然而，很遗憾，要是果真按照“预习”工作最早也最热心的倡导者之一叶圣陶的观点和要求来考察、来衡量，我们中间很多人的做法恐怕只是徒具形式而已，效果总不见佳，那是必然的事。

这里最根本的问题是指导思想问题，也就是对预习工作在整个教学过程中的地位和作用究竟怎么看。

我们现在通常的做法是，一篇课文讲完了，或者一节课结束了，先布置温习性、巩固性的课外作业，然后叮嘱：“明天开始讲新课，大家先预习一下。”于是下了课。至于学生课后是不是真的预习了，是怎样预习的，大都不再过问。因为，在我们的思想上，总认为课文反正要花时间在课堂上讲读，学生事先读一遍，先熟悉一下，无非是减少一些“拦路虎”而已。这是一种情况。也有些人，预习布置得比较具体，上新课之前对预习情况还严格地作了检查，但他们这样做的目的，大半是为了“节约”课堂教学时间，想“挤”一点东西到课外去，让学生在课外“赶”掉一点理应在课内完成的任务。这些做法和想法，现在看来，都有重新加以研究的必要。上海市特级教

* 原载《语文教学通讯》1983 年第 9 期。

师钱梦龙同志较早意识到这个问题，他说："过去我们往往忽视学生自读能力的培养，也缺少必要的指导。通常只是在讲授新课之前布置一下课外预习。这实在是一个战略上的失策。为了有计划地提高学生的自读能力，我认为把课外预习移到课内进行，作为讲读课的一个基本形式固定下来，是完全必要的。"因此，他就创造性地设计了一种新的课型，即"自读课"。钱老师把预习问题提到了战略的高度来认识，我认为是很有见地的。

人们要能真正从战略高度来认识和对待预习工作，就有必要好好重温一下叶圣陶关于这个问题的论述，领会叶氏当年强调这个问题的本意和他的要求。

叶氏不把预习看作是可有可无的项目，相反，他把预习规定为"练习阅读最主要的阶段"。为什么？因为他确认，语文教学的目的在于培养能力并形成习惯；阅读课的任务就是要培养学生读书的能力和习惯。而能力和习惯的养成，不能靠教师的讲解，必须要靠学生自己运用心力。他在批判旧时学塾中的教学方式时曾说："一篇文章，一本书，学生本身不甚了解的，坐在教室里听教师逐句讲解之后，就大概了解了（听了一回二回讲解，实际上决不会彻底了解，只能说'大概'），这其间需要运用心力的，只有跟着教师的语言来记忆，来理会，此外没有别的。"（《论中学国文课程的改订》）这样，当然不可能养成什么真正有用的能力和习惯，只能养成一种依赖性，只能对学生的发展起抑制的作用。正确的做法应该是，"学生不甚了解的文章书本，要使他们运用自己的心力，尝试去了解，这才和'养成读书习惯'的目标相应合"（同上）。这个让学生"运用自己的心力，尝试去了解"的阶段，就是"预习"；它于"养成读书习惯"关系极大，所以应该被列为"练习阅读最主要的阶段"。

从叶氏的上述议论中，我们至少可以明白这么一点：预习的意义决不在于给教师的滔滔讲述扫清道路，提供方便；而仅仅在于要切实养成学生良好的读书习惯。

所谓好的读书习惯，无非是会读和爱读。叶氏说："国文教学明明悬着'养成读书习惯'的目标，这所谓'读书习惯'指自己能够读，自己喜欢读而已。"（同上）什么叫"能够读"？那就是自己不须教师指点，就"能够按照读物的性质作适当的处理”。读物中陌生的字词较多，成语典故成堆，自己能够翻查工具书加以解决；读物内容较为复杂，自己能够条分缕析，看清作者思路，理清文章脉络；读物内容深切、语言优美，自己能够涵咏、揣摩、体会，从中汲取营养；读物中如有值得商榷的地方和明显的错失，自己能够准确地判断，明白地指出；如此等等。这些能力和习惯，只有通过学生自己的尝试，才能逐步养成。什么叫“欢喜读”？那就是拿到一篇文章一本书，就“好像腹中有些饥饿的人面对着甘美膳食的时候似的”，不须教师催逼督促，自己起劲地、认真地去阅读。这种读书的快感，也只有通过学生自己的尝试，才能逐步获得。

叶氏曾经十分精辟地分析过切切实实的预习工作在学生心理上引起的反应，他说：“学生在预习的阶段，固然不能弄得完全头头是道，可是教他们预习的初意本来不要求弄得完全头头是道，最要紧的还在让他们自己动天君。他们动了天君，得到理解，当讨论的时候，见到自己的理解与讨论结果正相吻合，便有独创成功的快感；或者见到自己的理解与讨论结果不甚相合，就作比量短长的思索；并且预习的时候决不会没有困惑，困惑而没法解决，到讨论的时候就集中了追求解决的注意力。这种快感、思索与注意力，足以鼓励阅读的兴趣，增进阅读的效果，都有很高的价值。”（《论国文精读指导不只是逐句讲解》）叶氏的这番描述，证之钱梦龙老师的实践是完全正确的。凡是听过钱梦龙老师课的人，几乎一致地强烈感受到课堂上学生或全神贯注或欣喜雀跃的活泼生动的热烈气氛。我认为，这就是他按照叶氏的观点成功地指导学生认真“动了天君”的结果。

那么，作为“练习阅读最主要的阶段”，预习的时候学生该做哪些工作呢？按照叶氏的观点，能力和习惯是要逐步养成的，因此预习的要求也必须逐步提高，让学生有一个锻炼的过程。例如最初应该让学生学会翻查字典词典，利用工具书来读书。然后学习在书上做标记，即“在阅读的时候，标记全篇或全书的主要部分，有力部分，表现最好的部分”，标记的时候“或画铅笔线，或做别种符号，都一样。随后依据这些符号，可以总结全部的要旨，可以认清全部的警句，可以辨明值得反复玩味的部分”。此后，还得学会记笔记。读书的时候不但动天君，而且动笔墨。开始可以记录生字生词的解释之类，“以备往后的考查”；以后便逐步丰富所记的内容。叶氏说：“笔记大概该有两大部分：一部分是碎屑的摘录，一部分是完整的心得——说得堂皇一点儿，就是‘读书报告’或‘研究报告’。对于初学，当然不能求其周密深至；但是敷衍塞责的弊病必须从开头就戒除，每抄一条，每写一段，总得让他们说得出个所以然。”（《略读指导举隅·前言》）这样，循序渐进，严格要求，预习的效率必然大大提高，同时也养成了终身受用的好的读书习惯。

1942 年叶氏对当时教育部审定的中学国文课程标准提出“改订”建议，其中特别指出，原“课程标准”把“预习”内容仅仅规定为“令学生运用工具书籍，查考生字难句及关于人地时种种问题”，而把“领悟文章之内容体裁作法及其背景”规定为教师讲述时应该注意之点，把“指导学生作分析综合比较之研究”规定为教师讲述后应做的事，这是很不妥当的，认为“这还是把教师的‘讲述’看作主体”，还不符合设置“预习”这个项目的本意。他主张，所有这些内容都应该“移在指导‘预习’的阶段中”，“假如学生能够‘领悟’了，能够‘研究’出来了，就无须乎教师的‘讲述’；教师所‘讲述’的，只是学生想要‘领悟’而‘领悟’不到，曾经‘研究’而‘研究’不出的部分：这才显出‘讲述’的真作用，才真个贯彻了尝试的宗旨”。这就从根本上动摇了过去旧式国文教学的整个教学思想，从而真正切实地把预习当成“训练阅读的最重要的阶段”了。

叶氏断言，预习工作真正切实地实施了，整个课堂教学的结构将会发生变化。他在《论中学国文课程的改订》一文中肯定地说：“指导预习的办法实施了，上课的情形就将和现在完全两样。上课做什么呢？在学生是报告讨论，不再是一味听讲，在教师是指导和订正，不再是一味讲解。”课堂教学的整个进程，就成了由教师指导预习方法、提示预习项目、订正或补充学生的预习成绩，学生们报告各自的预习成绩、讨论彼此的预习成绩这两方面的工作有次序、有组织地进行的过程，成了师生共同活动的过程。在这里面，教师是预习的指导者，又是讨论预习报告的主持者；学生是预习的实行者，又是讨论预习报告的参与者。整个教学过程围绕着“预习”展开。叶氏认为，“唯有如此，学生在预习的阶段既练习了自己读书，在讨论的阶段又得到切磋琢磨的实益，他们阅读书籍的良好习惯才会渐渐养成”(《论国文精读指导不只是逐句讲解》)。

把学生预习视为“练习阅读最主要的阶段”，教师是不是如有些人所估猜的那样变得轻松、清闲起来了呢？按照叶氏的要求，不但不会轻松，不会清闲；相反，要比一味讲解花费更多的精力才行。叶氏说：“预习的事项无非翻查、分析、综合、体会、审度之类；应该取什么方法，认定哪一些着眼点，教师自当测知他们所不及，给他们指点。”(同上) 这里的“测知”和“指点”要达到准确、精当，就不是一桩容易的事。它要求教师对学生有深入的了解，对课文有精当的见解，对读书方法有切实的体会。到了课堂讨论的时候，叶氏说：“教师犹如集会中的主席，排列讨论程序的是他，归纳讨论结果的是他，不过他比主席还多负一点责任，学生预习如有错误，他得纠正，如有缺漏，他得补充，如有完全没有注意到的地方，他得指示出来，加以阐发。”(同上) 这样一系列相机诱导、纠正、补充、指示、阐发的工作，无疑是要比准备了一番现成的话，到时候不管学生愿听不愿听、已懂不曾懂，滔滔讲述一通要困难得多。而教师的功力和底子究竟怎样，教师对教学规律的掌握究竟如何，一旦废除了一味讲解，实行了预习指导，一切都会显露出来。从这样的角度看，切实抓好预习工作，反过来还可以促进教师本身业务修养的提高，可以进一步加强教师工作的责任心。凡是已经认真实行预习指导的同志，大概都会有这样的感受。

问题的重要性还在于，重视预习好处决不拘囿于阅读教学本身。如果按照叶氏的要求，以切实抓好预习工作为中心环节来改革阅读课的课堂教学，那么，在实行上所得到的积极结果必将涉及听说读写各个方面。因为这个时候，学生已经不再是仅仅被动地听教师的讲解；他要“听”教师讲自己迫切要听的话，要“说”自己在预习中通过思索得来的结果，要“读”教师饶有兴味地指点过的好书好文章，还要随时“写”下自己读后的心得，准备好预习报告。听说读写四个方面都在一个明确的目的支配下活跃了起来，学生的语文能力就自然地得到了全面的训练。所以，抓好预习，犹如下棋，“一着走对，满盘皆活”。

现在，还有相当一部分教师还很自信于本人的滔滔讲述，总以为自己的见解高妙，自己的口才超人，如果课堂上竟然自己不痛快淋漓地讲解，而让学生自己去钻研，学生岂不是吃了大亏。而学生呢？也由于习惯或惰性，不少人都愿意听教师讲解，不肯自己去读书，去动天君，认为自己花了半天时间得来的结果，还不如听教师讲十分钟收获大。殊不知这里无论教师或学生所持的“吃亏”论，都是把道理说颠倒了。叶氏说，“不教学生预习，他们翻开课本或选文之后又只须坐在那里听讲，不用做别的工作；从形式上看，他们太舒服了，一切预习事项都由教师代劳；但是，从实际上说，他们太吃亏了，几种有价值的心理过程都没有经历到”；这样，“纵使教师的讲解尽是欣赏的妙旨，在学生只是听教师欣赏文学罢了”，与学生实际能力的提高补益极少（《论国文精读指导不只是逐句讲解》）。可见，这里师生双方都要从根本观念上来个改变。从教师一面说，“一篇精读教材放在面前，只要想到这是一个凭借，要用来养成学生阅读书籍的习惯，自然就会知道非教他们预习不可”（同上）；从学生一面说，“不可专等老师给讲解，也不可专等老师抄给字典辞典上的解释以及参考书上的文句”，要知道“阅读是自己的事，像这样专靠自己的力才能养成好习惯，培养真能力”（《中学国文学习法》）。指导思想一变，情况就会大大改观了。

讨论——上课活动最主要的方式*

——叶圣陶语文教学思想研究之四

旧式教育是专重“讲”的。所谓“师者，所以传道授业解惑也”，靠的就是言传口授。这个传统在我们今天的语文教学中仍然有一定的影响。说“上课”，就等于说“讲课”，已成惯例。而叶圣陶在他一开始从事教学工作的时候起，就对这种传统做法表示怀疑。翻开两卷本《叶圣陶语文教育论集》，几乎随处可见他有关这方面的论述。

叶氏认为，教师教学生也属于一种社会交际活动，既是社会交际活动当然就免不了你听我讲、口耳授受。所以“讲”在教学过程中的作用是不能否认的。传统教育不重讲书的弊病，主要在于把“传道授业解惑”单纯看作是知识的师授生受，如同交付什么物件一般简单。这显然是有悖于教学规律的。叶氏说：“教师教任何功课（不限于语文），‘讲’都是为了达到用不着‘讲’，换个说法，‘教’都是为了达到用不着‘教’。”怎样才算用不着“教”呢？“学生入了门了，上了路了，他们能在繁复的事事物物之间自己探索，独立实践，解决问题了”；总之，他们自己已经具备了必要的能力和习惯了：这就达到了目的。（《大力研究语文教学　尽快改进语文教学》）那么，为了达到这种境界，为了达到用不着“讲”，用不着“教”的目的，现在又该怎样“讲”、怎样“教”呢？叶氏说：正确的教法应该是“朝着促使学生‘反三’这个标的精要地‘讲’，务必启发学生的能动性，引导他们尽可能自己去探

---

* 原载《语文教学通讯》1983年第10期。

索”。这里的关键就在于让学生“自己去探索”（同上）。所谓“精要地‘讲’”，也就是“讲”学生自己探索以前所应该知道的门径和方法，“讲”学生自己探索以后未能得解、或未能发现的要点和难点。果真这样去做，那么，上课就不再是“讲课”；而是在教师组织和主持下的“讨论”。所以，叶氏明白地说：“上课的活动，教学上的用语称为‘讨论’。”（《论国文精读指导不只是逐句讲解》）也就是说，上课的主要方式就是讨论。

上课活动要真正处理成卓有成效的讨论活动，须要有个前提，那就是切切实实抓好预习。这一点在前面已经谈过，不再赘述。这里所要着重探讨的是，讨论以前和讨论中间，教师应该如何“引导”的问题。

叶氏认为，无论是指导学生预习还是组织学生讨论，首先总要指点一下读书、读文章的门径。书和文章有千千万万，谁也读不尽；但凡是有益的读物，在内容和形式上总有许多可取之处。学习语文，着重点当然是在探究形式方面的问题。探究些什么呢？这应该让学生明白。叶氏在与夏丏尊合编的《国文百八课》第一册第一课里，写了一篇“文话”叫《文章面面观》，就精要地讲了读文章探究形式的七个项目：“一、这篇文章属于哪一类？和哪一篇性质相似或互异？这类文章有什么特性和共通式样？（文章的体制）二、文章里用着的词类，有否你所未见的或你所知道的某词大同小异的？（语汇的搜集）三、文章里词和词或句和句的结合方式有否特别的地方？你能否一一辨认，并且说出所以然的缘故？（文法）四、文章里对于某一个意思用着怎样的说法？那种说法有什么效力？和别种说法又有什么不同？（修辞）五、文章里有什么好的部分？好在哪一点？有什么坏的部分？坏在哪一点？（鉴赏与批评）六、这篇文章和别人所写的同类的东西有什么不同？你读了引起什么感觉？（风格）七、从开端到结尾有什么脉络可循？有否前后相关联的部分？哪一部分是主干？哪些部分是旁枝？（章法布局）”并且指出：“别的项目当然还有，以上所举的是最重要的几个，每个项目代表文章的探究的一个方面。能从多方面切实留意，才会得到文章上的真实知识，有益于阅读和写作。”一套语文课本，开宗明义就把读文章的基本要领向学生明明白白地交代出来，这体现了叶氏关于“导者，多方设法，使学生能逐渐自求得之”的一贯主张。

上面所列的七项，值得注意的有这么两点：一是概括了文章在形式上的各个主要方面，如体裁、遣词、文法、修辞、风格、章法等，使学生一开始就懂得该从哪些地方着手去探究，去思索，这就为“预习”或“讨论”划定了语文学科对于文章所应研究的基本范围。二是一概用提问题的方式，并且特别注重“比较”，如体裁异同的比较，炼字炼句的比较、文章优劣得失的比较，写作风格的比较等。这不但能引起学生探究的兴趣，而且暗示了语文学科对于文章所应采取的探究方法。因此，这七项读书法，对我们今天尝试讨论式教学无疑仍有重要的启示作用。

世上文章数不清，单是语文课本里选的也有好几百篇。这七项读书法，只能算是“讨论”的总题目、总范围。至于一篇篇具体的文章，那就又有它们自身所应“讨论”的具体题目、具体范围。所以，教师的“引导”，又必须在启发学生围绕总题目、总范围去置疑设问上面下功夫。首先是要求教师善于提出疑问，启发学生思考。叶氏在编《开明国文讲义》的时候，各篇选文后面还没有安排供讨论的问题。第二年编《国文百八课》，就创设了“习问”一项，从选文中提出一些问题供学生思考。到40年代编《开明新编国文读本》时，就明确编列了“讨论”一项，规定要学生循此路径去预习，并将预习结果带入课堂，进行讨论。

叶氏是语言大师、文章高手，对于文章的品评和辨析，当然独具慧眼。所以，从他设置的疑问中，我们常常可以获得启示，领会到读文的诀窍和提问的艺术。例如，读鲁迅名著《孔乙己》，探究的路径可以各不相同。在《〈孔乙己〉中的一句话》中，叶氏从作品全局着眼，只提出了一个问题：这篇小说的前一部分和后一部分之间，为什么要插入“孔乙己是这样的使人快活，可是没有他，别人也便这么过”这样一句话？并且提示说：“就小说写作的理想说，一句话该有一句话的必要和效果。若是可有可无的话，就不必写。要判定某一句话是否可有可无，不妨就着眼在必要和效果上。不必要的，不增加什么效果的，就是可有可无的话；非有不可的，能够增加效果的，就是决不该漏掉的话。现在试看这一句话属于哪一类?”《孔乙己》中的这句话，因为与全文的布局有关，与全文的基调有关，所以抓住这句话置疑设问，引起人们深入思考，就能品出这篇杰作的精华之所在。而在另一篇题为《揣摩》的文章里，叶氏仍用《孔乙己》这篇小说为例来说明什么叫揣摩、文章该怎样揣摩的道理，其中竟提出了大小10余个问题，如："鲁迅为什么要假托这个小伙计，让这个小伙计说孔乙己的故事呢?""幼年当过酒店小伙计的一个人，忽然说起二十多年前的故事来，是不是有点儿不自然呢?""这篇小说简直是用'笑'贯穿着的，取义何在呢?"……一个问题引出一个问题，题题相联，环环紧扣。叶氏认为，要把这些可能想到的问题都想到了，并且都揣摩透彻，这才算真正"理解"了《孔乙己》。这可以说是层层置疑的方法。这个例子证实了叶氏这样的话，他说："一篇文章，可以从不同的观点去研究它。如作者意念发展的线索，文章的时代背景，技术方面布置与剪裁的匠心，客观上的优点与疵病，这些就是所谓不同的观点。对于每一个观点，都可以提出问题，令学生在预习的时候寻求解答。"(《精读指导举隅·前言》)

当然，就一篇课文的讨论而言，问题不可能涉及得过多过细，也不允许牵扯得过远过泛。按照叶氏的观点，揣摩一篇文章中的问题，必须符合这样几条要求：一、"着重在它的主要意思"，就是说，要抓住文章的基本思想，不要抓了芝麻丢了西瓜；二、"各个部分全都不能轻轻放过"，因为"主要意思是靠全篇的各个部分烘托出来的"，没有局部哪有整体，文章的整体结构正是由各个局部组成的；三、"体会各个部分，总要不离作品的主要意思"，在揣摩文章的各个局部时，要着重探究它们对表现文章基本思想的作用和效果；四、"提出来的必须是合情合理的值得揣摩的问题"。(《揣摩》)这些都是一般原则。在教学的实践中，一篇课文的讨论还得服从一册课本、一个单元的教学目的，与教学目的关系大的过细地问问，深入地议议；与教学目的关系不大的，重要的提一提，不重要的不妨完全略去。

在《开明新编高级国文读本》中，叶氏和他的合作者们为鲁迅的《藤野先生》一文设计的讨论题一共有14个，都是围绕鲁迅思想和藤野性格以及藤野对鲁迅的影响这个中心内容提出的。而充分把握这一中心内容，正是学习这篇名作的目的。这14个讨论题是：一、东京"清国留学生"的情形怎样？——作者为什么采用"清国留学生"这个名称？二、他为什么离开东京到仙台去？又怎么留住在仙台？是为了受优待吗？三、他在仙台怎样受优待？为什么说是“物以稀为贵”？四、藤野在学生和一般人的眼睛里是怎样一个人？五、他怎样待作者？——为什么？六、他对中国的了解是怎样的？七、作者为什么感到“不安”？为什么“为难”？他认为自己的“任性”对吗？八、日本学生为什么疑心考试漏了题目？九、作者为什么又离开了仙台？十、藤野怎样“惜别”？十一、作者为什么一直没有寄照片和信给藤野？十二、作者怎样评论藤野的性格？——为什么说他如此？——为什么说“在我的眼里和心里”？十三、作者记忆里的藤野，除了面貌外，还有什么最清楚？十四、藤野对作者有怎样的影响？这 14 个讨论题，无疑地也应该就是指导学生预习的预习题。学生按照这些题目揭示的路径，把文章从头到尾细细阅读和揣摩。有的理解了，用笔记下自己的体会；有的还模糊，用笔记下模糊处；有的还存疑，用笔记下存疑处。到讨论的时候，就可以相互切磋，各抒己见，取长补短，大家都从彼此的发言获得启发和教益。这样的讨论题，不单是有助于学生对课文的基本思想的理解，有助于教学目的的实现；而且可以使学生懂得对于一篇名篇佳作该怎样自己去置疑设问，从而真正深入地领会它的精蕴。

要把以往的“讲书”改变为“讨论”，首先是要教师在指导思想上有所改变，要决心“把古来的传统变一变，让学生处于主动地位”。有了这样的决心，就会有勇气去冲破旧的习惯的约束，开创课堂教学的新的局面。除此以外，还得照叶氏的要求做到两点：“第一要学生在预习的时候准备得充分”，否则，讨论起来，不是“等了好久没有一个人开口”，就是“有人开口了只说一些不关痛痒的话”，结果教师“只得自己一个人滔滔汩汩地讲下去”，完全违背了讨论的宗旨。“第二还得在平时养成学生讨论问题、发表意见的习惯”，而“这种习惯的养成不仅是国文教师的事情，所有教师都得负责”（《精读指导举隅·前言》）。如果整个学校，师生相处融洽，课内课外各项活动都搞得生动活泼，富有生气，学生在各方面都发挥了主动精神，各科教师都注意培养学生敢于发表意见的精神和习惯；那么，讨论成为语文课堂教学的主要方式，就是十分自然的事了。而这样做的结果，给学生带来的益处决不仅仅限于语文方面，他们将因为学得生动活泼而身心都得到健康发展，智慧和才能也将得到充分发挥。

实践证明，当这种以学生为主体、给学生以主动权的“讨论式”教学一旦认真实施了，学生的思维必将空前活跃起来，他们的智慧之火将闪耀出光彩。上海的钱梦龙从“发展学生智力”的目标着眼，主张在指导学生“自读”的时候，就“鼓励学生积极思维，大胆质疑”；然后把学生提出的问题归纳整理以后，根据教学目的和要求，在“教读”的时候组织课堂讨论。我认为，从实质上看，钱老师的主张是叶氏教学思想的具体实践和在实践基础上的新的发展。叶氏曾经慨叹几十年来语文教学中“学生很少运用心力”的状况未能根本改变，这主要是指预习工作流于形式，讨论习惯未曾形成。现在，除钱梦龙以外，还有不少语文教学界锐意改革的同志已经觉悟到了这一点，并且在改革实践中尝到了以培养学生读书能力和读书习惯为宗旨的一些新的教法的甜头。他们在如何指导学生预习、如何启发学生质疑、如何组织学生讨论等方面，已经并正在创造新的经验。这些经验，从各个方面证实了叶氏关于变“讲书”为“讨论”的理论观点，不但是正确的，有效的，而且有极为广阔的发展前景。

精读、略读与参读的相互配合*

——叶圣陶语文教学思想研究之五

叶圣陶在阅读教学方面的一些理论观点和实践尝试，其着眼点都在于培养学生独立阅读的能力和习惯。为了使学生逐步学会自己读书，逐步养成各种必要的好的读书习惯，他主张把阅读课的教学过程，大致划分为预习—报告和讨论—练习这样三个阶段。他曾说："现在要在国文教学收实效，要让同学们多多受用，必须摆脱传统影响，必须排除书塾的一套办法，由同学们独立阅读同时集体阅读。"（《大学国文〔现代文之部〕·序》）这里的预习就是个人独立阅读，报告和讨论就是集体阅读，而练习则是在新的基础上个人再次独立阅读。这就是叶氏所谓"独立阅读同时集体阅读"的新的教法。从课堂教学的整个结构来说，这是"纵向"结构的改革。此外，在"横向"结构上，叶氏又主张把阅读课分成"精读"和"略读"两种课型，而在精读课和略读课上都需要结合"参读"相关的书籍或文章，形成精读、略读和参读相互配合的新的教学体制。这种主张，可以看作是为"横向"结构的改革。

中学语文课把阅读分成精读和略读，起始于 1923 年全国教育会联合会"新学制课程标准起草委员会"草拟并公布的中小学各种《课程纲要》。在这之前，一般只是笼统地定为"读文"或"讲读"，到新学制《课程纲要》公布的时候，初中语文的学习项目规定为"读书""作文""写字"三项，其中"读书"一项就分为"精读"和"略读"两类。据有关资料记载，这个《课

---

* 原载《语文教学通讯》1983 年第 11 期。

程纲要》总的起草主持人是胡适；而其中初中语文部分却是叶圣陶参与编制的。从叶氏以后专门与朱自清合著《精读指导举隅》和《略读指导举隅》二书对此详加论述的具体实践来看，他主张把阅读课一分为二，建立精读与略读结合的新课型，是明确的，也是一贯的。

叶氏的这种主张，在指导思想上有两点值得我们注意：一是精读和略读的相互关系问题；二是这二者不同的阅读内容和阅读要求问题。

叶氏始终认为，传授任何技能技巧，讲说一遍，指点一番，只是个开始而不是终结；讲说和指点之后，必须随着督促受教的人多多练习，并且按照规定去练习，从而学会应用。学会读书读文章也同样如此，学与用必须一以贯之。但是，历来的国文教本，“为了要供学生试去理解，试去揣摩，分量就不能太多，篇幅也不能太长；太多太长了，不适宜于做细琢细磨的研讨功夫”(《略谈学习国文》)。这就有了局限性。教师固然可以指定学生课外尽可能去广泛阅读，但这毕竟不容易纳入自己指导和督促范围之内。因此，必须要在课内提供一个条件，让学生能把从国文教本上学得的知识具体应用到阅读其他书籍中去。这，就是叶氏重视精读、略读相结合这种分课型教学的出发点。叶氏在《略读指导举隅》的《前言》里说得很明白：“学生从精读方面得到种种经验，应用这些经验，自己去读长篇巨著以及其他的单篇短什，不再需要教师的详细指导，这就是‘略读’。就教学而言，精读是主体，略读只是补充；但是就效果而言，精读是准备，略读才是应用。”而学生在出校以后，为了需要或兴趣，一辈子须阅读各种书籍或文章，这种应用能力必须要在学校学习期间“打定根基，养成习惯”。略读正是为了实施这方面的历练。这就是精读、略读之间的相互关系。

在阅读内容方面，叶氏认为精读课主要是精读国文教本中所选收的单篇短什，略读课主要读成本的书。例如 1923 年所拟初中国文课程纲要中规定有《水浒传》《儒林外史》《镜花缘》等。在 1943 年编写的《略读指导举隅》一书中所论的书目，共有《孟子》《唐诗三百首》《胡适文选》《爱的教育》《史记菁华录》《蔡孑民先生言行录》和《呐喊》等七部著作。为什么精读材料以选择单篇短什为宜呢?“因单篇短什分量不多，要做细磨细琢的研读功夫正宜从此入手；一篇读毕，又来一篇，涉及的方面既不嫌偏颇，阅读的兴趣也不致单调”。(《论国文精读指导不只是逐句讲解》)可见，一是由于适合读得“细”，容易摸透读书读文章的一般要领；二是由于安排进程“快”，读得富于“变化”，容易广泛接触各方面知识，提高读书读文章的兴味。但学生今后走出校门，无论从学习和工作的需要说，还是从一般阅读说，读物总是以成本的书为多，其中包括各种文集、论丛及专题文章选辑之类。如果学生在校期间，没有读成本的书的机会，或者虽有机会而不能得到教师的具体指导，这无疑是个极大的缺陷。所以，为了“历练”和“应用”而设置的略读课宜乎以读成本的书为主；而且，“宜与精读一样，全班学生用同一的教材”(《略读指导举隅·前言》)，这样便于教师指导。

在阅读要求上，精读和略读也应该有所区别。

精读的要求在于咬文嚼字，细琢细磨，努力去理解每一篇选文的精蕴，认真去揣摩每一篇选文的写法，从中得到读书作文的必要知识。因此，叶氏要求教师在指导的时候，要做到“纤屑不遗，发挥净尽”，也就是说，要通过认真预习和课堂讨论，在内容和形式两个方面给学生以具体而细致的指点。略读的要求在于根据读书的一般原则，针对所读书籍的性质和需要，在教师指导下自己独立去阅读，以期养成读书的熟练技巧和良好习惯。因此，叶氏要求教师在指导的时候，要做到“提纲挈领，期其自得”，也就是说，只需在重要的关节点上给予指引和启示就行。叶氏用了一个通俗的比喻，来说明两种指导的不同要求，说：“学生从精读而略读，譬如孩子学走路，起初由大人扶着牵着，渐渐地大人把手放了，只在旁边遮拦着，替他规定路向，防他偶或跌跤。”而总的目标都是为了让“孩子步履纯熟，能够自由走路”(同上)。

这里需要特别提出的是，无论是精读还是略读，叶氏都强调要重视“参读”这个环节。这一点，一般教师都易忽略，而在实际上用处却极大。

在精读课里面，叶氏除了要求抓好预习和讨论外，还要求安排必要的“练习”。练习主要有三项，一是吟诵，即合乎规律地、通体纯熟地诵读课文，使课上讨究所得“不仅理智地了解，而且亲切地体会”；二是参读相关文章；三是应对教师提出的问题。(《精读指导举隅·前言》)我们通常只做了其中第一、第三两项，却很少注意第二项。按照叶氏的观点，精读文章只是个例子，由于课时限制，例子不可能选读得太多，因此，必须指导学生在学了精读文章之后，推而广之，再去读一些与精读文章“相关”的文章。什么是“相关”？叶氏解释说：“比如读了某一体文章，而某一体文章很多，手法未必一样，大同之中不能没有小异；必须多多接触，方能普遍领会某一体文章的各方面。或者手法相同，而相同之中不能没有个优劣得失；必须多多比较，方能进一步领会优劣得失的所以然。”（同上）这些手法上同中有异或异中有同的文章，就是相关的文章。这类相关文章，可以是前面已经学过的课文，如初中第二册精读杨朔的《荔枝蜜》，那么前面第一册上的《香山红叶》，就宜乎作为参读材料，因为它们都有托物言志的特点，可资比较；也可以另行选择，如初中第一册精读老舍的《济南的冬天》，不妨另选老舍的《趵突泉的欣赏》作为参读材料，进一步体会老舍写景文字的特色。诸如此类，总的原则是由此及彼，连类而及。此外，还有一些是属于参考性质的文章。比如，读陶潜的《桃花源记》，可以把《中国文学史》中有关晋代文学概述部分取来作为参考，可以把英国马列思的《理想乡消息》拿来作为参考，也可以读读《晋书》中的《陶潜传》，借以知道作者的为人，等等。这样看来，叶氏规定精读课的练习项目中，实际上有一项是泛览一些比勘性、参考性文章。这无疑是深谙读书之道的真知灼见。

现在我们使用的统编教材，几乎每个单元都有讲读课文和阅读课文两种。如果按叶氏的教学思想来处理，似乎应该把讲读课文看作是精读文章，而把阅读课文看作是参读文章，让学生自己去阅读，在阅读中进行对照比较，以增强阅读的能力。目前有不少教师在试行“单元教学”，实施“一课多篇”的教法，其中有人就是主张以一篇或两篇课文作为重点，细琢细磨，其余几篇只作一些点拨，让学生自己去阅读，去体会，去比较。这种做法，与叶氏的主张近似；只是未必能自觉意识到这后一类文章应该作为学生的一种练习材料来对待，要学生严格地按规定来阅读，从而考查精读的所得是否真正有效和巩固。况且，作“参读相关文章”的练习，还有训练学生阅读速度的作用。叶氏说：“课内精读文章是用细琢细磨的功夫来研讨的；而阅读的练习，不但求其理解明确，还须求其下手敏捷。”“参读相关文章就可以在敏捷上历练”，因为布置参读的文章既与精读文章相关，剖析处理就不致感到生疏，“求其敏捷当然是可能的”了（同上）。所以，自觉地把阅读课文当作参读文章布置给学生去练习，还可以收到培养速读能力的效果。这一点也不能忽视。

略读课读的既是以专书为主，指导当又有一些特殊的内容和方法。在《略读指导举隅》一书中，叶氏开列的指导项目主要有版本指导、序目指导、参考书籍指导、阅读方法指导、问题指导等五项。其中参考书籍指导一项，尤其值得我们重视。叶氏在该书的“前言”中说：“从小的方面说，阅读一书而求其彻底了解，从大的方面说，做一种专门研究，要从古今人许多经验中得到一种新的发现，一种系统的知识，都必须广博地翻检参考书籍。”“所以，利用参考书籍的习惯，必须在学习国文的时候养成”。途径有两条，一是在精读课的“练习”中规定“参读”项目；二是在略读课的指导中要求参阅必要的参考书籍。当然，中学生参读的应该是较为浅显的参考书籍，教师指定这些书籍时既要考虑到学生搜求的可能性，还要给予必要的指点，让他们逐步提高查阅参考书籍以助读的能力。

精读、略读分课型教学，在精读课和略读课中都重视参读的指导，使精读、略读和参读相互配合起来，以利于培养学生独立阅读的能力和习惯，这是叶氏对阅读课课堂教学结构改革的又一重要观点。这种观点，对指导我们当前的中学语文教学甚至大学文科教学都有十分重要的意义。现在的中学生，运用自己的心力来读书读文章的机会实在太少；至于为了求得某个问题的正确解决在教师指导下去查阅参考书籍，那就更缺乏锻炼。不少中学的图书资料，不能配合教学发挥作用。教师讲课，把进度安排得紧紧的，课堂教学的容量总是临近饱和点，很少给学生以参读、泛览一些相关读物的条件。在这样的情况下，学生的学习常常被一种被动应付、紧张惶恐的心理支配着。因此，其中一些人毕业后进了高等学校，一开始都无法适应以独立钻研为主要方式的大学学习生活。他们根本不懂得怎样去借助工具书和各种参考资料来解决自己学习中遇到的问题，也不习惯搜求各种相关资料来阐明一种观点。这种状况，若不改变，就会直接影响到高一级学校的人才培养工作，对提高青年一代的独立工作能力和其他社会活动能力也极为不利。而要改变这种状况，看来非要从中学起就重视精读、略读和参读的严格训练不可。

语文教学应有规律可循*

——读《张志公文集》(五卷本)

早就有人这样慨叹：语文教学实在是一本“难念的经”。年轻的时候，我在中学教过10来年的语文，教着教着，也终于成了“难念”派中的一个，总觉得语文教学要搞得好，大概只能一凭功底，二凭经验，此外并无别的高招。20世纪70年代末，自己阴差阳错居然要给高师学生和在职教师讲点语文教学原理原则了。怎么办？坐下来细细想想自己当年“念经”的甘苦和得失，是一法；广搜博采，读一读别的优秀教师的经验总结，从中发现一星半点“闪光的金子”，又是一法。但这样做，总感到吉光片羽，所得未免散乱，以自己愚钝的头脑，似乎理不出个头绪。后来，决定去寻访解“经”的高手，于是读梁启超、夏丏尊的书，读叶圣陶、朱自清的书，读吕叔湘、张志公的书……逐渐领悟到，语文教学这本“经”，我之所以感到“难念”，主要是因为自己光“念”而不“想”，不联系语言实际多想想，不联系生活实际多想想，不联系学生实际多想想。光念不想，通“经”无门；联系各方面的实际多想想，通“经”有望。近几年，自己写过一些文章，在某种意义上说，内容大抵都是对上述这几位“经师”的理论和实践的一些学习心得而已。

对于志公先生的解“经”高论，我是心领的多、笔述的少。这次，借“张志公语言和语文教育思想理论研讨会”召开之机，就我读志公先生的

---

* 原载《河北师院学报（社会科学版）》1993年第1期。原文副标题为《张志公先生的说和做》。略有改动。

《文集》，谈一点学习体会，向志公先生汇报，向语文教育界同行请教。

一

较早感受到语文教学这本“经”难念的是梁启超。20年代末，他在为王森然所编《中学国文教学概要》作序的时候，曾提出国文教学有六难：一是论文选文缺乏深浅、是非的标准；二是旧论新说，孰优孰劣，莫衷一是；三是人人可以凭一己之偏见而抹杀其他；四是“国文”本身，界说不清；五是名为一科，实际上内容庞杂，头绪纷繁；六是文海浩瀚，去芜存精，非有“伟大学力”者不足以胜任。这就是梁氏的国文教学“六难”说。为解决这些“难”处，梁氏开了一张“处方”：“欲减轻此六种困难与弊端，其法固非止一项，然最大之点，当为经验。有经验，则可随时处变，加以调剂。”一句话，凭教者的读写经验来斟长酌短，凭教者的教学经验来就利去弊。梁氏在1922年发表的《中学以上作文教学法》，就是根据他自己的丰富经验就读文教学和作文教学提出的种种方案，在这些方案中包含了不少带有规律性的东西。到30年代中期，叶圣陶和夏丏尊两位合编《国文百八课》，他们一凭“往日的教学经验”，二凭“个人的信念”，对这套教科书的编制进行了精心的设计，其目标是要追求语文教学的科学化。他们在“编辑大意”中说：“在学校教育上，国文科向和其他科学对列，不被认为一种科学，因此国文科至今还缺乏客观具体的科学性。本书编辑旨趣最重要的一点就是想给予国文科以科学性，一扫从来玄妙笼统的观念。”明确提出要“给予国文科以科学性”，在中国近现代语文教育史上，恐怕要首推叶、夏二氏。

新中国成立以后，这种“给予国文科以科学性”的追求，一直是广大语文教学工作者的心愿，可是终于因为非科学的政治思潮和社会思潮盛行，这种追求未能有实质的进展。语文教学科学化，始终只是一个幻影。

1977年，是非大颠倒的年代刚结束，志公先生就针对当时“语文教学不知向何处去”的状况，发表了《语文训练问题需要加紧研究》一文，明确提出：“很需要把语文训练作为一个科学问题加以研究。”并从汉字教学、语法修辞逻辑教学以及社会语文环境等几个方面，向人们指出了研究方向。从30年代叶、夏二氏提出要“给予国文科以科学性”，到70年代末，志公先生倡导要“把语文训练作为一个科学问题加以研究”，其间相隔将近40年。关于“语文教学科学化”的问题，呼声从历史深处传来，几乎已经衰微。到70年代，志公先生重新把这个被历史封尘已久的问题再一次提出，真可谓振聋发聩，功不可没。

所谓“科学化”，所谓“把语文训练作为一个科学问题加以研究”，其实质性内容是什么呢？1980年底，志公先生撰文对此作了解释，他说：“所谓科学化，就是搞清楚语文教学规律，按规律办事。”有些人对语文教学科学化持怀疑态度，归根结底是由于他们对语文教学应当有规律可循这一点持怀疑态度。而在志公先生看来，语文教学有规律可循这是不容怀疑的。从古到今，凡是教学得法的都能取得好效果，这个“法”就是某些符合教学规律的东西。他说：“前人在语文教学方面长期使用并证明是行之有效的办法，无不是就当时水平而论符合了汉语汉文以及教学汉语汉文的某些规律的，只是人们没有把它作为规律来对待，没有作为规律来表述而已。我们的任务应该是把前人这些做法进行分析，找出它的规律性的因素，而不是用那些当时说不出规律的办法来否定规律的存在。”（《语文教学究竟有无规律可循》，《教学通讯》1981年第1期）长期以来，语文教学总摆脱不了盲目性，人们不是跟着“时尚”走，就是跟着“感觉”走，能在实践上清楚而自觉地按照语文教学自身固有的“规律”走的，为数不多。因此，教学取得了好效果，不知道这效果从何而来；教学碰了壁，也不知道这壁是什么，为什么会碰壁。这种在暗胡同里摸索的状况，在社会主义现代化建设进程中必须有所改变。只有变“暗中摸索”为“明里探讨”，让语文教学走上科学化坦途，才能从根本上提高语文教学效率。

当然，探索语文教学规律，是个科学问题，摆花架子不行，玩弄一些名词术语搞空洞的理论游戏也不行，它要求广大理论工作者和实践在第一线的教师通力合作，进行实事求是的、持久不懈的艰苦努力。80年代以来，语文教学界同行组织研究会，开展各种专题的科学实验，出版多种研究刊物，多渠道、多层次地向探索语文教学科学化的目标迈进，成绩有目共睹。其间，志公先生的理论思考和实践方案，总起着某种先导作用，给探索前进中的人们以强有力的援助。

二

吕叔湘先生在60年代曾经说过，从事语文教学工作的人都必须“认清”两点：一是认清他教的是什么，即认清语言和文字的性质，认清普通话和方言、现代汉语和古代汉语的区别与联系；二是必须认清人们学会一种语文的过程。他认为这两点，属于语文教学的“根本问题”，种种具体问题上的困难之所以长期找不到解决办法，原因往往是由于对这两个“根本问题”还没有认识清楚（参见《关于语文教学的两点基本认识》，《吕叔湘论语文教学》第44页）。吕老的这番话，至少能给我们这样的启示：要探索语文教学规律，先得明白语文本身的一些规律，还得明白人们学习语文的一些规律，换句话说，语文教学规律就“潜藏”在语文本身的规律和人们学习语文的规律之中。

志公先生是当今海内外著名的语言学家、修辞学家。《张志公文集》5卷，累计近200万字，记录了他在汉语语法学、汉语修辞学、文字学、文章学、语音学以及语文教学等各方面的研究成果，煌煌然，业绩卓著。而这些研究，根本目的就在探求汉语汉文的性质及其运用规律，其研究方法显示出了两大特色：一是重视“比较”，即重视作为非形态语言的汉语和其他形态语言的比较研究，通过这种比较来洞察汉语汉文的特点。志公先生原本精通英语，40年代中后期又开始自学俄语，专攻语言学后更对印欧语系中一些形态语言的特点有必要的了解。他就凭借着自身的这个优势，在中西贯通的道路上去察微探幽，去寻觅汉语汉文的“个性”。他终于有了自己的种种发现：“汉语语素以单音节的为主；把词组合成句子不靠形态变化那种手段，而靠语序，形成并列、偏正、陈述、支配、补充等基本结构关系；词、短语、句子的结构有明显的对应性；句法结构有辩证的特点，如紧缩和扩展，规定性和灵活性；表达的规范性和艺术性的统一；由于汉语是非形态的，语素、词、短语的组合没有形态的约束，比较容易，再加上汉字的特点，书面上运用起来语法规则的约束更小些，因而同形态语言比较而言，语汇的重要性相对来说更大一些。”（引自孟维智、张理明主编《〈现代汉语〉序》，《张志公文集》第5卷，第271页）基于上述的发现，他在自己的著作或讲话中，总是一再强调汉语的语素重要、语序重要、语句结构的对应性重要、句法结构的辩证性重要、汉语语汇重要。这些“重要”的方面，正是汉语“个性”之所在，正是汉语运用规律的“特点”之所在。

志公先生研究汉语汉文的第二个特色，是重视“实用”，重视语言研究的实际效用。早在1957年，他就针对汉语语法的研究提出了自己的观点：“语法研究的理论意义和实用意义应当是统一的。”他说：“很难想象有这样一种语法理论，它跟语言实践没有关系，然而可以肯定它是正确的；也很难想象有这样一种语法书，它能够很好地指导语言实践，可是它不是建立在正确的理论基础上的。”他呼吁语法研究工作者要克服“脱离实际”的倾向，要在为各种语言现象“起名目”“下解释”的同时，更多地在“该怎么样”“不该怎么样”的指点工作上下些功夫，使语法研究对实际的语言运用发挥出它应有的指导作用（参见《语法研究的理论意义和实用意义》，《文集》第1卷）。他自己的研究工作走的正是这样的路。我对汉语语法、汉语修辞等并无专门研究，对志公先生在语言学、修辞学方面的理论建树很难作出全面评价，然而作为一名语文教学法的研究工作者，为探索语文教学规律，确乎从志公先生的论著和言谈中得到多方面的教益。我对志公先生有一个总的印象，那就是：他在语言学、修辞学的研究过程中所追求的主要是理论形态如何向实际的语文行为转化，是理论研究的深度如何向实际运用的效度转化，努力在“理论”和“应用”之间架设起沟通的桥梁。正因为如此，读他的论著，人们不会“望而生畏”，总感到亲切，感到解渴，感到与生活中运用语言的实际贴得更近。

志公先生凭借着自己对语言学、修辞学的精深研究，结合语文教学实际，提出过一系列在我看来是符合教学规律的见解。

例如关于语言教学的内容，他提出要努力做到“精要、好懂、管用”。这六个字的原则，曾被人戏称为张志公的“六字真言”。精要，是指内容的选择；好懂，是指内容的表述；管用，是指内容的价值。真是言简意赅，正中肯綮。尽管要做到这三条很不容易，但有谁能说语言教学该走相反的路呢？这里面就包含着一种不可更易的规律在。

再如关于语言教学的方法，他提出要努力做到两个“结合”：一是语言知识本身的彼此结合，即“语法、逻辑、修辞以及词句篇章的有关知识可以结合的内容要尽可能结合起来教学”。从教学的角度看，这种“结合”确实很有必要。因为语言的理论研究往往是“分析”的，而语言的实际运用却总是“综合”的。为指导语言运用而教语言知识，当然也不妨分门别类地教、条分缕析地教；但总不如把“可以结合的内容尽可能结合起来教”效果更好。看来这也是一条规律。二是语言知识教学与学生的读写训练结合，即“少用术语，紧密结合学生阅读和写作的实际，力求通过练习收到实效”。对中学生来说，学语言知识只是一种手段，其目的主要是提高理解和表达的能力。“知”固然重要，“行”尤其重要。光学会一些名词术语，却不能用来解释语言现象，更不能用来指导语言实践，名词术语懂得再多，又有何用？所以有讲有练、讲练结合，这又是一条规律。

又如关于语言教学的要求，他强调要扎扎实实地打好基础，引导学生做到“课文要仔仔细细地读，字要规规矩矩地写，练习要踏踏实实地做，作文要认认真真地完成。”这四个“要”字，既包含着智力因素，又包含着非智力因素。学习语言文字，非下苦功不可。下苦功，需要毅力，需要意志。这“仔仔细细”“规规矩矩”“踏踏实实”“认认真真”，实在是学好语言的必备条件，这里面同样体现了一种规律。

志公先生的上述真知灼见，决不是轻易得来的，这是他对语言运用规律深入研究的结晶。自1978年以来，这些精辟见解都已被写进了历次的教学大纲，并已成为语文教学界的共识。可惜的是，认识到的未必就能立即付诸实践。目前，在学校教育特别是中等学校教育中，语言教学的效果还不能尽如人意，其重要原因之一就是从教材到教法，还不能真正做到志公先生提出的三条“原则”、两个“结合”和四个“要”字。可见发现规律固然不易，真正按规律办事似乎更难。

三

人民教育出版社的张厚感同志曾经这样正确地概括语文界朋友对志公先生的共同印象：“志公先生最少因循思想，总是站在现代社会发展的制高点思考语文教学的诸多问题。常常冒出如许的思想火花来，有时代的责任感，有改革者的气魄。”（引自《文集》第3卷《前言》）然而，就是这样一位“最少因循思想”的改革者，却花费了相当大的心力来潜心研究我国传统的汉语文教育，写出了我国现代语文教育史上第一部内容翔实、见解独到的传统汉语文教育研究专著《传统语文教育初探》。表面看来，这似乎有点不可思议。其实，一点也不奇怪。因为一个真正的、尊重科学的改革者，他决不可能对历史、对传统抱虚无主义态度。恰恰相反，改革者往往也是历史的优秀传统的批判继承者，在文化领域和教育领域尤其是如此。

在志公先生看来，要研究语文教学的规律，就决不能无视我国近三千年来的民族语文教育传统。因此，为了探索语文教学科学化的道路，他要求自己在洞察语文教学民族特色方面下扎实的功夫。他说：“语文是个民族性很强的学科。它不仅仅受一个民族语言文字特点的制约，而且还受这个民族文化传统以及心理特点的影响。为了摸索出适合我国国情的语文教学路子，我觉得迫切需要对我们长期的传统语文教育进行认真的研究。”（引自《我和传统语文教育研究》，《文集》第4卷）并且认为：“一个关心今天的语言教育的人，不应当对这个深深影响着今天语言教育的体系——传统语文教育漠然置之，不加研究。”（同上）

传统语文教育有闪光的一面，也有陈腐的一面。前者就蕴含着符合汉语文特点和汉语文教学规律的东西；后者则反映了受封建社会政治、思想严重桎梏因而违背了汉语文教学规律的东西。自“五四”以来，语文教育改革者们受社会新思潮的影响，向传统的文化、传统的教育猛烈冲击，彻底破旧，锐意创新，其贡献不容抹杀。然而，从半个多世纪以后的今天来考察这段历史，就语文教学而言，实际情况是“污水”没有倒尽而“孩子”倒被泼出了“澡盆”。圣陶老人屡屡慨叹“五四”至今语文教学状况“没有根本改变”，原因正在于此。研究传统语文教育，就应当在充分占有材料的基础上，通过分析鉴别，真正看清楚“污水”是什么、“孩子”在哪里，从而弃所当弃，取所当取。

志公先生对于传统语文教育的研究，大致分三步进行。第一步是收集资料，整理资料，从前人的教材教法中探求于今有益的经验。其着眼点主要在发现“孩子”、抱回“孩子”。那就是从50年代末到60年代初进行研究，最终写成《传统语文教育初探》一书的阶段。第二步是把传统语文教育放到社会历史发展的宏观背景之下作全面的考察，既总结并肯定了前人种种做法中至今看来仍然有价值、仍然符合汉语文特点和汉语文教学规律的经验，同时也指出了传统语文教育中至今仍然严重影响着语文教学实际工作的种种积弊。紧跟着跨出第三步，那就是在“回头看”了以后再“向前看”，联系当前的现实，提出自认为符合语文教学规律的具体改革方案。这后两步，其过程和归宿都十分清楚。“文革”以后，他除了在吸取同行专家意见和收集新资料的基础上对《传统语文教育初探》一书校订、补充、修改以外，又发表了一系列的专题论文，做的就是后两步的工作。《文集》第 4 卷，就全面反映了志公先生在语文教学研究领域，“回头看”和“向前看”的全过程。从中，我们可以窥见一位睿智的语文教育家纵观古今、艰苦跋涉，为探索语文教学规律而执着追求的胸怀、眼光和坚实的步履。

志公先生通过自己的研究和思考，对传统语文教育的得失作了精辟的概括。这些概括，由于角度不同，在不同的论文里具体表述的文字不完全相同，但基本内容是清晰的、明确的。他认为传统语文教育的经验主要有三条：第一，最重要的，是“教学从汉语汉文的实际出发，并且充分运用汉语汉文的特点来提高教学的效率”。通过整齐押韵的字书（重要的蒙学读物），集中解决汉字的认读和积累；识字、写字分别进行训练，互不掣肘；利用“属对”，进行综合的语文基础训练；特别重视语序和辅助词的功能和灵活运用方法的研究、玩味；如此等等，都是导源于此的成功做法。第二，是“教学要从语文的工具性这个特点着眼”。重视思想材料和语言材料的有效积累，因而强调要“多读”，要“博览”；重视工具的熟练操作和灵活运用，因而强调要“熟读”，要“多写”。这些都是从语文的工具性（特别是“文言”）这个特点着眼的有效做法。第三，是“重视启发学生独立思考，使他们自己能不断地增长读书作文的能力”。在志公先生看来，这一点在先秦两汉时代几乎是教育思想中的主流，直到唐宋以后，语文教育成了科举制度的附庸，这主流才日益枯涸，而被一种封闭的、强制的、僵化的思想和做法所取代。传统语文教育当然也有明显的积弊，对此志公先生作如下概括：第一，集中精力对付识字和写文章，最终目的就是为了把“文章”当作敲门砖，通过科场应试，敲开官衙的大门；第二，教学内容脱离语言应用的实际，重视书面语言（文言），完全忽视口头语言；第三，不善于总结经验，更忽视教学经验的系统整理和理论概括；第四，以选读历代名人佳作为主要手段和途径，忽视实用文章的读写，忽视文学教育，忽视语言训练的计划和步骤，更忽视语文知识在教学过程中的指导作用。（以上内容，参见《传统语文教学的得失》《我和传统语文教育研究》等文，《文集》第4卷）而上述的三条经验和四种积弊，都应该是我们探索语文教学规律的可资借鉴、知所取舍的财富。

志公先生曾经肯定自己“从传统语文教育的初步研究中得益不少”，对此他作过这样的一个注脚，说：“1978年后，我提出的语文教育科学化的主张以及小学生借助汉语拼音从语言训练入手，把阅读、识字、写字稍有先后的分头进行、互不牵制的看法，就与对传统经验的探索不无渊源关系。”（《我和传统语文教育研究》）而在系统阐述他关于改革语文课程、语文教材、语文教学的最新构想的时候，又用将近一半的篇幅具体剖析了传统语文教学的得失及其绵延千百年的深远影响。这种借古以鉴今，研究昨天就是为了今天和明天的精神，难道不能给所有为探索语文教学客观规律而寻径觅路的人们以深刻的启迪和教益吗？

深入研究汉语汉文的特点，系统整理和总结传统语文教育的利弊得失，这是志公先生为探索语文教学规律所进行的两项相互联系的工程。在这两大工程的营建过程中，我们可以看到这位改革家始终一贯的科学态度和改革热情。

志公先生无论是研究语言文字，还是研究传统语文教育，都不是凭推论、凭思辨，更不是凭“想当然”。他总是以充分占有资料为前提，从收集、分析、整理大量资料的过程中去寻找答案。这就是一个科学工作者应有的科学的、实事求是的态度。研究语言，他强调要从实际语言中来，回到实际语言中去。汉语的“实际”究竟是什么？他收集各种各样的语言现象和语言材料，并与印欧语系的其他语种进行充分的比较，然后形成他自己的观点。传统语文教育的“实际”是什么？他广泛收集资料，并汇编了至今看来依然是内容最丰富、最完备的书目，在分析研究这些历史资料的基础上提出了有关传统语文教育利弊得失的结论。因此他说：“要研究问题就必须先在资料方面下功夫，既是为自己研究的需要，也可为别人研究服务。”（《对传统语文教育的再认识》，《文集》第4卷）资料，是研究的基础；研究结论的可靠性如何，在很大程度上取决于研究者对资料的占有和分析的广度与深度如何。这是志公先生的说和做给我们的重要启示。

志公先生分析问题很少片面性。他认为，对待科学的问题，必须持冷静的、客观的、全面的态度。在他看来，“只有一面而全无另一面的事物是绝少的，两面都应当看，全面地看，不应当只看一面，并且要看到两面之间的相互关系。”例如对于汉字，一部分人只看到汉字的优越性一面，把汉字说成一朵花，因而愤然抨击一切“废除汉字”的主张；另一部分人只看到汉字非优越的一面，把汉字贬成一堆草，因而断然主张要“废除汉字”，主张用拼音文字取代汉字。两种主张，似乎各有足以令人信服的理由。志公先生则不然，他既看到汉字的优越性一面，也看到汉字非优越的一面，于是冷静地客观地提出了自己的观点，“把汉字的全部优越性集中起来看，作者个人得出的认识是，汉字至少在可见的和可以预想到的未来是一定要继续使用而不可能废除的。把它的全部非优越性集中起来看，作者个人得出的认识是，必须采取有效的办法解决、补救汉字本身无法克服的困难”，因而主张“实行双轨制的文字系统”。（见《汉字与阅读》，《文集》第5卷）又如对于经验，一部分人过于迷信经验而轻视科学手段的验证；另一部分人又过于迷信科学手段的验证而根本否认经验的价值。志公先生则认为：“经验和科学分析，尤其是科学仪器等的运用，结合起来，对于研究某些问题是很有用的。只相信经验，不依靠甚至拒绝科学手段的验证，或者绝对依赖机械、仪器，否定经验的价值，都有片面性。”事实上“科学手段可以验证经验，经验同样也可以验证科学手段得到的数据或事实”。（见《〈现代汉语常用字表〉·序言》，《文集》第5卷）在探索语文教学规律的过程中，论是断非，力戒片面性，是志公先生的说和做给我们的又一启示。

志公先生考察问题始终坚持历史的、发展的观点，总是把问题放在社会历史发展的过程中加以研究。他致力于传统语文教育的研究，就课题本身说，是“回头看”；然而他的“回头看”，正是为了“向前看”。他在1981年写的那篇长篇论文《语文学科的现代化问题》就是“往前想一想，就语文学科的前景提出一个问题，做一点初步的和粗略的探讨”的产物。他决不静止地来看待语文教学领域的一切问题，恰恰相反，他总是脚踏在历史和现实的土地上，而眼望着未来需要攀缘而上的峰巅，引导人们去考察现代社会的发展将向语文学科的教学提出什么新的要求。他之所以重视语文教学规律的探索，在很大程度上也就是由于现代社会要求一切工作都必须讲究效率，即用最经济的时间、最合理的手段取得最大的效果，而准确地把握语文教学规律，自觉地按规律办事，正是提高教学效率、满足现代社会需要的必要条件。他自己研究问题固然如此，而当他发现别人也采用同样的研究方法并取得可喜成果的时候，他便热情地予以肯定。例如，他在为李绍唐的《汉语词义演变举隅》一书作序时，指出："特别值得称道的是，这部书着重把古今词义的演变同社会的发展变化联系起来探讨讲述，这是十分有见地的，并且是对学习词汇、教词汇大有助益的；换言之，它不是纯粹静止地看词汇，而是把词汇放在活动着的语言中来看待它的，这是十分有意义的研究方法。"志公先生在这一方面的说和做，同样给我们以有益的启示。

如果说语文教学是一部难念的"经"，那么它难就难在探求其规律难、驾驭其规律于实践更难。志公先生在继承前辈专家、学者研究成果的基础上为探求语文教学的规律殚精竭虑，卓然自成一家，贡献至巨。他的宏论五卷，可以被看作是解"经"的向导，在这一点上，他是"经师"；而他在研究工作中所表现出来的那种既高瞻远瞩又脚踏实地的科学态度和作风，又表明他不仅是"经师"，而且是"人师"，是后学如我辈的楷模。

开启心扉，导夫先路*

——学习《吕叔湘论语文教育》

今年4月9日，蜚声海内外的语言学家和语文教育家吕叔湘先生走完了他94年光辉的人生旅程，语言学界和语文教育界曾经受到过吕老多方面教益的后学，无不感到悲痛。吕老是江苏丹阳人，早年又曾在苏州等地从事教学工作，对江苏的教育特别是语文教育事业的发展怀有特殊的深情，因此，吕老的仙逝，江苏的广大学人和教师更有痛失亲人之感。

从40年代起，至今半个多世纪，吕老在语文教育领域所发表的许多真知灼见，对于我们今天研讨、探索中国语文教育改革之路，具有开启心扉、导夫先路的烛照作用，值得我们认真学习。

一

1963年，吕老在《文字改革》4月号上发表了题为《关于语文教学的两点基本认识》的重要论文。这"两点基本认识"是什么呢？他说："第一，我认为每一个做教学工作的人必须首先认清他教的是什么。从事语文教学就必须认清语言和文字的性质；从事汉语文教学就必须认清汉语各种形式——普通话和方言、现代汉语和古代汉语——的分别和它们的相互关系。其次，我认为从事语文教学必须认清人们学会一种语文的过程。"（着重号是吕老自己加的——引者）在吕老看来，这两个"必须"，是属于"基本认识"，是语

* 原载《江苏教育研究》1998年第6期。

文教育研究所要着重解决的“根本问题”。

白话文被引进国文科的教材，是“五四”新文化运动的一大功绩。到40年代，在国文科的教材中要不要选白话文或要不要选文言文，从总体上看，已经不成为问题；初、高中国文教材中文言、白话两种语体的选文比例，在当时教育部颁布的《课程标准》里已经有明确的规定（个别书局出版的教本，或专重文言，或纯选白话，那是不可避免的），即使有争议，也无关大局。这个时期，围绕文言和白话展开的讨论，已经深入了一步，主要是：如何科学界定文言和白话的概念？文言文教学和白话文教学的异同怎样？这两种不同语体的课文，在处理上是分开来教好些，还是穿插着教好些？诸如此类，讨论的实质已经逼进了吕老后来所说的“两点基本认识”中的第一点上来了，即必须认清“教的是什么”，必须认清古代汉语和现代汉语的分别及其相互关系。吕老针对语文教育界讨论的问题，写了一篇研究论文，题为《文言和白话》，专门论述了在这个根本问题上他的“基本认识”。在文章中，吕老提出了“语体文”和“超语体文”两个概念。他说：“我们可以用这个标准把一个时代的笔语（文字）分成两类，凡是读了出来其中所含的非口语成分不妨害当代的人听懂他的意思的，可以称为‘语体文’，越出这个界限的为‘超语体文’。”通过深入剖析，吕老得出结论：“由此，我们可以给文言和白话试着定一个界说。白话是唐宋以来的语体文，此外都是文言文。其中有在唐以前可称为语体文的，也有含有近代以至现代还通用的成分的，但这些都不足以改变它的地位。白话是现代人可以用听觉去了解的，较早的白话也许需要一点特殊的学习；文言是现代人必须用视觉去了解的。”

吕老从汉语语体的历史演变来论述文言和白话的区别和联系，对于语文教育界解决“文言文如何教”“白话文如何教”的长期纷争，有重要的启迪作用。但是，吕老在这个问题上的贡献决不止于理论，更重要的还在于实践。首先是采用文言和白话对照的方式来探索并指出汉语词法、句法的特点，完成了《中国文法要略》一书的著述。这种文白对照方式，是吕老特意采用的，因为他确信：“要明白一种语文的文法，只有应用比较的方法。……文言里的一句话，白话里怎么说；白话里一句话，文言里怎么说，这又是一种比较。……只有比较才能看出各种语文表现法的共同之点和特殊之点。”（《中国文法要略·例言》）而这种比较对照，对于中学语文教学正确处理文言文教材教法和白话文教材教法大有助益。其次是尝试进行文、白分编教科书的编制。先是于1946年试编《笔记文选读》。这本书专选文言作品，而且专选记人事、述物理的笔记小品，语言既不艰深，内容又富有情趣；在书中，吕老还特意编制了“注释与讨论”一项，释义以外还提出问题供读者思考、比较。到1947年，吕老与开明书店同人一起，经过充分酝酿，陆续编辑出版了初中、高中文言和白话分别编制的两套教科书。吕老直接参与高中用《开明新编高级国文读本》和《开明文言读本》的编写工作，前者专选白话，后者专选文言。在《文言读本》中，吕老执笔写了长篇《导言》，重申了关于“文言的性质”的基本观点，并从语音、词汇、语法等三个方面，扼要揭示了文言和白话的异同，同时择要选列了一百八十多个文言虚字，逐字说明它们的主要用法，以备阅读时查考。这无疑是一种旨在养成学生独立阅读文言文能力的创新设计。在该书中，每篇课文后面设有“作者及篇题”“音义”“古今语”“虚字”“语法”“讨论及练习”等项目，其中“古今语”“语法”“讨论及练习”，处处都注意到文言表现法和白话表现法的对照比较，以便学生逐步领悟文言与白话各自的特点。

在40年代，吕老在语文教育领域用力最多的是探究文言和白话在性质和理法上的差异，并根据这种差异进行了分课目、分教材、分别采用不同教法的试验。他的这份劳绩（当然也是当时“开明同人”共同的劳绩）是现代语文教育史上的一笔十分珍贵的财富。

二

历史推进到了60年代，吕老对于语文教育的“关心焦点”似乎更多地转移到了探索“人们学会一种语文的过程”上来。这倒并不意味着在认清“语言和文字的性质”方面已经不存在问题；恰恰相反，在这些方面还有许多深层次问题需要进一步探讨，因此吕老每有所论，总还要提醒人们注意这个带有根本性质的问题。只是因为新中国成立以后的十多年间，人们教语文，经常会走入“误区”，所谓“不要把语文课上成政治课”“不要把语文课上成文学课”“不要把语文课上成语言知识课”等口号的提出，正反映了当时的语文教学在“误区”中徘徊的实际状况，所以端正语文教学的指导思想，探索语文教学的合理途径，便成了60年代人们迫切需要解决的关键问题。吕老研究重点的转移，显然是有针对性的。这个时期，吕老先后发表了三篇重要论文：《谈语言的学习和教学》(《文字改革》1962年12月号)，《关于语文教学的两点基本认识》(《文字改革》1963年4月号)，《关于语文教学问题》(《人民日报》1964年2月17日)。

《谈语言的学习和教学》是吕老在北京景山学校所作有关语文教学的重要讲话稿，其中提出了科学的“三三”观。第一个“三”，就是“学习语言的一般过程”，即模仿→变化→创造。他说，“学习语言不是学一套知识，而是学一种技能”，因此学习的第一步是模仿，第二步是在模仿基础上求变化，第三步是在灵活变化中有创造。学习任何技能，大都如此。第二个“三”，是学习语言的三阶段：“学语言可分几个阶段：(1) 学前阶段；(2) 小学初中阶段；(3) 十五六岁以后。学前阶段主要是学习口语，第二阶段主要是学习书面语，第三阶段是提高阶段。”这个观点，对于全面规划从幼儿园到普通高中的语文教学流程有重要的实践意义。第三个“三”，就是在学校中学习书面语要顺次注意三个环节：第一步是识字教学，进一步是语汇教学，然后是语法教学。其中又提出了两个重要观点：一是在语汇教学中，“应该把现代汉语中最有活力的两千来个字（估计不超过此数）给学生讲清楚”；另一个是在语法教学中，强调要“特别注意虚词”，要“进行技能的训练”。这所谓的“三三”观，当然不是吕老自己的概括，而是我个人学习的一种理解。

在《关于语文教学的两点基本认识》一文中，吕老第一次完整而明确地提出了两个“必须认清”的观点，即在本文第一部分开头引述的那段著名论断。在此基础上形成了他一整套语文教学法思想：(1) 学校里的语文教学，“应该语言和文字并举”；(2) 不能把白话和文言一样看待，如果“教白话的时候忘了它是现代汉语，教文言的时候又忘了它不是现代汉语，这样的教法，用之于白话，用之于文言，都是不恰当的”；(3)“任何技能都必须具备两个特点，一是正确，二是熟练”，“语文的使用是一种技能，一种习惯，只有通过正确的模仿和反复的实践才能养成”；(4)“讲解和练习都是为了教好学好语文，很难分主次。但是如果要追问两者之间的关系，恐怕只能说是讲为练服务，不能说是练为讲服务”。在这篇论文中，吕老还从“模仿”的角度，论述了语文教师语文行为的示范作用问题，又进而论述了学校中各科教师、各党政部门工作人员都应该关心学生的语文行为，对青少年的语文素质负责。“要在整个学校里树立起正确使用祖国语文的风气，学生生活在这样的环境里，正如蓬生麻中，不扶自直”；推而广之，要使人们都认识到，“整个社会对于语文的使用是否严肃认真，对学生也有极大的影响”。在这里，吕老分明已经提出了后来被人们称之为“大语文教育”的卓越见解。

至于《关于语文教学问题》一文，除了阐明语言训练问题、学习文言问题、讲课问题、作文教学问题以外，又专门讨论了小学阶段的汉字教学问题，提出了“在小学低年级把汉语的学习和汉字的学习暂时分两条线进行”的改革设想。这一设想后经张志公先生发展而成为一项所谓“分进合击”的具体改革方案，80年代黑龙江省试行的“注音识字，提前读写”改革就是以此为基础形成较为完整的构想的。

在60年代，当人们开始意识到语文课“不应当如何如何教”的时候，对于究竟“应当如何教”似乎还存在着许多困惑，吕老提醒人们要从研究“人们学会一种语文的过程”入手，去把握语文教学的正确方法和规律，无疑具有振聋发聩的作用。可惜时隔不久，“文革”旋风陡起，一切属于科研范畴的努力仿佛都成了异端，原有的困惑固然未除，新的更大的困惑又产生，问题的解决只能期待于未来了。

三

70年代末，是非大颠倒的岁月宣告结束，人们终于盼来了经济复苏的春天，科技进步的春天，文化教育拨乱反正的春天。吕老当时尽管已经年逾七旬，然而为国家和民族的振兴而献策出力的壮志犹存。他深知国家实现四个现代化刻不容缓，而要实现“四个现代化”，非提高人们的科学文化水平不可；语文，是人们学习和掌握各科知识的基础工具，语文教学效率不提高，会直接影响到全民族思想道德素质和科学文化素质的培养。站在这样一个战略高度，吕老在1978年3月16日的《人民日报》上发表了题为《当前语文教学中两个迫切问题》的短论，指出：由于“四人帮”的破坏，当前中小学语文教学少、慢、差、费，问题十分严重，对此必须引起足够的重视。他说：“新近公布的《全日制十年制中小学教学计划试行草案》规定，十年上课总时数是9 160课时，语文是2 749课时，恰好是30%。十年的时间，两千七百多课时，用来学本国语文，却是大多数不过关，岂非咄咄怪事!”进而严肃地提出问题：“我们要搞四个现代化，可是让孩子们只用稍多于十分之一的时间学科学，而有几乎三分之一的时间用在收效不大的语文课上。这个问题是不是应该引起大家的重视？是不是应该研究研究如何提高语文教学的效率，用较少的时间取得较好的成绩?”此文发表之后，吕老就为解决“提高语文教学效率”的问题奔走呼号，不遗余力。

在新的历史时期，吕老为什么在提高语文教学效率上几乎倾注了他全部的精力？这固然是由于现实的教学状况不能令人满意，但更重要的是由于他对“现代化”有自己独到的理解。他在《汉语文的特点和当前的语文问题》一文中曾经说到：“三个面向，第一个是面向现代化。什么是现代化？简单点说就是高效率。……在保证正确方向的前提下现代化就意味着高效率。怎么取得高效率？一是要有高速度，二是要有高精密度。”因此，所谓提高语文教学效率，就是要求用尽可能少的时间取得尽可能好的效果；真正做到了这一点，语文教学才算走上现代化的轨道。可见，吕老的目标是追求语文教育的现代化。这是历史提出的课题，也是时代赋予的使命。

要解决语文教学的效率问题，吕老认为首要的任务是要对现状作周密的调查。1979年冬，人民教育出版社中语编辑室组织两个调查组，分别到福建、四川两省进行有关中学语文教学现状的调查，就是根据吕老的倡议作出的决策。调查结果，后来写成《中学语文教学现状和设想》一书，于1981年出版，吕老还专门为此书写了序。其次，解决语文教学的效率问题，是一个科学问题，调查之后需要进行科学研究，研究就需要有相应的组织、相应的机构。于是，在吕老等各位前辈的指导下，全国中学语文教学研究会和全国小学语文教学研究会先后成立，吕老还被推选担任了全国中学语文教学研究会的首任会长，具体指导研究会的工作。再次，科学研究不能光在理论上、概念上做文章，研究的成果需要在实践中接受检验，在实践中加以充实和发展。吕老在70年代末到江苏师院（苏州大学前身）讲学的时候曾经提出：提高语文教学效率要有两个前提，“一是大兴调查研究之风，一是要允许教师做试验”。中小学语文教学研究会成立以后，不断获得新的研究成果，搞得相当有生气，重要原因之一就是吕老热心提倡“试验”，呼吁各地教育行政部门“允许教师做试验”。

提倡实地调查，提倡有组织地进行科学研究，提倡教师搞改革实验：这是吕老为解决语文教学效率提出的三大“决策”，影响至巨。

至于在语文教学领域内的许多具体问题上，吕老的指导也是全方位的，一篇短文碍难尽述。这里只择取三点，略述我的理解。

一是关于语文教学的任务。中国原是文章大国，学语文就是要读文章，教语文就是要讲文章，研究语文教学又常常在文章的“文”和“道”的关系上争论不休，这是老路子、老传统。而在吕老看来，这条老路子、这个老传统，必须要改变。他说：“现在语文课的任务应当以口语和书面语的统一体，即普通话和白话文的统一体为教学的对象，以听、说、读、写的全面发展为教学的目标。”把中小学分开来说，“小学应当是口语教学和阅读教学并重”，“中学语文课以学习书面语为主是有理由的，但是也不能全然不理会口语的教学”。既然中学语文课把书面语的学习作为主要任务，现行教材中一个本子里面既有白话，又有文言；既有供欣赏的文艺作品，又有供作文仿效的实用文字，还有一些文字并不精美而思想内容可取的文章，这样眉毛胡子一把抓，效果就不会好。为此，他提出了中学语文教材的分编构想，即分别编三本：一本是为阅读和欣赏用的白话文读本，一本是为学习文言用的读本，一本是把作文指导和范文阅读结合在一起的作文教材。他说：这样分编“好处是每年一本教材都有明确的目的，并且可以由不同的教师分开来教”（《普通话书面语的教学》，上海教育出版社《语文近著》）。这个构想，是他早年参与开明国文读本编写时就已经付诸实践的，只是把文、白分编扩展为文、白、写分编，具体方案又有所发展，而其出发点仍在“既教文，又教语”这六个字上。人民教育出版社1986年开始试编读、写分编本（初中）和文、白、写分编本（高中），正是实践吕老这一构想的尝试。试用证明，这样的教材结构对于提高语文教学效率、完成语文教学任务是有利的。

二是关于儿童的早期语文教育问题。吕老认为，语文的学习一定要在小学里打好基础，错过了这个时机，就是“错过了儿童发展语言的黄金季节，同时也是发展智力、增长知识的黄金季节”。早在60年代初，吕老就已经从当时山西省万荣县利用汉语拼音方案的优势开展扫盲活动、改进业余高小语文教学取得成功的实践经验中得到启发，开始考虑利用汉语拼音方案这个工具来解决小学低年级长期存在的“汉字的学习和汉语的学习”相互牵制的矛盾问题。到80年代，黑龙江试行“注音识字，提前读写”的小学语文教学改革，正符合吕老的想法，试验时间虽然还不长，却已经证明它是提高小学低年级语文教学效率的一条有效途径。吕老对此给予热情支持和赞许，并称它是一种“新的教学法”：“新的教学法跟旧的教学法比较，不仅仅是语文学习快和慢的问题，更重要的是语文学习的快慢意味着智力发展的快慢，意味着儿童的天赋得到充分发挥还是得不到充分发挥。为了面向现代化，面向世界，面向未来，我们要培养一代新人，也就要特别重视儿童的早期教育，其中最重要的一个环节是早期语文教育。”（《新的和旧的语文教学》，上海教育出版社《语文近著》）。

三是关于中学的语法教学问题。语法教学究竟怎么搞才能取得实效，这是普遍关心的问题。作为一名著名的语言学家，吕老就此发表过一系列的讲话和论文，他的基本观点是：语文知识，包括语法知识的教学，不是“取消”的问题，而是“改进”的问题；过去教学效果不好，是注意系统性多了些，注意实用性少了些。所谓“改进”，就是要更多地注意实用性，努力把知识讲活，把知识教得让人感到真正有用。他认为有关语法的名词术语要讲一点，但讲的目的是更简便地分析解释种种语言现象，因此教语法要重在帮助学生辨析阅读和写作中遇到的语言现象。吕老在一次讲话中曾提出过一个概念：语法感。他说：“跟中学生讲语法，最重要的是培养学生的语法感。”他认为，人们常说的“语感”，实际上就是“对于语言的各个方面或某一方面的值得注意的现象能够很快引起注意，这就是对语言敏感，就是有很好的语感”。语感是个总的名称。细说起来，语感里面可以包括语义感、语法感、语音感等。而所谓语法感，“就是对一种语法现象是正常还是特殊、几种语法格式之间的相同相异等的敏感”。一个语文教师要把语法教活、教得有用，就不仅应当有比较扎实的知识基础，更重要的是自己必须具有那种敏锐的语法感。

明确语文教学的目标和任务，重视儿童的早期语文教育，改进中学的语法教学，这是吕老在新时期指导语文教育界为提高语文教学效率而进行全方位探索中，特别关注的三个具体问题。这些问题，包括吕老提出的其他许多问题，都值得我们认真学习和深长思索，并在迎接 21 世纪、开创具有中国特色语文教育新局面的进程中深入加以研究。

附录

人生的选择*

顾黄初

我是一个平庸的人；但同时也是一个不甘平庸的人。

1992年，上海《语文学习》编辑部要我填写一份“名师档案”。在“爱好”一栏里我写的是：“抽一枝烟，默默地听健谈者的高谈阔论。”在“心愿”一栏里，我说的不过是：“读点久已想读而至今未读的有趣的书。”既无高远的志向，也无宏大的目标，实在是平庸之极。那么“自我评价”如何呢？我如实地写了这样一句话：“是石板缝里挣扎出来的芽，不指望成为参天大树，只是勉力向世间奉献一点绿意。”这句话里，多少透露出一点虽然平庸却又不甘平庸的意识。

在人生之旅，人总得有自己的理想和追求，这是问题的一个方面；另一方面，人生之旅不平坦，人的理想和追求又往往不能轻易实现，人生与挫折常常相伴相随。有人不无感伤地说：人带着自己的哭声来到世间，又在别人的哭声中告别尘世，人的一生总是充满着忧患、挫折和苦涩。我不完全相信这句话，因为它把人生与挫折的伴生现象过分夸张了。但是，对于那些误把人生看成只有欢笑、成功和鲜花的人来说，这句话也可以成为一贴醒脑剂。

现在的年轻人喜欢说“人生选择”，他们总想通过“自我选择”来实现自己的“人生价值”。我非常羡慕这种积极心态。因为像我这样年纪的人，

---

* 原载《江苏学人随笔》（南京大学出版社1997年版），戴立泉、杨怀宇主编。

在以往的岁月里，“自我选择”的机会太少太少，经常遇到的倒是被环境所“选择”。在这种屡屡“被选择”的情况下，仍然想实现“自我价值”，非得有一种直面人生的信念不可。

我在读高中的时候，因为教语文的宋清如先生是著名的莎剧翻译家朱生豪的夫人，所以有机会较早地读了莎士比亚戏剧集，后来又读了戏剧家陈瘦竹先生翻译的法国名剧《欧那尼》等一批剧作，激起了对戏剧理论研究的浓烈的兴趣。临近毕业时，听说瘦竹先生在南京大学执教，便毅然报考南京大学中文系。入学后，居然荣幸地担任了瘦竹先生的课代表，有更多的机会向这位戏剧理论家请教，便埋头读中外名剧，看斯坦尼论著，自己选择了专攻戏剧理论的道路。谁知事与愿违，到 1952 年，当时的政务院发出指示，要求全国所有综合性大学的学生提前一年毕业，去充实中学师资队伍，我第一次尝到了“被选择”的滋味。专攻戏剧理论的愿望是落空了，毕业后背起行装到了扬州，在苏北农学院附属工农速成中学担任语文教师。

开始的时候，还迷恋旧梦，对自己往日的选择不能忘情，每次逛书店，看到戏剧类的书不免心动，总要带几本回来。一年以后，心思便有了变化，觉得人的理想和追求总得与自己面对的现实相联系，才不致成为空中楼阁。当一名中学教师，把自己学到的知识奉献给新中国的“育人工程”，未尝不是一件有意义的事。何况，我所在的学校，是党和政府为培养工农兵自己的知识分子而开设的新型学校，学生都是工农兵各条战线上的英雄模范人物，90%以上是共产党员。为这样的学生奉献一切应是我们新中国第一代大学生的责任。想清楚了这一点，内心颇兴奋，当晚就写了一篇“内心独白”，题为《人生新起点》，寄给《光明日报》。那时我才 21 岁。时隔两个月，文章发表了，编者给改了个题目：《走在铺满鲜花的道路上》。这个题目有点浪漫主义色彩，因为后来发生的一些事，证明我走的路并不是处处“铺满鲜花”。然而，在当时，这个动人的标题的确给了我一种激励和信念。于是，为了当好一名中学语文教师，我自己开始“补课”：读凯洛夫的《教育学》，读中国人民大学编辑出版的《形式逻辑》，读吕叔湘和朱德熙先生合著的《语法修辞讲话》，读陈望道先生的《修辞学发凡》等等。环境“选择”我当一名中学教师，我自己就“选择”当一名“称职的、优秀的中学教师”。在中学教师的岗位上，我不选择“平庸”。

1956年调整工资，全校只有两位青年教师破格晋升两级，我是其中之一。这在一定程度上可以说明，我的“不选择平庸”已得到学校领导和师生们的承认。1958年春上，我患急性传染性肝炎，要转送上海治疗，医院在转院单上写的是：“肝硬化？肝癌？”学生们知道了，一批批地到病房来送我，仿佛在与我诀别。同年7月初，我康复回来，毕业班学生刚刚聚餐结束，我到宿舍去看他们。一群人把我拥进寝室，见两位学生酒喝多了，醉态可掬，彼此在说：“明天我们就要走了，只可惜没有能再见到顾老师……”同学们说：“看，顾老师不是来了吗？”那位醉眼惺忪的学生挥挥手说：“别哄我，顾老师还在上海，你以为我真的醉了？”我站在床边，感动得热泪盈眶。我不是酷爱戏剧吗？这正是人生舞台上感人至深的一幕！我的选择，得到了百倍千倍的回报。

我在中学当了9年语文教师，却又遇到了第二次的“被选择”，这回是要调到高等师范院校去搞函授教育，负责在职教师的业余培训工作。人们都知道，在高等学校，到系科里担任某个专业的教师，是被看作专家、学者的；只有进不了系科，或者在系科里没有合适的课程可教的，才被安排去搞函授。我是从中学里调来的，已经算是高升一级了，系科岂是容易进的？只有去搞函授。后来我才知道，给在职的中学教师讲课，难度要比给本科大学生讲课大得多。凭我这样一点学识、经验，要胜任这份工作，非下苦功夫不可。于是，我“故态复萌”：既然环境已经“选择”我来当函授教员，我就不选择“平庸”。

从1963年起，中间除去“文革”的几年，我在函授岗位上时断时续大概干了七八年，足迹几乎遍及扬州、南通两市十多个县。除了讲课，还深入到乡村，在一些农村中学听课、辅导。因此，直到现在，在两市十多个县内，凡50岁以上的中学语文教师，几乎很少有人不知道我这个曾经跋涉在“文化苦旅”上的行色匆匆者的名字的。我与同人们合作，主编过《鲁迅著作选读》《马列经典著作选读》《现代文选》等十多种函授教材，编辑出版过几十期的《语文函授》，为众多青年教师在语文教改实践中脱颖而出提供机会和条件。在那个时候，扬州师院中文函授，在省内颇有点声誉，这是全体同人努力的结果，其中也有我的一份劳绩。

1978年，我算是真正遇到了一次“自我选择”。

那年，学校举办多年的高师函授决定暂时停办。关于我的去从，中文系领导提出了两个方案：一是到现代文学教研室任课；一是把“文革”期间已中断了多年的语文教学法课程恢复起来，并逐步筹建相应的教研室。何去何从，由我选择。在高师工作的同志都知道，教学法这门课程，从高师的培养目标来说，是一门重要的专业基础课，但往往很少有人肯担任这门课的教学。在人们的心目中，这门课是“有专长的不屑教，没专长的又教不好”，是“食之无味、弃之可惜”的一块鸡肋。当时有人暗中劝我，该进现代文学教研室，认为那是一块藏金蕴玉的“宝地”，对自己今后的发展大有益处。可是我却偏偏要啃一啃这块“鸡肋”。因为在过去二十多年的教学生涯中，客观环境似乎并没有给我提供多少好机遇，我总是在常人认为是“贫瘠”的土地上翻土下种，争取获得一般幸运儿在肥壤沃土上获得的同样的收获。这种“争取”，当然很艰难，而且也未必能如愿，但毕竟养成了一种淡漠于机遇而依赖于自力的习惯，这也是一种收获。我很珍爱这份收获。

按理说，我在中学教过9年语文，在高等师范院校的教师培训工作中又任课多年，凑合着对付这门教学法课应该不成问题。然而，“不甘平庸”的秉性改不了，总要自己找“麻烦”，加“压力”，在“不成问题”中去发现“问题”。1980年，有机会去开封参加全国语文教学法研究会成立大会，在那里，我听专家的宏论，读同行的雄文，觉得这片新天地还真有几分迷人之处。但同时也感到有点不满足，因为会上一般的议论，横向展开居多，纵向开掘不够，这样的研究似乎缺少一点历史的纵深感，而我国的语文教育有深厚的历史传统，语文教学法的研究也决非现在才起步。这样，我在这次会议上，不但吮吸到了我所需要的养料，结识了许多堪为吾师的学者，而且也发现了我所应当追求的新的目标。

人生的选择，贵在选择目标。工作和职务，往往是多变的；机遇，也总是可遇而不可求的。唯有“不甘平庸”的目标才是自己可以选择的。目标选定了，就得脚踏实地为实现这个目标去努力，而且以此为乐。我当时选择的目标是进行学科教育史的研究。过去教现代文学，十分重视宏观的历史文化背景的探讨，一旦转到语文教学法这门课程中去，就明显地看到了以往研究的一个“空白”。而在一个成熟的学科研究领域里，是不可能没有“史”的考察与审视的，因此要在语文教学法的学科建设中有新的建树、新的突破，我必须避开众人已经走熟了的路，而另辟新的领域，即学科教育史的领域。通过十多年的艰苦跋涉，我先后完成了《中国现代语文教育发展史》《现代语文教育史札记》《二十世纪前期中国语文教育论集》《中国近现代语文教育史》等多部学科教育史的编著，与一些志同道合者一起，初步填补了以往研究者留下的一个“空白”。

在1986年以后，我又选择了语文教材编制理论为自己第二个追求的目标。在以往的语文教学法课程中，对中学的语文教材，只是从“使用”的角度提出若干教学法原则，指出某些合理使用教材的方法，很少从理论的高度对现行教材的教育思想、体例特点和编制原则作必要的分析、评价。而在国家决定推行“在统一基本要求下实行教材多样化”的新体制以后，对于教材编制的理论建设必然要提出新的要求。于是我就利用受聘担任国家教委中小学教材审定委员会学科审查委员的有利条件，远涉近现代语文教材编制的历史传统，近观当代国内多种语文实验教材的新鲜经验，在现代课程论和现代教学论的指导下，开始对中学语文教材编制理论作了初步的探索。1989年，我在自己参与主编的《语文教学论》中执笔写了“教材论”一编三章；1993年，又与人民教育出版社顾振彪同志合作完成了《语文教材的编制与使用》一书的编著工作，在语文教材编制理论的研究领域又跨出了新的一步。

当然，就我个人而言，无论是“史”的研究，还是“教材”的研究，都还只是起步，只是一种浅层次的涉猎，远没有构成什么“学问”。我这里想着重说明的，决不是成果的本身，而是获得成果的过程，以及在这一过程中自己的选择和追求。

江苏教育出版社的朱亮同志在我被一家杂志选为“封面人物”的时候，曾经热情洋溢地写过一篇述评，说我在语文教育研究上所以能取得若干成就，是由于“心系那一方沃土”。这个评价我受之有愧。我在这里所要进一步申说的是，在人生的道路上，“沃土”与“瘠土”是相对的，原本想选择“沃土”，如果安于现状，自甘平庸，碌碌无为，“沃土”在他的心目中也会逐渐变成“瘠土”；相反，如果面对常人心目中的“瘠土”，而自己不选择平庸，永不满足于现状，努力排除常人的偏见而开拓自己的路，那么“瘠土”也会变成“沃土”，即使是石板缝里挣扎出来的幼芽，也可以为世间奉献出一片绿意。

《语文教育论稿》后记

我从1953年大学毕业，被分配到一所中学教语文，直到现在，从教正满40年。说来也凑巧，我1933年出生，到今年又正满60周岁。中国人习惯上重视整数，一个40年，一个60岁，两个整数碰在一起，这1993年于我似乎真有点“值得纪念”的样子。

作为一个知识分子，一个普通的教师，于人于己都并无奢望。若能把自己多年来含辛茹苦的劳作，回顾一下，总结一下，让我自己，也让别人大体了解我给社会究竟留下一点什么，这在主观上就算是一种满足，在客观上也许就是最好的“纪念”了。

我一生著述不多。早在1954年，我在《光明日报》上发表过一篇题为《走在铺满鲜花的道路上》的文章。那年才21岁，对人生、对事业充满热情，总以为这条“铺满鲜花”的从教之路，必定是芳香四溢、弦歌盈耳。然而，现实无情，人生严峻，我终于觉悟到在事业上辛苦耕耘，实在是举步维艰的，须谨言慎行，方为上策。从此不再想用笔来吐露心曲，只凭自己内心炽烈的爱去教我的学生，去走自己的路。60年代以后，我转入教师进修学院工作，不久又调到师范学院，教过写作，教过现代作品选读，教学之余写过不少讲义和作品赏析之类的东西，但那都算不得什么“研究”，只是借此练笔而已。直到80年代前后，国家进入政通人和的新时期，各行各业都要谋求大发展，而大发展的前提之一就是要对旧观念、旧秩序、旧模式进行改革，于是人们的思想都空前活跃起来。处在这样一个充满勃勃生机的时代，30多年前曾经躁动于我内心的那种热情，仿佛又重新复苏，重新奔涌起来。在10多年间，围绕语文教育问题，我写了几本书，发表了近200篇论文，尽管数量不算多，质量更不算高，但毕竟得到了圈内朋友的承认和鼓励。年近六旬，托时代的福，老境不算太坏。

在翻开1993年红灿灿的日历的时候，我开始整理自己已经发表的书稿和文稿。目光集中在改革开放以来的十多年间，经过剔选，得70余篇，按内容的侧重点，分别编为“语文课程教材教法”“现代语文教育史”“叶圣陶语文教育思想”“语文教育书评书序”等四辑。把编集起来的这四十多万字，通读一遍，觉得自己在语文教育领域涉猎的面还不广，议论也很难说有什么深度；但也有可以自慰之处，那就是每有所论，都出于真诚，都出于对语文教育事业的挚爱。然而，研究毕竟还肤浅，书尽管出版了，文章尽管发表了，严格说来都还只是一些草稿而已。因此，现在结集成一本，就给它定了这样一个书名：《语文教育论稿》。

在整理旧稿时也发现了一点问题，比如许多文章是在不同时期、应不同的需要而写，现在凑到一起，再读读，各篇内容常不免有重复之处。凡遇到这类情况，我就作了一点删削，免得浪费纸张，浪费读者的时间。此外，除非必要，作一点文字上的改动外，总体上都保留着原貌。

刘国正先生是我亦师亦友的知交，他作为海内著名学者，慨然允诺为本书作序，我实感到荣幸。顾振彪先生在编写教科书的繁忙工作之余，热心地为本书编稿、审稿，友谊如醇酒，使我心醉。

当这本记载着我跋涉于语文教育领域所留下的一串串脚印的小书，即将奉献于读者面前的时候，窗外的草丛里，秋虫在唧唧吟唱。我是在60年前，于秋虫吟唱的季节降临人世的；又在40年前，于秋虫吟唱的季节步入教坛。秋虫，是迎接金灿灿的丰收之果的使者，她的歌声总给勤于耕作的人们带来成功的喜悦。我尽管往日收获无多，未来日子苦短，但听到秋虫唧唧，总还能激发起一点自奋的余勇，那么我应当用上海唐晓云先生（闻达）的话来勉励自己：在“贫瘠”的土地上继续耕耘。

顾黄初

1993年9月11日于扬州大学师范学院

《语文教育论稿》序

刘国正

在诸多门类的科学研究中，教育科学研究是最应重视的。可是实际上并非完全如此。从事教育科学研究很少受到表彰和奖励。矢志这个门类的研究，硬是要有以耕耘自任、将绿色予人的圣者心肠。在我心目中，老友顾黄初就是这么一位有圣者心肠的人。

黄初同志在扬州师院任教，从事中学语文教育的研究积有岁时。记得12年前初识于西湖之滨，他给我的印象是一位朴厚严谨、脚踏实地的学者。时时面带温和的笑，很少说话，说话也不高声，而所述意旨总是有光彩有分量的。后来，来往多了，读到他的文章也多了，才知道初识时的了解只是以蠡测海而已。他学识渊博，精研深思，几十年书窗红烛，从浩瀚的文献资料和当代信息中提炼出一篇又一篇的切切实实的文字。如今辑成这本《论稿》，翻开来看，没有一篇是虚浮的，也许并非华丽的花草，却是富于营养的面包。

收入《论稿》的文章共70多篇，从语文教育史到当代的语文教育改革，论述赅备。登山临水，我历来习于信步所之，信心所想，而以导游之唠叨为厌。读书如同登临，我也不喜欢听他人指指点点。因此，为书作序，我总是力戒以导游的唠叨厌人。可是读这本论稿，有些地方于我心有戚戚焉，不仅乐得知音，而且多有启发。眉飞色舞，不由得唠叨几句。

黄初同志说："我想用一句话来概括我的语文教学方法论的基本点：语文教学要贴近生活。""语文教学改革，关键在于贴近生活，这是'根'"。他并且从诸多方面全面地、深刻地论述了“贴近生活”的具体内容。我一向主张语文教学要紧密联系生活，但所见者浅。黄初的论述印证并加深了我的认识。

许多同志大声疾呼反对语文教学的旧传统，却没有准确地指出旧传统的痼疾之一是脱离生活。许多同志大声疾呼革除语文教学现存的弊端，却没有对脱离生活这个很大的弊端认真地予以革除。要是如黄初所说，从实际生活中运用语文的规律来探求语文教学的规律，从实际生活中运用语文的众多场合来开拓语文教学的空间领域，从现代生活发展远景来规划语文教学的未来，那么，我们的语文教学定会发生本质的、突破性的变化。它将摆脱痼疾的折磨以及现实的困惑，得到健康的、生动活泼的发展。

《论稿》里，关于现代语文教育史的论文收入较多，在这方面，作者已取得的成果是扎实的，深入的，引人瞩目的。

他不仅对“五四”以来的语文教育进行综合研究，而且着重探讨一大批卓越的语文教育家的教育思想。诸如蔡元培、刘半农、梁启超、胡适、王森然、黎锦熙、夏丏尊、朱自清、陈鹤琴等大家都有专论。对于影响最大的一代宗师叶圣陶先生研究更加深入，收入的文章有八篇之多。这项研究，要首先作资料的搜集和整理工作，钩沉索隐，刮垢磨光，尝受许多艰辛。可是如果不下这番“笨功夫”，语文教育史的研究不过是浮光掠影而已。

要特别提出的是黄初同志研究历史的指导思想。他说：“研究前辈走过的路，目的在于探索我们面临的现实问题，归根结底还是要走我们自己的路。”他认为，要立足于突破传统，没有突破就没有进步。但是对传统不能全盘否定，要区分其中的“活流”（精华）和“积淀”（糟粕），“弃所当弃，取所当取”。我以为，作者的看法是完全正确的，对于我们研究语文教育传统有指导意义。把传统看成只起阻碍作用的绊脚石，或者看成完美无缺的精金美玉，两种偏离，参照作者的看法都可以得到矫正。

只唠叨这两点，其余的胜境尚多。谓余不信，潜心阅读自然明白。

湖畔别后，七年前再会于扬州，情景宛然如昨。正当暮春天气，莺飞草长。

与黄初同志及诸友相伴，谒史公祠，访鉴真纪念堂，游瘦西湖，步瓜洲渡，赏个园丛篁，吃扬州包子。茶烟酒盏，纵谈古今，而话题总不离语文教学。至此与黄初益相知。我曾有词写道，“二十四桥明月，团栾更觉风流”，表现了我与挚友相聚的心境。那时我们似乎都没想到和谈到老，而今真的先后步入老境了。老是智慧的丰收，不是求索的句号。我为黄初同志有如此丰盛的收成欣喜，我更愿看到老骥骁腾万里的风姿。颇怪雄才盖世的曹氏，无端把“老骥”同“伏枥”联在一起。须知越是老骥越不该伏枥，越该四蹄如雷雹一般迅跑。

1993 年 9 月于北京